Eugen Ernst
Weihnachten im Wandel der Zeiten

Mit freundlichen Grüßen
und allen guten Wünschen!
Eugen Ernst

Weihnachten im Wandel der Zeiten

Ein Hausbuch für die Zeit
vom 1. Advent bis zum Dreikönigstag

von Eugen Ernst

THEISS

Großer Feldberg (Taunus) im Winterkleid.

Grußwort

Das Buch „Weihnachten im Wandel der Zeiten“ faßt all das zusammen, was in den letzten 20 Jahren in den Advents- und Weihnachtsfeiern des Förderkreises Freilichtmuseum Hessenpark e.V. zur Sprache kam. Die Veranstaltungen um den 4. Advent waren in jedem Jahr nicht nur ausgebucht, sie waren für die Anwesenden Stunden der guten Besinnung und des wahren Genusses.
Mit diesen Veranstaltungen hat der Förderkreis satzungsgemäß seinen Auftrag der Volksbildung vorbildlich erfüllt, wofür auch der Inhalt des Buches reichlich Zeugnis ablegt. In seiner Verschränkung von vorchristlichem Brauchtum und christlicher Botschaft vermag das Buch dem Leser die große Spannbreite der Überlegungen und Sichtweisen zur Weihnachtszeit nahezubringen. Es bietet Stoff für viele Gespräche, für tiefes Erinnern und stilles Nachdenken. Es führt ins Zentrum der Ursprünge und der Empfindungen zur Weihnachtszeit. Das Buch hat trotz seiner Ausrichtung auf Hessen eine überregionale Bedeutung.
Man sollte es entsprechend dem Fortgang der Tage von Anfang Dezember bis nach dem Dreikönigstag nur kapitelweise lesen, wenn man es ausloten will.

Ich wünsche dem Buch eine zum Innehalten bereite Leserschaft.

Bad Homburg, im Sommer 1998

Jürgen Banzer

Jürgen Banzer
(Landrat des Hochtaunuskreises und 1. Vorsitzender des Förderkreises Hessenpark e. V.)

Weihnachtsspiel einer Prager Folkloregruppe im Hessenpark im Dezember 1992.

Alt-Ziegenhain im Winter. Aquarell von Henner Knauf.

Inhalt

Die wichtigsten Elemente und Symbole der christlichen Weihnacht: Krippenfiguren auf dem Altar, Christbaum, Adventskranz und Herrnhuter Stern in Neu-Anspach (Standortgemeinde des Freilichtmuseums „Hessenpark“).

Zur Einleitung

Von der Adventszeit über das Weihnachtsfest bis zum Dreikönigstag erleben wir in unserem Kulturkreis besondere Tage. Die Herzen der Menschen sind weiter und ihr Gemüt empfindsamer. Es sind christliche und zugleich unchristliche Festtage. Die „liebe" Weihnachtszeit war allerdings schon immer einem Wandel unterworfen, sowohl in den Empfindungen der Menschen, als auch in der Art ihres Feierns.

Unsere Herkunft reicht sozialhistorisch gesehen in eine agrarisch und handwerklich orientierte Welt zurück. Geistesgeschichtlich liegen unsere Ursprünge jedoch noch weiter in der Vergangenheit, zum Teil sogar in der vorchristlichen Zeit.

Die mittlerweile vergangene Gesellschaft, die „gute alte Zeit", nehmen wir im allgemeinen als eine gemächliche Welt wahr. Sie darf aber weder nostalgisch verfälscht, noch mythologisch überhöht werden. Unsere „überlieferten" Weihnachtserinnerungen an fröhliche Kinder, intakte Familien, unverfälschtes Brauchtum und stark besuchte Kirchen sind meist von der Sehnsucht nach einer vergangenen Zeit getrübt. Die „liebe" Weihnachtszeit soll mit kritischem Bewußtsein gesehen werden, vor allem ihre jeweils modische Gestaltung in den verschiedenen Epochen.

Zu Weihnachten wird in allen Medien „Alle Jahre wieder" recht Wichtiges, aber auch höchst Überflüssiges zu Gehör und zu Gesicht gebracht. Gerade das Brauchtum der in früheren Epochen als dunkel erfahrenen Jahreszeit wurde, je näher wir an die Gegenwart kommen, sozusagen als „gesunkenes Kulturgut" mehr und mehr auf die Kinder übertragen und damit verniedlicht. Wer genauer hineinhorcht und hinsieht, dem paust sich jedoch manches von dem durch, was die Erwachsenen ursprünglich in ihrer Glaubenswelt sehr ernst genommen hatten.

Dieses Buch will keine systematische wissenschaftliche Abhandlung sein. Dennoch wird es auf die vielfältigen vorchristlichen Aspekte der Zeit um die Wintersonnenwende zurückgreifen. Es wird aber auch die Nachricht von der Geburt Jesu am Beginn unserer Zeitrechnung offenlegen, die unser Feiern und Gestalten zur Advents-, Weihnachts- und Neujahrszeit allein rechtfertigt.

Der gesamte Inhalt des Buches ergibt sich aus dem Ertrag der im Hessischen Freilichtmuseum veranstalteten adventlichen und weihnachtlichen Stunden der Besinnung, wie sie von 1977 an dargeboten wurden. Die Veröffentlichung konnte nur durch die Unterstützung des Förderkreises Freilichtmuseum Hessenpark e. V. geschehen und mit der großzügigen Hilfe der am Schluß des Buches genannten Spender. Ihnen sei herzlich gedankt!

Als sehr hilfreich erwiesen sich die Schreibarbeiten von Frau Gabriele Sander, die Korrekturvorschläge von Frau Anne Fellner und Herrn Peter Soeder sowie die Gestaltungsempfehlungen meiner Frau Erika und von Herrn Helmuth Gann, freier Mitarbeiter des Verlages. Dafür danke ich von Herzen.

Hessenpark, im August 1998

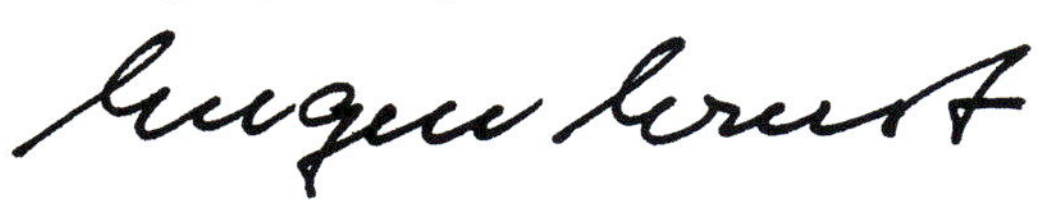

Eugen Ernst
(vormaliger Leiter des Hessischen
Freilichtmuseums)

Weihnachten lebt in unseren Breiten auch von der Spannung zwischen dem „Gloria“, dem „Ehre sei Gott in der Höhe“ und der Winterlandschaft; zwischen der christlichen Botschaft und der Jahreszeit.

„Ehre sei Gott in der Höhe ...“ Ludwig Richter.

Der wahre Frühling

Zerronnen ist ein holder Traum,
die Blätter rieseln welk vom Baum,
vom Zweig sank Frucht auf Frucht.
Verstummt ist selbst der Lerche Lied,
kalt pfeift der Nordwind durch das Ried:
Das Jahr ist auf der Flucht.

Ob Wolke sich auf Wolke türmt,
und ob es friert und schneit und stürmt,
uns bringt die heil'ge Nacht
das Gnadenkind, mit dem allein
der Frühling kehrt im Herzen ein,
der ewig selig macht.

Julius Sturm

Hammerwerk im Winter. Hessisches Freilichtmuseum. Aquarell von Rudolf Arzt.

Weihnacht und Gesellschaft: gedrängte Bestandsaufnahme

Wir können nicht so tun, als hätte die alte „liebe“ Weihnacht unserer Kindheitsträume und unserer Jugenderinnerungen einen Ewigkeitswert.

Wir leben in einer Zeitenwende. Das Jahr 2000 nähert sich in schnellen Schritten. Vieles ist im Umbruch: Deutschland tut sich immer noch schwer mit der neu geschenkten Einheit, die europäischen Länder müssen sich beim Zusammenraufen noch bewähren, die Machtblöcke in der Welt sind dabei, sich neu abzugrenzen. Die Zukunft liegt unter Verschluß.

Die Ergebnisse von Wissenschaft und Technik drohen sich jenseits ihrer Beherrschbarkeit durch uns Menschen zu verselbständigen. Der Kampf um die Erhaltung der Schöpfung gegen das werbungsgestützte Anspruchsdenken ist noch lange nicht gewonnen. Der Frieden mit der Natur steht noch aus.

Völkisch-rassistische Ideologien treiben zu Kriegen, und die Armutswanderungen sind in vollem Gange. Mafiastrukturen und Korruptionsbereitschaft untergraben die Staatsordnungen. Selbst Teile der Religionen nehmen fundamentalistisch-terroristische Gestalt an. Soziale Ungerechtigkeiten und Entpersönlichung im Massengetriebe bewirken zerstörerische Kräfte und drohen sich zu entladen. Leider hat der Papst mit seiner Weihnachtsbotschaft recht: der postmoderne Mensch hat sich verlaufen. Gerade deshalb verspricht eine neue Besinnung auf die christlich-ethischen Werte Hoffnung. Zweifel und Verzweiflung wären gut aufgehoben unter dem Stern der Weihnacht.

Aber auch das, was wir bisher unter Advent und Weihnachten verstanden haben und wie wir es feierten, befindet sich im Umbruch. Die einen halten stille Tage im Advent und weihnachtliches Miteinander in der Familie nicht mehr aus. Andere sind vom vorweihnachtlichen Kauf- und Veranstaltungsrummel nervlich so gestreßt, daß sie nicht mehr feiern können. Viele sind anspruchsloser und wollen Abwechslung bei Wintersport oder einfach nur eine ruhige weiße Bergweihnacht. Andere zieht es in wärmere Gefilde, an südliche Küsten unter Palmen. Glücklich jene, welche die Chance der Stille in der Advents- und Weihnachtszeit zu ergreifen vermögen!

Die christlichen Traditionen zerbrechen, und doch wachsen transzendentale Bedürfnisse. Unsere überinformierte und doch desorientierte Erlebnisgesellschaft beutet jedoch eher fernöstliche Religionen wie einen Seelensteinbruch aus, statt sich des naheliegenden biblischen Angebots zu vergewissern. Der innere Hunger nach Geborgenheit und seelischer Sättigung bleibt, obwohl sich im Glaubensbereich viel im Umbruch zu Aktualitätsbezügen befindet. Weihnachten: quo vadis?

Das Verhalten und die Gewohnheiten der Menschen änderten sich früher wesentlich langsamer. Dennoch: Brauchtum war nie eine statische Größe, sondern stets den Wandlungen der Zeitströmungen unterworfen.

In unserem Kulturkreis treffen drei fundamental unterschiedliche Bereiche von Weihnachtssitten aufeinander. Im Lauf der Zeit haben sie sich jedoch auf mannigfache Weise ineinander verflochten:

1. die vor- und außerchristlichen Vorstellungen,
2. die Botschaft vom Erscheinen Gottes zur Sichtbarmachung seines Reiches in dem Kind von Bethlehem,
3. die seit fast einem Jahrhundert zu bemerkende Verbürgerlichung und Vermarktung der Advents- und Weihnachtszeit.

Wohl haben sich Brauchtumserscheinungen, die auf längst vergessenen religiösen Ritualen gründen, eher in den nordischen und alpenländischen Rückzugsgebieten erhalten, sie fehlen aber nicht ganz in unserer Heimat. Auch unsere Vorfahren kannten noch Sagen und Erzählungen vom Kampf zwischen den guten und den bösen Mächten, der sich gerade in den zwölf „Rauhnächten“ vom 25. Dezember bis zum 6. Januar abspielte.

Die Abhängigkeit der Menschen von Klima und Wetter war früher viel mehr als heute existenzbestimmend. Mißernten warfen die sich fast ausschließlich selbstversorgenden Menschen auf ein Existenzminimum zurück. Teuerungs- und Hungerjahre hinterließen nicht nur materielle Verelendung, sondern auch schlimme Spuren des Aberglaubens. Das Ausgeliefertsein an das Dämonische und das Angewiesensein auf freundliche Mächte wurde durch mythische Vorstellungen, religiöse Zeremonien und kultische Handlungen beantwortet.

Die christliche Religion gab da erstmals befreiende Antworten. Dennoch blieben bei allen kirchlichen Verkündungsbemühungen vorchristliche Erinnerungen an dunkle Gestalten, aber auch an Lichtträger erhalten.

Heute, in einer Zeit des verkehrstechnisch und handelspolitisch leichten Massengutausgleichs, scheint der Mensch autark, beinahe schicksalsunabhängig geworden zu sein – jedenfalls gebärden sich viele so.

Feuerstelle im Haus Heskem im Hessischen Freilichtmuseum. Sie war vor 300 Jahren die einzige Wärmequelle im Haus.

In einer Zeit, in der die Ernährungsbasis nicht sicher war, vor allem wenn in harten Wintern Stein und Bein zusammenfror und das Brennholz knapp wurde, wenn ganze Landstriche durch Schnee von der Außenwelt abgeschnitten waren, hungrige Wölfe und Bären vor nichts haltmachten, die Schiffer, Flößer und Fischer hilflos vor vereisten Flüssen und Seen standen, dann traten Winternot und Wintertod in die zugigen, nur vom ängstlich flackernden Kienspan erleuchteten Stuben der Fachwerkhäuser und strohbedeckten Hütten ein. In der Mittwinterzeit entwickelte man deshalb Austreibungsrituale gegen böse Geister. Konnte man die dunklen Mächte nicht vertreiben, wurde versucht, sie wenigstens durch Opfergaben gnädig zu stimmen.

Gerade die wenigen zusammengedrängten dunklen Wochen um Weihnachten waren angefüllt mit schicksalsschweren Vorgängen, wobei sich die Licht- und Hoffnungsträger des Christentums immer deutlicher durchsetzten und die Angstgestalten aus heidnischer Zeit vertrieben. Das Spuktreiben des Germanengottes Wotan in den Winterstürmen der „rauhen" Nächte wurde vor tausend Jahren allmählich entdämonisiert. Der Stern von Bethlehem blieb nicht über der Notunterkunft stehen, er wanderte vom Hirtenfeld des palästinensischen Davidstädtchens um die ganze Erde und hat die wilden Geistergestalten der Finsternis besiegt. Hat er das wirklich?

Ob die heutige Kommerzialisierung und Sentimentalisierung der Weihnacht eine Zukunft hat? Ich glaube nicht! Die Kraft, die von dem Geschehen in der Kalkhöhle bei Bethlehem ausgeht, wird denen stets ein Licht der Orientierung sein, die Gott in der Gestalt Jesu annehmen. Für alle anderen wird Weihnachten seinen Zauber einbüßen. Einmal verweltlicht, trügt die „liebe" Weihnachtszeit für immer.

Sie trägt jedoch in der unsentimentalen aber innerlich offenen Besinnung auf das zentrale, für die wenigen Sinne der Menschen nicht faßbare Geschehen im Jahre 0 die Begründung unserer Zeitrechnung in sich. Ohne diese wahre Mitte des Weihnachtsfestes – Textkritik am Evangelium hin oder her – würde es den Aufwand dieser Darstellung kaum lohnen. Dann hätten auch alle Bildmeditationen und die weihnachtlich konzertanten Bemühungen nur die Funktion der Besänftigung und wären als Rauschmittel in Wahrheit überflüssig.

Helmut Bode

Die Jammerhecke zwischen Brombach und Rod am Berg

Auf der Höhe zwischen Brombach und Rod am Berg liegt die „Jammerhecke“, und von der geht die folgende Sage:
Anno 1709 war der Winter im Taunus so kalt wie nur selten einer. Alle Gewässer waren zugefroren. In den Dorfhäusern rückte man so nahe wie möglich ans wärmende Herdfeuer, um die Glieder vor dem beißenden Frost zu schützen. Doch die Augen richteten sich auch oft auf den Breikessel oder den Suppentopf, der über dem Feuer hing, und das geschah mit gutem Grund. In jenen Wintertagen war im Hintertaunus, zumal in den kleinen Dörfern, Schmalhans Küchenmeister, will sagen: es gab wenig zu kauen und zu beißen und damit knurrende Mägen.
Ob, wie die einen sagen, die Kinder von Brombach, Dorfweil und Hundstall/Hunoldstal in Rod am Berg die Schule besuchten (was für 1709 sehr unwahrscheinlich ist) oder aber, wie die andern wissen wollen, sich zusammentaten, um in den wohlhabenderen Dörfern ihre Lieder zu singen und dann milde Gaben einzuheimsen, lassen wir offen. Jedenfalls zogen sie mit ihren Schlitten los, die damals von den Vätern selbst gezimmert wurden und wie Schubladen aussahen, weshalb sie auch so genannt wurden.
Als die kleine Kinderschar nun auf dem Heimweg war und die gesammelten Gaben, auf den Schlitten verschnürt, nach sich zogen, bedeckte sich der Himmel mit schweren, dunklen Wolken. In Rod am Berg begegnete ihnen der Pfarrer, und der riet ihnen, dort im Dorf zu bleiben und den Schneesturm, den Wolken und Wind ankündigten, abzuwarten.
Doch sie waren müde und hungrig und sehnten sich nach dem häuslichen Herdfeuer. So stapften sie weiter durch den Schnee und sprachen sich gegenseitig noch Mut zu.
Doch da, wo es heute die „Jammerhecke“ heißt, überfiel der Schneesturm sie mit voller Macht. Unter der kahlen Hecke suchten sie Schutz, schoben die Schubladen darunter und kauerten sich eng aneinander. Der Sturm ließ aber nicht nach, er verdoppelte seine Kraft und trieb den Schnee in dichten, schweren Flocken vor sich her. Die frühe Winterdunkelheit brach herein, und die Flocken legten sich wie eine Decke über das Kinderhäufchen! Ein Kind nach dem anderen schlief erschöpft ein. Sie träumten allesamt von Wärme und Geborgenheit, doch vom Boden her drang der harte Frost in die zarten Kinderkörper ein. Das Blut erstarrte und ließ die kleinen Herzen am Ende stillstehen.
Die Eltern dachten, ihre Kinder hätten schon irgendwo einen sicheren Unterschlupf gefunden. So zog man erst am nächsten Morgen aus, um sie zu suchen, und fand das Häuflein endlich unter der Hecke im Schnee verborgen. Aber man konnte keines der Kinder ins Leben zurückrufen. Da war der Jammer in den Dörfern groß, und zwischen Brombach und Rod am Berg heißt man die Stelle bis heute die Jammerhecke.

Winter in den hessischen Mittelgebirgen.

Winterleid – Winterfreud

Frierende Kinder. Holzschnitt nach Ludwig Richter.

Winterleid

*Der Winter hat mit seiner Kält'
uns Freuden viel zerstöret;
alles das, was wohl gestellt,
das hat er uns erfröret:
die Blümlein und den grünen Klee,
Röslein, Veiol und die Gilgen,
die machet fahl der kalte Schnee,
er will sie ganz vertilgen.*

*Er zwinget uns die Vögelein,
die in dem Wald erklingen,
daß sie nit mögen froh gesein,
man hört sie selten singen.
Wie wohl der Winter machet fahl
die Blümlein allgemeine
und verstört der Vöglein Schall,
darauf acht' ich gar kleine.*

Aus dem Liederbuch der Clara Hätzlerin, 15. Jh.

Wüste Mühle bei Elnhausen. Ölgemälde von Georg Baumhakl, Hessisches Freilichtmuseum.

Nach grüner Farb mein Herz verlangt
in dieser trüben Zeit.
Der grimmig Winter währt so lang,
der Weg ist mir verschneit.
Die süßen Vöglein jung und alt,
die hört man lang nit meh;
das tut des argen Winters G'walt,
der treibt die Vöglein aus dem Wald
mit Reif und kaltem Schnee.

Er macht die bunten Blümlein fahl
im Wald und auf der Heid.
Dem Laub und Gras allüberall,
dem hat er wiederseit.*
All Freud und Lust wird jetzo feil,
die uns der Sommer bringt.
Gott geb dem Sommer Glück und Heil,
der zieht nach Mittentag am Seil,*
daß er den Winter zwingt.

*Kampf angesagt
*Wintersonnenwende

Worte nach einer Handschrift
des 15. Jahrhunderts

„Es schneit“: für Kinder in behüteten Verhältnissen, auch schon früher, ein freudiges Erlebnis. Für die Erwachsenen keine Idylle, sondern nur erträglich, wenn sie nicht „über Feld“ zu gehen brauchten und genügend Holz und Mehl im Haus hatten. Wer von uns Heutigen wollte aber mit dem Federvieh zusammen hausen und auf die Wärme (und Gerüche!) des nahen Stalles angewiesen sein?

Der erste Schnee. Ludwig Richter.

Winteranfang

Im wirbelnden Wind
der braunen Blätter Totentanz.
Losgelöstes Leben liegt bald
müde und matt
unter neuem Schnee,
der stobend
aus hohen Fernen fällt.

Ach, die Kinder,
mitten im Abschied,
wie jubeln sie selig
dem fröhlichen Treiben zu.

Alter und Anmut,
Vergehen und Frische,
euch ward Versöhnung geschenkt.

Eugen Ernst

„Es schneit...“: heute nur ein vorübergehendes Verkehrsproblem, allemal aber Winterfreude für Kinder und Erwachsene.

„Der Winter ist ein rechter Mann“. Ludwig Richter.

Neuschnee im Tannenwald.

Winterfreud

Wir sind bereit, zur Winterszeit im Freien
uns zu freuen.
So ich betracht die Winterfreud, mein Mund vor Lust tut singen.
Dahin fährt alles Herzeleid, mein Lied soll fröhlich klingen.

Worte aus dem 16. Jahrhundert

Neuschnee

Flockenflaum zum ersten Mal zu prägen
mit des Schuhs geheimnisvoller Spur,
einen ersten schmalen Pfad zu schrägen
durch des Schneefelds jungfräuliche Flur –

kindisch ist und köstlich solch Beginnen,
wenn der Wald dir um die Stirne rauscht
oder mit bestrahlten Gletscherzinnen
deine Seele leuchtende Grüße tauscht.

Christian Morgenstern

Ein Lied, hinterm Ofen zu singen

Der Winter ist ein rechter Mann,
kernfest und auf die Dauer;
sein Fleisch fühlt sich wie Eisen an
und scheut nicht Süß und Sauer.

War je ein Mann gesund, ist ers;
er krankt und kränkelt nimmer,
weiß nichts von Nachtschweiß noch Vapeurs
und schläft im kalten Zimmer.

Er zieht sein Hemd im Freien an
und läßts vorher nicht wärmen,
und spottet über Fluß im Zahn
und Kolik in Gedärmen.

Aus Blumen und aus Vogelsang
weiß er sich nichts zu machen,
haßt warmen Drang und warmen Klang
und alle warmen Sachen.

Doch wenn die Füchse bellen sehr,
wenns Holz im Ofen knistert,
und um den Ofen Knecht und Herr
die Hände reibt und zittert;

wenn Stein und Bein von Frost zerbricht
und Teich und Seen krachen;
das klingt ihm gut, das haßt er nicht,
dann will er tot sich lachen. –

Sein Schloß von Eis liegt ganz hinaus
beim Nordpol an dem Strande;
doch hat er auch ein Sommerhaus
im lieben Schweizerlande.

Da ist er denn bald dort, bald hier,
gut Regiment zu führen.
Und wenn er durchzieht, stehen wir
und sehn ihn an und frieren.

Matthias Claudius

Auf der Eis- und Schlitten-bahn.

Schiwandern im Mittelgebirge.

Eiszapfen an einer Felswand.

Schneeschwere Fichten.

Teich im Bereich der Waldweide des Hessenparks.

Winter

Der Winter verwehte im Schnee die Fährte.
Aber der Wind schlief ein.
Eiszapfen hängen wie uralte Bärte
tropfend und grau vom Gestein.

Stumm sind die Schritte, die tauben Fichten
farblos und ohne Gestalt.
Wolken lasten in düsteren Schichten,
unbeweglich und alt.

Das Jahr ist erloschen, der Tag ermattet,
alles Lebendige verscheucht.
Und nur der See hält unbeschattet,
und zerstört sein grünes Geleucht.

Werner Bergengruen

Am Hoherodskopf (Vogelsberg).

Herkules und Kaskaden im Park Wilhelmshöhe, Kassel.

Wintergeister

Der „polische Bock“, Symbol des angsteinflößenden Bösen aus der heidnischen Zeit ist gebannt. Szene aus der „gespielten und getanzten Weihnacht“ einer Gruppe aus Prag im Hessenpark im Dezember 1992 .

Holde und Unholde

Als „Unhold“ bezeichnen wir bis heute einen unberechenbaren brutalen Menschen. Die Unholde, böse Mächte einer vergangenen Glaubenswelt, durchgeistern auf mannigfache Weise immer noch unser Brauchtum. Sie gehen zurück auf die Vorstellung von den wilden Gewalten der Mittwinterzeit. In dieser Phase des Jahres erschien die Bedrohung des Menschen durch die von außen wirkenden Mächte (Dunkelheit, Kälte, Sturm, Hunger, Raubtiere) besonders groß.

In diesen „Rauhnächten“ – ganz ursprünglich von Ende November bis Ende Januar – wähnte man das tobende Heer der Unholden, der wilden Gesellen Wotans, über sich.[1] Die Spukwelt der Sturmgeister, an ihrer Spitze der grausame Götterfürst Wode (der wilde Jäger, der Schimmelreiter) oder auch unberechenbare Totengöttinnen fuhren durch die Lüfte und führten meist nichts Gutes im Schilde.

Die schicksalsschwangere Hochwinterzeit, in der man den Glauben an das Blühen im Frühling und an das Fruchten im Sommer verlieren konnte, war erfüllt von der Angst vor entfesselten Gewalten, die Not und Tod bringen konnten. Man suchte sie zu vertreiben oder wenigstens zu besänftigen. Am Tag der Wintersonnenwende (21. Dezember) wollte man mit Bergfeuern und den ins Tal rollenden brennenden Strohrädern die Sonne geradezu herbeizaubern oder Unholde zu Holden machen.

In den einzelnen Landesteilen – nicht nur im allemannisch-bajuwarischen Raum – gibt es allerlei Abwandlungen der Poltergeister, welchen die Austreibung der bösen Mächte obliegt. Da spuken ziegenbock- und vogelartige Gestalten, Geisteresel und -pferde.[2] Alle können sich in den Rauhnächten (später reduziert auf die „Zwölfnächte“ vom 25. Dezember bis zum 6. Januar) frei tummeln. Ursprünglich gab es nur vier Rauhnächte (21. und 24. Dezember sowie 1. und 6. Januar). Der Begriff „Rauhnacht“ leitet sich ab vom mittelhochdeutschen Wort „ruch“, was soviel wie Pelz bedeutet. Die maskierten Gestalten dieser Nächte trugen z. T. zottelige Pelze, das „ Rauch- oder Rauhwerk“.

Zwölf Nächte

Zwölf Nächte nahen weiß verhüllt,
aus Urnen stäubt der Schnee.
Die geisterhafte Asche füllt
den nebelgrauen See.

Die Elster flattert schwarz und weiß
im schattenlosen Wind.
Zerfetzte Kiefern knarrn im Eis,
das Land liegt maulwurfsblind.

Nicht ruhn bei Münzen, Ring und Krug
die Toten unterm Stein.
Der Mond weht wie ein weißer Spuk.
Die Öde hüllt sie ein.

Die Dämmerung von Stimmen hallt,
die nie ein Ohr erlauscht.
Die Toten gehn, wo überm Wald
die kalte Asche rauscht.

Und gräbst du durch das Eis der Nacht,
wie es der Spruch gewollt,
dein Spaten schürft und hebt im Schacht
der Fäulnis fahles Gold.

Du findest nur den Schmerz der Zeit,
die Erde feucht von Blut.
Und unterm Schutt, zum Biß bereit,
der Schlangen nackte Brut.

Zertritt ihr Haupt und scheu den Biß.
Horch in den Wind, bleib stumm.
Noch herrscht der Glanz der Finsternis,
noch geht der Würger um.

Doch nicht erstickt der Nacht Gewalt
der Seele stilles Licht.
Weht auch der Hauch der Asche kalt,
die Finsternis zerbricht.

Peter Huchel

Nach der Christianisierung vom 5. bis 8. Jahrhundert wurde die vielgestaltige Dämonenwelt durch den Teufel und seine Spießgesellen ersetzt.
Goethe erinnert in seinem Gedicht „Der getreue Eckart" an die Gefahren bei der Begegnung mit den Unholden. Der „alte Gesell" Eckart, der selbst zu dem wilden Heer gehört, zeigt die andere Seite der Aberglaubensmünze: den Holden. Dieser warnt und zeigt, wie man sich schützen, wie man belohnt wird, wenn man sich den grausigen Erscheinungen nicht feindlich entgegenstellt.

Der getreue Eckart

„O wären wir weiter, o wär' ich zu Haus!
Sie kommen; da kommt schon der nächtliche Graus,
Sie sind's! die unholdigen Schwestern.
Sie streifen heran und sie finden uns hier,
Sie trinken das mühsam geholte, das Bier,
Und lassen nur leer uns die Krüge."

So sprechen die Kinder und drücken sich schnell;
Da zeigt sich vor ihnen ein alter Gesell:
„Nur stille, Kind! Kinderlein, stille!
Die Hulden, sie kommen von durstiger Jagd,
Und laßt ihr sie trinken, wie's jeder behagt,
Dann sind sie euch hold, die Unholden!"

Gesagt, so geschehn! und da naht sich der Graus
Und siehet so grau und so schattenhaft aus,
Doch schlürft es und schlampft es aufs beste.
Das Bier ist verschwunden, die Krüge sind leer;
Nun saust es und braust es, das wütige Heer,
Ins weite Getal und Gebirge.

Die Kinderlein ängstlich gen Hause so schnell,
Gesellt sich zu ihnen der fromme Gesell:
„Ihr Püppchen, nur seid mir nicht traurig." –
„Wir kriegen nun Schelten und Streich' bis aufs Blut."–
„Nein keineswegs, alles geht herrlich und gut,
Nur schweiget und horchet wie Mäuslein.

Und der es euch anrät und der es befiehlt,
Er ist es, der gern mit den Kindelein spielt,
Der alte Getreue, der Eckart.
Vom Wundermann hat man euch immer erzählt,
Nur hat die Bestätigung jedem gefehlt,
Die habt ihr nun köstlich in Händen."

„Der getreue Eckart". Holzschnitt nach einer Originalzeichnung von Ludwig Richter.

Sie kommen nach Hause, sie setzen den Krug
Ein jedes den Eltern bescheiden genug
Und harren der Schläg' und der Schelten.
Doch siehe, man kostet: Ein herrliches Bier!
Man trinkt in die Runde schon dreimal und vier,
Und noch nimmt der Krug nicht ein Ende.

Das Wunder, es dauert zum morgenden Tag.
Doch fraget, wer immer zu fragen vermag:
„Wie ist's mit den Krügen ergangen?"
Die Mäuslein, sie lächeln, im stillen ergetzt;
Sie stammeln und stottern und schwatzen zuletzt,
Und gleich sind vertrocknet die Krüge.

Und wenn euch, ihr Kinder, mit treuem Gesicht
Ein Vater, ein Lehrer, ein Aldermann spricht,
So horchet und folget ihm pünktlich!
Und liegt auch das Zünglein in peinlicher Hut,
Verplaudern ist schädlich, verschweigen ist gut;
Dann füllt sich das Bier in den Krügen.

Johann Wolfgang von Goethe

Der Frau-Hollen-Teich am steilen Osthang des Hohen Meißner. In dem 9 m tiefen Teich befindet sich eine Quelle, die 9° C kaltes Wasser liefert.

Frau Holle

Frau Holle ist eine in Hessen, genauer in Nordhessen, noch gut bekannte Mittwintergestalt. Sie ist anderen Ortes nur noch durch das Märchen der Gebrüder Grimm im Bewußtsein, die ja gerade im Kasseler Raum, bei der Märchenfrau von Niederzwehren, fündig geworden waren.

Im Volksmund wurde bis in unser Jahrhundert überliefert, daß die neugeborenen Kinder aus dem Hollenteich stammen und daß Frauen fruchtbar werden, wenn sie in den Teich hinabsteigen. Unter dem Wasser soll Frau Holle allen, die ihr dienen, gut gesonnen sein und Obst, Brot, Blumen und Kuchen austeilen.

Der Frau-Hollen-Teich am Osthang des Hohen Meißner wird mit der „Holden" in Verbindung gebracht, er soll sogar ihr Wohnsitz sein. Das Märchen, nicht das Brauchtum, machte sie „unsterblich". Ursprünglich scheint die Frau Holle (Holda oder Hulda), die Holde, mehr eine Art guter Geist oder eine gute Fee gewesen zu sein, worauf auch die Überlieferung der Mönche des berühmten Klosters auf der Insel Reichenau im Bodensee hinweist. Hier wird von ihr sogar als einer Art Himmelsgöttin berichtet.[3] Dies scheint auch in Grimms Märchen eine Rolle zu spielen:

... Endlich kam es zu einem kleinen Haus, daraus guckte eine alte Frau, weil sie aber so große Zähne hatte, ward ihm Angst und es wollte fortlaufen. Die alte Frau aber rief ihm nach: „Fürcht dich nicht, liebes Kind, bleib bei mir, wenn du alle Arbeit im Haus ordentlich thun willst, so soll dirs gut gehn: nur mußt du recht darauf Acht geben, daß du mein Bett gut machst, und es fleißig auf-

Die tüchtige „Goldmarie" wird fürstlich belohnt für ihre Arbeit, hier das Bettenausschütteln.

schüttelst, daß die Federn fliegen, dann schneit es in der Welt; ich bin die Frau Holle."[4]
In Nordhessen gab es noch vor 30 bis 50 Jahren in der Neujahrsnacht den Brauch des „Gestülps". Am Silvesterabend wurde vor dem Nachtschlaf eine Schüssel auf den Tisch gestülpt, um ein nächtliches Geschenk der Frau Holle zu erwarten. Sie galt als Segens- und Gabenbringerin.
Offenbar wurde sie aber zu einer doppeldeutigen Gestalt umgewandelt. Im Märchen ist sie nicht nur die Wohlgesinnte, sie belohnt die fleißige Goldmarie, sie straft aber auch das faule Mädchen und übergießt es rücksichtslos mit Pech.
Die positive und negative Seite ihres Wesens ist in ganz Nord- und Mitteldeutschland bekannt. Sie findet in Süddeutschland ihr Ebenbild in der Vergleichsgestalt der ursprünglich nur leuchtenden Göttin Berta (Perchta), der Glänzenden. Auch sie war zum Schluß nur noch das angsteinflößende, stampfende, rasende und mit Kuhschellen lärmende Unwesen.
Die nach dieser Perchta genannten Perchtenläufe im alpenländischen Raum erinnern als schreckeinflößende Umzüge an bestialische Versuche, die „Unholde" zu vertreiben. Mit verzerrten Gesichtsmasken ziehen die Burschen wiederholt (vom 6.12. bis zur Perchtennacht 5./6. Januar) in den Gassen umher und stimmen Heischelieder an, d. h. sie verlangen für ihre Vertreibungsjagd eine Anerkennung in Form von Geld oder Gaben. An Perchta oder Holda hatten sich bei ihrem nächtlichen Treiben drohende Gesellen angeschlossen, die es ebenfalls zu vertreiben galt.[5]
Frau Holle hatten vor allem jene zu fürchten, die „zwischen den Jahren" Hausputz machten, was früher streng verboten, d. h. sittenwidrig war. Die Doppelgesichtigkeit der Frau Holda, alias Frau Perchta kommt auch in dem Märchen „Dornröschen" in der Figur der 13., der vom Königshof

Die Hexe vor Hänsels Ställchen.

Frau Perchta, die ursprünglich gute Fee, sank zur bösen Hexe ab. Holzschnitt nach einer Miniatur in Hans Vinthers „Blumen der Tugend" 1486.

unberücksichtigten Fee zum Ausdruck. Sie ist eine der weisen Frauen, die das Königskind in den Tod zaubern will, was jedoch von der 12. Fee in einen hundertjährigen Schlaf gemildert werden kann.
Ein König und eine Königin kriegten gar keine Kinder, und hätten so gern eins gehabt. Einmal saß die Königin im Bade, da kroch ein Krebs aus dem Wasser ans Land und sprach: „dein Wunsch wird bald erfüllt werden und du wirst eine Tochter zur Welt bringen." Das traf auch ein, und der König war so erfreut über die Geburt der Prinzessin, daß er ein großes Fest anstellen ließ, und dazu lud er auch die Feen ein, die im Lande waren; weil er nur zwölf goldene Teller hatte, konnte er eine nicht einladen: es waren ihrer nemlich dreizehen. Die Feen kamen zu dem Fest, und beschenkten das Kind am Ende desselben: die eine mit Tugend, die zweite mit Schönheit

Die böse Fee im Märchen Dornröschen.

Am „Zauberbach" an einem kalten Wintertag.

und so die andern mit allem, was nur auf der Welt herrlich und zu wünschen war; wie aber eben die elfte ihr Geschenk gesagt hatte, trat die dreizehnte herein, recht zornig, daß sie nicht war eingeladen worden und rief: „weil ihr mich nicht gebeten, so sage ich euch, daß eure Tochter in ihrem fünfzehnten Jahre an einer Spindel sich stechen und todt hinfallen wird." Die Eltern erschracken, aber die zwölfte Fee hatte noch einen Wunsch zu thun, da sprach sie: „es soll aber kein Tod seyn, sie soll nur hundert Jahre in einen tiefen Schlaf fallen...[6]

Aus dem Kinzigtal berichtet Hessler: *Auch ein gewisser Aberglaube hat sich auf den Flachs und das Spinnen übertragen. So muß man z. B., wenn der Flachs in der Scheune „gerafft", d. h. von den Knoten befreit wird, bei etwaigem Vorbeigehen an der Scheune ungeheißen in dieselbe gehen und ein paar Hände voll mit abräffen; denn wer dies unterläßt, wird von Frau Holle mit Hautausschlag bestraft. Daß es die Frau Holle ist, die den Faulen und Trägen das Garn und den Flachs verwirrt, ist selbstverständlich; ja, noch heute bleiben, wie das die Frau Holle forderte, am Samstagabend die Spinnräder unberührt und von Weihnachten bis Neujahr ist der Rocken leer und das Spinnrad bleibt unbenutzt. Leider sind die alten Spinnlieder, worin der Frau Holle gedacht wird, jetzt verklungen und vergessen.*[7]

Im „Zauberwald“
der Winternacht.

Heiligentage

Andreastag (30. November)

Am Andreastag beginnt ein Brauchtum, das heute in manchen Familien in der Neujahrsnacht aktiviert wird. Es handelt sich um Spiele, hinter denen früher viel Aberglaube steckte, so z. B. das Bleigießen, das Sprengen eines Glasreifens, das Salzhäufchensetzen und das Werfen von Apfelschalen. Aus den entstandenen Formen konnte man Buchstaben phantasievoll ermitteln und damit möglicherweise eine vom Schicksal bestimmte Person benennen, der man in der kommenden Arbeitssaison zugeordnet sein sollte. Es waren vor allem Mädchen, die sich als Mägde verdingt hatten, die wissen wollten, wo sie in Zukunft existentiell dran waren, womöglich sogar wer ihr Geliebter werden würde. So ist z. B. der Bittruf bekannt:

Heiliger Andreas ich bitt dich,
Bettstatt ich tritt dich,
Laß mir erscheinen den Herzallerliebsten mein.

Dabei war zum Teil erotisches Zauberverhalten im Spiel, wenn manche Mägde diesen Spruch in der Nacht zum Andreastag nackt vor ihrem Bett ausriefen.[8]

Beim Schuhewerfen zeigte die Spitze entweder zur Türe oder in den Raum und sagte damit an, ob die Magd weiterhin bei der alten Herrschaft bleiben oder ihre Stelle wechseln müsse. In manchen Landstrichen bahnte sich am Martinstag (11. November) der Gesindewechsel an, anderswo am Andreastag oder spätestens zum Jahresbeginn. Dann mußte möglicherweise die Truhe „gerückt“, d. h. in das Haus des neuen Arbeitsherrn getragen werden.

Barbaratag (4. Dezember)

Der Barbaratag ist bis heute mit einem Zweigzauber verbunden. Barbara zählt zu den volkstümlichsten Heiligen. Im 15. Jahrhundert findet man sie

Schuhewerfen als Orakel am Andreastag.

Martyrium der Heiligen Barbara. Nach einem Holzschnitt aus dem Jahr 1488 von Anton Koberger (rechte Seite).

bereits unter den vierzehn Nothelfern. Die Lebensgeschichte des begabten, reichen und standhaften Mädchens ist von Legenden, die zu Herzen gehen, reich geschmückt. Trotz ihres vermögenden heidnischen Elternhauses in Nikomedien (Izmir/Türkei) ließ sie sich taufen. Ihr Vater Dioskoros, ein fanatischer Christenhasser, ließ die Tochter foltern und brennen, aber ihre Wunden heilten über Nacht.

Um das Jahr 306 muß es gewesen sein, als der Vater sie eigenhändig mit dem Schwert tötete, nachdem auch das Einmauern in den Turm den Christusglauben Barbaras nicht zu brechen vermochte. Sie wurde – vom Symbol des Gefängnisturms her abgeleitet – die Schutzheilige der Bergleute, der Festungsbauer und der Architekten.[9]

Wer an ihrem Todestag Obstzweige im Zimmer in eine Vase mit Wasser stellt, wird das Blühen im Winter, und zwar an Weihnachten erleben können. Dies ist ein schönes Zeichen für das Erlöstsein von Tod und Sünde, wofür die Märtyrerin bis heute steht. Im Rheinland wird sie sogar als gute Gefährtin des Nikolaus mit in das Adventsgeschehen einbezogen, sie hilft die Kinder bescheren.

Für den Kirschbaum in Blüte sind die Barbarazweige ein Ersatz und damit ein Zeichen des Lebens mitten im Winter.

Marientag (8. Dezember)

Der 8. Dezember, der Tag der Maria, der Mutter Jesu, hat zu keiner Brauchtumstradition im Volk geführt, wiewohl er im Mittelalter als kirchlicher Festtag verordnet war. Er war gegen vorchristliches Gedankengut ebenso immun wie der Stephanstag am 26. Dezember. Das Gedenken an den ersten Märtyrer Stephanus, der vor dem Tor an der Ostmauer Jerusalems gesteinigt wurde, hat sich offenbar der Versuchung, ihn mit heidnischen Mythen zu überdecken, entzogen.

Lucientag (13. Dezember)

Weniger hierzulande als vielmehr in Italien und in Schweden kennt dort jedermann „Santa Lucia“. Das Mädchen, das im Jahre 286 in Syrakus (Sizilien) zur Welt kam, mußte wegen ihres Gelübdes der ewigen Keuschheit das Martyrium unter dem berüchtigten Christenpeiniger, dem Kaiser Diokletian, um das Jahr 304 erleiden. Viele Legenden ranken sich um die „Lichtvolle“ als Patronin der Blinden.[10]

Lucienbraut am Hauseingang.

Die Heilige Lucia wird an ihrem Gedenktag verehrt. In Schweden wird sie bis heute in den darauffolgenden Wochen der Mittwinterzeit mit Lichterumzügen und Volksfesten gefeiert. Im dunklen Norden spielt die „Lucienbraut“ im langen weißen Gewand und mit einem Kranz brennender Kerzen auf dem Kopf eine unverzichtbare symbolische Rolle zur Erhellung der dunklen Jahreszeit. Lucia ist eine Lichtgestalt.

Das seit 1780 in Skandinavien belegte Brauchtum zeigt Lucia auch als Gabenbringerin. Erstaunlicherweise erfuhr ihr Name keinerlei negativen Inhalt, der mit Zügen der Perchta, die es mit den Kindern gar nicht gut meint, vergleichbar wäre. In ihrem Gefolge fehlen – anders als beim Christkind des Volksbrauchtums – sowohl die Rute wie die strafende Begleitfigur des Hans Trapp oder Hans Muff.

Die „Luziabraut“ spielt im schwedischen Weihnachtsbrauchtum eine geradezu liebliche Rolle. Gekrönt mit einem Lichterkranz aus Preiselbeerzweigen und brennenden Kerzen verbreitet sie Glück und Freude. Ihre Wahl und Krönung ist ein großes öffentliches Ereignis für die Gemeinden. Der Luzienbrauch im Norden hat nichts mit germanischen Schreck- oder Glücksgestalten zu tun. Es handelt sich um eine vergleichsweise junge aber sehr schöne und sinnreiche Sitte.

In den nordischen Sagas dauert die „Julzeit“ von November bis Januar. Es ist die Hauptspukzeit im Jahr. Erst Hakon der Gute (934–960) hat die Julzauber (u. a. Sonnenbeschwörung) auf das Weihnachtsfest verlegt.

Im deutschen Sprachraum, vor allem in Bayern und in der Oberpfalz, wird die „Luzier“ dagegen als buckliges, blutrünstiges Hexenweib gefürchtet (Bauchaufschneiderin). In Böhmen verbreitete sie in Ziegengestalt („Lucka“) mit storchschnabelähnlichem Kopf Schrecken. Dahinter verbergen sich abstruse heidnische Gottheitsvorstellungen, die eine Beschwichtigung der Dämonin durch Gedärme und Blutopfer verlangen.[11]

Unsere christlichen Weihnachtsfeiern lassen keine Verbindung zu vorchristlichen Festformen zu.[12] Der Spruchdichter Spervogel meinte mit „wihnacht“, der erstmaligen deutschen Bezeichnung, eindeutig „nox sancta“, die gottgeweihte Nacht.

Schneefall

Wie es schneit, leise schneit,
Jede Flocke pflügt die Zeit
Himmelhoch hernieder.
Aberhundert fielen schon
Und mit Flockenglockenton
Hallt die Stille wider.

Wo du gehst, wo du stehst,
Ob du dich im Kreise drehst,
Einsam lauscht die Stunde.
Auch die Spur löst sich nur
In der abgeschiednen Flur
Wie dein Hauch vom Munde.

Und es schneit, ach es schneit
Und die Welt will traumbereit
Halde, Hof und Hafen,
Weiß vom Flockensturm umdräut,
Bis das Licht sich tief erneut,
Schlafen, nichts als schlafen.

Friedrich Bischoff

Spur im Neuschnee.

Der zweifache Lichterkranz um den Brunnenstock in Michelstadt (Odenwald) erinnert in abgewandelter Form eher an die Kerzenkrone der Lucia als an den Adventskranz mit nur vier Kerzen.

Thomastag (21. Dezember)

Ähnlich wie am Andreastag verhielt es sich mit dem Thomastag. Auch der 21. Dezember war ein Tag, an dem Losbräuche geübt wurden. In heidnischer Zeit war die Nacht der Sonnenwende angefüllt mit Opferfeiern. Das „Losen" im Sinne von Vorhersehen oder Wahrsagen wurde z. B. auch durch das Trocknen von Leinsamen im Backofen geübt, der – unter dem Kopfkissen verborgen – den Zukünftigen im Traum erscheinen lassen sollte. Liebeszauberbräuche gehörten zur Thomasnacht.[13]

Am Tag des sprichwörtlich „ungläubigen" Thomas war „Dingtag", an dem die bei der Herrschaft angestellten Hofbediensteten über Rechte und Pflichten aufgeklärt wurden.

Die Dienstverträge, die nur per Handschlag abgeschlossen wurden, mußten bis Neujahr neu geregelt werden. Das wenige an Besitz konnten die Dienstmädchen und Mägde sozusagen in der Schürze mitnehmen. Man spricht in Hessen von den sogenannten „Schürztagen" oder „Scherztagen".

In christlicher Zeit sah man in der längsten dunklen Nacht des Jahres ein Sinnbild für den beginnenden Wiederaufstieg der „Sonne der Gerechtigkeit".

Laterne im „Haus der Stille".

Adam und Eva (24.Dezember)

Der 24. Dezember wurde schon in frühchristlicher Zeit mit den Namen des ersten Menschenpaares Adam und Eva in Verbindung gebracht. Die aus dem Paradies vetriebenen Menschen, die selbst wie Gott sein wollten, wurden als Urentwurf göttlichen Schöpfungswillens in Christus noch einmal der Menscheit vorgestellt. Jesus muß somit als der zweite Adam verstanden werden. Insofern ist es verständlich, daß am Geburtstag Jesu an Adam und Eva erinnert werden soll.

Stephanstag (26. Dezember)

Das vielfältige Brauchtum, das sich um den ersten christlichen Märtyrer gebildet hatte, ist heute fast vergessen. Stephanus, einer der sieben Armenpfleger der jungen christlichen Gemeinde in Jerusalem und zum Verkündigungsdienst von den Aposteln geweiht, besaß Gaben des Heilens und eine große Kraft der Glaubensüberzeugung. Er wurde von radikalen jüdischen Priestern genau wie Jesus der Gotteslästerung angeklagt, vor das Osttor der Stadt gezerrt und gesteinigt (Apostelgeschichte 6 und 7). Dies geschah im Jahr 40 nach Christi Geburt.

Im Volksbrauchtum wurde der Stephanstag zum Zinstag für Lehnsleute. Stephanus wird heute noch im Donaugebiet von Passau bis Wien (Stephansdom) besonders verehrt. Am 26. 12. wechselten die Pferdeknechte und Kutscher die Arbeitgeber. Stephanus wurde u. a. der Patron der Pferde. Das Pferde- und Hafersegnen wird aber kaum noch ausgeübt.

Licht

Licht scheint hell in die Dunkelheit
Licht wirkt warm in der Winterzeit
Licht gibt Trost in der Traurigkeit
Licht stiftet Freude und Fröhlichkeit
Licht ist Heimat, Geborgenheit!

Eugen Ernst

Des Winters Maske

Wintersturm peitscht Baum und Wald,
pudert den Zweig, hämmert den Stamm.
In toter Bewegung verharscht, Schnee verhallt;
kantig sein Atem, scharf und klamm.

Mit eisiger Faust umklammert er Leben,
pulsierend und knarrend umschlossen vom Eis.
Aufs Grünen und Wachsen, Hoffen und Streben
in abweisender Stille – der Wald in Weiß.

Noch fest im Griff der rauhen Krieger,
kein Hauch bewegt die kalte Pracht.
Gepanzert der Arm sicherer Sieger –
die klirrende Phalanx der starrenden Macht.

Cosmo Politoff

Licht schafft Orientierung im Nebel und Rettung aus Dunkelheit. Mühle über dem Teich im Hessenpark.

Die vorweihnachtlichen Hauptfiguren: Nikolaus und Knecht Ruprecht

Dem von Folterleiden gezeichneten Bischof Nikolaus ist Tilmann Riemenschneider in einer Holzplastik künstlerisch am nächsten gekommen (unten).
Mitte: Frans Pourbus (1545 –1581) malte Nikolaus mit den wieder ins Leben gerufenen Jünglingen.
St. Nikolausfahne in Kalkar (rechts).

Beide Gestalten des 6. Dezember überragen und überlagern in der Advents- und Weihnachtszeit alle anderen „Volksheiligen" im Brauchtum. Allerdings sind auch bei ihnen manche Vorstellungsformen bis zur Unkenntlichkeit ineinander verwoben. Beide Figuren verschmelzen im heutigen Traditionsbewußtsein nahezu völlig.
Der beliebte Bescherheilige Nikolaus wird meist in der Figur des Weihnachtsmannes als Lebkuchen- und Schokoladenmodell selbst ein Bescherobjekt, und was von ihm übrig bleibt, wird nach Neujahr in Osterhasenformen umgeschmolzen. Der Markt hat sich seiner total angenommen und ihn in geldschaffendes Warenbrauchtum umgemünzt. Beide Figuren, der heilige Nikolaus wie der vorchristliche Knecht Ruprecht, die sich im „Weihnachtsmann" vereinen, werden zum Teil schon ab Oktober in den Supermärkten angeboten. Was steckt hinter den beiden Namen?
Bei dem Heiligen Nikolaus handelt es sich zu allererst um den Bischof der kleinasiatischen Stadt Myra, der als Wunderheiliger und als Wohltäter legendär stark umgeschrieben wurde. Historisch scheint seine Verfolgung und Mißhandlung um das Jahr 310 als gesichert. Der von der römischen Folter gezeichnete Bischof wurde durch sein Engagement für den Kirchenlehrer Athanasius auf dem berühmten Konzil von Nicäa im Jahre 325 bekannt. Dort hatte er sich vehement für die Lehre von der Dreieinigkeit gegen die Leugnung der Gottessohnschaft Jesu durch Areanus eingesetzt– angeblich sogar handgreiflich.

Schon um 980 wurde der heiliggesprochene Nikolaus am Niederrhein verehrt (Nikolauskapelle auf der Schwanenburg in Kleve). 1087 wurden die Gebeine des Bischofs nach Bari an der Adriaküste Apuliens überführt und in der dort neu errichteten Nikolauskirche beigesetzt. Offenbar waren sie jedoch aus dem Kirchengebiet Ostroms (Byzanz) geraubt, unterwegs nach Bari in Küstenorten zum Teil als Reliquien verkauft und nur in „Bruchstücken" nach Unteritalien gebracht worden. Damals müssen die Erzählungen um den heiliggesprochenen Nikolaus bereits eine volksbewegende Wirkung gehabt haben.

Nikolaus rettete angeblich ein Segelschiff im Sturm, und er rettete auch die von Piraten abgeschnittene Hafenstadt Myra vor dem Hungertod oder der Sklaverei, indem er das ganze Kirchengerät „versilberte" und damit die Durchfahrt ägyptischer Getreideschiffe erkaufte. Ein andermal soll er drei Töchter eines verarmten Kaufmanns, der sie nicht zur Heirat ausstatten konnte, vor dem sündigen Geldverdienen im Freudenhaus bewahrt haben. Er schenkte das nötige Geld. Und wieder einmal erkannte er in dem Fleisch, das ihm ein Herbergswirt auf einer Reise vorsetzte, daß es von Menschen stammte. Er erweckte die von dem Wirt zerstückelten drei Jünglinge im Salzfaß, die sich auf der Wanderschaft befunden hatten, zum Leben.[14] So könnte man noch eine Weile fortfahren zu erzählen.

Als sein Todestag gilt der 6. Dezember um das Jahr 350. Nikolaus wurde zum Schutzheiligen der Seeleute und Flußschiffer (auch Brückenheiliger), zum Wohltäter der Armen und zum Freund der Jugend. Die Legenden verbreiteten sich seit seiner Beisetzung in Bari wie ein Lauffeuer durch die romanische Welt Italiens und Frankreichs. Um 1300 erreichten sie auch Deutschland und wurden hier schnell in das Weihnachtsbrauchtum unter Einbeziehung vorchristlicher Versatzstücke übernommen.[15]

Hans Trapp oder Hans Muff (Muff = Hängemaul) oder wie auch immer die dunklen Poltergeister aus den Rauhnächten Wotans landschaftlich genannt wurden, sie hatten fortan als die zum Unheiligen verdammten (Angstmacher) und nun „gezähmten" Gehilfen dem im Bischofsornat auftretenden Heiligen Nikolaus zu dienen. Ihre in Hessen erhaltenen Namen wie „Pelznickel" oder „Aschenklaas" zeigen deutlich ihr Angewiesensein auf den alles beherrschenden Heiligen Nikolaus.[16]

Zwar ist der Nikolaustag mit Geschenken und mit der Rute noch als Brauch aktuell, er hat aber viel an Poesie – auch für die Kinder – verloren. Im hessischen Spessart wurden bis vor nicht allzulanger Zeit Hefeteig-Hasen für die Buben und Puppen für die Mädchen von den Paten geschenkt. In der Schwalm erschien der „Herrscheklaas" oder das „Nikläschen" engelgleich in ein weißes Gewand gekleidet sozusagen direkt vom Himmel, um Äpfel, Nüsse und Backwerk zu verteilen.[17] „Nikolaus, komm in unser Haus ..."

In Hessen ist nicht überall wie im Alpenraum die ganze Familie versammelt, wenn der Nikolaus kommt. Vom Niederrheingebiet ging offenbar die Sitte aus, Pantoffeln, Strümpfe oder Teller am Abend des 5. Dezember vor die Türe zu stellen, um Süßigkeiten etc. aufzunehmen.[18]

In katholischen Gegenden tritt der Bescherheilige heute noch – oder wieder – in seinem Bischofsornat auf.

Der Kinderfresser. Augsburger Bilderbogen 1750.

Nikolaus mit seinem Gehilfen Knecht Ruprecht, dem gebändigten und zum Dienst verpflichteten Bösen mit Teufelshörnern.

Eine dieser finsteren Knechtsgestalten, die dem Heiligen hörig und dienstbar zu sein hatten, ist der „Rauhe Percht" (Ruprecht). Hier liegt die Erinnerung an die Perchtengestalt aus der heidnischen Zeit vor, die das üble Geschäft des Strafens zu übernehmen hatte. In unserer heutigen Vorstellung ist es der Knecht Ruprecht, der die Rute schwingt und einen Sack oder eine Kiepe trägt, worin böse Kinder verschwinden, oder aus denen gute Gaben verteilt werden. Der an die Kette gelegte alte Unhold besitzt nur noch Knechtsfunktionen, wird aber gelegentlich noch mit Teufelshörnern dargestellt.[19]

Die Popularität seines Herrn, des Heiligen Nikolaus, überstrahlte offenbar die Schreckgestalt so sehr, daß er 1535 sogar Luthers Kinder beschenken durfte. Nikolaus trat also im Haus des Reformators auf, der dem Mißbrauch des „Heiligenwesens" eigentlich ein Ende bereitet hatte.

Gegenüber dem Nikolaus und dem Knecht Ruprecht setzten sich in den protestantischen Ländern und Städten jedoch allmählich die Lehren der streng auf Weihnacht orientierten Reformation durch. Es kam nur noch die biblisch zu rechtfertigende Verehrung des „Heiligen Christ" in Frage. Nikolaus hatte scheinbar ausgedient.

1570 wurde in dem evangelisch gewordenen Straßburg der Nikolausmarkt in einen Weihnachts- oder Christkindlmarkt verwandelt. Ruprecht blieb jedoch als Strafgestalt erhalten. Er begann an Weihnachten sozusagen als angstmachender Vorbote des „Christkindes" aufzutreten oder gabenheischende Sängertrupps anzuführen.

Die Lärmumzüge zum Teil mit vielen „Kläusen" in Fastnachtsmasken zeigten später wieder altheidnische Elemente. Als im 17. Jahrhundert jedoch Auswüchse in Erscheinung traten, als Ruprecht wieder dämonische Züge annahm, wurden seitens der Obrigkeit sogar Verbote fällig. Er galt als Kinderfresser und verbreitete Angst und Schrecken.[20]

Die Reformation hatte im 16. Jahrhundert viele dieser abartigen Sitten zurückgedrängt. Da jedoch der Sittenverfall des Dreißigjährigen Krieges offenbar nicht so schnell zu stoppen war, tauchten die Negativschablonen des Knecht Ruprecht erneut auf.[21] Erst im 18. und 19. Jahrhundert gelang es, den Knecht Ruprecht (Klaaskerl, Christnickel, Klausohm etc.) zu entdämonisieren und ihn eher als Spaßmacher zu akzeptieren. Der Nikolausbrauch, der in protestantischen Ländern fast ausgestorben war, erschien im 19. Jahrhundert erneut. Die neutrale Figur des „konfessionslosen" Weihnachtsmanns kam in Mode. Sie geriet sogar ins Naschwerk, was die Schottener Nikolauswecke beweisen. Um 1900, so berichten Bäcker aus dem Gießener Raum, konnten sie nicht genug „Nikelsmänner", d. h. Hefeteig-Nikolause mit Rosinen herstellen.[22] Seit den 20er und 30er Jahren wurden sie weithin von Schokolade-Weihnachtsmännern verdrängt.

In den Bescherzeremonien im protestantischen Deutschland nahm der „Heilige Christ" die führende Rolle, nämlich die des hier nicht geduldeten Nikolaus an. Das „Christkindchen" trat nicht nur in Hessen als alleinige Beschergestalt am Heiligen Abend auf.[23] 1863 gingen in Hessen gebietsweise Nikolaus und ein Engel gemeinsam zur Bescherung der Kinder. In Braunfels ist diese Symbiose als „Christnikel" bekannt.

Meist handelte es sich bei dem „Christkind", das zeitlich entfernt vom 6. Dezember, nämlich an Weihnachten auftrat, um eine weißgewandete junge Frau mit weißem Vorhangstoff vor dem Gesicht. Hier und da war es sogar mit Flügeln versehen. Aber auch das „Christkind", das allein das Gute zu verkörpern hatte, kam offenbar ohne das Strafen nicht ganz aus. Es mußte unter Umständen selbst zur Rute greifen. Gleichviel, man „bekam sein Christkindchen", sein Weihnachtsgeschenk.

Ganz sind die alten Strafgestalten – insbesondere in abgelegenen Gebieten – nicht ausgelöscht. Im Schlierbachtal (Odenwald) ist die Erinnerung noch wach an das Christkind als „Trachtenbraut", an den Pelznickel und den „polischen Bock". Dieses neuerdings wieder belebte Brauchtum zeigt, wie sehr christliche und heidnische Elemente miteinander verbunden sind. In anderen abgelegenen Gebieten waren sogar Figuren wie der „Wurst- oder der Krautnickel" bekannt, der bei Hausschlachtungen mittels lustiger Heischeverse Gaben erbettelte.

Im Odenwald, vor allem in den Ortsteilen von Lindenfels sind die alten Brauchtumsgestalten Benznickel, Trachtenfrau (Christkind), Mehlweibchen, Stoppelgans und Bolisbock erhalten. Ein nicht geringes Interesse zeigt dabei das Lindenfelser Kur- und Touristikzentrum an der Neubelebung der alten Spuk- und Sagengestalten bei der herbstlichen Nachfeier zum Burgfest und am Weihnachtsmarkt. Nach der Darstellung der Trachtenspezialistin Dina Pfeiffer ergeben sich folgende Merkmale: *Der Benznickel trug einen Mantel aus Schafsfell,*

Nikolausweck aus Schotten.

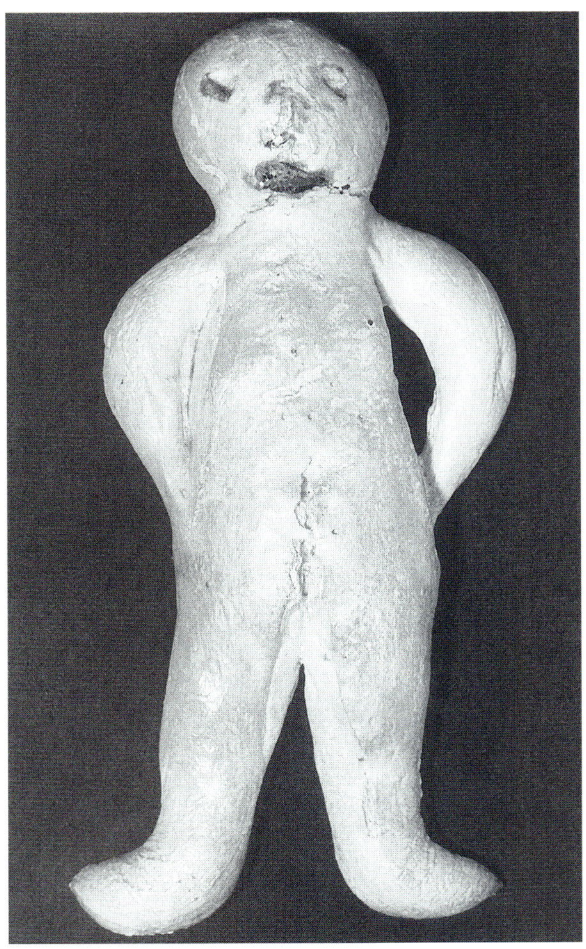

Lauterbacher Nikolaus.

Christkind am Heiligen Abend in Schlossau (Odenwald) 1969.

(In meiner Kindheit kam der Benznickel noch in dieser Kleidung. Das Christkind war aber ganz weiß angezogen, es war mehr eine Engelsgestalt.)
Nach den Erzählungen älterer Leute kam in alten Zeiten das Mehlweibchen. Es war ganz in weiß gekleidet, weißes Kopftuch, mehliges Gesicht. In den Händen zwei lange Kochlöffel, die es ständig zusammenschlug, um die bösen Geister zu vertreiben.
Die Stoppelgans: ein großer Kopfkissenbezug, mit einem Kissen ausgestopft, wurde auf den gebückten Rücken eines Mädchens aufgebunden. Der Kopf wurde mit eingebunden. Es waren nur die Beine zu sehen. Das war eine gansähnliche, aber komische Figur. Der Name „Stoppelgans" liegt darin begründet, daß die Gänse nach der Ernte auf die Stoppelfelder geführt wurden, um die ausgefallenen Körner aufzupicken, wovon sie dick und rund wurden. Die ganzen Ähren, die auf dem Felde liegen blieben, wurden vorher von den Kindern aufgelesen, „gestoppelt".
Nun kam der Bolischbock dazu. Zu seiner Herstellung diente eine Schüttgabel aus Holz, mit der wie ihn die Schäfer trugen, mit einer Kette gegürtet. Auf dem Kopf den Dreispitz. Ein langer Bart zierte sein Gesicht. Über die Schultern ein Sack mit Äpfeln und Nüssen. In der Hand einen dicken Prügel, oftmals ein Futterstampfer oder eine Rute aus Birkenreisern. Polternd und kettenklirrend kam er zur Tür herein, fiel hin und leerte seinen Sack aus, wälzte sich auf dem Boden, und wenn die Kinder Nüsse und Äpfel auflasen, dann schlug er mit der Rute oder drohte sie in den Sack zu stecken. Auch Erwachsene bekamen ihr Teil ab. Unter Poltern und Tanzen verschwand er dann wieder.
Die Trachtenfrau war in Tracht gekleidet. Auf dem Kopf ein Tragekissen, den sogenannten „Wisch". Daran waren bunte Trachtentücher und Rockenbänder befestigt, die den ganzen Oberkörper und das Gesicht verhüllten. Unter dem Arm trug sie einen länglichen geflochtenen Korb mit Lebkuchen und Gebildbroten. Sie teilte ihre Gaben aus, manchmal war auch etwas Besonderes dabei, eine Puppe aus Stoff oder ein Gäulchen aus Holz, zur Freude der Kinder.

Lindenfels in der Weihnachtszeit.

Heu aufgeschüttet wurde. Über die Verzweigung der Gabel wird ein Leintuch, das kopfähnlich ausgestopft ist, gezogen. Das Gesicht wird aus rotem und schwarzem Stoff gefertigt. Schwarze Ohren und Augenbrauen, rote Augen und Nase. Langer schwarzer Bart, darüber hängt eine lange rote Zunge aus einem breiten Maul. Die Gabelenden bilden die Hörner und sind rot und schwarz umwickelt. Ein Bursche trägt den Kopf in der Gabel und wird mit dem übrigen Teil des Leintuches eingehüllt.

Eine genaue Deutung dieser Wintergestalten kann heute niemand mehr geben. Man kann nur vermuten, daß diesen vorchristlichen Gestalten die Abwehrfunktion gegen den unheimlichen Winter oblag, denen später christliche Sinndeutungen unterlegt wurden.

Der Heilige Nikolaus verschmolz seit der ersten Hälfte des 19. Jahrhunderts endgültig mit der Ruprecht-Figur zum sogenannten Weihnachtsmann. Dieser zeigte dann beide Seiten der Medaille: die gute sowohl als auch die bedrohliche Partie. Der Weihnachtsmann wird froh erwartet und von den Kindern doch mit dem gebührenden Respekt empfangen. Für ihn haben sie zu „singen" und zu „sagen", d. h. auswendig zu lernen und vorzutragen. Da der Weihnachtsmann, alias Nikolaus, alias Knecht Ruprecht nicht überall sein kann, wirft er seine Gaben durch den Schornstein und füllt bereitgestellte Schuhe und Strümpfe an der Tür, am Bett oder in Schiffchen (eine Erinnerung an den Schutzheiligen der Schiffer).

Beschwörungstanz um die Wintergeister. Prager Brauchtumsgruppe am 20.12.1992 im Hessenpark.

Brauchtumsfiguren der Lindenfelser „Wintergeister": Bolischbock, Stoppelgans, Benznickel, Trachtenfrau, Mehlweibchen.

Der mit Schutzdach und rauchendem Schlot gezeichnete „Herr Winter" von Moritz v. Schwind trat mit Schlittschuhen auf gefrorenem See auf.

Der mit Kapuzenmantel und Tannenbäumchen „weiterentwickelte Herr Winter" wurde Vorbild für den „Weihnachtsmann". Moritz v. Schwind 1845.

Der Weihnachtsmann wurde um 1820/30 als gabenbringende und zugleich respekteinflösende Figur von einem deutschen Künstler geschaffen. Die Funktion der Schreckgestalt wurde ihm dabei weitgehend genommen, was auch nicht mit dem Geist der Nachromantik zu vereinbaren gewesen wäre. Er wurde sozusagen entmythologisiert, aber nicht ganz entzaubert. Entsprechende Gedichte von Heinrich Hoffmann von Fallersleben halfen, den Begriff „Weihnachtsmann" populär zu machen, z. B. „Morgen kommt der Weihnachtsmann ..."

Sein roter Kapuzenmantel, seine schweren Stiefel, die Rute und der Sack erinnern entfernt an den furchterregenden Knecht Ruprecht, sein weißer Bart jedoch eher an die volkstümliche Vorstellung von Gott-Vater.

Vorbild war die Darstellung des „Herrn Winter" durch den jungen Moritz von Schwind, der 1825 einen holzsammelnden pfeifenrauchenden alten Mann auf Schlittschuhen und mit einer dachförmigen Kopfbedeckung gezeichnet hatte. 20 Jahre später malte Schwind die Weihnachtsgestalt etwa so, wie sie sich bis heute erhalten hat. Durch den „Münchner Bilderbogen" und die „Gartenlaube", die „Massenblätter" des 19. Jahrhunderts, wurde dieses Bild rasch im Volk verbreitet.[24]

Die neuzeitlichen Drucktechniken, insbesondere die farbigen Bilder auf Lebkuchen, sorgten für eine nahezu allgemeingültige, bis heute wirksame Vorstellung vom idealen Weihnachtsmann. Heute kommen die Weihnachtsmärkte, aber auch diesbezügliche Vereinsfeiern ohne die klischeehaft – nahezu uniform – verkleidete Gestalt des Weihnachtsmannes nicht mehr aus. Teilweise geht die Werbung respektlos, ja geschmacklos mit ihm um. Theodor Storm, dem volksnahen Dichter aus dem

Knecht Ruprecht

*Von drauß' vom Walde komm ich her;
Ich muß euch sagen, es weihnachtet sehr!
Allüberall auf den Tannenspitzen
Sah ich goldene Lichtlein sitzen;
Und droben aus dem Himmelstor
Sah mit großen Augen das Christkind hervor,
Und wie ich so strolcht durch den finstern Tann,
Da rief's mich mit heller Stimme an.
„Knecht Ruprecht", rief es, „alter Gesell,
Hebe die Beine und spute dich schnell!
Die Kerzen fangen zu brennen an,
Das Himmelstor ist aufgetan,
Alt' und Junge sollen nun
Von der Jagd des Lebens einmal ruhn;
Und morgen flieg ich hinab zur Erden,
Denn es soll wieder Weihnachten werden!"
Ich sprach: „O lieber Herre Christ,
Meine Reise fast zu Ende ist;
Ich soll nur noch in diese Stadt,
Wo's eitel gute Kinder hat."
– „Hast denn das Säcklein auch bei dir?"
Ich sprach: „Das Säcklein, das ist hier;
Denn Äpfel, Nuß und Mandelkern
Fressen frommme Kinder gern."
– „Hast denn die Rute auch bei dir?"
Ich sprach: „Die Rute, die ist hier;
Doch für die Kinder nur, die schlechten,
Die trifft sie auf den Teil, den rechten."
Christkindlein sprach: „So ist es recht;
So geh mit Gott, mein treuer Knecht!"
Von drauß' vom Walde komm ich her;
Ich muß euch sagen, es weihnachtet sehr!
Nun sprecht, wie ich's hierinnen find!
Sind's gute Kind, sind's böse Kind?*

Theodor Storm

Nikolaus alias Knecht Ruprecht am „Nikolausabend" um 1850. Ludwig Richter.

Der gabenbeladene Nikolaus auf einem Lebkuchen.

nördlichsten Deutschland, war die Weihnachtszeit nicht nur für Kinderherzen sehr wichtig. Er hat mit seinem Gedicht den „Knecht Ruprecht" den „alten Gesell" sozusagen in die Nikolausfigur verlegt und als himmlischen Abgesandten geradezu hoffähig machen helfen.

Der Nikolaus in der Werbung: Oben rechts: Nikolaus hütet die Geschenke und schüttet Golddukaten aus. Oben: Nikolaus wirbt für Winterreisen in wärmere Gefilde. Unten rechts: Nikolaus als Lichtfigur im Hof eines irischen Mitbürgers. Unten: Nikolaus als „Kraftmeier“.

Heinrich Hoffmann

Der Struwwelpeter

„Habent sua fata libelli!" Bücher haben ihre Schicksale! – und dies gilt in vollem Maße von dem kleinen bunten Hefte.
In den Jahren 1840 bis 1843 hatte ich sehr viel der poetischen Produktion gefrönt und wenn auch meine Sachen nur einen bescheidenen Erfolg hatten, so muß ich doch gestehen, daß dies die glücklichsten Jahre meines Lebens waren. Ich hatte von je ein schlechtes Gedächtnis und kann noch nicht und konnte niemals nur vier Zeilen des von mir geschriebenen im Gedächtnis behalten. Wenn ich nun ein Lied oder eine Ballade geschrieben hatte, so steckte ich das Blatt in die Westentasche, ging hinaus vor die Stadt, las und besserte mein Opus und hatte meine reine Herzensfreude daran. Nun ließ ich im Jahre 1842 die Gedichte drucken und bei Sauerländer hier erscheinen. Ein paar gute Kritiken wohlwollender Freunde und ein sehr geringfügiger Absatz waren die Folge. Von Honorar konnte natürlich gar keine Rede sein. Ich aber pfiff und sang, skandierte und reimte fröhlich darauf los und war guter Dinge.
Im Winter nun versuchte ich mich mit einem etwas größeren Wurfe. Ich war nie ein Freund der systematischen Philosophie; Schelling hatte uns die Naturphilosophie gebracht, und als ich nun Hegels Naturphilosophie in die Hände bekam, da standen mir förmlich die Haare zu Berg; ich wollte dem Unsinn in aristophanischer Schärfe zuleibe gehen und schrieb: „Die Mondzügler". Ich habe mir alle Mühe gegeben und mit viel Liebe daran gefeilt. Es war hie und da gelobt, aber die Form ist keine für einen größeren Leserkreis. Ich mußte, da ich ein Halbpartgeschäft mit dem Verleger gemacht hatte, schließlich etwa 80 Gulden Druckkosten zahlen. –
Der Erfolg kommt immer da, wo wir ihn am wenigsten erwartet hatten. –

Der strafende Nikolaus. Aus „Der Struwwelpeter" von Heinrich Hoffmann.

Wir hatten im Jahr 1843 die Wohnung an der Brücke verlassen und waren in das neuerbaute Haus des Ratsmitgliedes Herrn Ohlenschlager in der Nähe am neuen Mainquai gezogen. Anfangs bewohnten wir den ersten und dritten Stock des Hauses, später den zweiten und dritten Stock; es waren im ganzen 7 Stuben und Küche. Am 11. Dezember des Jahres 1844 nun schenkte mir meine Frau das zweite Kind, unsere Tochter Lina. Um diese Zeit wollte ich unserem Sohne Carl die Weihnachtsbescherung vorbereiten, und suchte in den Buchläden nach einem Bilderbuch, wie es für einen solchen kleinen Weltbür-

ger sich schicken mochte; aber alles, was ich da zu sehen bekam, sagte mir wenig zu. Endlich kam ich heim und brachte ein Heft mit, welches ich meiner Frau mit den Worten überreichte: „Hier habe ich, was wir brauchen.“ Verwundert öffnete sie die Blätter und sagte: „Das ist ja ein leeres Schreibheft!“, worauf sie die Antwortung erhielt: „Jawohl, aber da will ich dem Jungen schon selbst ein Bilderbuch herstellen!“
Ich hatte in den Buchläden allerlei Zeug gesehen, trefflich gezeichnet, glänzend bemalt, Märchen, Geschichten, Indianer- und Räuberszenen; als ich nun gar einen Folioband entdeckte mit den Abbildungen von Pferden, Hunden, Vögeln, von Tischen, Bänken, Töpfen und Kesseln, alle mit der Bemerkung 1/3, 1/8, 1/10 der Lebensgröße, da hatte ich genug. Was soll damit ein Kind, dem man einen Tisch und einen Stuhl abbildet? Was es in dem Buche sieht, das ist ihm ein Stuhl und ein Tisch, größer oder kleiner, es ist nun einmal ein Tisch, ob es daran oder darauf sitzen kann oder nicht, und von Original oder Kopie ist nicht die Rede, von größer oder kleiner vollends gar nicht.
Das Kind lernt einfach nur durch das Auge, und nur das, was es sieht, begreift es. Mit moralischen Vorschriften zumal weiß es gar nichts anzufangen. Die Mahnung: sei reinlich! sei vorsichtig mit dem Feuerzeug und laß es liegen! sei folgsam! – das alles sind leere Worte für das Kind. Aber das Abbild des Schmutzfinken, des brennenden Kleides, des verunglückenden Unvorsichtigen, das Anschauen allein erklärt sich selbst und belehrt. Nicht umsonst sagt das Sprichwort: „Gebrannter Finger scheut das Feuer.“
Ich machte mich nun in freien Stunden ohne viel Vorbereitungen ans Werk, hatte aber leider nicht bedacht, daß die Arbeit viel Zeit und Mühe erforderte, und mehrmals verwünschte ich es, die Geschichte angefangen zu haben. Ich hatte zu den Versen und den Zeichnungen dieselbe Feder und dieselbe gewöhnliche Tinte benutzt; als ich nun an das Kolorieren ging, flossen die Konturen in die Farben. Nun, was tat es! Es mußte fortgefahren werden! Damals hielt ich fest an dem Grundsatz: Begonnenes muß fertig gemacht werden! Ich hatte schon öfters im

Mit Heinrich Hoffmann auf dem Frankfurter Weihnachtsmarkt um 1850.

Leben unangenehme Folgen des Gegenteils an mir selbst erlebt. Die Bilder zeichnete ich leicht in flüchtiger Weise, und die kindlichen Verse fügten sich folgsam in kecken Reimen einer an den anderen, und so war das Ganze fertig.
So ganz aus der Luft gegriffen war übrigens die Geschichte doch nicht, ein und das andere war doch auf praktischem Boden aufgewachsen, so namentlich der Hauptheld. Als Arzt bin ich oft einem störenden Hindernis bei der Behandlung kranker kleiner Kinder begegnet. Der Doktor und der Schornsteinfeger sind bei Müttern und Pflegerinnen zwei Popanze, um unfolgsame Sprößlinge zu schrecken und zu bändigen. „Wenn du zu viel issest, kommt der Doktor und gibt dir bittere Arznei oder setzt dir Blutegel an!" Oder: „Wenn du unartig bist, so kommt der schwarze Schlotfeger und nimmt dich mit!" Was folgt dann? Sowie der Doktor an das Bett des kleinen Patienten tritt, weint, brüllt, schreit dieser mörderlich. Wie soll man da die Temperatur prüfen, wie den Puls fühlen, wie den Leib betasten! Stundenlang dasitzen und abwarten, bis der Tumult sich gelegt hat und der Ermüdung gewichen ist, kann man auch nicht!
Da nahm ich rasch das Notizbuch aus der Tasche, ein Blatt wird herausgerissen, ein kleiner Bube mit dem Bleistift schnell hingezeichnet und nun erzählt, wie sich der Schlingel nicht die Haare, nicht die Nägel schneiden läßt; die Haare wachsen, die Nägel werden länger, aber immer läßt er sich dieselben nicht schneiden, und immer länger zeichne ich Haare und Nägel, bis zuletzt von der ganzen Figur nichts mehr zu sehen ist als Haarsträhne und Nägelklauen. Das frappiert den kleinen Desperaten derart, daß er schweigt, hinschaut, und mittlerweile weiß ich, wie es mit dem Pulse steht, wie seine Temperatur sich verhält, ob der Leib oder die Atmung schmerzhaft ist – und der Zweck ist erreicht.
Als das Buch fertig war bis auf das letzte Blatt, da war auch mein Bilderschatz zu Ende. Was sollte ich nun auf dies letzte leere Blatt bringen? Ei nun, da setzen wir den Struwwelpeter hin! So geschah es, und deshalb stand dieser Bursche in der ersten Auflage des Buches auf der letzten Seite. Aber die Kinderwelt traf das Rechte und forderte das Buch einfach: „Ich will den Struwwelpeter!" Nun rückte das Blatt auf den Ehrenplatz vorn, und der frühere Titel machte dem jetzigen Platz. Also hieß es auch hier: „Die Letzten sollen die Ersten werden!"
Das Originalexemplar kam auf den Weihnachtstisch, mein Söhnchen hatte seine helle Freude daran. Nach einigen Tagen fand die Taufe des Mädchens statt, und da bekamen auch die eingeladenen Familienmitglieder des Vaters Wunderwerk zu sehen. Nun hieß es hier: „Das mußt du drucken lassen; das darf der Junge nicht, wie zu erwarten ist, in ein paar Tagen zerreißen!"
Ich aber lachte und frug, ob man denn von mir erwarten könne, daß ich ein Kinderbilderbuchfabrikant werde.

Nikolaus (= Weihnachtsmann) mit Esel im Hessenpark.

Karl Paetow

Der Weihnachtsmann

In diesem Jahr waren meine Eltern aus dem Landstädtchen Fürstenwalde an der Spree nach Kassel an der Fulda übergesiedelt. In der Hohenzollernstraße Nr. 90 richteten sie wieder ein Uhren- und Schmuckgeschäft ein. Wir wohnten damals hinter dem Laden in beängstigend hohen Räumen. Wenn man an die Decke sah, so konnte einem schwindlig werden. Dazu hatten wir ein düsteres sogenanntes Berliner Zimmer, in dem man wohl tanzen aber kaum lesen konnte.

In jenen Weihnachtstagen galt es einfach als selbstverständlich, daß der Weihnachtsmann vor dem heiligen Weihnachtsfeste schon erschien. Er kam in Kassel am Nikolausabend, den sie dort den Klowesabend nennen. Dann laufen überall die gabenheischenden Klöwesse, die Kinder als Nikoläuse verkleidet, durch die Straßen. Aber der richtige Weihnachtsmann will nichts haben, der bringt selber den Kleinen schöne Sachen, jedenfalls in den meisten Fällen. Meine erste Begegnung mit diesem himmlischen Waldbruder geschah noch in Fürstenwalde. Sein Poltern und Stampfen, sein Schelten und Rummeln war für mein Kinderherz damals so furchtbar gewesen, daß mir der Schrecken in alle Glieder fuhr, daß ich vor Furcht zitterte, schrie, davonlief und mein Vater mich in die Arme nehmen und mit mir in ein Nebenzimmer fliehen mußte. Obschon er sorgfältig die Türe abschloß, war ich noch immer so außer mir, daß geradezu krankhafte Folgen befürchtet werden mußten. Als dann das erste Weihnachtsfest in Kassel heranrückte, da hatte sich mein Geist schon mehr gefestigt, und meine Eltern hatten mir inzwischen viel Liebes vom Weihnachtsmann erzählt. Ich wußte nun, man brauchte gar keine Angst vor ihm zu haben. Ich hatte inzwischen ein Gebet erlernt, das ich ja hersagen und mit dem ich seine Güte und Liebe beschwören wollte. Und dann war es ja auch so üblich, daß er den artigen Kindern immer etwas Schönes mitbrachte.

So war denn der geheimnisvolle Nikolausabend herangekommen. Da pochte es an der Schwelle, es rumpelte auf dem Vorplatz herum, es trappte daher mit schweren Schritten. Die Türe klappte auf und siehe da, der Weihnachtsmann erschien mit seinem langen, weißen Bart. Und was hatte er in seiner Hand? Er trug nicht nur einen Sack voller Pfefferkuchen, Äpfel und Nüsse, o nein, in der Hand trug er, statt einer Rute, ein wirkliches und leibhaftiges Tannenbäumchen mit brennden und leuchtenden Lichterkerzen darauf. Und er kam dann zu uns herein in die Stube und fragte in ganz freundlichem Ton, ob wir Kinder auch beten könnten. O ja, das konnten wir ja nun. Meine Schwester und ich falteten unsere kleinen Hände und stammelten unsere Gebetlein daher. Und der Weihnachtsmann nickte ganz aufmunternd dazu. Aber dann fragte er: „Ja, Kinderlein, wer von euch beiden will denn diesen Tannenbaum haben?" „Ich!" rief ich sofort, damit ja nicht meine Schwester noch vor mir danach greifen könnte. Ich hatte das große Glück und bekam den Wunderbaum als Geschenk. Welch eine Freude war das für mein kleines Herz. Aber in diese Freude fiel auch ein Wermutstropfen. Denn als der Weihnachtsmann seinen Sack in der Stube ausschüttete und wir unseren Anteil unter dem Sofa und unter dem Tisch zusammengelesen hatten, da bemerkten wir zu unserem Schrecken, daß er noch einen Rucksack aufgehuckt hatte. Und in diesem Sack steckte doch wahrhaftig einer von den bösen Jungen aus unserer Nachbarschaft. „Ja", sagte der Weihnachtsmann, „das ist ein ganz mißratener Bube, den konnte ich nun wirklich nicht zu Hause bei seinen Eltern lassen. Den nehme ich einfach mit." Und die Beine guckten heraus, die Strümpfe an den dünnen Waden, die kleinen Schuhe, es war alles so natürlich. Hier steckte also ein richtiges Kind in die-

Vielseitiger Nikolaus im heutigen Brauchtum: Eine Gruppe von Nikoläusen (Kindergärtnerinnen) bescheren eine Gemeindeverwaltung.

Nikolaus in einem „Mini-Club" (2-3jährige Kinder vor Eintritt in den Kindergarten).

sem Sack, ein Knabe, wie ich einer war. O Schreck, o Graus. Und dabei war der Weihnachtsmann doch so lieb zu uns. Dieser Junge muß doch sehr garstig und unartig gewesen sein. Da waren wir doch ganz anders! Und dann trappte der Wundermann davon und nahm auch diesen bösen Jungen mit, während wir Kinder in glückseligem Vergessen unsere Gaben aufteilen durften. Nur das Tannenbäumchen blieb mein Eigentum allein. Als wir aber am anderen Tage diesen unerhörten Vorfall mit unseren Spielkindern besprachen, da sagte ein Junge: „Das ist alles fauler Zauber. Den Weihnachtsmann gibt es ja gar nicht. Das war irgendein Onkel, der hat sich als Weihnachtsmann verkleidet!"

„Und der Junge im Sack?" rief ich triumphierend.

„Wer weiß, was das für eine Puppe gewesen ist", wollte der Ungläubige mich belehren.

Ich aber hatte inzwischen in Erfahrung gebracht, daß der Unglückliche in dem Rucksack auf der Treppe des Nachbarhauses laut geschrien und gejammert hatte. Und war das nicht der Beweis dafür, daß es wirklich einen Weihnachtsmann gab? Ein Beweis für uns, die wir doch auch schon leise Zweifel an diesem Wunder hatten! Trotz aller Einwendungen glaubte ich von diesem Augenblick an wieder fest an den Weihnachtsmann, der da alle Jahre wiederkommt, die Bösen zu strafen und die Guten zu belohnen.

Mit seinem Rentierschlitten fährt der Weihnachtsmann am Polarkreis in Lappland durch den Schnee. Während viele glauben, das sentimentale Stimmungsbild beruhe auf uralten Traditionen, wissen nur die wenigsten, daß das Rentier erst seit 1822 im Dienst des Weihnachtsmannes steht. „Erfunden" wurden die Schlittentiere von Clement Moore, einem wenig bekannten Poeten, der, basierend auf alten Überlieferungen, die Geschichte „Die Nacht vor Weihnachten" schrieb.

Lichterbrauch im Advent

Licht in der Dunkelheit

In der Zeit des zur Neige gehenden Jahres werden die Tage sichtbar kürzer und dunkler. Wenn man die Bedeutung des Lichtes in dieser Jahreszeit richtig bewerten will, muß man sich zurückversetzen in jene Epoche, in der man nicht einfach auf einen Schalterknopf drücken konnte, um Helligkeit zu erzeugen. Die Stuben unserer Vorfahren waren nur spärlich durch einen Kienspan oder eine Ölfunzel beleuchtet. Von der offenen Feuerstelle des Herdes ermöglichte glimmende Holzkohle ab dem Spätnachmittag ein wenig Orientierung. In den Ställen mußte man bis weit in das letzte Jahrhundert früh fertig werden mit melken und füttern. Da war die petroleumgespeiste Stallaterne zum Ende des 19. Jahrhunderts ein großer Fortschritt.

Man muß sich also nicht wundern, wenn in der Zeit der Wintersonnenwende eine Hoffnung keimte und man den höheren und längeren Sonnenstand herbeisehnte. Deshalb haben unsere Altvorderen dem Kerzenlicht, das erst im 19. Jahrhundert weite Verbreitung fand, in der dunklen Adventszeit eine übergroße Bedeutung beigemessen. Kerzen waren für den Normalgebrauch zu teuer und nur für ein den Alltag deutlich überhöhendes Fest im Gebrauch. Befestigt auf dem „Maien“ (immergrünes Gewächs wie Buchsbaum oder Fichte), der auf dem Gabentisch an Weihnachten stand, wurden Kerzenlichter schon zu Beginn der Neuzeit gebraucht.

Im Erzgebirge trugen tannenbaumähnliche Holzgestelle die Kerzen. In der Zeit des ausgehenden „Bergsegens“, der erschöpften Erzadern, und der dadurch hervorgerufenen bitteren Armut schuf man Leuchter, Pyramiden und Lichterkronen als Kerzenträger. Sie wurden besonders im Gebiet um Seiffen in Heimarbeit hergestellt und im Hausierhandel vertrieben, wodurch sich dieses Advents- und Weihnachtsbrauchtum mit Schwibbögen, Drehpyramiden und später auch hölzernen Nußknackern und Spielzeug allmählich in ganz

Beim Kerzenzieher im Hessenpark.

Abend im Advent, ein Dorf im Schnee.

Deutschland einbürgerte. Bis heute ist Seiffen das Zentrum dieses Handwerks.[25]
Lieselotte von der Pfalz, spätere Herzogin von Orléans, schrieb 1708 an ihre Tochter, die Herzogin von Lothringen, daß in ihrer Jugend (um 1658/60) das weihnachtliche Schloßzimmer in Heidelberg durch einen Lichterbaum erstrahlte: „... Auf den Tisch stellte man Buchsbäume und befestigte an jedem Zweig ein Kerzchen, das sieht allerliebst aus ....“[26]
Im Jahr 1801 glänzten im Festsaal des Erziehungshauses im thüringischen Schnepfenthal bei Waltershausen, wo unter der Gothaer Herrschaft Pädagogen wie Salzmann und Gutsmuths eine vorbildliche Menschenführung bewiesen, drei Lichterbäume.[27]
Eine direkte Ableitung der Lichtverehrung von den römischen Saturnalien erscheint mir kaum statthaft zu sein. Wo sollte sich im heidnischen „Germanien“ eine Erinnerung an den lichterfunkelnden Tempel des Saturn zur Zeit der Wintersonnenwende erhalten haben? Dennoch bleibt die Frage bestehen, ob derartige Lichterzeugen aus Trier, Mainz oder Köln die Epoche der Völkerwanderung überdauert haben.
Der alte Traum von einem leuchtenden Baum, einem „Feuerbaum“, ist in der hellenistischen Welt ebenso bekannt wie in den Island-Sagen. Das Kerzenlicht auf dem Kopfkranz der Lucia weist jedoch in eine jüngere, eine christlich geprägte Richtung.
Adventslichtgänge waren nicht nur im Böhmischen heimisch. Die Sehnsucht nach Licht deutet sich schon im November in den Laternenumzügen an, die am Martinstag heute auch in evangelischen Gemeinden belebt werden. Die erzgebirgischen Schwibbögen und die vielgezackten Sterne der Brüdergemeine in Herrnhut, von denen jährlich mehrere tausend Exemplare versandt werden, sind heute wichtige Lichtsymbole im Advent.
Trotz unserer elektrischen Totalbeleuchtung in Häusern, Schaufenstern und Straßen spürt der Mensch von heute den Symbolwert des Kerzenlichtes. Es macht hell und erwärmt, indem es sich selbst verzehrt, ein Bild für die verströmende Liebe Gottes, dessen Menschwerdung in dem Kind von Bethlehem „symbolisch“ an Weihnachten gefeiert wird. Jesus Christus sagt: „Ich bin das Licht der Welt, wer mir nachfolgt, der wird nicht wandeln in der Finsternis, sondern das Licht des Lebens haben“ (Joh. 8, 12).

Zündet Lichter an!
Jeden Tag, jede Stunde,
jeden Augenblick.
Selbst das kleinste
Flämmchen macht
das Dunkel der Welt
um einen Schein heller.

Thomas Creighton

Schwibbogen aus Seiffen mit dem Motiv der Christgeburt.

Ohne Licht ist kein Leben denkbar, keine Orientierung möglich, man tappt im Dunkeln. Auch im übertragenen Sinn spüren wir: ohne Licht im Herzen herrscht Verfinsterung, Resignation, Sterilität. Welche Hoffnung, wenn Licht am Ende eines Tunnels sichtbar wird! Lichtpunkte sind die Schaffens- und Bewahrensimpulse, ohne die Perspektiven nicht denkbar sind.

Kirchplatz in der Weihnachtszeit.

Lichterschmuck am Haus eines Amerikaners.

Der „Herrnhuter Stern“ über den Straßen der Brüdergemeine in der Lausitz wurde zu einem weitverbreiteten Symbol der Advents- und Weihnachtszeit. Er möchte den Weg zu dem Kind in der Krippe zeigen.

Von diesem Ahnen und von dieser Sehnsucht nach Erhellen der Finsternis rühren alle – auch die recht profanen – Bemühungen, in der Adventszeit die Straßen und Plätze durch mancherlei Lichterketten zum Leuchten zu bringen. Neuerdings entwickeln sich vielgestaltige Beleuchtungstechniken, die Fenster, ja ganze Häuser mit bunten Lichtkörpern schmücken. Es handelt sich dabei meist um Aktivitäten aus dem angelsächsisch-amerikanischen Vorstellungsbereich zur Advents- und Weihnachtszeit.
Vom Symbolwert des Kerzenlichtes her gesehen können wir uns in unserem Kulturkreis die Frage erlauben: Was wäre, wenn Advent und Weihnacht im Juli lägen wie auf der südlichen Halbkugel unserer Erde? Die Lichtsymbolik bliebe, auch wenn etwas vom Leuchtzauber verloren ginge.

Das Volk, das im Finstern wandelt, sieht ein großes Licht, und über denen, die da wohnen im finstern Lande, scheint es hell. Du weckst lauten Jubel, du machst groß die Freude. Vor dir wird man sich freuen, wie man sich freut in der Ernte, wie man fröhlich ist, wenn man Beute austeilt.

Denn jeder Stiefel, der mit Gedröhn dahergeht, und jeder Mantel, durch Blut geschleift, wird verbrannt und vom Feuer verzehrt.
Denn uns ist ein Kind geboren, ein Sohn ist uns gegeben, und die Herrschaft ruht auf seiner Schulter; und er heißt Wunder-Rat, Gott-Held, Ewig-Vater, Friede-Fürst; auf daß seine Herrschaft groß werde und des Friedens kein Ende auf dem Thron Davids und in seinem Königreich, daß er's stärke und stütze durch Recht und Gerechtigkeit von nun an bis in Ewigkeit. (Jes. 9, 1–2 und 4–6)

Die Kerze

Nein, du darfst dich nicht bewahren,
Bist du anders je erwacht,
Laß die Sterne strahlend fahren
Über deiner kleinen Nacht;

Laß getrost Äonen dauern
All dies vielgerühmte Licht,
Aber sieh mit Erdenschauern
Weißer Kerze Nachtgesicht.

Eine Dunkelheit vertreiben
Darf die Kerze, schmal und still –
Bruder, willst du anders bleiben,
Als die weiße Kerze will?

Laß der Ruhmeslast Verzeichnis
Uneröffnet, unerstrebt,
Da der Kerze reines Gleichnis
Höherer Bestimmung lebt.

Lebt: zu dauern nicht, zu leuchten,
Leuchtet allen im Vergehn –
Unsre Lose, Bruder, deuchten
Mir im Kerzenlicht zu stehn.

Stern und Tier und Blume
Nur die willenlose Zeit,
Erst im eigenen Verbrennen
Sind wir menschlich eingeweiht.

Stern und Tier und Blume fallen,
Wie ein rotes Herbstblatt fällt,
Bruder, wir allein von allen
Sind zu freiem Dienst bestellt:

Frei darfst du den Abschied geben
Jedem Glück, das du erwirbst,
Denn du stürbest, würdest du leben,
Und du lebst, dieweil du stirbst.

Albrecht Goes

Der Stacheldraht um die Kerze in einer südafrikanischen Kirche konnte nach langen Jahren der Apartheitspolitik entfernt werden. Für Afrikaner und Inder war das Licht in die Finsternis gekommen.

Am Ortsrand in der Vorweihnachtszeit.

Das Licht

In deine Flamme schau' ich, Kerzenlicht,
die wie ein Schwert die Finsternis durchbohrt.
Hab Dank, du schonest auch den Schatten nicht,
der meinen schlafgemiednen Sinn umflort.

Ich nähre mich an deiner ruhigen Kraft,
du Bild der Seele, die das Dunkel trennt
und ihres Leibes erdenschweren Schaft
gleich einer Fackel in den Raum verbrennt.

Christian Morgenstern

Die „größte Weihnachtskerze der Welt" in der osthessischen Burgenstadt Schlitz.

Adventszeit in der
Marburger Altstadt.

Advent im Licht des christlichen Glaubens

Gerade um die Zeitenwende war im damaligen Palästina die Messiaserwartung groß. Schon sieben Jahrhunderte zuvor hatte Jesaja, der Prophet der Hoffnung auf „einen neuen Himmel und eine neue Erde" (Jes. 65, 17), das resignierende Völkchen Israel in Jerusalem und Umgebung in seinem grauen gottfernen Alltag verstanden. Und er rief Gott an: „So schau nun vom Himmel und sieh herab von deiner heiligen, herrlichen Wohnung... Du aber, Herr, bist unser Vater und unser Erlöser, von altersher ist das dein Name" (Jes. 63, 15-16). Jesaja zweifelte nicht an der Existenz Gottes, aber angefochten von der Verborgenheit und dem Schweigen Gottes fleht er: „Ach, daß du den Himmel zerrissest und führest herab, daß die Berge vor dir zerflössen" (Jes. 64, 1a). Das ist sein beinahe verzweifeltes Hintreten vor Gott. Und die Antwort blieb nicht aus (Jes. 65, 18): „Freuet euch ... ich will Jerusalem zur Wonne machen und sein Volk zur Freude ..."
Das bis vor wenigen Jahren anonym im Gesangbuch abgedruckte Adventslied „O Heiland, reiß die Himmel auf" stammt von dem bedeutendsten katholischen Dichter des 17. Jahrhunderts, von Friedrich Spee von Langenfeld. Seine Kirche hat ihn lange „verschwiegen".[28]

Sonnenuntergang im Winter.

1. O Heiland, reiß die Himmel auf,
herab, herab vom Himmel lauf,
reiß ab vom Himmel Tor und Tür,
reiß ab, wo Schloß und Riegel für.

2. O Gott, ein' Tau vom Himmel gieß,
im Tau herab, o Heiland, fließ.
Ihr Wolken, brecht und regnet aus
den König über Jakobs Haus.

3. O Erd, schlag aus, schlag aus, o Erd,
daß Berg und Tal grün alles werd.
O Erd, herfür dies Blümlein bring,
o Heiland, aus der Erden spring.

4. Wo bleibst du, Trost der ganzen Welt,
darauf sie all ihr Hoffnung stellt?
O komm, ach komm vom höchsten Saal,
komm, tröst uns hier im Jammertal.

5. O klare Sonn, du schöner Stern,
dich wollten wir anschauen gern;
o Sonn, geh auf, ohn deinen Schein
in Finsternis wir alle sein.

6. Hier leiden wir die größte Not,
vor Augen steht der ewig Tod.
Ach komm, führ uns mit starker Hand
vom Elend zu dem Vaterland.

7. Da wollen wir all danken dir,
unserem Erlöser, für und für;
da wollen wir all loben dich
zu aller Zeit und ewiglich.

Friedrich Spee von Langenfeld

1591 in Kaiserswerth geboren, wurde Spee Jesuit aus Überzeugung und erreichte 1623 das hohe Amt eines Professors für Moraltheologie. Er kämpfte aus tiefem christlichen Glauben gegen den Hexenwahn und den Verfall christlich-ethischer Werte – auch gegen seine Kirchenoberen. Viele von Folter und Psychoterror zerrüttete Menschen begleitete er auf ihrem letzten Gang zum Scharfrichter oder Scheiterhaufen. Seine Aufrufe gegen die Grausamkeiten und Ungerechtigkeiten seiner Zeit lesen sich wie Anklageberichte von Amnesty International. Friedrich Spee mußte selbst um sein Leben bangen; sein Buch „Cautio Criminalis (Vorsicht im Urteil)" durfte den Verfassernamen nicht nennen. Ihm blieb nur der Schrei des Gebetes: „O Heiland, reiß die Himmel auf ..." Die Verletzung der Menschenrechte wollte er von der Menschwerdung Gottes an Weihnachten her nicht hinnehmen. 1627 ging er nach dem Verlust seiner Lehrerlaubnis nach Trier. Als Priester pflegte er dort die Seuchenkranken des großen Bruderkrieges. Dort starb er 1635 an einer Infektion. Aus seiner innigen Hingabe an die Botschaft Jesu entstanden volksliedhafte Weihnachtslieder wie „Zu Bethlehem geboren ist uns ein Kindelein" und „Vom Himmel hoch, o Englein kommt".

Die Ankunft des Messias, der Advent des in Menschengestalt erkennbaren Gottes schien um das Jahr 0, also ca. 700 Jahre nach dem Propheten Jesaja, unmittelbar bevorzustehen. Es war die Zeit, als ein Riß durch die Welt ging und durch die weitgehend dumpf dahinhastenden Menschen. „Ach, daß du den Himmel zerrissest ...!"

Beate Heinen hat auf ihrem Gemälde den modernen Menschen in seiner differenzierten, sehr vielfarbigen, aber dunklen Welt einbezogen. Die Ankunft Jesu bedeutet, daß Gott herunterkommt aus seiner hohen Verborgenheit und Unanschaulichkeit. Ein herabgestiegener, ein Mensch gewordener Gott kann von jedermann, auch dem Niedrigsten – sozusagen auf gleicher Augenhöhe – erkannt werden.

Dieser Riß, der mit Jesu Ankunft durch die Menschheit geht, ist wie ein Goldstreif durch das Dunkel der Völker. Er geht senkrecht durch die namenlose, gesichtslose, diagonal durch die Szene hastende unaufhaltsame Masse, in der doch jeder seine Farbe, sein Unverwechselbares hat. Der Zug der Menschen erinnert an Flucht, Vertreibung, Verfolgung, Armutswanderung und namenloses Elend. Der Riß durch den dunklen Urstrom der vorantreibenden oder getriebenen, sehnsüchtig suchenden, aber auch ziellosen Menschen ist lebenswichtig. Im Zentrum des göttlichen Goldstreifens erkennt man das heilige Paar Maria und Josef mit dem neugeborenen Jesuskind. Es liegt geborgen in den Armen der Mutter, vom Mantel des Vaters schützend umfangen.

Die Aufhellung in der Mitte schafft Erkennbarkeit, da hat jede Person ihr sprechendes Gesicht, die Kleider haben ihre Farbe, da gibt es Atem und Geborgenheit. Mitten unter den nach Liebe und Erfüllung sehnsüchtig getriebenen Menschen geschieht das Heil. Der Himmel reißt auf, die Welt Gottes wird sichtbar. Das will uns das alte Adventslied von Friedrich Spee von Langenfeld auf seine Weise verdeutlichen.

Aber dann taucht gleich die Frage auf „Wie soll ich dich empfangen und wie begegn ich dir?" wie es Paul Gerhardt so eindringlich zum Ausdruck brachte. Dieses Adventslied ist durchglüht von verinnerlichter Frömmigkeit, gepaart mit volkstümlicher und doch zugleich hoher lyrischer Sprachkunst. Der durch familiäres Leid und berufliche Querschläge gezeichnete Pfarrer hält in der turbulenten Zeit von Krieg, Verrohung der Sitten, Aberglauben und Verarmung ein Zwiegespräch mit dem erschienenen Herrn (Strophen 1–5),

„O Heiland, reiß die Himmel auf ..." Beate Heinen 1993.

Paul Gerhardt, der berühmte und kraftvolle Dichter des 17. Jahrhunderts schrieb 1653 das eindrucksvolle Adventslied „Wie soll ich dich empfangen ....“

dann erst wendet er sich an die Gemeinde (Strophen 6–10). Wie soll ich dich empfangen, was soll ich tun mit meinem verwirrten und manchmal ausweglosen Leben? Damit, daß ich ein wenig Adventsstimmung verbreite (oder suche), die schnell verfliegt, ist es nicht getan. Die Bitte von Paul Gerhardt „O Jesu, Jesu, setze mir selbst die Fackel bei“, d. h. mache es in mir hell und heil, damit ich dir entgegenwachsen kann, ist ein Gebet. Auch ein abwehrendes, widerstrebendes Herz kann aufblühen im Advent, kann sich neu öffnen, neu vertrauen. Der Gottesglaube ist ein Verstehen mit dem Herzen, weniger mit dem Verstand. Eine wundervolle Gelassenheit, eine großartige innere Freiheit ist die Folge, wenn man sich öffnen kann für das Warten auf die Ankunft Jesu.

In der kirchlichen Tradition wird der Advent, Jesu Kommen und Empfang, in Verbindung gebracht mit Palmsonntag, dem Einzug Jesu in Jerusalem. Damals ritt er auf einem Esel durch das „Goldene Tor“, das der moslemische Sultan Saladin nach den bösen Erfahrungen mit den mordenden und raubenden Kreuzrittern zumauern ließ. Hier wurde Jesu einst mit Palmzweigen und mit ausgebreiteten Tüchern empfangen, denn schließlich erwartete man den Messias. Aber es gab auch falsche Erwartungen: man hoffte auf einen, der ein weltliches Regiment führen und das Volk der Juden von der römischen Besatzung befreien würde.

1. Wie soll ich dich empfangen
und wie begegn ich dir,
o aller Welt Verlangen,
o meiner Seelen Zier?
O Jesu, Jesu, setze
mir selbst die Fackel bei,
damit, was dich ergötze,
mir kund und wissend sei.

2. Dein Zion streut dir Palmen
und grüne Zweige hin,
und ich will dir in Psalmen
ermutern meinen Sinn.
Mein Herze soll dir grünen
in stetem Lob und Preis
und deinem Namen dienen,
so gut es kann und weiß.

3. Was hast du unterlassen
zu meinem Trost und Freud,
als Leib und Seele saßen
in ihrem größten Leid?
Als mir das Reich genommen,
da Fried und Freude lacht,
da bist du, mein Heil, kommen
und hast mich froh gemacht.

4. Ich lag in schweren Banden,
du kommst und machst mich los;
ich stand in Spott und Schaden,
du kommst und machst mich groß
und hebst mich hoch zu Ehren
und schenkst mir großes Gut,
das sich nicht läßt verzehren,
wie irdisch Reichtum tut.

Paul Gerhardt

Dabei wurde übersehen, was bei dem Propheten Sacharia als messianisches Friedensreich angekündigt ist (Kap. 9, 9): „Du Tochter Zion freue Dich und Du Tochter Jerusalem jauchze! Siehe Dein König kommt zu Dir, ein Gerechter und ein Helfer, arm und reitet auf einem Esel ...“ Von Anfang an war klar: er kommt nicht hoch zu Roß wie ein siegreicher Held aus einer Schlacht. Friedrich Heinrich Ranke hat das in dem Lied „Tochter Zion, freue Dich, jauchze laut Jerusalem“ 1820/26 richtig getroffen, obwohl der Melodiensatz von Hän-

Blick vom Ölberg auf Jerusalem und die Stadtmauer mit dem zugemauerten „Goldenen Tor“(rechte Seite).

Ausschnitt aus dem Hochaltar von St. Nicolai in Kalkar.

del aus einem geistigen Zusammenhang stammt, der nicht so recht passen will. Die Melodie aus Händels Oratorium „Josua" (später auch in „Judas Makkabäus") bezieht sich auf einen ganz anders gearteten Text, nämlich: „Seht er kommt mit Preis gekrönet ...", also hoch zu Roß. Aber Jesus geht den unteren Weg. An dieser Stelle darf nicht vergessen werden, daß dem Huldigungsruf „Hosianna", der Jesu am Palmsonntag entgegengebracht wurde, sehr bald das „Kreuzige ihn!" von der gleichen Masse folgte. Der unbekannte niederrheinische Meister von Kalkar hat im Hochaltar von St. Nicolai die wahre Messiasgestalt Jesu auf einem Esel kunstvoll dargestellt.

1. Tochter Zion, freue dich,
jauchze laut, Jerusalem!
Sieh, dein König kommt zu dir,
ja er kommt, der Friedefrüst.
Tochter Zion, freue dich,
jauchze laut, Jerusalem!

2. Hosianna, Davids Sohn,
sei gesegnet deinem Volk!
Gründe nun dein ewig Reich,
Hosianna in der Höhe!
Hosianna, Davids Sohn,
sei gesegnet deinem Volk!

3. Hosianna, Davids Sohn,
sei gegrüßet, König mild!
Ewig steht dein Friedensthron,
du, des ewgen Vaters Kind.
Hosianna, Davids Sohn,
sei gegrüßet, König mild !

Friedrich Heinrich Ranke

Die Tür zur Synagoge im Hessenpark. Die Inschrift über der Tür nach Psalm 102,14: „Du wollest dich aufmachen und über Zion erbarmen …“
Im Medaillon auf der Tür steht die Jahreszahl 5685 (1925).

An der Gestalt Jesu scheiden sich die Geister, auch Juden und Christen. Dennoch muß gerade im christlichen Umfeld immer wieder daran erinnert werden, daß der Gott des Alten Testamentes auch der des Neuen Testamentes ist und daß Jesus und die Seinen Juden waren.
Der Einzugsgesang des siegreichen Eroberers in Händels Oratorium erreichte nach den napoleonischen Kriegen eine geradezu patriotische und heroische Funktion. Daß er für ein Adventslied in Frage kam, ist auch zurückzuführen auf Beethoven, der zwölf Variationen für Violine, Cello und Klavier zu dem Thema „Tochter Zion“ schrieb und darauf, daß Ranke einen theologisch sauberen Text unterlegte. Wenn Thomas Mann in den „Buddenbrooks“ die weihnachtliche Hausfeier beginnen lassen konnte mit „Tochter Zion“, dann stellt sich die Frage, ob der „König mild“ auf dem Esel in das Pathos des großbürgerlichen Feierns paßte.
Jochen Klepper, der begnadete Dichter im Berlin der 20er und 30er Jahre, hat unvergängliche Weihnachtslieder geschrieben. Sie entstanden im Angesicht des drohenden Todes seiner jüdischen Frau im Konzentrationslager. Das Ehepaar ging 1942, da es eine Trennung nicht ertragen wollte, gemeinsam in den Tod. Klepper hat wohl geahnt, was mit dem Regime der Nationalsozialisten auf ihn zukommen würde. Er wußte einerseits, daß die Nacht vorgedrungen und der Tag der Weihnacht, der Erlösung, nicht mehr fern war. Er wußte aber auch, daß noch manche Nacht fallen würde auf „Menschenleid und Schuld“. Er kannte den „Stern der Gotteshuld“ und das Licht, welches das Dunkel dieser Erde in der Geburt Jesu endgültig durchbrochen hat.
In der Alltagspraxis christlichen Lebens heißt dies: „Es ist besser ein kleines Licht anzuzünden, als über die Dunkelheit zu klagen“.
Die wirkliche Weihnachtssonne können wir uns bei allen Anstrengungen durch Brauchtum, Sitte, Kommerz und Gemütlichkeit nicht zaubern, wohl aber als Geschenk dankbar annehmen.

Mein Gott, dein hohes Fest des Lichtes
hat stets die Leidenden gemeint.
Und wer die Schrecken des Gerichtes
nicht als der Schuldigste beweint,
dem blieb dein Stern noch tief verhüllt
und seine Weihnacht unerfüllt.

Die ersten Zeugen, die du suchtest,
erschienen aller Hoffnung bar.
Voll Angst, als ob du ihnen fluchtest,
und elend war die Hirtenschar.
Den Ärmsten auf verlassenem Feld
gabst du die Botschaft an die Welt.

Die Feier ward zu bunt und heiter,
mit der die Welt dein Fest begeht.
Mach uns doch für die Nacht bereiter,
in der dein Stern am Himmel steht.
Und über deiner Krippe schon
zeig uns dein Kreuz, du Menschensohn.

Herr, daß wir dich so nennen können,
präg unseren Herzen heißer ein.
Wenn unsere Feste jäh zerrönnen,
muß jeder Tag noch Christtag sein.
Wir preisen dich in Schmerz, Schuld, Not
und loben dich bei Wein und Brot.

Jochen Klepper

Es gibt ein Adventslied, das nach der Zeit der strengen gregorianischen Hymnen der Chorherren vom Volk schnell erfaßt wurde. Es ist von dem melodienreicheren Minnesang beeinflußt und enthält zugleich eine bildreiche und tief mystische Deutung des Advents- und Weihnachtsgeschehens: „Es kommt ein Schiff, geladen …“ Das Lied steckt

voller Vergleiche: das Segel als die Liebe, der Mast als Heiliger Geist, der Anker als das Wort, das Fleisch wird.[29]
Im 14./15. Jahrhundert wurde es von dem großen Mystiker, dem Dominikanermönch Johann Tauler im Elsaß verfaßt, jedenfalls wird es ihm zugeschrieben. Es ist offenbar ein altes Marienlied, das unter Taulers Einfluß eine theologische Alternative wurde zu der Erstarrung des Glaubens in der lehrhaften, scholastisch geprägten Kirche und zu Reliquienkult und Reliquienhandel. Es gibt Hinweise, daß es als Reaktion auf jenes Schiff empfunden wurde, das beladen mit Reliquien (Knochen von Heiligen, Holzsplitter vom Kreuz Jesu, Textilfäden aus dem Gewand Jesu etc.) in allen Hafenstädten von Basel bis Köln ankerte und Volksfeste mit allerhand Exzessen des platten Ausgelassenseins verursachte.

1. Es kommt ein Schiff, geladen
bis an sein' höchsten Bord,
trägt Gottes Sohn voll Gnaden,
des Vaters ewigs Wort.

2. Das Schiff geht still im Triebe,
es trägt ein teure Last;
das Segel ist die Liebe,
der Heilig Geist der Mast.

3. Der Anker haft' auf Erden,
da ist das Schiff am Land.
Das Wort will Fleisch uns werden,
der Sohn ist uns gesandt.

4. Zu Bethlehem geboren
im Stall ein Kindelein,
gibt sich für uns verloren;
gelobet muß es sein.

5. Und wer dies Kind mit Freuden
umfangen, küssen will,
muß vorher mit ihm leiden
groß Pein und Marter viel,

6. danach mit ihm auch sterben
und geistlich auferstehen,
das ewig Leben erben,
wie an ihm ist geschehn.

Bearbeitet von Daniel Sudermann um 1626 nach einem Marienlied aus Straßburg, 15. Jh.

Beate Heinen hat 1992 in einem modernen Gemälde diesen Sachverhalt so dargestellt, daß sich der Mond in den Wellen eines Flusses oder Sees spiegelt, auf dem ein Schiff daherkommt. Auf dem Schiff steht Maria mit dem Kind, das die Arme zur Kreuzform ausgebreitet hat. Die roten Flammen der Liebe lodern auf und bilden das Segel. Vom Himmel kommt eine große durchscheinende weiße Taube, die den Geist Gottes symbolisiert und gleichsam als Mast dem Gefährt den wahren Halt und Antrieb gibt. Sehnsüchtig

Ankunft des Herrn.
„Es kommt ein Schiff geladen …“
Beate Heinen 1992.

Er kam in sein Eigentum; und die Seinen nahmen ihn nicht auf. Die ihn aber aufnahmen, denen gab er Macht, Gottes Kinder zu werden, die nicht aus dem Blut, noch aus dem Willen eines Mannes, sondern von Gott geboren sind. (Joh. 1, 11–13)

Vor dem Heimatmuseum in Gelnhausen an einem dunklen Dezembertag mit Schneeregen.

erwarten die Menschen am Ufer dieses Schiff. Kinder wollen mit ausgebreiteten Armen das Geheimnis ergreifen, ja umfassen. Der Kranke auf Krücken hofft auf Heilung, der skeptische gesunde Mann mit den Händen in den Hosentaschen schaut dennoch gebannt. Am Boden kauert eine verhärmte Mutter mit einem hungernden Kind, eine liegende Frau kann sich nicht mehr zu der Hoffnung hinwenden. In allen leidenden Müttern offenbart sich auch immer ein Teil der göttlichen Mutter Maria, die das eigene Kind begraben mußte. Vier Adventskerzen stehen im Sand. Das Bild ist wie ein Gebet, das die Ankunft Jesu auf dieser Erde verkündet. Es will sehend machen, versteinerte Herzen erweichen und Trost spenden.

1. Die Nacht ist vorgedrungen,
der Tag ist nicht mehr fern.
So sei nun Lob gesungen
dem hellen Morgenstern!
Auch wer zur Nacht geweinet,
der stimme froh mit ein.
Der Morgenstern bescheinet
auch deine Angst und Pein.

2. Dem alle Engel dienen,
wird nun ein Kind und Knecht.
Gott selber ist erschienen
zur Sühne für sein Recht.
Wer schuldig ist auf Erden,
verhüll nicht mehr sein Haupt.
Er soll errettet werden,
wenn er dem Kinde glaubt.

3. Die Nacht ist schon im Schwinden,
macht euch zum Stalle auf!
Ihr sollt das Heil dort finden,
das aller Zeiten Lauf
von Anfang an verkündet,
seit eure Schuld geschah.
Nun hat sich euch verbündet,
den Gott selbst ausersah.

4. Noch manche Nacht wird fallen
auf Menschenleid und -schuld.
Doch wandert nun mit allen
der Stern der Gotteshuld.
Beglänzt von seinem Lichte,
hält euch kein Dunkel mehr,
von Gottes Angesichte
kam euch die Rettung her.

5. Gott will im Dunkel wohnen
und hat es doch erhellt.
Als wollte er belohnen,
so richtet er die Welt.
Der sich den Erdkreis baute,
der läßt den Sünder nicht.
Wer hier dem Sohn vertraute,
kommt dort aus dem Gericht.

Jochen Klepper

Neues und Altes Testament sind gleichsam verkörpert in zwei Gotteshäusern der Baugruppe Nordhessen im Hessenpark.

Oben: Kirche von Ederbringhausen.
Unten: Synagoge von Nentershausen.

Der Adventskranz

Im Fundament des Kirchleins von Niederhörlen wurde 1974 der Grundstein gelegt zum Freilichtmuseum Hessenpark. Die leeren Kirchenbänke auf dem Bild könnten fast als Zeichen einer entchristlichten Gesellschaft gedeutet werden. Ist Kirche nur noch kulturhistorisches Erbe, museumsreif?

Doch da hängt in der Mitte des Raumes ein Zeichen der Hoffnung, der Adventskranz mit den vier Kerzenlichtern. Ist er wirklich bloß ein Rundgebilde aus Fichtenzweigen? Durch seine Kerzen, sein „immergrünes" Gebinde und seine nie endende Kreisform wird er zum Lichtpunkt, zum Hoffnungszeichen und zum Hinweis auf die göttliche Ewigkeit. So gesehen wurde der Adventskranz zum Qualitätsmerkmal für christliche Menschen.

Die Geschichte des Adventskranzes in der heutigen Form ist jung. Sie beginnt in der Adventszeit des Jahres 1839 im „Rauhen Haus", jener diakonischen Station bei Hamburg, die als Ursprung der sozial- und seelsorgerlich herausragenden „Inneren Mission" bezeichnet werden kann. Johann Hinrich Wichern, der Gründer der Anstalten des „Rauhen Hauses", begann 1839 bei den Adventsandachten Kerzen anzünden zu lassen. Zuerst wurden 23 Kerzen aufgestellt und an jedem Abend eine zusätzlich angezündet. Am Heiligen Abend brannten alle 23 Kerzen: die Christgeburt als Lichterfest! Schließlich ließ Wichern einen großen Holzreifen von 2 m Durchmesser anfertigen, um alle Lichter unterzubringen. Später wurde der Reif mit Tannengrün umwickelt.

Dieter Sattler berichtet aus dem Rauhen Haus: ... *Im 1833 gegründeten Rauhen Haus betreute Johann Hinrich Wichern sozial gefährdete Kinder und Jugendliche aus den Hamburger Elendsvierteln. Christlich gesonnene Männer halfen ihm dabei. In der Adventszeit versammelten sich Kinder und Betreuer mittags zu einer kurzen Andacht und abends zu einer Singstunde. Man sang Adventschoräle, übte Weihnachtslieder und las die biblischen Verheißungen auf den kommenden Heiland. Und da Kindern und Erwachsenen die Vorfreude auf das Christfest zum Erlebnis werden sollte, ließ Wichern 1839 erstmals einen hölzernen Leuchter im Betsaal mit 23 Kerzen aufhängen – 19 kleine rote für die Werktage, vier dicke weiße für die Sonntage.*

In seinem Tagebuch schildert er den neuen, festlichen Brauch: „Um den Lobesspruch an der Orgel waren 23 bunte Wachslichter aufgestellt. Mit jeder Verheißung wurde eines der Lichter von Bruder Hansen angezündet, so daß zuletzt alle 23 wie ein Strahlenkranz das Lob des Herrn umleuchteten. Das Ganze diente ebenso wie zur

Adventskranz in dem Kirchlein von Niederhörlen, heute im Hessenpark.

Zum Advent

Zweitausend Jahre kommst du schon,
daß Fried und Freud auf Erden sei;
und immer geht dein Jahr vorbei,
und immer sprach die Welt dir Hohn.

Spielt immer noch ihr altes Spiel,
drin einer um den andern lost.
Du gehst vorbei, bleibst ernst und still
und sprichst und lächelst: „Seid getrost!“

Wenn Finsternis euch rings umstellt,
da jeder Steig und Stern gebricht.
Noch führt ein Weg aus Licht in Licht.
Ich bin's, ich überwand die Welt.

Rudolf Alexander Schröder

Der Adventskranz in der von Johann Hinrich Wichern gedachten Form: die dicken weißen Kerzen für die Adventssonntage und die roten Kerzen für die Werktage.

Erbauung als Stärkung und Freude im HERRN.“ Der erste Adventskranz in Deutschland war ein schlichter, runder Holzleuchter. Aber bald schon nahm er die heute vertraute Gestalt an. 1851 wurde der Betsaal des Rauhen Hauses mit frischen Tannen geschmückt. Neun Jahre später verzieren die „Rauhhäusler“ ihren wagenradgroßen Kranz mit grünen Zweigen. Bis zum letzten Adventstag hing er in der Mitte des Saales. Weihnachten löste ihn ein „18 Fuß“ hoher und reich geschmückter Christbaum ab, der zur Freude von Wichern nach dem „Harz der frischgewundenen Winterkränze“ duftete...
Daß besonders evangelische Kreise den Brauch des Rauhen Hauses aufgriffen, verdanken wir den von Wichern ausgebildeten Diakonen, die an ihren Arbeitsstätten in Gemeinden und Einrichtungen der Inneren Mission die Adventstradition des Rauhen Hauses fortsetzten.
Auch Johann Hinrich Wichern hat zu ihrer Verbreitung beigetragen. 1857 ging er als Oberkonsistorialrat nach Berlin. Etwa drei Jahre später ersetzte man nach dem Beispiel des Rauhen Hauses im Tegeler Waisenhaus den Kronleuchter durch einen Tannenkranz.
Populär wurde der Adventskranz unter dem Einfluß der Jugendbewegung und des Kunstgewerbes erst nach dem Ersten Weltkrieg. Gärtner und sogar Buchhandlungen wie das Dürer-Haus in Berlin propagierten den neuen Schmuck für die Vorweihnachtszeit. Freilich, für ein häusliches Zimmer war Wicherns Kranz zu groß. Aber mit vier Kerzen – für jede Adventswoche eine – hat er Platz in jedem Wohnzimmer...

Der für den christlichen „Hausgebrauch“ gemachte Adventskranz hat jedoch auch vorchristliche „Ahnen“. Uralte Bräuche vom „Ringzauber“ scheinen dahinter zu stecken. Grüne Kränze aus Tannenzweigen, aber auch Kränze aus Stroh galten seit altersher als Segensbringer. Sie wurden an Häusern und Ställen als Abwehrzeichen gegen Krankheit und Gefahr angebracht. Wollte man ihre Wirksamkeit erhöhen, mußte man sie mit roten und goldenen Bändern umwinden. Diese Kränze waren besonders wichtig in der gefahrvollen, dunklen Jahreszeit des Winters. Sie gewinnen heute mehr im Sinne von Adventsschmuck an den Haustüren eine neue „Konjunktur“, wie sie die von Gärtnereien angebotenen Blumengebinde der „Adventssterne“ längst erreicht haben.
Für Wichern und die Kirche war der zum Kranz hinzutretende Kerzenschein das Wichtigste, Licht, das auf die Ankunft Jesu an Weihnachten verweisen sollte, auf die wahre Lichtquelle des Lebens. In Jesu Sinne Lichter anzuzünden in den Herzen ist wirklich wertvoller, als klagend in der Dunkelheit zu verharren.
Seitdem gelangten kleinere „Adventskränze“ in die Stuben der Bediensteten des „Rauhen Hauses“ und dann in die Kirchengemeinde. Diese Sitte wurde im protestantischen Norden unserer Republik bald heimisch. Jedoch wurde die Zahl der Kerzen auf vier reduziert. An jedem Adventssonntag wurde eine der weißen, roten, bienenwachsfarbenen oder violetten Kerzen mehr im Gottesdienst, aber auch in den Wohnungen angezündet, bis am 4. Advent die letzte Kerze brannte.
In katholischen Landstrichen setzte sich der Adventskranz erst in den 20er Jahren dieses Jahrhunderts durch. In Niederösterreich kann man den alten „Wichern-Kranz“ mit 24 Kerzen noch heute vereinzelt antreffen.

Lied im Advent

Immer ein Lichtlein mehr
im Kranz, den wir gewunden,
daß er leuchte uns sehr
durch die dunkelen Stunden.

Zwei und drei und dann vier!
Rund um den Kranz welch ein Schimmer!
Und so leuchten auch wir,
und so leuchtet das Zimmer!

Und so leuchtet die Welt
langsam der Weihnacht entgegen.
Und der in den Händen sie hält,
weiß um den Segen.

Hermann Claudius

Warten im Advent

Wo bleibst du, Kind, wann wirst du mir geboren
in meiner jeden Tag verplanten Zeit?
Zwar bin ich manchmal feierlich bereit –
doch nichts geschieht an Augen, Herz und Ohren.

Wo bist du, Heil? Wann willst du mich berühren,
da ich doch achte, daß an Seel und Leib,
was unvollkommen ist, verborgen bleib'?
Erkenne mich, und laß mich Heilung spüren!

Wo bist du, Licht? Wann wirst du mich entzünden
in dieser wirren, grellen, lauten Welt?
Ich fürchte, daß sie mir den Blick verstellt
auf jene Lichter, die mir dich verkünden.

Wo wirkst du, Kraft, die mich zum Tun getrieben,
die zu bewegen ich nicht selbst vermag?
Ich sehne mich nach ihr an jedem Tag,
aus ihr die Menschen, wie sie sind, zu lieben.

Wann? Wo? Ich weiß, du wirst nicht immer schweigen.
Ich traue dir, weil ich dies oft erfuhr:
Bleib ich geduldig nur auf deiner Spur,
wirst du dich mir im Licht der Weihnacht zeigen.

Ilse Glenk

Adventskranz auf Holzkrippe in einem Blumenfachgeschäft.

Kinder am Adventskranz.

Kapellenraum im „Haus der Stille“ zur Adventszeit.

Advents- und Weihnachtssterne

Vor etwa 30 bis 40 Jahren begann sich allmählich – in den letzten Jahren verstärkt – ein neues Brauchtum durchzusetzen. Kunstgewerblich recht hochwertige und kostbare Gebinde und Gebilde kommen in Mode. Selbst auf dem flachen Land spürt man die künstlerischen Ideen und die geschickten Hände der Floristen und der Kunstgewerbler beim Ausschmücken des Advents.

In den kurzen dunklen Tagen herrschen draußen oft Regen, Schnee und Sturm. In den Stuben bestimmen Kerzen und Tannenzweige die Atmosphäre und es herrschen die violetten, weißen oder roten Farben vor. Dabei nimmt die rote Farbe der Adventskerzen und Adventsschleifen, ja sogar der Blumen immer noch die erste Stelle ein. Wenn der Adventskranz mit seinem roten Glanz, der Farbe der Liebe, gar auf ein Krippengestell gelegt wird, dann ist das ein Hinweis auf das Ziel von Advent, nämlich die Ankunft Jesu an Weihnacht.

Mittlerweile werden mancherlei Samen- und Pflanzengebilde in getrocknetem Zustand zu Kränzen und Gestecken verarbeitet und auf den Markt gebracht. Die dabei verwendeten Farben von Kerzen und Bändern wechseln oft von Jahr zu Jahr, das Modische und Schmuckhafte bleiben allein übrig, die ursprüngliche Bedeutung scheint weithin verloren zu gehen.

Das Adventsbrauchtum verändert sich, wie es sich schon immer verändert hat. Auch der Adventskranz ist eine Erscheinung erst aus der Mitte des vorigen Jahrhunderts. Die vielfältigen Schöpfungen des Kunsthandwerks und der Blumengeschäfte machen allerdings neben der großen Vielfalt der Formen und mittlerweile auch der Farben doch so etwas wie eine Beliebigkeit deutlich. Selbst der rote Weihnachtsstern (Euphorbia pulcherrima) taucht mittlerweile in vielen Farben auf. Das Beständige, das Orientierung verleiht, geht dabei verloren. Das äußere Brauchtum von Advent wird austauschbar.

Uralte Zauberfunktionen genießen immergrüne Gewächse als Zeichen des Lebens und der Hoffnung in der Winterzeit. In Gebieten eines ozeanisch milden oder gar mediterranen Klimas zählen vor allem die Stechpalmen (Ilex aquifolium) dazu. In unserem Land werden heute zunehmend auch Mistelzweige in das Weihnachtsbrauchtum einbezogen, wie es in England seit Jahrhunderten der Fall ist. Die Mistel (Viscum album) ist als Holzpflanze länger haltbar und nach dem Laubfall der Bäume gut ausfindig zu machen, wo sie als Halbschmarotzer ihre Senkwurzeln in die Äste ihrer Wirtsbäume getrieben hat. Die Mistel galt bei verschiedenen Völkern im Altertum als heilige Pflanze und wurde zu Heilzwecken verwandt (gegen hohen Blutdruck).

Doch neben den vielen Farben und Formen bleibt der Zauber der stillen Gassen. Wer abends unter dem Lichterschmuck durch ein altes Dorf oder

eine alte Stadt geht, der kann etwas von dieser vorweihnachtlichen Stimmung spüren und erfahren.
Für Kinder wird der Zauber der Advents- und Weihnachtszeit durch die Kunst der theatralischen Darstellung noch erheblich erweitert. Da werden nicht nur unzählige Bilderbücher, sondern auch Filme und Theateraufführungen angeboten, da wird der ganze Zauber von Märchen für die Kinder aufbereitet. Sprachlich ist jedoch der Begriff „Weihnachtsmärchen“ ein Unding. Es gibt nur zwei Möglichkeiten sich dem Advent zu nähern: das Weihnachtsereignis von Bethlehem, also Gottes Sichtbarwerden in der Welt als Realgeschehen gleichsam nachzuerleben oder/und die recht aufschlußreichen und zum Teil mit guten Musikkompositionen verbundenen Gestaltungen uralter Märchen mitzuerleben. Letztere haben nicht nur ihre Berechtigung; es ist eine Bereicherung, sie mit

Der Mistelzweig als Dekoration zur Weihnachtszeit.

Adventsfeier im „Abendlichtkreis“ 1996.

Adventssterne in modischen Farben.

Kindern zu erleben, sofern diese Darstellungen nicht in Gefühlsduselei untergehen. Man sollte jedoch stets zwischen dem zentralen Weihnachtsgeschehen, das allein das Fest rechtfertigt, und dem Beiwerk, den herzanrührenden Geschichten und Erzählungen alter Volksweisheiten unterscheiden. Das Beiwerk muß Beiwerk bleiben, es darf die Hauptsache nicht verdrängen.

Zum Advent

Alles ist zarter:
Schritte, Worte und Lichter.
Und alle Gesichter
sind jünger und rein.

Alles ist wärmer:
Herzen, Augen und Hände.
Es fallen die trennenden Wände.
Keiner geht allein.

Tief in der Brust
sprang ein verschlossen Tor.
Andächtig lauscht nun dein Ohr
und läßt es tönen.

Weihnachtslieder und Orgelklang.
Mutterhände, Kinderfrage und Heimlichkeit.
Und wieder bist du lächelnd bereit,
zu schenken und zu versöhnen.

Georg Büsing

Oben: Dillenburg zur Weihnachtszeit.
Unten: Das Gießener Stadttheater im Winter.

Im Kurhaus von Wiesbaden: ein „Großgesteck“ mit ca. 2000 Weihnachtssternen zum feuerroten Weihnachtsbaum geformt.

Benedictus und Magnificat

*Machet die Tore weit und die Türen in der Welt hoch,
daß der König der Ehre einziehe!
Wer ist der König der Ehre?
Es ist der Herr, stark und mächtig, der Herr,
mächtig im Streit.
Machet die Tore weit und die Türen in der Welt hoch,
daß der König der Ehre einziehe!
Wer ist der König der Ehre?
Es ist der Herr Zebaoth; er ist der König der Ehre.*
(Psalm 24, 7–10)

... die Tor macht weit!

*1. Macht hoch die Tür, die Tor macht weit;
es kommt der Herr der Herrlichkeit,
ein König aller Königreich,
ein Heiland aller Welt zugleich,
der Heil und Leben mit sich bringt;
derhalben jauchzt, mit Freuden singt:
Gelobet sei mein Gott,
mein Schöpfer reich von Rat.*

*2. Er ist gerecht, ein Helfer wert;
Sanftmütigkeit ist sein Gefährt,
sein Königskron ist Heiligkeit,
sein Zepter ist Barmherzigkeit;
all unsre Not zum End er bringt,
derhalben jauchzt, mit Freuden singt:
Gelobet sei mein Gott,
mein Heiland groß von Tat.*

*3. O wohl dem Land, o wohl der Stadt,
so diesen König bei sich hat.
Wohl allen Herzen insgemein,
da dieser König ziehet ein.
Er ist die rechte Freudensonn,
bringt mit sich lauter Freud und Wonn.
Gelobet sei mein Gott,
mein Tröster früh und spät.*

*4. Macht hoch die Tür, die Tor macht weit,
eu'r Herz zum Tempel zubereit'.
Die Zweiglein der Gottseligkeit
steckt auf mit Andacht, Lust und Freud;
so kommt der König auch zu euch,
ja, Heil und Leben mit zugleich.
Gelobet sei mein Gott,
voll Rat, voll Tat, voll Gnad.*

*5. Komm, o mein Heiland Jesu Christ,
meines Herzens Tür dir offen ist.
Ach zieh mit deiner Gnade ein;
dein Freundlichkeit auch uns erschein.
Dein Heilger Geist uns führ und leit
den Weg zur ewgen Seligkeit.
Dem Namen dein, o Herr,
sei ewig Preis und Ehr.*

Georg Weissel

Johannes, der Wegbereiter

Die Geburt des Täufers wird angekündigt

Zu der Zeit, als König Herodes über das jüdische Land herrschte, lebte ein Priester namens Zacharias, der zur Priestergruppe Abija gehörte. Auch seine Frau stammte aus einer Priesterfamilie; sie hieß Elisabet. Beide führten ein Leben, das Gott gefiel, und richteten sich in allem nach den Geboten und Anweisungen des Herrn. Sie waren aber kinderlos, denn Elisabet konnte keine Kinder bekommen, und beide waren schon sehr alt.

Einmal war Zacharias wieder zum Priesterdienst im Tempel in Jerusalem, weil die Priestergruppe, zu der er gehörte, gerade an der Reihe war. Es war üblich, die einzelnen Dienste durch das Los zu verteilen. An einem bestimmten Tag fiel Zacharias die Aufgabe zu, das Weihrauchopfer darzubringen. So ging er in das Innere des Tempels, während die Volksmenge draußen betete.

Da sah Zacharias plötzlich einen Engel des Herrn. Er stand an der rechten Seite des Altars, auf dem der Weihrauch verbrannt wurde. Zacharias erschrak und bekam große Angst. Aber der Engel sagte zu ihm: „Du brauchst dich nicht zu fürchten, Zacharias! Gott hat deine Bitte erhört. Deine Frau Elisabet wird einen Sohn bekommen, den sollst du Johannes nennen. Dann wirst du voll Freude und Jubel sein, und viele werden sich mit dir über seine Geburt freuen. Denn er ist vom Herrn zu großen Taten berufen. Er wird weder Wein noch Bier trinken. Schon im Mutterleib wird der Geist Gottes ihn erfüllen, und er wird viele aus dem Volk Israel zum Herrn, ihrem Gott, zurückführen. Er wird dem Herrn als Bote vorausgehen, im gleichen Geist und mit der gleichen Kraft wie der Prophet Elia. Er wird das Herz der Eltern den Kindern zuwenden. Alle Ungehorsamen wird er auf den rechten Weg zurückbringen und so dem Herrn ein Volk zuführen, das auf sein Kommen vorbereitet ist.“

Zacharias sagte zu dem Engel: „Woran soll ich erkennen, daß du recht hast? Ich bin doch ein alter Mann, und meine Frau ist auch nicht mehr jung.“ Der Engel antwortete: „Ich bin Gabriel, einer von denen, die vor Gottes Thron stehen. Gott hat mich gesandt, um mit dir zu sprechen und dir diese gute Nachricht zu bringen. Was ich gesagt habe, wird zur gegebenen Zeit eintreffen. Aber weil du mir nicht geglaubt hast, wirst du nicht mehr sprechen können, bis es soweit ist.“ Währenddessen wartete die Volksmenge auf Zacharias und wunderte sich, daß er so lange im Tempel blieb. Als er herauskam, konnte er nicht mehr reden. Da merkten sie, daß er im Tempel eine Erscheinung gehabt hatte. Er konnte ihnen nur mit der Hand Zeichen geben, aber kein Wort herausbringen.

Als seine Dienstwoche im Tempel beendet war, ging Zacharias nach Hause. Bald darauf wurde seine Frau Elisabet schwanger und zog sich fünf Monate völlig zurück. Sie sagte: „Gott hat meinen Kummer gesehen und die Schande der Kinderlosigkeit von mir genommen.“

Der Täufer Johannes wird geboren

Als für Elisabet die Zeit der Entbindung gekommen war, gebar sie einen Sohn. Ihre Nachbarn und Verwandten hörten es und freuten sich mit, da Gott ihr einen so großen Beweis seiner Güte gegeben hatte. Als das Kind acht Tage alt war und beschnitten werden sollte, kamen sie alle dazu. Sie wollten es nach seinem Vater Zacharias nennen. Aber die Mutter sagte: „Nein, er soll Johannes heißen!“ Sie wandten ein: „Warum denn? In deiner ganzen Verwandtschaft gibt es keinen, der so heißt.“ Sie fragten den Vater durch Zeichen, wie der Sohn heißen solle. Zacharias ließ sich eine Schreibtafel geben und schrieb: „Er heißt Johannes.“ Alle waren verwundert. Im selben Augenblick konnte Zacharias wieder sprechen und sofort fing er an, Gott zu preisen. Da ergriff die Nachbarn ehrfürchtiges Staunen und im ganzen Bergland von Judäa sprach man über das, was geschehen war. Jeder, der davon hörte, dachte darüber nach und fragte sich: „Was wird aus dem Kind einmal werden?“ Denn es war offensichtlich, daß Gott etwas Besonders mit Johannes vorhatte.

Das „Benedictus“

Erfüllt vom Geist Gottes sprach der Vater des Kindes prophetische Worte:
„Gepriesen sei der Herr, der Gott Israels;
denn er ist uns zu Hilfe gekommen
und hat sein Volk befreit!
Einen starken Retter hat er uns gesandt,
einen Nachkommen seines Dieners David.

Die spannende Geschichte des Zacharias (Luk. 1, 5–25; 57–80) nach: Die gute Nachricht – die Bibel im heutigen Deutsch.

Blick aus dem Torbau von Betziesdorf im Hessenpark (linke Seite).

So hatte er es schon vor langer Zeit
durch seine Propheten angekündigt:
Er wollte uns vor unseren Feinden retten,
aus der Gewalt all derer, die uns hassen.
Unseren Vorfahren wollte er Güte erweisen
und nie den heiligen Bund vergessen,
den er mit ihnen geschlossen hatte.
Schon unserem Ahnherrn Abraham
hat er mit einem Eid versprochen,
uns aus der Macht der Feinde zu befreien,
damit wir keine Furcht mehr haben müssen
und unser Leben lang ihm dienen können
als Menschen, die ihrem Gott gehören
und tun, was er von ihnen verlangt.

Und du, mein Sohn –
ein Prophet des Höchsten wirst du sein,
weil du dem Herrn vorausgehen wirst,
um den Weg für ihn zu bahnen.
Du wirst dem Volk des Herrn verkünden,
daß nun die versprochene Rettung kommt,
weil Gott ihm seine Schuld vergeben will.
Unser Gott ist voll Liebe und Erbarmen;
schickt uns das Licht, das von oben kommt.
Es wird für alle leuchten, die im Dunkeln sind,
die im finsteren Land des Todes leben,
und wird uns auf den Weg des Friedens führen.“

Der Engel bei dem erschrockenen Priester Zacharias im Tempel .

Johannes wuchs heran und nahm zu an Verstand. Später zog er sich in die Wüste zurück bis zu dem Tag, an dem er unter dem Volk Israel offen mit seinem Auftrag hervortreten sollte.

Die Sprachlosigkeit des Zacharias

Die religionsgeschichtlich und literarisch so bedeutsame Begegnung zwischen dem Dorfmädchen Maria und der Priestergattin Elisabeth kann nur recht verstanden werden nach der ersten Verkündigungsgeschichte, die dem frommen Priester Zacharias aus der Priesterklasse Abija widerfährt. Sie spielt sich am hochheiligen Ort des beruflichen Wirkens des Zacharias ab, im Tempel, nicht in einer windstillen Ecke eines gewöhnlichen Hauses wie bei Maria. Zacharias bereitet ein exklusiv religiöses Ritual vor. Und doch wird sein Priesteralltag deutlich überhöht. Der Engel stellt Zacharias in eine außergewöhnliche Situation. Für den menschlichen Verstand ist sie so ohne weiteres nicht begreifbar. Es geht um den Hereinbruch der Transzendenz Gottes in die Immanenz des diesseitigen Menschen.
Zacharias hat wieder einmal für eine Woche das Rauchopfer bei seinem Tempeldienst vorzubereiten und auf dem Altar Gott darzubringen. Der gebildete Priester kann jedoch dem ihn überraschend ansprechenden Boten Gottes, der aus dem Himmel eine gute Nachricht bringt, nicht glauben. Er befindet sich in der gleichen Hilflosigkeit wie Maria. Er glaubt auch dann nicht, als ihm ein Engel den besonderen Auftrag seines angekündigten Sohnes, des künftigen Wegbereiters Jesu, mitteilt. Und er glaubt auch nicht, als der Engel ihm den Namen dieses verspätet geborenen Sohnes, nämlich Johannes (= Gott ist gnädig) nennt. Zacharias rechnet nicht mit Gottes Macht und vertraut seinen fünf Sinnen mehr als dem Engel. Auch unsere Argumente wären sicher ähnlich gewesen. Er sieht nüchtern sein Alter und das seiner Frau Elisabeth und seine kinderlose Ehe.
Aber gerade dieses Nichtvertrauen verschlägt ihm die Sprache. Er hat im Grunde genommen die Engelserscheinung nicht akzeptiert. Er bleibt von nun an stumm, er kann keine Argumente mehr dem in seine Welt hereinbrechenden Gotteswillen entgegensetzen. Diese Sprachlosigkeit ist eine herbe Zurechtweisung. Aber das, was wie Gericht Gottes aussieht, ist in Wahrheit auf geheimnisvolle Weise Zeichen der Gnade Gottes.

Das Stummsein dauert für Zacharias bis zu jenem Tag, an dem er den Namen des nunmehr geborenen kleinen Johannes auf eine Wachstafel schreiben kann. Erst da bricht sozusagen eine Antwort aus ihm hervor, sein Lobgesang, das „Benedictus". Er kann wieder reden und seine ersten Worte lauten „Gepriesen sei der Herr, der Gott Israels! Denn er hat besucht und erlöst sein Volk ... und Du Kind wirst ein Prophet des Höchsten heißen, denn Du wirst dem Herrn vorhergehen und ihm den Weg bereiten". (Luk. 1, 76)

Die Predigt des Johannes von der „Ankunft des Herrn"
(Neue Jerusalemer Bibel. Luk. 3, 1–20)

Es war im fünfzehnten Jahr der Regierung des Kaisers Tiberius; Pontius Pilatus war Statthalter von Judäa, Herodes Tetrarch (Vierfürst = Herrschaft eines der vier Fürsten über ein Gebiet) von Galiläa, sein Bruder Philippus Tetrarch von Ituräa und Trachonitis, Lysanias Tetrarch von Abilene; Hohepriester waren Hannas und Kaiphas. Da erging in der Wüste das Wort Gottes an Johannes, den Sohn des Zacharias. Und er zog in die Gegend am Jordan und verkündigte dort überall Umkehr und Taufe zur Vergebung der Sünden. So erfüllte sich, was im Buch der Reden des Propheten Jesaja steht:

Der Lobgesang (Benedictus) des Zacharias.

Eine Stimme ruft in der Wüste:
Bereitet dem Herrn den Weg!
Ebnet ihm die Straßen!
Jede Schlucht soll aufgefüllt werden,
jeder Berg und Hügel sich senken.
Was krumm ist, soll gerade werden,
was uneben ist, soll zum ebenen Weg werden.
Und alle Menschen werden das Heil
sehen, das von Gott kommt.

Das Volk zog in Scharen zu ihm hinaus, um sich von ihm taufen zu lassen. Er sagte zu ihnen: Ihr Schlangenbrut, wer hat euch denn gelehrt, daß ihr dem kommenden Gericht entrinnen könnt? Bringt Früchte hervor, die eure Umkehr zeigen, und fangt nicht an zu sagen: Wir haben ja Abraham zum Vater. Denn ich sage euch: Gott kann aus diesen Steinen Kinder Abrahams machen. Schon ist die Axt an die Wurzel der Bäume gelegt; jeder Baum, der keine gute Frucht hervorbringt, wird umgehauen und ins Feuer geworfen.
Da fragten ihn die Leute: Was sollen wir also tun? Er antwortete ihnen: Wer zwei Gewänder hat, der gebe eines davon dem, der keines hat, und wer zu essen hat, der handle ebenso. Es kamen auch Zöllner zu ihm, um sich taufen zu lassen, und fragten: Meister, was sollen wir tun? Er sagte zu ihnen: Verlangt nicht mehr, als festgesetzt ist. Auch Soldaten fragten ihn: Was sollen denn wir tun? Und er sagte zu ihnen: Mißhandelt niemand, erpreßt niemand, begnügt euch mit eurem Sold!

Johannes der Täufer. Ausschnitt aus der Kreuzigungstafel des Isenheimer Altars von Matthias Grünewald.

Ein Mann wurde von Gott gesandt, er hieß Johannes. Er sollte die Menschen auf das Licht hinweisen, damit alle es erkennen und annehmen. Er selbst war nicht das Licht; er sollte nur auf das Licht hinweisen. (Joh. 1, 6–8)

Er muß wachsen, ich aber muß abnehmen. (Joh. 3, 30)

Das Volk war voll Erwartung, und alle überlegten im stillen, ob Johannes nicht vielleicht selbst der Messias sei. Doch Johannes gab ihnen allen zur Antwort: Ich taufe euch nur mit Wasser. Es kommt aber einer, der stärker ist als ich, und ich bin es nicht wert, ihm die Schuhe aufzuschnüren. Er wird euch mit dem Heiligen Geist und mit Feuer taufen. Schon hält er die Schaufel in der Hand, um die Spreu vom Weizen zu trennen und den Weizen in seine Scheune zu bringen; die Spreu aber wird er in nie erlöschendem Feuer verbrennen. Mit diesen und vielen anderen Worten ermahnte er das Volk in seiner Predigt.

Johannes der Täufer im Gefängnis

Johannes tadelte auch den Tetrarchen Herodes wegen (der Sache mit) Herodias, der Frau seines Bruders, und wegen all der anderen Schandtaten, die er verübt hatte. Deshalb ließ Herodes Johannes ins Gefängnis werfen und lud so noch mehr Schuld auf sich.

Die Sprachgewalt des Wegbereiters Johannes

Seinem Vater Zacharias hatte es seinerzeit die Sprache verschlagen. Der Sohn war außerordentlich sprachgewaltig. Nicht nur die Vorgeburtsgeschichte Jesu ist mit der Geschichte Johannes des Täufers verbunden. Vor der Taufe Jesu durch Johannes predigte dieser den Menschen die Ankunft des Messias. Deshalb hat die Biographie des Johannes eine direkte Beziehung zu Advent.

Albert Schweitzer hat die Figur des Johannes stets als sehr beeindruckend empfunden. Er spürte dem Geheimnis des „Rufers in der Wüste“ nach. Der Mann aus der Steppe faszinierte ihn, weil er hier einem zweifelnden und kritisch fragenden Vorboten Jesu begegnete, der aber den Blick auf den Angekündigten nicht wegwenden konnte.

Der Vergleich mit dem Propheten Elia lag für die damaligen Menschen nahe. Die Erwartung des Elia als Vorbote des Messias spielt in der jüdischen Tradition und Frömmigkeit bis heute eine große Rolle (Chagalls zahlreiche Elia-Darstellungen).

Die Enthaltsamkeit und die Beschränkung des Johannes auf das einfache Leben in der galiläischen Wüste war keine Gesundheitskur. Er lebte in der Einsamkeit von dem, was er geschenkt bekam oder was ihm die Wüste noch bot, aber ganz in der Gottesnähe.

Sein Beispiel war ein kultischer Protest, ein Mahnzeichen an die Ursprünge Israels.[30] Es war ein Hinweis auf jene Epoche, als die Stämme Israels noch als Wandernomaden ganz auf Jahwe, ihren Gott, angewiesen waren und sich noch nicht im scheinbar sicheren kanaanitischen Wohlstand in der Yizreel-Ebene breitgemacht hatten.

Ruinen und Höhlen von Qumran.

Johannes sah in seinem zotteligen Umhang gewiß recht verwildert aus. Und was noch mehr erschreckt, ist in Wahrheit sein Ruf zur Umkehr, zur Buße, hin zum Frieden und ewiger Freude. Die Menschen in den am Rande der Wüste liegenden Dörfern und Einzelsiedlungen der Beduinen, aber auch in den benachbarten Städten sind zwar beeindruckt, doch zugleich erschreckt. Johannes kennt selbst noch nicht den, dem er den Weg bereitet, und das macht die Nachricht noch schwieriger.

Johannes läßt aber durch das Dunkel die Farbe der Hoffnung, eine Mischung von Gold und Purpur, durchschimmern. Die Farbe ist im Advent sinnvoll in der violetten Schattierung der Paramente zusammengeschmolzen. Johannes trat im 15. Jahr des Kaisers Tiberius (14–37 n. Chr.) auf. Die Adventsbotschaft des Johannes lautet: „Nehmt Euren Wohlstand, Eure selbstgezimmerten Götter und Götzen nicht für bare Münze. Trachtet stattdessen am ersten nach dem Reiche Gottes, d. h. nach dem, was Gott von Euch will“.

Johannes war nicht der einzige, der aus der damaligen Gesellschaft in die Wüste, den Ort des Hörens, aufgebrochen war, um Gottes Stimme zu vernehmen. Auch andere Religionsgemeinschaften wie die der Zeloten oder der Aussteiger von Qumran hatten sich als „Kinder des Lichtes“ in die Einsamkeit zurückgezogen. Das aber war nicht der Auftrag des Johannes.

Johannes setzte sich nicht ab in fromme Zirkel, er verharrte nicht in der Wüste, er ging auf die Menschen zu, er predigte allen und er erreichte die Herzen der Menschen. Selbst Pharisäer und Sadduzäer, also die Kirchenoberen, erschütterte er, wenn er die Alternative Gottes verkündete. Er prangerte die Selbstgerechtigkeit der Synagoge ebenso an, wie die Irrwege aller Menschen. Er leuchtete das Erscheinen des Gottessohnes als Hoffnung aus. Das alles bedeutete: Sinneswandel. Buße, metanoia ist erforderlich. Johannes der Täufer analysierte weniger die falschen Propheten, er nahm Bezug auf die Sehnsucht der Menschen nach wirklichem Frieden und nach Einsicht in Gottes Geheimnis, das hinter unserem Verstandeshorizont verborgen ist, eben in das Reich Gottes. Deshalb verlangte Johannes die Veränderung des Lebensstils.

Man kann seine Forderungen „übersetzt in unsere Sprache und Gesellschaft“ so verstehen:

Johannes erhält die Nachricht „Freuen darf sich jeder, der nicht an mir irre wird“ (Luk. 7, 23). Holzschnitt von Helmut Uhrig.

- Alle Hindernisse tragt ab, die ein Stolperstein zu Gott sein können.
- Helft bei den göttlichen Räumungs- und Planierarbeiten, damit der Weg eben, gangbar und gerade wird.
- Ebnet die Eisberge der Lieblosigkeit und die Gipfel des Hochmuts ein, verzichtet auf eure egozentrische Selbstverwirklichung.
- Schafft Raum für Solidarität und Barmherzigkeit, begradigt die Irrwege (heute: die Holzwege der Umweltbelastung und der Rüstung).
- Füllt die Schlaglöcher der hausgemachten Probleme des Schöpfungsverrats und auch der persönlichen Depressionen und Dunkelheiten zu.
- Laßt Euch nicht blenden: ich spiegele in Wahrheit nur das echte Licht, ich bin nicht selbst der Messias; aber das Reich Gottes ist nahe herbeigekommen.
- Macht die Tore Eurer Herzen weit auf, schafft Raum in Eurem von vielerlei Unrat und unnötigem Ballast belagerten Inneren.
- Ich taufe nur mit Wasser, aber er wird mit dem Heiligen Geist taufen, d. h. die Versöhnung mit Gott selbst vollziehen.
- Und weil ich nicht der versprochene Retter selbst bin, sondern nur der Vorläufer, bin ich einer, der abnehmen muß, damit er, der Kommende, zunehmen kann.

(Der Johannestag, der 24. Juni, bedeutet Sonnenwende zum abnehmenden Licht.)

Johannes hatte eine Botschaft auszurichten, die er nicht selbst erfunden hatte. Er suchte die Wahrheit und verschwieg sie auch nicht vor dem Thron des Königs (Herodes 4 v. Chr. bis 39 n. Chr.). Er schwamm wie alle Propheten gegen den Strom – das kostete ihm den Kopf. Zutiefst angefochten im Gefängnis suchte er nach Vergewisserung und ließ Jesus durch Boten noch einmal nach der Richtigkeit seiner Ankündigung fragen: Bist du es, oder müssen wir auf einen anderen warten. Jesus ließ ihm von seinem Wirken berichten und bestätigte dem eingekerkerten Johannes die Richtigkeit seiner Predigt (Matth. 11, 1–12).

Mariä Verkündigung. Marienkirche am Markt in Würzburg, Nordportal.

Die Überraschungsnachricht – dargestellt aus der Sicht großer Maler

Lukas berichtet (1, 26–38):
Und im sechsten Monat ward der Engel Gabriel gesandt von Gott in eine Stadt in Galiläa, die heißt Nazareth, zu einer Jungfrau, die vertraut war einem Manne mit Namen Joseph, vom Hause David; und die Jungfrau hieß Maria. Und der Engel kam zu ihr hinein und sprach: Gegrüßet seist du, Holdselige! Der Herr ist mit dir, du Gebenedeite unter den Weibern! Da sie aber ihn sah, erschrak sie über seine Rede und gedachte: Welch ein Gruß ist das? Und der Engel sprach zu ihr: Fürchte dich nicht, Maria! du hast Gnade bei Gott gefunden. Siehe, du wirst schwanger werden und einen Sohn gebären, des Namen sollst du Jesus heißen. Der wird groß sein und ein Sohn des Höchsten genannt werden; und Gott der Herr wird ihm den Stuhl seines Vaters David geben; und er wird ein König sein über das Haus Jakob ewiglich, und seines Königreichs wird kein Ende sein. Da sprach Maria zu dem Engel: Wie soll das zugehen, sintemal ich von keinem Manne weiß? Der Engel antwortete und sprach zu ihr: Der heilige Geist wird über dich kommen, und die Kraft des Höchsten wird dich überschatten; darum wird auch das Heilige, das von dir geboren wird, Gottes Sohn genannt werden. Und siehe, Elisabeth, deine Gefreunde, ist auch schwanger mit einem Sohn in ihrem Alter und geht jetzt im sechsten Monat, von der man sagt, daß sie unfruchtbar sei. Denn bei Gott ist kein Ding unmöglich.
Maria aber sprach: Siehe, ich bin des Herrn Magd; mir geschehe, wie du gesagt hast. Und der Engel schied von ihr.

Sehnsüchtig warteten viele in Israel damals auf das Kommen des von den Propheten angekündigten Messias. Wir wissen nicht, ob das noch junge, gerade soeben verlobte – dem Josef nach alter Beduinensitte frisch versprochene – Mädchen aus den unteren Sozialgruppen diese Erwartung geteilt hat.

Der Text bei Lukas zeigt, daß es unbegreifliche göttliche Fügungen gibt. Nirgends ist berichtet, daß Maria besonders fromm war. Josefs Stammbaum kann sich sehen lassen, er ist ein angesehener Handwerker und er entstammt einer traditionsreichen Familie, die sich auf König David zurückführt. Von Maria ist nichts gesagt im Blick auf eine gutbürgerliche Vergangenheit. Sicher wünschte sie sich wie alle jüdischen Mädchen eine gute Ehe, viele Kinder und am liebsten Söhne. Aber es kommt anders. Gott greift ein.

Im Tympanon der gotischen Marienkapelle in Würzburg bringt der Engel Gabriel seine Botschaft und spricht sein Ave Maria. Gott selbst bringt seine Gedanken durch ein Sprachrohr bei Maria zu Gehör.

Matthias Grünewald aus dem Raum Seligenstadt malte sein bedeutendstes Werk, den Isenheimer Altar, für das Antoniterkloster an einer bedeutsamen Wegekreuzung bei Isenheim im Elsaß, wo viele Kranke gepflegt wurden. Der Maler hat auf einer der Tafeln die Überraschungsnachricht Gottes an das junge Mädchen Maria nicht nur künstlerisch hervorragend, sondern auch theologisch sauber gestaltet. Wir wissen nicht, ob Maria weltliche Lebensplanungen hatte, man sollte hier nicht spekulieren. Mitten in ihrem eher bescheidenen Alltag tritt eine Wendung ein durch den Engelsgruß „Ave Maria plena gratia". Da stürmt ein Engel mit rauschenden Gewändern überfallartig in einen großen gotischen Hallenraum, offenbar das Zimmer eines reichen Gildeherrn.

Der Maler verlegt also das Geschehen in ein vornehmes Haus, das durch schwere Vorhänge in einzelne Zimmer aufgeteilt ist. Es entspricht dem Stil der Zeit um 1460/80. Marias soziales Umfeld sah gewiß ärmlicher aus. Aber das Ambiente ist nicht wichtig. Es ist nur äußere Hülle und das noch zeitbedingt. Nur was der Erzengel Gabriel sagt und was Maria tut, das ist wichtig.

Maria erschrickt bei dieser unglaublichen Erscheinung. Verunsichert fragte sie im Inneren, was das für eine für sie unangemessene Grußanrede sei. Gott kennt ihre Fragen schon vorausschauend (Psalm 139, 2 u. 4) und läßt seinen Boten, den Engel, Marias Angst und Verblüffung mildern: „Fürchte dich nicht ..." Der Maler hat das Erschrecken der Maria in dem Augenblick dieser jähen Überraschungsnachricht durch ihre leichte Abwendung von dem Engel festgehalten. Aber sie wendet sich nicht ganz ab, denn der Engel hatte ja schließlich anständig gegrüßt.

Das Unglaubliche, daß sie auserwählt sei, Gottes Sohn zur Welt zu bringen, macht sie verlegen. Wenn der Engel auch zu ihr sagt: Du Gebenedeite, Du Holdselige, Du Auserwählte, Du besonders Gesegnete, sie ist erschrocken und kann zunächst gar nicht argumentieren. Der Engel läßt das auch nicht zu, er diskutiert nicht, er trägt ohne „Wenn und Aber" seine Botschaft vor. Maria müßte sich hochgeehrt fühlen, himmelhoch jauchzen ob ihrer „Madonnenzukunft". Doch sie reagiert ganz anders, sie wirft sich nicht auf den Boden. Gegen alle gut jüdische Frauentradition will sie nicht einfach hinnehmen. Sie will verstehen und fragt kritisch zurück: „Ich weiß von keinem Manne". Und der Engel erklärt nicht, er bezeugt in verstehbaren Bildern „... die Kraft des Höchsten wird dich über-

„Die Ankündigung". Matthias Grünewald, Isenheimer Altar (Weihnachtstafel) .

„Die Verkündigung Christi“ nennt sich die sehr einfache malerische Darstellung in einem Brüstungsfeld des Kirchleins von Niederhörlen im Hessischen Freilichtmuseum.

schatten“ und verweist auf eine andere Erfahrung, die der älteren Elisabeth, die „unfruchtbar“ war und nun im 6. Monat schwanger ist.
Trotz ihres Schocks kann Maria nun vertrauen und bescheiden annehmen. „Ich bin die Magd des Herrn, mir geschehe, wie du gesagt hast“. Dies ist wichtig! Das Drumherum und die äußere Behausung, auch der zarte Glanz des Lichtes und der reichverzierte Fußboden sind nicht wichtig, wohl aber, daß auf der Truhe das Alte Testament aufgeschlagen ist. Hier wird deutlich, wo Maria auch im Alltag ihre Kraft herholt, wo sie steht. Aber das unbescholtene Mädchen, das sich für sehr gering hält und auch als sehr gering eingestuft wird in ihrem Umfeld, ringt die Hände, weil es sich nicht würdig fühlt.
Doch sie läßt die Hände wie ein Gefäß offen. Sie zeigt, daß sie die Botschaft aufzunehmen bereit ist, sie gehorcht. Sie hört auf den Auftrag, den der Engel gibt. Deshalb ist sie gebenedeit, gesegnet, und sie kann sagen, „mir geschehe wie du gesagt hast“. Dieses „fiat“ (es möge geschehen), dieses „ja“ der Maria zu Gottes Herausforderung, die sie selbst gar nicht richtig begriffen hatte, ist das wirkliche Geheimnis, das der Maler erfaßt und gestaltet hat.
700 Jahre vor der Geburt Jesu hatte der Prophet Jesaja geweissagt „Siehe eine Jungfrau ist schwanger und wird einen Sohn gebären, den wird sie heißen Immanuel (Gott hilft. Jes. 7, 14)“. Und so wird der alte Prophet von dem Maler in einer Bildecke angebracht, um bestätigend von oben auf das Geschehen herabzublicken. Die Taube ist Sinnbild des Heiligen Geistes, der sich, ganz Idee, hauchdünne Transparenz, herabsenkt auf Maria, die sich selbst als Gefäß, als Tempel Gottes empfindet.
Die Ikone aus dem Verkündigungskloster in Nazareth wird bestimmt durch eine große Bewegung seitens des Engels. Diese Bewegung ist nicht ganz so dynamisch dargestellt in dem einfachen, beinahe herben Volksgemälde aus dem Kirchlein von Niederhörlen im Hessenpark. Die einfache „Bauernmalerei“ betont die Ebenbürtigkeit zwischen dem Sender der Botschaft und der Empfängerin. Sie stehen auf gleicher Ebene. Die eigene Einschätzung des Mädchens Maria als „Magd des Herrn“ wird dem auf die Bildvermittlung angewiesenen Kirchenbesucher deutlich vor Augen geführt. Entscheidend ist jeweils auch die Einwirkung des Heiligen Geistes, sichtbar gemacht in dem Strahlenbündel aus der Höhe und in der Taube.
Die Szene der Ikone spielt vor dem galiläischen Städtchen Nazareth in dem armseligen Bergland, aus dem für viele nichts Gutes kommen konnte. Der Engel Gabriel stürzt geradezu herein, obwohl das Tor geschlossen ist. Die Mauer riegelt das Verkündigungsgeschehen ab, und ein rotes Tuch will sogar den Himmel abschirmen, so daß die Leute in der Stadt (in der Welt) nichts mitkriegen von dem aufregenden Augenblick der Verkündigung.
„Ave Maria, du Gesegnete des Herrn“, der Engelsgruß ist in der oberen Bildecke in arabischen Schriftzeichen festgehalten. Maria ist nach kritischem Nachfragen empfänglich für die Botschaft und empfängt Gottes Auftrag. Ihre bescheidene Frage, wie das geschehen soll, ist kein zweifelnder Unglaube, sondern eine schlichte Bitte um die Erklärung des Rätselhaften.
Trotz der Ungereimtheiten nimmt Maria die Bezeugung des Engels an, vertraut der Botschaft

und ordnet sich als „Magd des Herrn“ ein. Das tut sie, nachdem sozusagen die Antwort aus dem Himmel kommt und das rote Tuch durchstochen wird. Wie vom Pfeil eines überirdischen Sonnenrades wird sie vom Geist des Heils getroffen. Sinnbild ist auch hier die Taube. Auch hier öffnet Maria ihre Hände, um schließlich anzunehmen.
Dennoch unterscheidet sich die Ikone deutlich von den anderen Verkündigungsdarstellungen. Maria wird in der Ikone nach Auffassung der orthodoxen Kirche mehr als die Geheiligte dargestellt. Sie ist gut gewandet, sitzt auf einer Art Thronsessel, schon ganz die Gottes-Mutter. Damit sind zwei Situationen in dem Leben der Maria in einem Bild vereinigt: die Bereitschaft des Mädchens und die Erhöhung der späteren Mutter Jesu.

Zu Mariä Verkündigung

Nicht jeder Himmlische
Wurde der Magd gesandt,
Nein, der Gewaltigste:
Seinen Erzengel schickt
Nieder der Menschen Freund.

Herrlich wohl muß er sein,
Den er zum Boten wählt,
Daß er Gewalt will tun
Ew’gem Naturgesetz
Bei der Geburt des Sohns.

Geh denn vom Herrn gesandt,
Bote so hohen Glücks,
Hebe den Schleier weg
Alten Verheißungen
Kraft deines Heroldsamts!

Nah ihr, Verkündiger,
Sprich: „Oh gegrüßet sei“,
Sprich: „Du der Gnaden voll“,
Sprich: „Der Herr ist mit dir“,
Und sprich: „Nicht fürchte dich!“

Petrus Abaelardus

Gebet aus der Basilius-Liturgie der orthodoxen Kirche

Als aber die Fülle der Zeiten kam, hast Du zu uns gesprochen durch Deinen Sohn selbst, durch den Du auch das unendliche Weltall gemacht hast.
Er, der Abglanz Deiner Herrlichkeit und Abdruck Deines Wesens.
Er, der alles trägt durch sein mächtiges Wort, hielt es nicht für Raub, Dir, dem Gott und Vater gleich zu sein, sondern erschien auf Erden und lebte mit den Menschen.
Er ist Fleisch geworden aus der Jungfrau Maria, die Du geheiligt hast.
Er entäußerte sich und nahm Knechtsgestalt an.
Er ward gleichgestellt dem Leibe unserer Niedrigkeit, um uns gleich zu machen dem Bilde seiner Herrlichkeit!

Byzantinische Ikone aus dem Verkündigungskloster in Nazareth (neu gemalt im 17. Jh.).

Plakat zum Weltgebetstag 1996.
„Von Gott zur Antwort gerufen“ war das Geleitwort zum Weltgebetstag der Frauen am 1.3.1996. Der Bildentwurf stammte von Frauen aus Haiti. Die ganze Zerrissenheit ihres Landes zeigt sich in den Verwerfungen im Gesicht der Maria. Dennoch herrscht auf dem Symbolplakat die goldene Farbe vor. Sie verheißt Hoffnung und Geborgenheit.

Die Verkündigung
(des Fra Angelico)

Marias Augen halten
Kein noch so nahes Ziel,
Der Bäume weißes Spiel,
Ihr Lächeln und Entfalten,

Und selbst des Engels Kommen,
Sein Flügel und Gewand,
Des Hauptes goldner Rand
Vermag ihr nicht zu frommen.

Maria an der Pforte
Hört nur die dunklen Worte,
Die ihr der Engel sagt,

Und hat die beiden Hände
Gekreuzt und spricht am Ende:
Ich bin des Herren Magd.

Albrecht Goes

„La Anunciation“
(Die Verkündigung).
Fra Angelico (1400 – 1455).

Die Begegnung Elisabeth und Maria

Maria aber stand auf in den Tagen und ging auf das Gebirge eilends zu der Stadt Juda's und kam in das Haus des Zacharias und grüßte Elisabeth. Und es begab sich, als Elisabeth den Gruß Marias hörte, hüpfte das Kind in ihrem Leibe. Und Elisabeth ward des heiligen Geistes voll und rief laut und sprach: Gebenedeit bist du unter den Weibern, und gebenedeit ist die Frucht deines Leibes! Und woher kommt mir das, daß die Mutter meines Herrn zu mir kommt? Siehe, da ich die Stimme deines Grußes hörte, hüpfte mit Freuden das Kind in meinem Leibe. Und o selig bist du, die du geglaubt hast! Denn es wird vollendet werden, was dir gesagt ist von dem Herrn. (Luk. 1, 39–45)

Maria unterscheidet sich deutlich von Zacharias. Sie vertraute der Botschaft des Erzengels Gabriel, der sie auf ihre Verwandte, auf Elisabeth hingewiesen hatte. Sie braucht aber nun menschlichen Beistand, sie ist keine Göttin. Bei Elisabeth in Hebron oder in Ain Karim (6 km westlich von Jerusalem) konnte sie Hilfe suchen. Maria ging den beschwerlichen Weg über das steppenhafte und durch trockenen Buschwald geprägte judäische Gebirge weit nach Süden. In Nazareth hatte eh keiner etwas von dem Engel und dem Beginn der Zeitenwende vernommen. Maria ging durch den Dornenwald, wobei die schöne Legende berichtet, daß sie ein Wunder bewirkte, indem die Dornen plötzlich Farbe bekommen und Rosen getragen hätten.

In Wahrheit erfuhr Maria auf diesem außerordentlich beschwerlichen Pfad einen Vorgeschmack von dem Weg der hochschwangeren Frau zur Steuerschätzung nach dem 100 km von Nazareth entfernten Bethlehem und von der Flucht nach Ägypten vor dem kindermordenden König Herodes, der sich als römerhöriger Vasall vor seinem eigenen Volk fürchtete.

Und nun begegnen sich zwei Frauen, die guter Hoffnung sind und sich beistehen. Es ist in solchen Situationen außerordentlich hilfreich, wenn Frauen gleichen Sinnes, ja Freundinnen sind. Dann kann über glückliche Zukunftsvorstellungen wie über Ängste vor Behinderungen der Kinder gesprochen werden. In ihrer Schwangergemeinschaft erkennen sie in einer visionären Vorausschau die Zukunftsbedeutung ihrer Kinder.

„Der Besuch". Martin Schongauer (um 1480). Altarbild aus der Dominikanerkirche in Colmar.

1. Maria durch ein' Dornwald ging,
Kyrieleison!
Maria durch ein' Dornwald ging,
der hat in sieben Jahr kein Laub getragen.
Jesus und Maria.

2. Was trug Maria unter ihrem Herzen?
Kyrieleison!
Ein kleines Kindlein ohne Schmerzen,
das trug Maria unter ihrem Herzen.
Jesus und Maria.

3. Da haben die Dornen Rosen getragen,
Kyrieleison!
Als das Kindlein durch den Wald getragen,
da haben die Dornen Rosen getragen.
Jesus und Maria.

Elisabeth hatte schon bei der Begrüßung gemerkt, daß sie es im Falle Marias mit einer von Gott Auserwählten zu tun hat. Prophetisch wiederholt sie den Gruß des Gabriel: „Gesegnet bist du unter den

„Die Begegnung". Holzschnitt von Käthe Kollwitz.

Frauen und gesegnet ist die Frucht deines Leibes". Ihr eigenes Kind, der spätere Wegbereiter Jesu , hüpfte in ihrem Leib. Da wird ganz physiologisch lebensnah berichtet und menschlich begreifbar gemacht.

Elisabeth, die mütterliche Freundin, hilft dem unerfahrenen Mädchen Maria, mehr noch, sie erkennt in ihr „die Mutter ihres Herrn". Elisabeth sagt nicht „meine Herrin", sondern „die Mutter meines Herrn kommt zu mir". Weihnachten beginnt im Advent mit zwei Schwangerschaften, wobei das Erhoffte noch nicht völlig Gestalt angenommen hat. Im praenatalen Zustand begegnen sich Johannes und Jesus in ihren Müttern.

Käthe Kollwitz (1867–1945) hat diese Situation in ihrem berühmten Holzschnitt von 1928 eindrucksvoll dargestellt. Es ist keine fromme Kunst, in der herrliche Gewänder und Farben und Heiligenschein Gestaltungselemente sind, sondern ein ganz elementares Begegnen. Es ist ein Zusammentreffen der zwei so ungleichen Frauen, die doch viel gemeinsam haben: der alternden, flüsternden, hochschwangeren Elisabeth und der jungen, hörenden, geheimnisvoll schwangeren Maria. Beide wissen, was die Stunde geschlagen hat, sie leiten das Weihnachtsgeschehen sicht- und hörbar ein.

Käthe Kollwitz nennt ihr Werk nicht „Das Gespräch" oder „Die Unterhaltung" oder „Das Geheimnis", sondern „Die Begegnung" und damit ist nicht nur das Zusammentreffen zweier Menschen gemeint, sondern auch die Begegnung Gottes mit den Menschen in dieser Welt. Gemeint ist die Erkenntnis der beiden Frauen, daß „die Zeit erfüllt war" und Licht in die Finsternis der Welt kommt. Zum Sieg des Heils und des Friedens über das Unheil und das Böse dürfen beide Frauen Einzigartiges beitragen.

1. Mein Seel, o Herr, muß loben dich,
du bist mein Heil, des freu ich mich,
daß du nicht fragst nach weltlich' Pracht
und hast mich Arme nicht veracht'
2. und angesehn mein Niedrigkeit.
Des wird von nun an weit und breit
mich selig preisen jedermann,
weil du groß Ding an mir getan.
5. Der Menschen Hoffart muß vergehen,
mag nicht vor deiner Hand bestehn;
wer sich verläßt auf seine Pracht,
dem hast du bald ein End gemacht.
7. Wer niedrig ist und klein geacht',
an dem übst du dein göttlich Macht
und machst ihn einem Fürsten gleich,
die Reichen arm, die Armen reich.
11. Gott Vater und dem ein'gen Sohn,
dem Heilgen Geist in einem Thron
sei Ehr und Preis von uns bereit'
von nun an bis in Ewigkeit.

Strophenauswahl aus dem Lied 308 des Evangelischen Kirchengesangbuchs. Der Verfasser, Erasmus Alberus (1500 – 1553), wirkte als Humanist und Freund Luthers u. a. in der Wetterau.

Das „Magnificat“

Und Maria sprach: Meine Seele erhebet den Herrn, und mein Geist freuet sich Gottes, meines Heilands; denn er hat die Niedrigkeit seiner Magd angesehen. Siehe, von nun an werden mich selig preisen alle Kindeskinder, denn er hat große Dinge an mir getan, der da mächtig ist und des Name heilig ist. Und seine Barmherzigkeit währet immer für und für bei denen, die ihn fürchten. Er übet Gewalt mit seinem Arm und zerstreuet die hoffärtig sind in ihres Herzens Sinn. Er stößt die Gewaltigen vom Stuhl und erhebt die Niedrigen. Die Hungrigen füllet er mit Gütern und läßt die Reichen leer. Er denket der Barmherzigkeit und hilft seinem Diener Israel auf, wie er geredet hat unsern Vätern, Abraham und seinem Samen ewiglich.
Und Maria blieb bei ihr drei Monate; danach kehrte sie wiederum heim. (Luk 1, 46–56)

Dem Lobgesang des Zacharias, dem Benedictus, entspricht das berühmte Antwortgebet der Maria, das Magnificat. Maria ruft es aus, nachdem Elisabeth den Auftrag Marias erkannt, bestätigt und bekräftigt hatte. Das „Magnificat“ ist eine hymnische Formulierung aus dem alten Testament, das schon die Prophetin Hanna als Lobgesang für ihren Sohn Samuel gesungen hatte. (1. Sam.2, 1–10).
Maria bedient sich also des bekannten uralten Liedes und ergänzt es. Sie ist ganz Dienerin für Gottes Willen und insofern ein Vorbild des Glaubens und des gehorsamen Dienens, sie ist nicht Erlöserin. Ihr Sohn Jesus ist der Erlöser, das wirkliche Ereignis der Weihnacht.
Hier, bei der erfahrenen Elisabeth ist es Maria so, als müßte sie in diesem Lobgesang noch einmal das wiederholen, was sie bei der Geburtsankündigung durch den Engel Gabriel gesagt hatte: „fiat me“ (Mir geschehe). Hier verstärkt sie: „Magnificat anima mea dominum“ (Mache groß, meine Seele, den Herrn).
Luther hat dieses „Magnificat“, dieses bedeutsame „Meine Seele erhebe den Herrn“ ... in einer Predigt 1521 besonders gewürdigt.[31] Es war jene Zeit zwischen dem Herbst 1520 und dem September 1521, in der über Luther der Bannstrahl verhängt war und jene Zeit, in der er sich in Worms vor Kaiser und Reich verantworten mußte und schließlich von seinem Landesherrn auf der Wartburg in Schutzhaft genommen wurde.

Damals hat Martin Luther die „Magd“ Maria als Vorbild für uns Menschen allgemein und insbesondere für die angeblich Hochstehenden, z. B. die Herrschenden, herausgestellt. Gleichzeitig hat er gezeigt, wie die Niedrigen erhöht werden und die Erhöhten stürzen können. Es ist eine Predigt, die an Aktualität nichts eingebüßt hat.
Luther schrieb einen Brief an den jungen Herzog, den Neffen seines Landesherrn, in dem er ebenfalls das „Magnificat“ zum zentralen Anliegen macht. Dem 18jährigen Johann Friedrich (Neffe des kinderlosen Kurfürsten von Sachsen und künftigen Landesherrn) legt er das „Magnificat“ zur steten Erinnerung vor, weil „an der Person eines großen Fürsten vieler Leute Heil liegt“. Er stellt die Frage, ob man sich vom eigenen Machtdenken bestimmen läßt oder ob man sich den Willen Got-

Die Verkündigung an Maria (oben) und Maria und Elisabeth (unten). Miniatur aus dem Evangeliar Heinrichs des Löwen, Handschrift um 1188 aus dem Benediktinerkloster Helmarshausen in Nordhessen.

Das heutige Nazareth in den galiläischen Bergen.

tes zu seiner Richtschnur nimmt – so wie Maria. Ein paar wenige Kostproben aus Luthers Brief können auch uns Heutigen nicht schaden: *... denn ein menschlich Herz von Natur Fleisch und Blut, ist aus sich selbst leicht vermessen. Und wo ihm Gewalt, Gut und Ehre dazu in die Hand gegeben sind, wird es durch solche starke Ursache zur Vermessenheit und allzu freier Sicherheit noch mehr bewegt, so daß es Gottes vergißt, seine Untertanen nicht achtet ... Am Regieren zeigt sich was einer für ein Mann ist. Denn die Untertanen wagen nicht, aus sich herauszugehen, aus Furcht vor der Obrigkeit. Darum tuts allen Oberherren Not, weil sie Menschen nicht zu fürchten haben, daß sie Gott mehr fürchten als andere ihn und seine Werke gut erkennen und sorgsam vorgehen, wie St. Paulus sagt Römer 12, 8: „Wer da regiert, der sei sorgfältig". Nun weiß ich in der ganzen Schrift nichts, das so gut hierzu dient, wie dies heilige Lied der hochgesegneten Mutter Gottes, das wahrhaftig allen, die gut regieren und heilsam Herren sein wollen, gut zu lernen und gut zu behalten ist. Sie singt in der Tat hierin aufs Allerlieblichste von der Gottesfurcht, und was er für ein Herr sei, vor allem, welche seine Werke sind in den hohen und niedrigen Ständen ...*

Und Luther fährt in der Auslegung des Magnificats in seiner Predigt weiter, indem er das, was er den Regierenden zu sagen hatte, auf alle anderen Menschen ausdehnt: *Das erfahren wir täglich wie jedermann nur über sich zur Ehre, zur Gewalt, zum Reichtum, zur Kunst, zu gutem Leben und allem was groß und hoch ist, sich bemüht und wo solche Leute sind, denen hängt jedermann an, da läuft man hinzu, da dient man gern, da will jedermann sein und der Höhe teilhaftig werden, so daß nicht umsonst in der Schrift so wenig Könige und Fürsten als fromm beschrieben sind. Wiederum in die Tiefe will niemand sehen, wo Armut, Schmach, Not, Jammer und Angst ist, da wendet jedermann die Augen ab ... Darum bleibt Gott allein solches Hinsehen vorbehalten, das in die Tiefe, die Not und den Jammer sieht und ist nah all denen, die in der Tiefe sind ... Wo aber erfahren wird, wo ein solcher Ort ist und wie er in die Tiefe sieht und nur hilft den Armen, Verachteten, Elenden, Jämmerlichen, Verlassenen und denen die gar nichts sind, da wird er einem so herzlich lieb. Da geht das Herz über vor Freuden, hüpft und springt vor großem Wohlgefallen, das es in Gott empfangen hat und da ist dann der Heilige Geist ... Ebenso tut auch hier die zarte Mutter Christi. Sie lehrt uns mit dem Exempel ihrer Erfahrung und mit Worten wie man Gott erkennen, lieben und loben soll. Denn weil sie mit fröhlichem, springendem Geist hier sich rühmt und Gott lobt, er habe sie angesehen, obwohl sie niedrig und nichts gewesen sei, muß man glauben, daß sie arme, verachtete, geringe Eltern gehabt und daß wir es vor die Augen bilden um der Einfältigen willen: es sind ohne Zweifel zu Jerusalem der obersten Priester und Ratsherrn Töchter reich, hübsch, jung, gelehrt und in höchsten Ehren gehalten gewesen im Ansehen des ganzen Landes wie jetzt der Könige, Fürsten und Reichen Töchter. Ebenso auch in noch vielen anderen Städten. Auch zu Nazareth in ihrer Stadt ist sie nicht der obersten Regenten, sondern eines einfachen armen Bürgers Tochter gewesen, auf welche niemand groß gesehen noch acht gehabt und sie ist unter ihren Nachbarn und den Töchtern ein einfaches Mädchen gewesen, das des Viehes und Hauses gewartet hat. Ohne Zweifel nicht anders als jetzt eine arme Hausmagd sein mag, die tut was man sie im Haus tun heißt ... Und wie es unvorhersehbar, ja unglaublich ist, daß aus einem dürren faulen Stamm und solcher Wurzel eine schöne Rute und Blume wachse, so war es auch nicht vorauszusehen, daß Maria, die Jungfrau, sollte eines solchen Kindes Mutter werden ... Die Rute und die Blume wächst daher von der Person, die Herrn Hannas und Kaiphas Töchter nicht hätten für würdig erachtet, ihre geringste Magd zu sein. So gehen Gottes Werk und Blick einher in der Tiefe, der Menschen Blick und Werk nur in der Höhe. Das ist die Ursache ihres Lobgesangs ... Das Wort geht daher aus großer Inbrunst und überschwenglicher Freude, in der sich ihr Gemüt und Leben ganz erhebt von innen heraus im Geist. Darum spricht sie nicht „ich erhebe Gott", sondern: „Meine Seel", als wollte sie sagen: Es schwebt mein Leben und all mein Sinn in Gottes Liebe, Lob und hoher Freude, so daß ich mein selbst nicht mächtig mehr erhoben werden, als daß ich mich selbst erhebe zu Gottes Lob. So geschieht all denen, die mit göttlicher Süßigkeit und seinem Geist durchgossen werden, daß sie mehr fühlen als sie sagen können.*

Die herausragende theologische Bedeutung des Magnificats findet in unzähligen Gemälden, Graphiken, Plastiken und in der Musik ein vielfaches Echo und eine hohe Akzeptanz. Hier liegt ein geradezu revolutionärer Text vor. Wir sollten ihm nicht ausweichen, weder in weltabgewandte Spiritualisierung noch in eine ästhetische Verharmlosung. Gott macht sich klein, um ein Gott aller zu sein, auch und gerade der kleinen Leute.[32] Gott läßt die Reichen und Mächtigen nicht fallen; aber er will, daß sie sich ihrer Grenzen und Verantwortung bewußt werden, andernfalls gehen sie zum Schluß leer aus.

Zugegeben, es ist für alle, die sich selbst zu höheren Schichten zählen, nicht leicht, das unbekannte Mädchen Maria, das Aschenbrödel Gottes, zu akzeptieren. Es geht aber kein Weg an Gottes Wille vorbei. In der Ostkirche wird das Magnificat zum Motiv des Morgengebetes, in der Westkirche zum Inhalt von Stundengebeten, bei Luther wird es bei der Vesper benutzt.[33]

Dennoch: soviel auch immer darüber geschrieben, gemalt oder komponiert wird, es gilt das, was Albrecht Goes gesagt hat: „Unsere Sache ist das nicht – die Niedrigkeit ansehen –, wir sehen die Größe an, uns gilt der Schnellste, der Berühmteste, der Reichste, der Mächtigste. Gott selbst aber, der Herr der ewigen Liebe, bereitet uns die Weihnacht dadurch, daß er uns ansieht. Nun sind wir an

„ Maria und Elisabeth". Detail aus „La Anunciation" von Fra Angelico.

In der katholischen Kirchengemeinde in Usingen „ruht“ der Restbestand eines Meßgewandes aus der Zeit zwischen 1450 und 1480. Es handelt sich um ein Kreuz, auf dem mehrere Szenen aus dem Marienleben in farbfrischer Kunststickerei zu sehen sind. Diese „gotische Nadelmalerei“ aus Seide und Goldfäden muß einen bedeutenden Maler als Entwurfszeichner gehabt haben. Man weiß weder etwas von dem Schöpfer des Kreuzes noch wie es nach Usingen gekommen ist. Man weiß aber das Kunstwerk zu schätzen und seine Predigt von der Geburt Jesu und dem Wirken seiner Mutter Maria zu verstehen.

Marias Seite seine angesehenen Leute und dürfen als die Angesehenen Gottes nicht gering von Menschen denken.“

Hier ist noch einmal die Frage zu stellen, wie wir den Herrn im Jesuskind empfangen wollen. Das „Ich“ in Paul Gerhardts Adventslied „Wie soll ich dich empfangen und wie begegn ich dir“ muß existentiell von jedem bedacht sein, andernfalls erleben wir nur eine unverbindliche CD-Weihnacht oder gar keine Weihnacht. Es ist gut, wenn wir wie Maria das große Angebot Gottes annehmen und es in das „Heute und Hier“ übersetzen. Es korrigiert den sich autonom gebärdenden Menschen in seiner digital gesteuerten, globalisierten Wirtschaft, die eher Götzen denn Gott anbetet.

Die Verkündigung an Maria

Ich lobe dich, Herr, errettet durch deine Barmherzigkeit.
Ich lobe dich, Herr, geehrt durch deine Erniedrigung.
Ich lobe dich, Herr, geführt durch deine Milde.
Ich lobe dich, Herr, regiert durch deine Weisheit.
Ich lobe dich, Herr, geheiligt durch deine Gnade.
Ich lobe dich, Herr, erleuchtet durch dein inneres Licht.
Ich lobe dich, Herr, erhöht durch deine Güte.

Mechthild von Magdeburg

Sanft und demütig von Herzen

Die Größe von Maria und unsere eigene Größe liegt in der Demut. Sie ist für uns unerläßlich. Mögen uns die Leute auch schätzen und für unsere Arbeit dankbar sein, so müssen wir uns doch die Demut bewahren, denn wir tun nicht unser Werk, sondern das Werk Gottes.
Das Beispiel der Jungfrau Maria mache unser Herz „dienstbereit und demütig“ wie das ihres Sohnes. Denn das Herz Jesu hat sich in Maria geformt. Lernen wir es, demütig zu sein, indem wir Demütigungen unbeschwert hinnehmen. Wir wurden für große Dinge geschaffen; warum sollten wir uns zu Dingen erniedrigen, die die Schönheit unseres Herzens verunstalten? Es ist so leicht, stolz, hart, egoistisch zu sein – ja, so leicht; wir wurden aber für größere Dinge geschaffen.
Was können wir nicht alles von Maria lernen! Sie war so demütig, weil sie ganz und gar Gott gehörte. Sie war voll der Gnade. Bittet Maria, wie in Kana zu Jesus zu sagen: „Sie haben keinen Wein mehr; sie brauchen den Wein der Demut und der Sanftmütigkeit, der Güte und der Freundlichkeit.“ Bestimmt wird sie uns heute wie damals antworten: „Was er euch sagt, das tut.“
Maria lehrt uns die Demut. Obwohl sie voll der Gnade war, blieb sie die Magd des Herrn, stand sie als eine von uns unter dem Kreuz und erwartete die Barmherzigkeit Gottes. Wie sie, wollen auch wir den sterbenden, armen, einsamen und unerwünschten Menschen nahe sein und ihnen mit den Gaben dienen, die wir erhalten haben. Wir wollen uns dieser demütigen Arbeit nicht schämen und niemals zögern, sie zu tun.[34]

Mutter Teresa

Heinrich Ruppel

Das Christkind auf dem Schneepflug

Am Morgen des Tages vor Weihnachten wollte die Welt gar nicht zum Licht erwachen. Es hatte die ganze Nacht geschneit und schneite nun auch in den saumseligen Tag hinein. Die Flocken wimmelten wollig weich und sacht durcheinander, und wer mit großen Augen in das luftige Schneetreiben hineinsah, dem kam eine heilige Ruhe ins Herz. Ich weiß noch, wie ich damals als kleiner Junge auf der Bank der Bauernstube saß und auf die große Poststraße hinaussah, die das Rhöntal von Süden nach Norden durchläuft. Vom Nachbarhof jenseits der Straße sah man im Flockengestöber nur noch die ungefähren Umrisse der Gebäude und den Pumpenstock mitten auf dem Hof, der mit erhobenem Arm und weiß und steif wie ein Schneemann dastand. Der Nachbar hatte acht schwere Pferde im Stall und fuhr vom Frühjahr bis zum Spätherbst Gruben- und Langholz aus den Wäldern zum Bahnhof, der weit talab lag. Heute durften die Pferde wohl mal im Stall bleiben und ausruhen, dachte ich. Müssen ja auch merken, daß Weihnachten ist. Bei diesen tiefverschneiten Wegen kann ja auch kein Mensch und kein Tier vorwärts. Also bleibt alles unterm warmen Dach.

Aber da schwenkten drüben die Mägde schon Besen und Schaufel, fegten den Schnee zur Seite und gruben schmale Gänge von Tür zu Tür. Und dann kamen die Knechte und führten vier braune Brabanter angeschirrt auf den Hof.

„Guck mal, Mutter!“ sagte ich. „Die wollen wohl auch heute noch Holz fahren?“

„Nein, Junge“, meinte die Mutter, „die müssen den Schneepflug fahren, daß die Post nicht steckenbleibt und die Leute zur Heiligabendkirche gehen können.“

Es war, wie die Mutter sagte. Der Nachbar und einer der Knechte stapften neben den Pferden ins Oberdorf hinauf, wo das Spritzenhaus lag, und kamen nach kurzer Zeit mit dem schweren Schneepflug zurück. Unhörbar stampften die Gespanne, und hinter ihnen schnitt der aus Stämmen und Brettern gefügte Keil lautlos durch den kniehohen Schnee und strich ihn in zwei Wällen nach links und rechts, so daß die Straßenmitte wie ein blankgefegter Tisch dalag. Der Bauer und der Knecht standen auf dem Schneepflug, das Viergespann lenkend, und ich beneidete sie um die stundenweite Schlittenfahrt durch das Flockengestiebe. Ich sah noch, wie sie sich in rauhe Wolldecken hüllten und auf die rohgezimmerten Schemel hockten, die auf dem Schneepflug standen. Zuweilen war der Schnee höher als der Pflug, und dann leckte er den Männern um die derben Schuhe, ohne daß sie das behelligte. Die Pferde bliesen den Hauch wie Dampf in die Winterluft, und so fuhr das seltsame Gefährt zum Dorf hinaus.

Sie mußten wohl mehr Schnee als erwartet gefunden haben; denn bis zum Abend waren sie noch nicht zurück. Das beunruhigte niemand; man wußte, daß sie heil wiederkommen würden. Man ging in die Lichterkirche, und wir Kinder durften auch mitgehen. Tiefes Dunkel lag auf dem Dorf, und wo nicht gerade ein helles Fenster ein wenig Schein auf die Gasse schickte, mußte man sich vorsichtig zum Kirchhof hintasten. Der lag zwischen hohen Mauern, durch drei schmale Pförtchen zugängig, und hatte in Kriegszeiten Zuflucht und Schutz gewährt. Als wir ihn betraten, standen wir in magischer Helle. Durch die hohen spitzbogigen Fenster der uralten Dorfkirche fiel helles Licht auf die verschneiten Grabhügel, die Kreuze und Steine.

Ich erlebte das zum erstenmal bewußt und staunte über die Fülle des Lichtes. Wir betraten die Kirche. Am Altar erhob sich eine Tanne mit flimmernden Kerzen, und oben auf den Emporen der Männer und unten in den Weiberständen war vor jedem Platz ein Kerzlein in einen flachen Holzblock gesteckt und strahlte sein Gold in den Raum, in das hinzugeneigte Ge-

Schneepflug im Vogelsberg.

Winter in der Rhön.

sicht, auf das aufgeschlagene Gesangbuch und die schrundigen Hände, die es hielten. Das war eine Schönheit, Andacht und Liebe ohnegleichen. Wie jubelten die Stimmen der Schulkinder! Wie brauste der Christgesang der Gemeinde durch das leuchtende Gotteshaus! Wie sprach der Pfarrer schlicht und herzandringend die ewigen Worte des Wunders von Bethlehem!

Ich ging mit der Mutter nach Hause. Und nun feierten wir Weihnachten auf unsere Weise. Einen Christbaum mit Kerzen kannte man im Rhönbauernhause noch nicht. Das hielten die Bergbauern in ihrer herben, wortkargen Art für Luxus, der nur vornehmen Leuten zukam, oder auch für Entweihung des Heiligsten. Sie meinten, man dürfe um das geheimnisvolle Wunder der heiligen Nacht kein solches Brimborium machen, sondern müsse es still bedenken und sich hineinversenken.

Mutter holte eine Schürze voll Äpfel und Nüsse. Auch ein paar Walnüsse waren darunter, die sie beim Krämer erstanden hatte, während die Haselnüsse von uns selbst im Wetteifer mit den Eichhörnchen an den Berghängen gesammelt worden waren. Die Walnüsse waren uns ihrer Schalen wegen wichtig. Wir spalteten sie mit dem Taschenmesser auf, aßen die Kerne, füllten die Schalen mit Rüböl, legten Wollfäden als Dochte hinein, stellten mit Wasser gefüllte Gefäße vor die Fenster, zündeten die Fäden an und setzten die leuchtenden Schifflein aufs Wasser, daß sie – sieben bis acht vor einem Fenster – in die Schneenacht hinausleuchteten. Aus dem zwielichthellen Raum, in dem die Lampe gelöscht war, oder aus der halbdunklen Ofenecke heraus sah das ganz wundersam aus. Noch schöner aber war es für den, der aus der Tiefe der Nacht ins Dorf kam und durch die Straße schritt, längs der diese Lichtlein brannten. Als wir die Fenster so eifrig mit Leuchtschifflein schmückten, sah ich unten auf der Straße zwei Lichter auftauchen und in ihrem Schein eine bewegte Gruppe. Dampfende Pferde, zwei Fuhrleute, auf dem Schneebrecher eine grüne Tanne und ein kleines Menschenwesen, ganz in einen Mantel und warme Tücher gehüllt. Aber das Gesichtchen sah so himmlisch schön hervor, daß es einer Rosenknospe glich. Vor dem Hof des Nachbars sprang das Geschöpfchen ab und lief ins Haus hinein, dieweil die Männer den Schneepflug wieder ins Spritzenhaus brachten.

„Mutter", sagte ich, wie aus einem Traum erwachend, „ich glaub', da drüben ist das Christkindchen angekommen!"

„Ei was, du närrischer Hans!" lachte die Mutter. „Woher denn?"

„Mit einem Schneepflug das Tal herauf – sieht aus wie ein kleines Mädchen, Mutter, und schön wie ein Engel im Himmel!"

Mutter lachte wieder und meinte, das werde Angela sein, des Nachbars Schwesterkind aus der Stadt.

Aber mich weltfremdes Bauernbüblein wollte es trotz ihrer Worte bedünken, als sei das leibhaftige Christkind ins Nachbarhaus gekommen.

Nach einer Weile holte mich Nachbars Magd hinüber. Ich sollte den Christbaum sehen. „Macht ihr denn einen Christbaum?" wundert sich die Mutter. „Ja", sagte das Mädchen, „das Kind aus der Stadt hat Kerzen und bunten Kram mitgebracht, und da hat unser Herr unterwegs ein Bäumchen abgehauen, daß doch das Engelchen wie daheim sein Christbäumchen hat."

Wie freute ich mich da, das leibhaftige Christkind so nahe zu sehen!

Ich ging hinüber. Das Bäumchen war über und über mit brennenden Kerzen besteckt. Der Bauer und seine Leute standen ein wenig verlegen um die ungewohnte Pracht herum und sahen schweigend in das leuchtende Wunder. Aber das Christkind – denn für mich war Angela nichts anderes – lief von einem zum andern und legte jedem eine kleine Freude in die Hand, dem Ohm einen Bleistift, der Muhme ein Briefchen Nadeln, den Vettern und Bäschen Spielzeug und Leckerwerk, wie's jedem lieb war. Da sah das Mägdlein auch mich stehen, und ein leises Erschrecken ging ihm durch die Seele. Denn nun hatte es nichts mehr. Doch da lief es schon mit schelmischem Lächeln zum Christbaum, nahm ein silbernes Glöckchen und ein auf- und niederschwebendes Englein vom Gezweig und legte es mir in die Hände. Und in diesen Geschenken schien mir alle Schönheit und aller Reichtum der Welt beschlossen.

Ich lief nach Hause und jubelte: „Da, da Mutter! Das hat mir das Christkind mitgebracht!“ Ich hängte das geflügelte Engelwesen mit dem elastischen Bändchen an den Draht unter der Decke, daran sonst die Hängelampe hin- und hergeschoben wurde. Und nun schwebte es mitten im dämmernden Raume, der nur von den Lichtflaggen der Schifflein vor den Fenstern traumselig erhellt wurde; dazu läutete ich das winzige Christbaumglöcklein mit dem silbernen Stimmchen, daß es klang wie Ehre sei Gott in der Höhe.

Aus dem Christkindmädchen ist ein rechter Christenmensch geworden, eine Schwester aller Dulder und Dulderinnen. Ich sah die lichte Kindergestalt nie wieder im Dorf, weil ihre Eltern alsbald in eine ferne Stadt verzogen. Aber im Krieg sah ich sie wieder an den Schmerzenslagern in den Lazaretten. Und noch heute geht sie in großen, stillen Häusern hin und her, und niemand hört eine Tür gehen, wenn sie kommt und geht; aber alle macht sie mit ihrer Christkindseele froh, wie sie damals mich froh gemacht hat. Und die Erinnerung an sie verschließt mir die Erkenntnis, daß das Christfest nie und nirgends schöner war als im Heimatdorf, im Elternhaus. Da waren noch Schlichtheit und Bedürfnislosigkeit wie im Stall zu Bethlehem, da offenbarte sich das Wunder der göttlichen Liebe noch im Mutterherzen, und da sah noch gläubiger Kindersinn das Christkind auf dem Schneepflug ins nächtliche Dorf kommen.

Hochrhön im Winter.

Der Tannenbaum

Advent

Es treibt der Wind im Winterwalde
die Flockenherde wie ein Hirt,
und manche Tanne ahnt, wie balde
sie fromm und lichterheilig wird;
und lauscht hinaus. Den weißen Wegen
streckt sie die Zweige hin – bereit,
und wehrt dem Wind und wächst entgegen
der einen Nacht der Herrlichkeit.

Rainer Maria Rilke

Fichte in der „Flockenherde".

Rainer Maria Rilke vermenschlicht in seinem Adventsgedicht einen Weihnachtsbaum und formuliert dessen frommen Wunsch. In allen Schneestürmen will die Tanne nicht verzagen. Sie ist bereit, „lichterheilig" zu werden. Der frühe Höhepunkt ihres Lebens ist die „eine Nacht der Herrlichkeit", der Weihnachtsabend.

Bis heute ist eine große Breite an Brauchtum in unserem Lebensumfeld in der Weihnachtszeit wirksam. Bevor das zentrale und allein sinnstiftende Weihnachtsgeschehen gefeiert wird, erscheinen neben Nikolaus, Adventskranz etc. auch schon Weihnachtsbäume auf Märkten, Balkons und in Vorgärten. Der Tannenbaum – natürlich oder künstlich hergestellt – nimmt eine Hauptfunktion bei der weihnachtlichen Feiergestaltung ein: in Kaufhäusern, Kirchen und Privatwohnungen. Ganze Gewerbezweige – von der Forstwirtschaft bis zu den Christbaumschmuck-Herstellern – profitieren davon, und unendlich viele Menschen – nicht nur Kinder – freuen sich daran.

In der Mittwinterzeit wollte man in vorchristlicher Zeit in den spukdurchwehten Rauh- oder Rauchnächten die Unholde verjagen. Die Häuser wurden feierlich „ausgeräuchert", wobei beißender Qualm die bösen Geister vertreiben sollte. Andere „Geisterverscheucher" waren das Pflanzengrün von Buchsbaum, Misteln, Stechpalmen und Efeu, später das Licht, das insbesondere von der Kirche als höchst bedeutsames Zeichen (Kerze, Stern) kultiviert wurde.

Schon Bernhard von Clairveaux (1091–1153), der dem Zisterzienserorden seine Richtung wies, war begeistert von den mit Tannengrün geschmückten Gotteshäusern zur Weihnachtszeit. 1521 verboten die Schlettstädter Ratsherren laut ihren Rechnungsbüchern das unberechtigte „Mayenschlagen", und ab dem 21. Dezember ordneten sie das „Hüten der Weyhenachtmayen", d. h. das Bewachen der Weihnachtsbäume im Waldbestand an. In Rechnungseintragungen des Straßburger Gutleuthauses von 1539 finden sich Hinweise auf den Erwerb von Tannenbäumen und Tannenzweigen zur Weihnachtszeit.[35] Freiburg im Breisgau verbot

Vater mit seinen Kindern bei der Suche nach dem „richtigen" Weihnachtsbaum.

Leuchtender Tannenbaum im Schnee.

1554 das Abhauen von „Weihnachtsmeyen". Ob in Rimbach im Odenwald 1556 der „übliche Brauch vom Christbaumschlagen" nicht bloß einen Hinweis auf Holzfällen für den Hausbrand meinte, kann nicht mit Sicherheit festgestellt werden.

Den ersten verläßlichen Hinweis auf das, was wir unter einem Weihnachtsbaum verstehen, findet man im Elsaß in dem oben erwähnten katholisch gebliebenen Schlettstadt. In einem Honoratiorenclub wird vom Aufstellen eines mit Äpfeln und Oblaten geschmückten „Meyen" berichtet, den die Kinder am Dreikönigstag „abessen" durften.

Ein Straßburger Münster-Prediger verwarf im 17. Jahrhundert den Christbaumbrauch im Elsaß als „Kinderspiel und Lappalie". Der Tannenbaum war demnach zuerst im südwestdeutschen Raum zum wichtigen Festsymbol in den Weihnachtstagen geworden.[36]

Auch der Buchsbaum war als immergrünes Gewächs ein weihnachtliches Hoffnungssymbol. In Hessen gab es damals die Nadelhölzer der Tannen und Fichten noch nicht, sie waren nach der Eiszeit von Süden her erst wieder bis in den Schwarzwald und die Vogesen und von Osten bis in den Thüringer Wald vorgedrungen. Erst im 18. und 19. Jahrhundert wurden die Nadelbäume durch landesherrliche Anweisungen eingeführt, z. B. im Vogelsberg durch die forstwirtschaftlich fortschrittlichen Lauterbacher Adligen von Riedesel. Tannen und Fichten waren in Hessen bis ins 19. Jahrhundert exotische Gewächse.

In einem spätbiedermeierlichen Gemälde ist Luthers Weihnachtsstube dargestellt, eine zwar gemütvolle aber anachronistische Situation. Daß der Reformator gern gesungen und Lieder auf der Laute begleitet hat, ist unbestritten. Einen Weihnachtsbaum kannte er jedoch noch nicht.

1605 heißt es von dem damals protestantischen Straßburg: „Auff Weihenachten richtett man Dannenbäume in den Stubben auf, daran hängett man roßen aus vielfarbigem Papier geschnitten, Äpfel, Oblaten, Zischgold ..." 1671 ergänzte der oben zitierte Münster-Prediger Johann Konrad Dannhauer, daß auch Puppen und Zuckerzeug am Weihnachtsbaum hingen, um hernach „abgeblümt" zu werden; dies sei „ein Kinderspiel, doch besser als andere Phantasey".[37]

Um 1700 taucht der Weihnachtsbaum vorüberge-

Luther mit seiner Familie und Freunden am Weihnachtsabend 1536 zu Wittenberg. Carl A. Schwerdgeburt.

In manchen Gegenden gab es als Ersatz für den Weihnachtsbaum die in der Form ähnlichen, umkleideten Holzgestelle. Nürnberger Bilderbogen 1820.

hend in der Danziger Marienschule auf. Ein diesbezüglicher Gedichtteil lautet:
„Von diesem Christ-Baum bricht man doch die süßen Gaben, woran die Kinder Freud und ihre Wonne haben."
Im Norden und Osten wurden pyramidenförmige Holzgestelle mit Tannengrün, Moos, Flitterwerk, Äpfeln und Gebäck geschmückt. Man sang: „Äpfel, Nüß' und Mandelkern, essen fromme Kinder gern". Diese kleine, schöne Weihnachtsfreude ist ganz ursprünglich aus vorchristlichen Erinnerungen erwachsen. Das Weihnachtsgebäck, z. B.

Weihnachten in der Kammer. Gemälde von Ludwig Emil Grimm.

Lebkuchen und Gebildbrote waren Opfergaben an den Sonnengott. Die Äpfel als Zeichen des Lebens erinnern an das Paradies. Schon seit dem ausgehenden 19. Jahrhundert sind sie durch bemalte Glaskugeln ersetzt, wie sie vor allem in Lauscha (Thüringer Wald) hergestellt werden. „Engelshaar" soll an die verschiedenen Engelserscheinungen, Lametta und glitzernde Girlanden an das Gold der Weisen aus dem Morgenland erinnern.
Heute erleben wir im Blick auf den Weihnachtsbaum und seinen Schmuck einen bis zum Unsinn gesteigerten Kult, in dem der Tannenbaum den kommerziellen Gesetzen der Mode unterworfen wird. Jährlich gelten andere Farben bei dem vornehmen Baumbehang. Alternativ entwickelt sich zugleich eine gewisse Elementarisierung. Man begnügt sich mancherorts wieder mit Baumschmuck aus imitierten Äpfeln, bronzierten Nüssen, Tannenzapfen, Strohsternen, Hartgebäck und Kleinspielzeug.
Goethe kannte den Christbaum sicher aus seiner Straßburger Zeit, vielleicht auch aus seinem Elternhaus. In seinem ersten „Bestseller", in der empfindsamen Erzählung „Die Leiden des jungen Werther", beschreibt er die schwärmerisch verehrte Lotte als behutsame große Schwester, die Mutterfunktionen wahrzunehmen hatte, und dabei liefert er 1774 auch die erste Schilderung eines Weihnachtsbaums in der deutschen Literatur: An demselben Tage, als Werther den zuletzt eingeschalteten Brief an seinen Freund geschrieben, es war der Sonntag vor Weihnachten, kam er abends zu Lotten und fand sie allein. Sie beschäftigte sich, einige Spielwerke in Ordnung zu bringen, die sie ihren kleinen Geschwistern zum Christgeschenke zurecht gemacht hatte. Er redete von dem Vergnügen, das die Kleinen haben würden, und von den Zeiten, da einen die unerwartete Öffnung der Tür und die Erscheinung eines aufgeputzten Baumes mit Wachslichtern, Zuckerwerk und Äpfeln in paradiesische Entzückung setzte.[38]
Von Jung-Stilling, einem Vertreter der Pietisten, der Stillen im Lande, aus dem Dillenburger Gebiet wissen wir, daß der „hell erleuchtete Lebensbaum" um 1750 schon in den nassauischen Dörfern an der Dill vereinzelt bekannt war.
1816 wurde der kerzenstrahlende Weihnachtsbaum von der Erzherzogin Henriette, einer aus Weilburg stammenden Prinzessin, am Wiener Hof eingeführt. 1821 bezeugt Goethe, daß der Weihnachtsbaum am Weimarer Hof eine lange Traditi-

Die weiß oder rot blühende Christrose, auch Schneerose genannt, hat im Weihnachtsbrauchtum hierzulande keine besondere Bedeutung erlangt. Dennoch wird sie wegen ihrer Blüte im Winter gerne in Hausnähe angepflanzt.

on gehabt habe. Prinz Albert von Sachsen-Coburg-Gotha, der Prinzgemahl der Königin Victoria, führte das „deutsche Tannenbaumwunder" 1840 am britischen Hofe ein.[39]

Wilhelm Bauer, 1821 in Lindenfels geboren, weiß, daß der Weihnachtsbaum um 1850 im Odenwald seinen Einzug hielt. Wenn wir dagegen Heinrich Ruppel, 1866 in Neukirchen (Hünfeld) geboren, folgen, dann war der Weihnachtsbaum im 19. Jahrhundert in der Rhön noch ein unbekannter „Luxus".[40] Im nordhessischen Warmetal wurde er dagegen laut Heinrich Bertelmann vor 150 Jahren wenigstens in den Kirchen aufgestellt.

Im Mittelalter hatte der immergrüne Tannenbaum, Symbol der „Hoffnung und Beständigkeit" eine Art Vorläufer in dem „Paradiesbaum": ein Apfelbaumast mit Blüten und Früchten behangen, wie ihn Ludwig Emil Grimm 1829 für seine Schwester in Kassel gemalt hat. Schließlich war der 24. Dezember Eva und Adam gewidmet und der Baumständer war umgeben von einem Paradiesgärtlein. Es war von Schafen und anderen Holztieren zu Füßen des Tannenbaums bevölkert. Im Westerwald – zwischen Haiger und Bad Marienberg – spricht man bis heute vom Nüssebaum (Nissebaam), den Karl Löber so eindrucksvoll beschreibt. Er stand traditionsgemäß „im Gärtlein klein" (im Gaardche), sicher eine Erinnerung an das Paradiesgärtchen.[41]

Das früher mehr als heute zur Weihnachtszeit gesungene Lied „O Tannenbaum ..." macht den Weihnachtsbaum in seiner ganzen Symbolkraft verstehbar. Bei den Baltendeutschen war das „Baumaussingen" am 6. Januar, dem Dreikönigstag (Weihnachtsfest der Ostkirche), ein sinnreicher Brauch zum Abschluß der Weihnachtszeit. Man ließ die Kerzen beim Singen des Liedes „O Tannenbaum" ausbrennen bis auf eine, mit der man ein Jahr später den Christbaum wieder anzündete. Die Kette der Tannenbaumtradition sollte nicht unterbrochen werden.

Ursprünglich handelte es sich bei dem Lied „O Tannenbaum, o Tannenbaum, du kannst mir sehr gefallen ...." um ein studentisches Liebeslied, das Ernst Anschütz 1824 in der Volksliedersammlung von August Zarnack fand.[42] Melodie und erste Strophe ließ er unverändert. Zwei weitere Strophen dichtete der Lehrer am Nikolai-Gymnasium in Leipzig hinzu. Besondere Umstände veranlaßten ihn, diese beiden Strophen zu schreiben. Der

Dörfliche Weihnachtsstube um 1880. Nachgestellt im Hessenpark 1980.

Weihnachtsabend im Bürgerhaus 1836.

offenbar allzustrenge Rektor hatte einen Schüler wegen eines Vergehens von der Schule verwiesen. Anschütz stellte sich schützend vor den Schüler und brachte damit seinen Arbeitsplatz in Gefahr. In den wenigen Tagen der Bedenkzeit, die ihm der Rektor eingeräumt hatte – es war kurz vor Weihnachten –, kaufte sich Anschütz auf dem Markt einen Tannenbaum, der Kindheitserinnerungen in ihm weckte. Er wurde ihm plötzlich zum Sinnbild der Standhaftigkeit in einer gerechten Sache. Anschütz war kein Held, er war nicht frei von Zweifeln an seinem Engagement. Der Tannenbaum gab ihm zeichenhaft neuen Mut, Hoffnung und Kraft zum Durchhalten, zur Beständigkeit.
Kurz vor dem Christfest gab der ebenfalls verunsicherte Rektor seinen Sinneswandel im Blick auf den Schülerverweis bekannt. Die beiden letzten Strophen dichtete Anschütz nach diesem für sich und den Schüler existenzbedrohenden Vorkommnis. Daß das Lied immer wieder verstümmelnd umgedichtet wird, beweist eigentlich nur, wie sehr hier der Volkston getroffen ist.

O Tannenbaum, o Tannenbaum,
wie grün sind deine Blätter!
Du grünst nicht nur zur Sommerszeit,
nein, auch im Winter, wenn es schneit.
OTannenbaum, o Tannenbaum,
wie grün sind deine Blätter!

O Tannenbaum, o Tannenbaum,
du kannst mir sehr gefallen.
Wie oft hat nicht zur Weihnachtszeit
ein Baum von dir mich hoch erfreut.
O Tannenbaum, o Tannenbaum,
du kannst mir sehr gefallen.

O Tannenbaum, o Tannenbaum,
dein Kleid will mich was lehren:
Die Hoffnung und Beständigkeit
gibt Trost und Kraft zu jeder Zeit.
O Tannenbaum, o Tannenbaum,
dein Kleid will mich was lehren.

Ernst Anschütz

Schon Onkel Christian, das „schwarze Schaf" in dem Roman „Buddenbrooks" von Thomas Mann, hat das Lied persifliert. Die streng feierliche Weihnachtszeremonie im großhanseatischen Haus stand unter der matriarchalischen Regie der Konsulin, die Christian vor allem im Blick hatte:

... und während alles einmütig „O Tannebaum" anstimmte und Onkel Christian vorn die Kinder zum Lachen brachte, indem er beim Marschieren die Beine hob wie ein Hampelmann und albernerweise „O Tantebaum" sang, zog man mit geblendeten Augen und einem Lächeln auf dem Gesicht durch die weitgeöffnete hohe Flügeltür direkt in den Himmel hinein ...

Trotz der aufkommenden Sitte, künstliche immerverwertbare Tannenbäume zu benutzen – zusammenklappbar wie Regenschirme –, werden in Deutschland heute noch ca. 20 Millionen natürliche Christbäume aufgestellt. Sie stammen jedoch zunehmend aus speziellen Baumgärten, wo die Tannen und Fichten zum Teil in Edelformen gezüchtet werden.

OH! Tannenbaum, Cadmium-Traum ...

Trotz ihrer Herkunft aus artgerechter Bodenhaltung sitzt der umweltbewußte Zeitgenosse nebst seiner Familie am Heiligen Abend vor der frisch abgeholzten Tanne. Die leicht getrübte Feststimmung wird mit dem guten Vorsatz beruhigt: Im nächsten Jahr soll ein Plastikmodell den glitzernden Weihnachtsschmuck tragen. Das ist zwar – weihnachtsmäßig gesehen – eher geschmacklos, aber das PVC-Bäumchen hält fast ewig, keine junge Tanne, die trotzig auf saurem Boden wurzelt, muß ihr Leben lassen, kein tonnenschwerer Transporter zerwühlt das fragile Biotop Waldboden. Alles öko? Von wegen. Bis zu vier Gramm Blei entdeckten niederländische Warentester in den Plastiktannen, einige enthielten mehr als das 40fache der gesetzlich erlaubten Cadmium-Menge in ihren künstlichen Nadeln. Fazit des „Consumentenbonds": Wer 20 Jahre die Weihnachtsgeschenke unter denselben Kunst-Baum legt, belastet die Umwelt nicht weniger als mit einer jährlich gefällten echten Tanne. Keine Scheu also vor dem so herrlich duftenden Tannengrün.

Gert Buttler

Der Christbaum ist der schönste Baum

Der Christbaum ist der schönste Baum,
den wir auf Erden kennen.
Im Garten klein, im engsten Raum,
wie lieblich strahlt der Wunderbaum,
wenn seine Lichter brennen,
wenn seine Lichter brennen, ja brennen.

Denn sieh', in dieser Wundernacht
ist einst der Herr geboren,
der Heiland, der uns selig macht;
hätt' er den Himmel nicht gebracht,
wär alle Welt verloren,
wär alle Welt verloren, verloren.

Doch nun ist Freud' und Seligkeit,
ist jede Nacht voll Kerzen;
auch dir, mein Kind, ist das bereit't,
dein Jesus schenkt dir alles heut'
gern wohnt er dir im Herzen,
gern wohnt er dir im Herzen, im Herzen.

Johannes Karl
(Er lebte als Pfarrer und Konsistorialrat in Hanau)

Weihnachtsabend 1965.

Die Schmuckelemente am Christbaum unterliegen auch modischen Gesichtspunkten. Heute wird Altes wiederentdeckt.

Ich danke Gott und freue mich
Wie's Kind zur Weihnachtsgabe,
Daß ich bin, bin! und daß ich dich,
Schön menschlich Antlitz habe;

Daß ich die Sonne, Berg' und Meer,
Und Laub und Gras kann sehen,
Und abends unterm Sternenheer
Und lieben Monde gehen;

Und daß mir dann zumute ist,
Als wenn wir Kinder kamen
Und sahen, was der heil'ge Christ
Bescheret hatte, Amen!

Matthias Claudius

Rechts: Christbäumchen um 1850. Ludwig Richter.

Christbaumschmuck in einer Dorfkirche 1995.

Weihnachtslied

Vom Himmel in die tiefsten Klüfte
Ein milder Stern herniederlacht;
Vom Tannenwalde steigen Düfte
Und hauchen durch die Winterlüfte,
Und kerzenhelle wird die Nacht.

Mir ist das Herz so froh erschrocken,
Das ist die liebe Weihnachtszeit!
Ich höre fernher Kirchenglocken
Mich lieblich heimatlich verlocken
In märchenstille Herrlichkeit.

Ein frommer Zauber hält mich wieder,
Anbetend, staunend muß ich stehn;
Es sinkt auf meine Augenlieder
Ein goldner Kindertraum hernieder,
Ich fühl's, ein Wunder ist geschehn.

Theodor Storm

Karl Löber

Der „Nissebaam"

Weihnachten wird bei uns heute in den Familien so gefeiert, wie das überall der Fall ist. Im ersten Jahrzehnt unseres Jahrhunderts war das noch anders. Den Heiligen Abend beging man ohne besonderen Aufwand still und ruhig im Familienkreis. Beschert wurde erst in der Frühe des Weihnachtstages. Aber das hatte auch seinen guten Sinn, erinnerte es doch an den mit dem göttlichen Kind aufgegangenen „hellen Morgenstern". Die Geschenke der „Padde" und „Goade" holten sich die Kinder sogar erst am Neujahrsmorgen, so, wie heute noch Briefträger und Zeitungsfrau an diesem Tage ihr „Neujahr" bekommen. Das hängt zusammen mit dem alten Brauch und Glauben, daß Weihnachten und Neujahr eigentlich aufeinander fallen müssen und die Tage zwischen diesen beiden Festen eigentlich gar keine Zeit im üblichen Sinne, sondern gewissermaßen eine „Zeit ohne Zeit" darstellen, die wir heute noch als die „Doache zwische de Joahrn" bezeichnen. Luther hat ja in seinem Weihnachtslied „Vom Himmel hoch da komm ich her" noch gesungen:

Des freuen sich der Engel Schar
und singen uns solch neues Jahr.

Weihnachtsgeschenke waren – auch in den bessergestellten Familien – bewußt einfach und knapp gehalten. Ein kleines Spielzeug, „e Poar wullene Strimpe" und ein „Leibche", das war so ungefähr alles; die Freude war trotzdem immer groß und nachhaltig.

Heute ist – leider! – das, was unter dem Weihnachtsbaum liegt, die Erfüllung der weihnachtlichen Erwartung. Bis zum Beginn unseres Jahrhunderts aber war das der Weihnachtsbaum selbst. Wann dieser seinen Einzug in unsere Heimat gehalten hat, wissen wir nicht genau; jedenfalls ist er nicht so alt, wie man gemeinhin annimmt. Allerdings wird im Dezember des Jahres 1786 unter dem Stichwort „Christbäume" den Einwohnern unseres Landes „zum Aufputzen auf Christtag der Gebrauch der Maibäume und Kronen junger Nadelholzbäume besonders untersagt". Das hatte aber nichts mit den späteren „Lichterbäumen" zu tun. Man hatte blattlose Birkenbäumchen – das sind die „Maibäume" – und Nadelbaumkronen mit allerlei bunten Papierblumen, Schleifen, Püppchen und Flitterkram aufgeputzt und in die Ecke der Stube gestellt. Dieses Verbot muß wohl nachhaltig gewirkt haben; wenigstens hört man lange nichts mehr über solche „Christbäume". Der Weihnachtsbaum im heutigen Sinn scheint dann um 1850 bei uns eingezogen zu sein. Anfangs hat sein Aussehen noch geschwankt. Es wird z. B. berichtet, daß man auf dem Westerwald eine „Wachecke", einen Wacholderstrauch von der Viehweide hereinholte und ausschmückte. Anderwärts hat man junge Kiefern benutzt, bis sich zuletzt die Fichte, das „Dannebeemche" durchgesetzt hat.

Herbeischaffen und Ausschmücken des Weihnachtsbaumes war durchweg Sache der Männer. Tagelang vorher hatten sie schon Wald und Hecke durchstreift, bis sie endlich die makellos gewachsene junge Fichte entdeckt hatten, die ihren Vorstellungen entsprach: Höchstens anderthalb Meter hoch, ebenmäßig im Aufbau, nicht zu „lichte" und nicht zu „quaschelig", dunkelgrün und dicht benadelt, ohne die kleinste Fehlstelle. Wenige Tage vor dem Fest wurde das Bäumchen am späten Abend heimlich still und leise geholt. Mit allerlei Verboten hat man zwar diese heimliche Weihnachtsbaumbeschaffung abstellen wollen, aber – so steht zu vermuten – das dürfte bis heute noch nicht ganz gelungen sein. Scheinhalber wurde mancher Weihnachtsbaum bei der Versteigerung erworben und dann doch später durch den einen auserwählten ersetzt. Ein Stück von der mittelalterlichen Vorstellung, daß der Wald jedermann gehört, war da lebendig geblieben.

Zuhause kam das Bäumchen gleich in sein „Gaardche". Jeder Hausvater setzte seine Ehre darein, für das erste Weihnachtsfest in der jungen Ehe eigenhändig ein kräftiges Brett quadratisch zuzuschneiden – etwa 30 x 30 cm – und mit einem sauber geschnitzten Lattenzaun aus Ruten und Planken zu umgeben. Dieses Gärtchen wurde grün gestrichen und umhegte dann viele Jahre lang den allweihnachtlichen Christbaum. Und manches Gärtchen ist sogar heute noch dabei, obwohl der goldene „Nissebaam" längst seinen modernen Nachfahren Platz gemacht hat. Was es aber mit diesem „Nissebaam" und dem ihn aufnehmenden „Nissebaamsgaardche" auf sich hat, das müssen wir doch ein wenig näher beschreiben.

Viele braune Haselnüsse gehörten nämlich zum Weihnachtsbaum, im späten Herbst bei den „Nisseheckelcher" selbst geholte, wenn's ging auch ein paar „welsche Nisse". Die lagen schon längst bereit, mit ihnen das an den Stämmen im Fichtenwald heruntertropfende eingesammelte Harz. Über einem kleinen Flämmchen weich gehalten, nutzten es die Männer, wenn nun Nuß um Nuß auf die Enden der kleinsten Ästchen „gehorzt" wurde, hunderte nacheinander in emsiger „Geduldsaarbt"! Da blieb keine Triebspitze ohne Nuß. Würziger Harzgeruch durchzog das kleine Stübchen, oft ein paar Abende lang, an denen auch die Kinder schon einmal dem Vater zuschauen durften.

Es gab auch ein paar besonders handfertige Männer, die es verstanden, auf eine geradezu raffinierte Art ihre Nüsse an den Baum zu bringen. Einen Tag vor dem Beginn ihrer Nüssebaumarbeit hatten sie die Haselnüsse in lauwarmes Wasser gelegt, damit sie quollen. Dann nahmen sie eine kleine hölzerne Zange, aus Eschenstäbchen selbst gefertigt, mit löffelartigen Backen, legten dahinein eine Nuß, klemmten sie von der Seite her, und dann klaffte sie an der Spitze mit einem Spalt auf. Der aber genügte, um sie „kapitelfest" an eine Nadel oder einen dünnen Trieb des Bäumchens zu klemmen. Im Vergleich zum Anharzen war das eine zwar weniger klebrige, dafür aber auch würzduftlosere Arbeit.

An dem Abend aber, der den goldenen Glanz des „Nissebaams“ entfaltete, saß der Vater ganz allein. Wehe dem, der es gewagt hätte, Türe oder Fenster auch nur um einen kleinen Spalt zu öffnen! Und wenn einer wirklich bei ihm saß, dann durfte der nicht husten, sich nicht räuspern, nicht vernehmlich „schnejwe“, verhielt er doch selbst den Atem bei dem wundersamen Geschäft, dem er nun ganz in sich versunken und verhalten so nachging, wie er selbst es von seinem Vater gelernt hatte.

Nicht, daß jetzt besondere Heimlichtuerei im Gange gewesen wäre! Nein, das nun zu verwendende Material vertrug nicht das leiseste Lüftlein. Gold war es, richtiges, echtes Gold, allerdings in der Form des hauchdünn ausgeschlagenen Blattgoldes. Und wenn das auch kaum etwas wog, so kostete ein beim Buchbinder erworbenes Büchlein Blattgold mindestens einen Taler, ein Betrag, der für die sparsamen Männer doch schon etwas bedeutete. Aber da war gar nichts zu machen; das mußte eben sein.

Wie haben sie aber auch „gescholln“, als jüngere anfingen, die Nüsse mit Bronze zu vergolden! Und wie hatten sie so recht! Die beste Goldbronze reicht doch bei weitem nicht an den strahlend-warmen Glanz des echten Blattgoldes heran.

Da saßen sie denn andächtig versunken, schnitten behutsam passend kleine Stückchen von den Goldblättern ab und hüllten damit die Nüsse ein, Zweig um Zweig vornehmend, um keine zu vergessen, all die vielen Haselnüsse an den Seitenästchen und je eine Walnuß an der Zweigspitze. Ganz im Anfang hatte der „Nissebaam“ keine Lichter, und so stellt ihn auch unsere Zeichnung dar. Aber schon im Schein einer einfachen Öllampe schimmerte er geheimnisvoll. Und auch später brauchte man nur ein paar Kerzen, um dem Baum jenen wunderbaren Glanz zu verleihen, den nur ein solcherart aufgeputzter „Nissebaam“ ausstrahlen konnte. So haben ihn viele unserer Alten in ihrer Jugend erlebt. Und in etlichen Dörfern heißt der Weihnachtsbaum in unsern Tagen noch „Nissebaam“, obwohl er längst keine goldenen Nüsse mehr trägt.

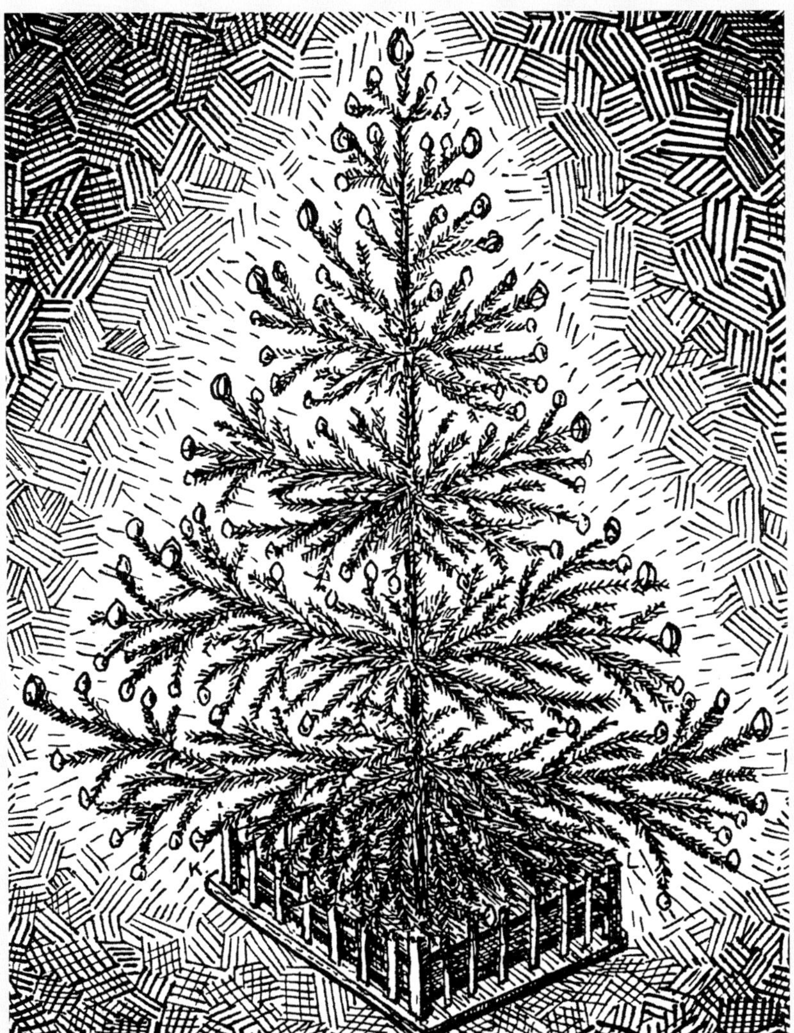

Nun erhebt sich doch die Frage, welchen Sinngehalt der „Nissebaam“ im „Nissebaamsgaardchen“ gehabt haben mag. Dem nachzugehen würde im Grunde einen Gang durch die Menschheitsgeschichte, durch das Werden und Sichentfalten von Religion, Kultur, Volksleben und Volksglauben bedeuten, den wir hier nicht vollziehen können. Es läßt sich aber darauf hinweisen, daß die Vorstellung von dem Paradiesesgarten mit dem „Baum des Lebens“ und seinen goldenen Früchten von den ersten Tagen der Menschheit mit ihr gegangen ist. Wie oft ist er künstlerisch dargestellt worden als ein durch Flecht- oder Lattenzaun wohlverwahrter Garten, in dem Adam und Eva unter dem Baum stehen, in paradiesischer Unschuld vereint mit allem Getier und Gekräut! Dazu paßt denn auch genau, daß von altersher Adam und Eva als „Kalendernamen“ auf den 24. Dezember eingetragen sind. Das Urelternpaar der Menschheit ist am Heiligen Abend, der den „neuen Adam“ in die Welt brachte, besonders verehrt worden, weil dann der große Bogen des Erlösungswerkes so überzeugend deutlich wurde, der Weltenbogen vom Paradies und seinen goldenen Früchten zum Stall in Bethlehem mit dem Kind in der Krippe.[43]

Erika Eckhardt

Wer das Christkind belauscht ...

1. Elisabeth Schier aus Niedergrenzebach

Familie Schier feierte Heiligabend in der Schreinerwerkstatt. Dort war's gemütlich warm, und es gab genügend Platz für die vielen Kinder aus der Nachbarschaft und dem ganzen Dorf, die „zum Weihnachtsbaum" kamen. Denn nicht jede Familie konnte sich damals ein Weihnachtsbäumchen leisten. „Damals", das war noch vor dem Ersten Weltkrieg ...
Der Weihnachtsbaum stand auf Brettern, die der Vater über zwei Stühle gelegt hatte. Die Mutter holte Äpfel für alle, und dann sangen sie „ein Lied nach dem andern, und wenn wir fertig waren, fingen wir wieder von vorne an", erinnert sich Elisabeth Schier. Für ein paar Augenblicke mischte sich Angst unter die Weihnachtsfreude. Zwei unheimliche Besucher traten aus der Dunkelheit in die warme Werkstatt. Wie sie sich gefürchtet hat vor den „bösen Weihnachtsmännern"! Es waren große Männer mit Stöcken in der Hand und verkleidet, so daß sie nicht zu erkennen waren. Da meinte sie fast, „das Herz bliebe mir stehen", als der eine vor ihr stand und mit seinem Eselskopf und den langen Ohren nickte ...
Und wie war der Gabentisch gedeckt – anno dazumal? Wenn die beiden Mädchen ihre Körbchen am Heiligabend unter den Weihnachtsbaum gestellt hatten, dann fanden sie am Morgen des ersten Christtages Äpfel, Nüsse und Plätzchen darin – und waren „glücklich darüber". Als sie größer waren, gab's schon mal eine Schürze oder etwas anders zum Anziehen. Allerdings – ein Weihnachtsgeschenk hat die Zeiten überdauert: ein kleiner Engel, der noch jedes Jahr den Weihnachtsbaum schmückt, seit fast siebzig Jahren. Er ist eine Erinnerung nicht nur an Weihnachten, sondern auch an den Kindergottesdienst und an seine Gründerin, die Pfarrfrau Emilie Hebel...
Unter dem Weihnachtsbaum auf dem Altar stand – ungewöhnlich in einer evangelischen Dorfkirche – eine Krippe mit Maria und Josef, Ochs und Esel. Emilie Hebel hatte sie aus Frankfurt mitgebracht, wo sie herstammte. War die Feier in der Kirche zu Ende, wurden die Figuren in einen Korb gepackt und erfreuten dann im Pfarrhaus die Pfarrerskinder. Wie der kleine Engel hat auch die Krippe überlebt. Sie ist heute im Besitz von Herta Muster in Felsberg, einer Tochter der Hebels.

2. Anna Maria Prinz aus Wasenberg

Die Erinnerung an Weihnachten verbindet sich für sie mit dem süßen Duft von Zimtwaffeln, nach einem Familienrezept gebacken, so daß sie „auf der Zunge zergingen". Einige Tage vor dem Fest begann die Mutter mit der Herstellung dieser und anderer Köstlichkeiten, denn Plätzchen und Gebäck waren damals die Geschenke für die Kinder. Die kleine Anna Maria machte sich einen Spaß daraus, die Süßigkeiten schon vor Weihnachten aufzustöbern, was nicht ganz einfach war, denn die Mutter war erfinderisch im Verstecken. Einmal hatte die Mutter die Plätzchen in einen Koffer geschlossen und diesen unter einem Haufen Weizen auf dem Boden verborgen. Anna Maria fand den Koffer, aber oh weh: Er war verschlossen! Was nun? Noch in Erinnerung an diesen Streich lacht sie herzhaft darüber, daß sie pfiffig genug war, in der Schürze der Mutter den Schlüssel zu finden. Auch das Christkind wollte sie belauschen, aber das gelang dann doch nicht. Bevor das Christkind kam, wurde in der Gaststube ein Fenster geöffnet, damit es hereinfliegen konnte, um die Zigarrenkisten auf der Fensterbank mit Geschenken zu füllen. Anna Maria, die sich hinterm Ofen verstreckt hatte, um das Christkind leibhaftig zu sehen, wurde vom Vater im letzten Augenblick entdeckt und an den Röcken hervorgezogen. Wenn der geheimnisvolle Augenblick vorüber war, klingelte es, und in den Zigarrenkisten lagen Plätzchen, Nüsse, zwei Apfelsinen und eine halbe Tafel Schokolade.
Aber das Schönste von allem, erzählt Anna Maria Prinz, war der Weihnachtsbaum mit seinem märchenhaften Schmuck. Da gab es kleine Gockelhähne und Vögel, Ketten und Sterne aus Glasperlen, kleine Betten mit Püppchen aus Glas, Kugeln, verziert mit einem Geflecht aus Silberdraht und Perlen, und kleine Vogelhäuschen ..."

Elisabeth Wesely

Ein ungewöhnliches Weihnachtsgeschenk

Ihr wißt ja, daß Weihnachten eine schwierige Sache ist. Wie ich das meine? Denkt an die vielen Geschenke, die man sich ausdenken und nach denen man oft regelrecht fahnden muß. Hat man auch das Richtige getroffen, das ist die Frage. Wird die Oma sich über den Herzwein freuen und der Opa über die teuren Zigarren? Was weiß man schon von den Alten!

Noch hatte ich nicht alle Gaben beisammen und die Zeit wurde immer knapper. Weihnachtskekse mußte ich auch noch backen; abgesehen davon, daß noch ein wütender Wohnungsputz und – zur Verschönerung – eine Dauerwelle vor mir lagen. Mitten in dieser außerordentlichen Hektik erwischte mich ein Bio-Tief, wie man heute das Niedergeschlagensein zu nennen pflegt.

Da erschien – als rettender Engel – meine Großtante Anna und erzählte mir zum Trost folgende Geschichte:

Sie hatte vor vielen, vielen Jahren das Weihnachtsfest gut vorbereitet, so meinte sie. Alle Geschenke lagen bereit, mit Schleifchen, Kärtchen und buntem Glitzer geschmückt, bereit für das Fest, für den Platz unter dem Weihnachtsbaum. Da fiel ihr siedendheiß ein: sie hatte bei der großen Zahl der Familienmitglieder ihren eigenen Bruder vergessen. Was sollte sie ihm schenken – ein Buch wie alljährlich? Der Gedanke gefiel ihr gar nicht. Für ein neues Auto hatte sie kein Geld. Sonst hatte er aber auch alles, was sein Herz begehrte. Nein, das stimmte nicht! Eines, das er sich sehnlichst wünschte, hatte er nicht. Seine Ehe war kinderlos geblieben.

„Und", so sagte sie, „gelang es mir, das schönste Weihnachtsgeschenk meines Lebens zu übergeben.

Ich kaufte ein feines gelbes Kärtchen mit Umschlag. Kein rosafarbenes oder hellblaues. Du siehst mich an und verstehst mich nicht, stimmt's? Dann muß ich es dir deutlicher sagen: wegen des Geschlechts. Noch immer verstehst du nicht, ich sehe es ...

Auf dieses Kärtchen schrieb ich:

'Lieber Bruder – ich schenke Dir, was Du Dir schon lange gewünscht hast. Ich schenke Dir ein Kind. Du übernimmst die Patenschaft für einen Jungen oder ein Mädchen aus einem armen Land; ich übernehme die Kosten. So bereitest auch Du mir eine Freude: das Beteiligtsein. Ich hoffe, daß Dir dieses Christkind viel Freude bereiten wird.

Deine Schwester Anna'

Nach dem Weihnachtsfest und der gelungenen Überraschung bemühten wir uns um eine Patenschaft, und mein Bruder bekam – wenn auch schon etwas angegraut um die Schläfen – ein Kind, ein kleines Mädchen, das in Indien zu Hause war. Das Kind lernte auf irgendeinem Wege deutsch und schrieb ihm rührende Dankesbriefe, die er mit viel Freude und Begeisterung las. Es dauerte nicht lange, bis er das ewige Geschreibe tüchtig satt hatte. Da er nicht arm war, kaufte er sich eines Tages ein Flugticket und startete direkt in eine andere, die indische Welt. Voller Staunen sah er, wie anders man lebte, sich bewegte, dachte. Den größten Eindruck machte ihm jedoch die Fröhlichkeit der vielen Waisenkinder, trotz der ärmlichen Umgebung, in der sie und sein Patenkind lebten.

Wieder heimgekehrt, gelang es ihm, mit vieler Mühe, das Kind zu adoptieren und nach Deutschland zu bringen. Wie sich die beiden liebten, der ältere Mann und das kleine, zierliche Mädchen. Das solltest du gesehen haben!

Du weißt ja, daß mein Bruder nun schon einige Jahre tot ist. Das Mädchen blieb in Deutschland bis zum Tode seiner Frau, ihrer Pflegemutter, die sie mit Hingabe gepflegt hatte. In der gleichen Zeit hatte sie einen indischen Studenten kennengelernt, der in London studierte. Sie heirateten und gingen zurück in ihre Heimat. Ab und zu kommt noch ein Gruß.

Im Stall. Holzschnitt von Ernst von Dombrowski.

Hat dir noch niemand diese Geschichte erzählt? Das wundert mich aber!"

Ich schüttelte den Kopf. Es war wirklich erstaunlich, aber ich vernahm diese Geschichte zum allerersten mal. Dabei war sie so romantisch.

Der Kaffee, den ich aufgetischt hatte, war während des Erzählens erkaltet. Sollten wir neuen brauen? Lieber nicht, meinte die Tante. Du hast noch viel zu tun und einiges zu überdenken. Richtig. Sie hatte mir den Weg aufgezeigt, den einfachen und oft beschwerlichen Weg der Liebe.

Alleine geblieben, kochte ich mir doch noch eine Kanne voll des Türkentranks. Beim Vor-mich-Hinsinnen kamen mir die besten Ideen, denn der aromatische Duft beflügelte sie. Die zumeist selbstgebastelten, selbst hergestellten und auf den Empfänger abgestimmten Weihnachtsgeschenke wurden ein großer Erfolg. Wie warm wurde mir ums Herz!

„Aber das schönste Geschenk", so sagte mein kluger Vater am Schluß dieses schönen Tages, „ist die Zeit und Liebe, die du an diesem und allen anderen Tagen für uns übrig hast!" Das war ein gutes letztes Wort.

Die Schränke mußten warten und wurden viel, viel später aufgeräumt. Auch Kekse und Naschwerk gab es nicht so viel wie sonst – wir waren sowieso alle ein wenig zu mollig.

Beschenken und Bescheren

Auf dem Nikolausmarkt.

Untrennbar sind Beschenken und Bescheren mit dem – wenn auch kalendarisch umstrittenen – Geburtstag Jesu verbunden. Schon vor der Adventszeit stellt sich der Geschenkemarkt darauf ein.

Bei allen Versuchen, sich bloß auf das Wesentliche der Weihnacht zu konzentrieren (insbesondere seit der Reformation), ist die Sitte des Schenkens geblieben. Zweifellos kann man hier übertreiben, und dies ist in einer kommerzbezogenen, weithin unpädagogischen Wohlstandsgesellschaft ja auch der Fall. Schenken an Weihnachten ist abbildhaftes Tun für Gottes Handeln am Tag der Christgeburt. In dem Kind in der Krippe ist Gott selbst erkennbar geworden, hat den Menschen Gnade und Erlösung geschenkt.

Wer schenken kann und sich dies auch buchstäblich etwas kosten läßt, wer sich sozusagen selbst in das Geschenk begibt, der erzeugt Freude. Das spürt der Beschenkte. Der Geber wird sogar rückwirkend durch sein Freudestiften mitbeschenkt. Wer sich jedoch mit flottem Geld freikaufen und Pflichten absolvieren und mit einem schnellen Geschenk Gunstbeweise erkaufen will, der erfüllt zwar Markt- und Werbewillen, der stiftet aber keine zu Herzen gehende Freude. Gerade die vom Mund abgesparten oder selbstgebastelten, genähten, geschnitzten Geschenke in Notzeiten, Krieg, Verfolgung und Vertreibung wurden als große Kostbarkeit empfunden.

Nach der mittelalterlichen Phase der Heiligenverehrung, gepaart mit vorchristlichen Gedanken, erfolgte zu Beginn der Neuzeit (Reformation) zunehmend eine Konzentration auf den Heiligen Christ selbst. Mit diesem Erfassen des zentralen Christgeschehens wurde das Geschenk des Lichtes in der Finsternis, des Heils in einer unheilen Welt auch in breiten Volksschichten bewußter und das abbildhafte Schenken und Bescheren zu Weihnachten setzte zunehmend ein.

Um noch einmal auf den Heiligen Nikolaus zurückzukommen: eine Legende berichtet, daß ein junger Mann schnell reich werden wollte. Der Teufel bot ihm ein Geschäft an. Er wollte das Herz aus Fleisch bei dem jungen Mann gegen ein steinernes austauschen. Der junge Mann ging darauf ein. Der Teufelspakt wurde geschlossen.

Die Wünsche des nun Neureichen gingen in Erfüllung, aber er wurde zunehmend einsamer und freudloser. Er konnte sich alles leisten, aber alles wurde ihm schal. Nikolaus begegnete dem betrübten Reichen vor dem Tor. Er sah ihm seine innere Not an und bot ihm eine Medizin gegen die Eiseskälte des Herzens: das Verschenken seiner Güter. Da drehte sich allmählich das Herz im Leib des Reichen um. Der vom Teufel Besessene kam zur inneren Ruhe und je ärmer er wurde, um so froher und leichter wurde sein Herz.

Die Hirten hatten vor dem Jesuskind in der Krippe gekniet, außer einem gesprochenen Dankgebet hatten sie nichts mitzubringen. Die Weisen aus dem Morgenland brachten bereits Geschenke.

Ursprünglich sollte der von Gott gesandte Retter beschenkt werden. Dies ist im geistlichen Sinne auch möglich. Da es Stall und Krippe jedoch de facto nicht mehr gibt, bietet sich „Ersatz“ an im Bescheren seiner notleidenden und ungeschützten Geschöpfe. Im 18. und 19. Jahrhundert begann

Wenn ich der Teufel wäre ...

Ich stelle mir vor, wie mir wohl in dieser schönen Vorweihnachtszeit zumute sein würde, wenn ich der Teufel wäre...
Wenn ich der Teufel wäre, wüßte ich also ganz genau, worum es zur Weihnacht geht – um das genaue Gegenteil dessen, was ich will. Ich wüßte auch ganz genau, was ich zu tun hätte. Wenn ich der Teufel wäre, würde ich zunächst einmal an den gesunden Menschenverstand appellieren. Seit wann gibt's denn sowas? – würde ich die Menschen fragen. Gott ein Mensch? Gott ein Kind? Und ausgerechnet in Palästina? In einem Dorf? In einem Stall? Wie geschmacklos!
Wenn ich der Teufel wäre, würde ich gerade in der Weihnachtszeit eine meiner bewährtesten Theorien zur Anwendung bringen – die Beschäftigungstheorie. Wenn man weiß, daß die Menschen hinter dem Gelde her sind wie ich Teufel hinter den armen Seelen, gelingt einem das ja sehr leicht. Man läßt die Menschen an den blanken Talern riechen, dann machen sie Überstunden. Überstunden in den Fabriken. Überstunden in den Kaufhäusern. Überstunden in den Geschäften. Die Frauen würde ich in ihren Wohnungen beschäftigen, mit Hausputz, Kuchenbacken und dergleichen. Ich würde ihnen allen keine Ruhe geben und keine Ruhe lassen. Wer sich nämlich auf die Weihnacht rüsten will, muß Ruhe haben. Wer keine Ruhe hat, kann sich nicht rüsten. Wer sich nicht rüsten kann, kann auch nicht Weihnacht feiern.
Wenn ich der Teufel wäre, wüßte ich natürlich, daß es zur Weihnacht auch um den Frieden geht, den inneren Frieden, wie man so sagt. Gegen den Frieden gibt es ein ganz herrliches Mittel. Dieses Mittel heißt Tempo. Ich würde die Menschen also gerade in der Weihnachtszeit auf Touren bringen. Ich würde ihnen das Herz hochjagen wie einen Motor. Ich würde sie in einen Haufen tempotoller Ameisen verwandeln. Ich würde sie schon um ihren Frieden bringen.
Wenn ich der Teufel wäre, wüßte ich natürlich auch, daß man Stille haben muß, wenn man das Schlagen der rettenden Stunde hören will; daß Stille walten muß, wenn die Menschen hören sollen, was Gott mit ihnen redet. Allein – auch gegen die Stille läßt sich schon etwas tun. Nachgerade ein Wundermittel gegen die Stille ist der Rummel. Ich würde also einen Rummel inszenieren, eine Art Gegenstück zum Karneval. Einen Rummel, von dem die Menschen ganz toll und verrückt werden. Das läßt sich machen. Das ist nicht einmal Hexerei. Die Weihnachtslieder würde ich in Weihnachtsschlager verwandeln, in Weihnachtsgassenhauer. Eine Kleinigkeit. Man braucht sie nur durch die Lautsprecher zu jagen. Und die Lautsprecher braucht man nur brüllen zu lassen. An jeder Straßenecke...
Ich würde die Menschen dahin bringen, daß sie Weihnachten auf der Straße feiern, daß sie gar keine Lust mehr haben, Weihnachten noch bei sich zu Hause zu feiern. Und eine Weihnacht, die nicht zu Hause gefeiert wird, ist überhaupt keine.
Das heißt natürlich nicht, daß eine Weihnacht, die zu Hause gefeiert wird, nun auch eine echte Weihnacht sein müßte. Wer sollte das besser wissen als ich, wenn ich der Teufel wäre? Dafür wollen die Menschen viel zu gern sein wie der liebe Gott selber. Das fehlte gerade noch, daß die Menschen sich von Gott beschenken lassen müßten. Das können sie selber doch auch, so wie sie nun einmal gebaut sind. Eigentlich müßte die ganze Weihnacht um die Armut der Menschen kreisen, in die Gott seinen Sohn hineingeschenkt hat. Aber wer redet denn da von Armut? Ich? – Ich bin doch der Teufel. Ich rede den Menschen doch gerade ein, daß sie gar nicht so arm sind, daß sie Gott gar nicht brauchen, zum Schenken bestimmt nicht. Das können sie selber doch viel besser. Sie haben doch Geld.
Und wenn sie jetzt immer noch auf den Gedanken kommen sollten, Weihnachten zu feiern, wirkliche Weihnacht, dann – ja dann würde ich einfach wieder von vorn anfangen...
Gekürzte Fassung, Verfasser unbekannt

Auf dem Weihnachtsmarkt. Eva Arzt.

Weihnachtsmarkt in Fulda 1996.

sich besonders das Beschenken der Kinder herauszubilden. Später wurden auch Erwachsene beschenkt.

Die Sammlungen der Kirchen für „Brot für die Welt“ und „Misereor“ sind gute Möglichkeiten, sinnvoll zu bescheren. Eine Nikolausfeier in einer Kindergruppe 1995 könnte da richtungsweisend sein. Bevor der Nikolaus bescherte, spendeten die Kinder und schnürten mit ihren Müttern zusammen Päckchen für notleidende Kinder in Bosnien.

Bei Christkindumzügen hören wir bereits 1625 in Straßburg vom Schenken. 1632 wurde im Adelshaus auf Burg Lichtenberg im Odenwald eine Bescherung der Fürstenkinder vom weißverkleideten Christkind vorgenommen.[44]

Auf Nikolaus- und Christkindlmärkten weiteten sich aber im 17. Jahrhundert wieder vorchristliche Bräuche aus. Sie wurden von den Geistlichen „als Abgötterei mit dem Christkind, bei der man die Satanskapelle neben die Kirche baue“ (Dannhauer) verworfen. Seitens der Kirche gab es immer wieder Bemühungen, die „Christbescherungsspiele“ von dem „schamlosen Beiwerk“ zu befreien. Schenken und Schlagen lagen sehr nahe beieinander, ja sie bedingten sich: zuerst Angst und Zittern, dann Trostpreise! Es galt vor allem die vermummten Schreckgestalten von den Plätzen und aus den Gassen zu vertreiben, da sie sich an den ängstlichen Kindern ergötzten. Das Christkind als den

Weihnachtsmarkt in Frankfurt 1996, auf der linken Seite um 1850. Radierung von J. Beyer.

eigentlichen Gabenbringer sahen die Kirchenvertreter dadurch entwürdigt.
Der Dresdner Pastor Paul Christian Hilscher spricht 1722 vom „Weyhnachtsaberglauben“ und der Hallenser Pfarrer Christopherus Schubart berichtet: „.... daß trotz des Verbotes der Obrigkeit die Leute mit Kühglocken und Schafschellen behängt auff den Gassen noch offtmahls herumbrüllen, schwärmen, schlagen an die Häuser, erschrecken die Kinder ...., da gibt sich alsdann ein Gekrönter und mit einem grauen Bart behängter Öl-Götze für Christus aus und läßet sich von den Kindern als Christus ehren, die Knie für sich beugen und wohlgar als Christus anbeten“. Bei den Bescherspielen des 17. und 18. Jahrhunderts kam es wie im Mittelalter erneut vor, daß sich Nikolaus und Knecht Ruprecht oder gar Petrus und der Engel Gabriel im Sinne von Spaßmachern einschlichen oder als Angstbereiter stritten, z. B. über das „in den Sack stecken“ der Kinder, wobei alle Andacht unterbunden wurde.
Im 19. Jahrhundert hat sich die Szene der Weihnachtsmärkte humanisiert – zugleich wurde aber auch das Schenken und Bescheren an Weihnachten als lohnendes Handelsgeschäft verstärkt entdeckt. Von daher sind auch unsere Nikolaus- und Christkindlmärkte heute noch einmal zu hinterfragen. Insonderheit ist das dann notwendig, wenn, wie in Frankfurt 1995 geschehen, nicht einmal der Totensonntag abgewartet werden konnte, um mit dem Weihnachtsmarkt zu beginnen.
Dennoch: es gibt heute durchaus weihnachtsgemäße Formen des Angebots von zu schenkenden Gegenständen, z. B. in Basaren für Unicef, in den „Eine-Welt-Läden“, bei Sozialwerken oder beim Roten Kreuz.
Stets darf jedoch Schenken auch die Vorfreude auf den Heiligen Abend beinhalten. Darin liegt insofern etwas Göttliches, als man auf die Frage ant-

Weihnachtsmarkt in Kassel 1996.

Die Bescherung um 1900. Münchner Bilderbogen.

worten will, wie man den Geschmack und den Wunsch des zu Beschenkenden trifft und ihm Freude bereitet. Ein Geschenk, das zeigt, daß über den Beschenkten nachgedacht wurde, macht glücklich. Er spürt nämlich, daß mit dem Geschenk gute Gedanken verbunden sind, gleichsam Zuneigung und Liebe mit eingepackt wurden. Gundula Paulsen weist auf zwei alte Geschenkweisen hin, die aus Hessen stammen. Es handelt sich um Büchergeschenke, z. B. um die 1812 von den Brüdern Grimm vor allem im Raum Kassel gesammelten „Kinder- und Hausmärchen" und um den 1844 von dem Frankfurter Arzt und Psychologen Dr. Heinrich Hoffmann herausgegebenen „Struwwelpeter" und den „Armen Reinhold".[45]

Die Puppenspiele erwähnte Goethe schon in seinem Roman „Wilhelm Meister" als Weihnachtsgeschenk. Gerade das Puppentheater erwies sich als ein in jedem Jahr ergänzbares, oft über Generationen verwertbares, mithin haltbares Weihnachtsgeschenk, das man nur an den hohen Feiertagen aufbaute und das Kreativität bei Kindern herausforderte. Dazu erinnert sich O. H. Schmitz, der 1873 in Bad Homburg geboren wurde und nach Frankfurt umzog: „Beim Umzug hatte ich bemerkt, daß sich unter einer grauen Leinwanddecke auf dem Speicher bunte Gegenstände verbargen und zu meinem nicht geringen Erstaunen die Menagerie, das Puppentheater, die Puppenküche und den Kaufladen erkannte, die das Christkindchen jede Weihnacht brachte, um sie nach Dreikönig in einer Nacht wieder fortzunehmen, während es die anderen minder kostbaren Spielsachen zurückließ. Ich war erschrocken über meine Entdeckung und ließ schnell den aufgehobenen Leinwandzipfel wieder über die Weihnachtsbuntheit fallen. Jetzt erinnerte ich mich dieser Dinge mit Entzücken. Alles dies würde heute abend wieder wie im letzten Jahr da sein und wir durften spielen, als ob wir noch in Homburg wären".[46]

Von den Puppentheatern, deren Inhalt sich zum Teil aus den religiösen Krippenfeiern entwickelt hatte, ist der Weg zu den im ausgehenden 19. Jahrhundert in Mode gekommenen Puppenküchen nicht weit.

Seit der letzten Jahrhundertwende verlagerten sich mit dem Fortschreiten der Technik die Geschenkeschwerpunkte über den Laubsägebogen, die Karten- und Würfelspiele, das Schaukelpferd, die Holz- und Metallbaukästen, die Schlittschuhe, Schlitten und Skier, die Dampfmaschine, die Ritterburg und die Eisenbahn, das Dreirad, den Roller und das Fahrrad, bis zum elektronischen Spielzeug und Spielcomputer. Das unselige Kriegsspielzeug ist nicht der Rede wert.

Am ersten oder zweiten Feiertag gingen die Eltern mit den kleineren Kindern – die älteren allein – zu den Paten, um sich das „Christkindchen", das Weihnachtsgeschenk, zu holen. Weihnachten war insofern ähnlich wie Ostern eine gute Gelegenheit, Verwandtschaftsbeziehungen zu pflegen. Allerdings gibt es in Hessen auch Gebiete, in denen die Pflicht des Überbringens der Geschenke dem „Pätter" (Patenonkel) und der „Gooth oder Göst" (Patentante) oblag; sie brachten ihr „Bündel", d. h. die in ein Tuch eingewickelten Präsente. Diese Sitte betraf vornehmlich die mittleren und unteren Sozialgruppen.

Es soll aber auch auf die großbürgerliche Weihnacht verwiesen sein, wie sie sich in der Darstellung der Bescherung in Thomas Manns Roman „Buddenbrooks" zeigt. Dabei wurde zeremoniell an nichts gespart. Die „Hausarmen" standen „wie fremde alte Leutchen" verlegen herum. Auch die hellen Stimmen der ins Haus bestellten Chorknaben durften nicht fehlen. An den einen konnte man seine weihnachtliche Barmherzigkeit üben, an den anderen sich festlich erfreuen. Eine Passage aus dem Roman verweist auf das Authentische dieser Situation:

„Jauchze laut, Jerusalem!" schlossen die Chorknaben, und die Stimmen, die fugenartig nebeneinander hergegangen waren, fanden sich in der

letzten Silbe friedlich und freudig zusammen. Der klare Akkord verhallte, und tiefe Stille legte sich über Säulenhalle und Landschaftszimmer. Die Mitglieder der Familie blickten unter dem Drucke der Pause vor sich nieder (...) Die Konsulin aber schritt langsam zum Tische und setzte sich inmitten ihrer Angehörigen auf das Sofa (...) Sie rückte die Lampe zurecht und zog die große Bibel heran (...) schlug dort auf, wo das Zeichen lag, (...)
Sie las die altvertrauten Worte langsam und mit einfacher, zu Herzen gehender Betonung, mit einer Stimme, die sich klar, bewegt und heiter von der andächtigen Stille abhob. „Und den Menschen ein Wohlgefallen!" sagte sie. Kaum aber schwieg sie, so erklang in der Säulenhalle dreistimmig das „Stille Nacht, heilige Nacht", in das die Familie im Landschaftszimmer einstimmte. Man ging ein wenig vorsichtig zu Werke dabei, denn die meisten der Anwesenden waren unmusikalisch, und hie und da vernahm man in dem Ensemble einen tiefen und ganz ungehörigen Ton ... Aber das beeinträchtigte nicht die Wirkung dieses Liedes ...
Und dann erhob sich die Konsulin. Sie ergriff die Hand ihres Enkels Johann und die ihrer Urenkelin Elisabeth und schritt durch das Zimmer. Die alten Herrschaften schlossen sich an, die jüngeren folgten, in der Säulenhalle gesellten sich die Dienstboten und die Hausarmen hinzu (...)
Singend, geblendet und dem altvertrauten Raum ganz entfremdet umschritt man einmal den Saal, defilierte an der Krippe vorbei, in der ein wächsernes Jesuskind das Kreuzeszeichen zu machen schien, und blieb dann, nachdem man Blick für die einzelnen Gegenstände bekommen hatte, verstummend an seinem Platze stehen (...)

Das Weihnachtsgeschenk

Ein vielbeschäftiges Ehepaar hastet kurz vor Weihnachten in ein Spielwarengeschäft, um für die kleine Tochter ein Geschenk zu kaufen. Sie sind bereit, viel Geld dafür auszugeben, und erklären der Verkäuferin: „Wir sind den ganzen Tag beruflich von zu Hause weg. Wir suchen etwas, was die Kleine erfreut, sie lange beschäftigt und ihr das Gefühl des Alleinseins nimmt."
„Tut mir leid", sagt die Verkäuferin und lächelt freundlich, „Eltern gibt es bei uns nicht zu kaufen."
Verfasser unbekannt[47]

In der Weihnachtsstube 1996.

Der Gegensatz

Schenke herzlich und frei.
Schenke dabei
Was in dir wohnt
An Meinung, Geschmack und Humor,
So daß die eine Freude zuvor
Dich reichlich belohnt.

Schenke groß oder klein,
Aber immer gediegen.
Wenn die Bedachten die Gaben wiegen,
Sei dein Gewissen rein.

Schenke mit Geist ohne List.
Sei eingedenk,
Daß dein Geschenk
Du selber bist.

Joachim Ringelnatz

Reifengedrehte Stadt. Spielzeug aus Seiffen.

Weihnachtsgeschenke.
Von Emil Peschkau.

Weinachtsabend

Die fremde Stadt durchschritt ich sorgenvoll,
Der Kinder denkend, die ich ließ zu Haus.
Weihnachten war's; durch alle Gassen scholl
Der Kinderjubel und des Markts Gebraus.

Und wie der Menschenstrom mich fortgespült,
Drang mir ein heiser Stimmlein in das Ohr:
„Kauft, lieber Herr!“ Ein magres Händchen hielt
Feilbietend mir ein ärmlich Spielzeug vor.

Ich schrak empor, und beim Laternenschein
Sah ich ein bleiches Kinderangesicht;
Wes Alters und Geschlechts es mochte sein,
Erkannt ich im Vorübertreiben nicht.

Nur von dem Treppenstein, darauf es saß,
Noch immer hört ich, mühsam, wie es schien:
„Kauft, lieber Herr!“ den Ruf ohn Unterlaß;
Doch hat wohl keiner ihm Gehör verliehn.

Und ich? – War's Ungeschick, war es die Scham,
Am Weg zu handeln mit dem Bettelkind?
Eh meine Hand zu meiner Börse kam,
Verscholl das Stimmlein hinter mir im Wind.

Doch als ich endlich war mit mir allein,
Erfaßte mich die Angst im Herzen so,
Als säß mein eigen Kind auf jenem Stein
Und schrie nach Brot, indessen ich entfloh.

Theodor Storm

Dich!

Ein naßkalter und stürmischer Dezembertag.
Viele Menschen hasten durch die Straßen.
Dazwischen ein kleines Mädchen. Hungrig,
frierend, verängstigt, allein, weinend.
Ein Mann, der das sieht, sagt zornig zu Gott:
„Wie kannst du das zulassen? Warum tust du
nichts dagegen?“
Eine Zeitlang sagt Gott nichts; aber in der darauffolgenden Nacht gibt er doch eine Antwort:
„Ich habe etwas dagegen getan: ich habe dich
geschaffen.“

Verfasser unbekannt[47]

Der Winter.
Ludwig Richter.

Bertolt Brecht

Das Paket des lieben Gottes

Nehmt eure Stühle und eure Teegläser mit hier hinter an den Ofen und vergeßt den Rum nicht. Es ist gut, es warm zu haben, wenn man von der Kälte erzählt.

Manche Leute, vor allem eine gewisse Sorte Männer, die etwas gegen Sentimentalität hat, haben eine starke Aversion gegen Weihnachten. Aber zumindest ein Weihnachten in meinem Leben ist bei mir wirklich in bester Erinnerung. Das war der Weihnachtsabend 1908 in Chicago. Ich war anfangs November nach Chicago gekommen, und man sagte mir sofort, als ich mich nach der allgemeinen Lage erkundigte, es würde der härteste Winter werden, den diese ohnehin genügend unangenehme Stadt zustande bringen könnte. Als ich fragte, wie es mit den Chancen für einen Kesselschmied stünde, sagte man mir, Kesselschmiede hätten keine Chance, und als ich eine halbwegs mögliche Schlafstelle suchte, war alles zu teuer für mich. Und das erfuhren in diesem Winter 1908 viele in Chicago, aus allen Berufen.

Und der Wind wehte scheußlich vom Michigansee herüber durch den ganzen Dezember, und gegen Ende des Monats schlossen auch noch eine Reihe großer Fleischpackereien ihren Betrieb und warfen eine ganze Flut von Arbeitslosen auf die kalten Straßen.

Wir trabten die ganzen Tage durch sämtliche Stadtviertel und suchten verzweifelt nach etwas Arbeit und waren froh, wenn wir am Abend in einem winzigen, mit erschöpften Leuten angefüllten Lokale im Schlachthofviertel unterkommen konnten. Dort hatten wir es wenigstens warm und konnten ruhig sitzen. Und wir saßen, so lange es irgend ging mit einem Glas Whisky, und wir sparten alles den Tag über auf für dieses eine Glas Whisky, in das noch Wärme, Lärm und Kameraden mit einbegriffen waren, all das, was es an Hoffnung für uns noch gab.

Dort saßen wir auch am Weihnachtsabend dieses Jahres, und das Lokal war noch überfüllter als gewöhnlich und der Whisky noch wässriger und das Publikum noch verzweifelter. Es ist einleuchtend, daß weder das Publikum noch der Wirt in Feststimmung geraten, wenn das ganze Problem der Gäste darin besteht, mit einem Glas eine ganze Nacht auszureichen, und das ganze Problem des Wirtes, diejenigen hinauszubringen, die leere Gläser vor sich stehen hatten.

Aber gegen zehn Uhr kamen zwei, drei Burschen herein, die, der Teufel mochte wissen woher, ein paar Dollars in der Tasche hatten, und die luden, weil es doch eben Weihnachten war und Sentimentalität in der Luft lag, das ganze Publikum ein, ein paar Extragläser zu leeren. Fünf Minuten darauf war das ganze Lokal nicht wiederzuerkennen. Alle holten sich frischen Whisky (und paßten nun ungeheuer genau darauf auf, daß ganz korrekt eingeschenkt wurde), die Tische wurden zusammengerückt, und ein verfroren aussehendes Mädchen wurde gebeten, einen Cakewalk zu tanzen, wobei sämtliche Festteilnehmer mit den Händen den Takt klatschten. Aber was soll ich sagen, der Teufel mochte seine schwarze Hand im Spiel haben, es kam keine rechte Stimmung auf.

Ja, geradezu von Anfang an nahm die Veranstaltung einen direkt bösartigen Charakter an. Ich denke, es war der Zwang, sich beschenken lassen zu müssen, der alle so aufreizte. Die Spender dieser Weihnachtsstimmung wurden nicht mit freundlichen Augen betrachtet. Schon nach den ersten Gläsern des gestifteten Whiskys wurde der Plan gefaßt, eine regelrechte Weihnachtsbescherung, sozusagen ein Unternehmen größeren Stils, vorzunehmen.

Da ein Überfluß an Geschenkartikeln nicht vorhanden war, wollte man sich weniger an direkt wertvolle und mehr an solche Geschenke halten, die für die zu Beschenkenden passend waren und vielleicht sogar einen tieferen Sinn hatten.

So schenkten wir dem Wirt einen Kübel mit schmutzigem Schneewasser von draußen, wo es davon gerade genug gab, *damit er mit seinem alten Whisky noch ins neue Jahr hinein ausreichte.* Dem Kellner schenkten wir eine alte, erbrochene Konservenbüchse, *damit er wenigstens ein anständiges Servicestück hätte,* und einem zum Lokal gehörigen Mädchen ein schartiges Taschenmesser, *damit sie wenigstens die Schicht Puder vom vergangenen Jahr abkratzen könnte.*

Alle diese Geschenke wurden von den Anwesenden, vielleicht nur die Beschenkten ausgenommen, mit herausforderndem Beifall bedacht. Und dann kam der Hauptspaß.

Es war nämlich unter uns ein Mann, der mußte einen schwachen Punkt haben. Er saß jeden Abend da, und Leute, die sich auf dergleichen verstanden, glaubten mit Sicherheit behaupten zu können, daß er, so gleichgültig er sich auch geben mochte, eine gewisse, unüberwindliche Scheu vor allem, was mit der Polizei zusammenhing, haben mußte. Aber jeder Mensch konnte sehen, daß er in keiner guten Haut steckte. Für diesen Mann dachten wir uns etwas ganz Besonderes aus. Aus einem alten Adreßbuch rissen wir mit Erlaubnis des Wirtes drei Seiten aus, auf denen lauter Polizeiwachen standen, schlugen sie sorgfältig in eine Zeitung und überreichten das Paket unserem Mann.

Es trat eine große Stille ein, als wir es überreichten. Der Mann nahm das Paket zögernd in die Hand und sah uns mit einem etwas kalkigen Lächeln von unten herauf an. Ich merkte, wie er mit den Fingern das Paket anfühlte, um schon vor dem Öffnen festzustellen, was darin sein könnte. Aber dann machte er es rasch auf.

Und nun geschah etwas sehr Merkwürdiges. Der Mann nestelte eben an der Schnur, mit der das „Geschenk" verschnürt war, als sein Blick, scheinbar

Nach einem Wintersturm.

abwesend, auf das Zeitungsblatt fiel, in das die interessanten Adreßbuchblätter geschlagen waren. Aber da war sein Blick schon nicht mehr abwesend. Sein ganzer dünner Körper (er war sehr lang) krümmte sich sozusagen um das Zeitungsblatt zusammen, er bückte sein Gesicht tief darauf herunter und las. Niemals, weder vornoch nachher, habe ich je einen Menschen so lesen sehen. Er verschlang das, was er las, einfach. Und dann schaute er auf. Und wieder habe ich niemals, weder vor- noch nachher, einen Mann so strahlend schauen sehen wie diesen Mann.
„Da lese ich eben in der Zeitung", sagte er mit einer verrosteten, mühsam ruhigen Stimme, die in lächerlichem Gegensatz zu seinem strahlenden Gesicht stand, „daß die ganze Sache einfach schon lang aufgeklärt ist. Jedermann in Ohio weiß, daß ich mit der ganzen Sache nicht das Geringste zu tun hatte." Und dann lachte er.
Und wir alle, die erstaunt dabeistanden und etwas ganz anderes erwartet hatten und fast nur begriffen, daß der Mann unter irgendeiner Beschuldigung gestanden und inzwischen, wie er eben aus dem Zeitungsblatt erfahren hatte, rehabilitiert worden war, fingen plötzlich an, aus vollem Halse und fast aus dem Herzen mitzulachen, und dadurch kam ein großer Schwung in unsere Veranstaltung, die gewisse Bitterkeit war überhaupt vergessen, und es wurde ein ausgezeichnetes Weihnachten, das bis zum Morgen dauerte und alle befriedigte.
Und bei dieser allgemeinen Befriedigung spielte es natürlich gar keine Rolle mehr, daß dieses Zeitungsblatt nicht wir ausgesucht hatten, sondern Gott.

Eugen Ernst

„Schöne Bescherung" Weihnachten 1944 in einem Taunusdorf

Damals – im Dezember 1944 – lebten in meinem Heimatdorf knapp 2500 Menschen, die Evakuierten aus den zerbombten Städten im Rhein-Main-Gebiet mit eingerechnet. Fast jeder kannte jeden, aber nicht jeder grüßte jeden, einige kannten sich eben zu gut.

Die Adventszeit nahte mit Frost und ein wenig Schnee. Wir Buben von 13/14 Jahren fanden das Leben bei aller Ahnung von Not und Tod dennoch aufregend interessant. Da lag eine zwangseinquartierte Nachrichtenkompanie im Dorf, der Divisionsstab im Haus meiner Großeltern. Da gab es einen Ordonanzoffizier, ein Wiener Fotograf, der das halbe Dorf porträtierte. Da pilgerten wir durch den glitzernden reifschweren Hochtaunus zu jenem Jagdflugzeug, das gegen den „Kleinen" Feldbergturm gerast war. Da wurde geschlachtet und schwarzgeschlachtet. Wer in der Landwirtschaft lebte, überlebte gut.
Vater war Anfang Dezember auf stark tieffliegergefährdeten Strecken unversehrt vom Westwall zurückgekommen. Dort hatte er mit Hitlerjungen und vielen älteren Männern vergeblich Panzergräben ausgehoben und allerlei sinnlose Sperranlagen aufgebaut. Nun ging alles wieder seinen gewohnten Gang. Vater arbeitete als Holzfäller in den Wäldern am Altkönig. Mutter wirkte in Stall und Küche und sorgte sich u. a. auch um das Wohl der illegal bei uns Milch und Butter holenden Leute. Eigentlich hatte sie schon genug mit uns drei Buben, dem Großvater und dem Vater zu tun, es waren schließlich fünf „Mannsleut" zu versorgen. Opa fütterte die Kühe, Schafe und Schweine und saß in jeder freien Minute am Spinnrad. Sonntags versank er nach dem Mittagessen nicht im Schlaf, sondern in der Bibel oder in einem dicken Gebetbuch. Wir Buben mußten Hand anlegen bei allen Arbeiten in Haus und Hof. Dennoch vergnügten wir uns u.a. mit Laubsägearbeiten, denn Weihnachten nahte, und wir wollten ja auch was schenken.
Vater bekamen wir fast nur am Wochenende richtig zu sehen. Er war vom Kriegsdienst zurückgestellt, weil seine Tätigkeit als Waldarbeiter offenbar kriegswichtig war. Mit zwei weiteren Berufskollegen

verließ er morgens gegen 5 Uhr das Dorf, stapfte drei Stunden durch den Schnee der Hochtaunuswälder zum Altkönig, fällte und zersägte Bäume bis gegen 16 / 17 Uhr und kam erst gegen 19 / 20 Uhr nach Hause zurück. Er hatte in seiner Berufszeit unzählige Bäume abgesägt, geschält, gespalten und zu einem Wirtschaftsrohstoff verwertbar gemacht. Bäume waren für ihn nur Holz. Nur den Weihnachtsbaum, den er nach ästhetischen Gesichtspunkten peinlich genau auswählte, holte er mit einer Art Andacht ein paar Tage vor dem Weihnachtsfest aus dem ihm wohlvertrauten, verschneiten Distrikt. Gegebenenfalls setzte er sogar einen Ast ein oder nahm einen anderen heraus, jedenfalls mußte das „Christbäumchen" ein ebenmäßiges Aussehen haben. Der Baum durfte nicht zu licht, aber auch nicht zu dicht sein. Er besaß für ihn als einziger Baum im Jahr einen hohen Gefühlswert.

Der bei uns einquartierte Unteroffizier, der im Zivilberuf Diakon war und voll in unsere bekennend christliche Familie paßte, leitete die Krankenstube bei der Stabskompanie und war manchem kranken Dorfbewohner zusammen mit der alten Diakonisse oft eine lebensrettende Hilfe. Sein Bett stand in meinem Zimmer, und er hörte sich beim Einschlafen meine Phantasien und Erlebnisse vom Tage an – ohne zu murren.

Der Tag des ersehnten Weihnachtsfestes nahte. Opa war wegen staatsfeindlicher Äußerungen noch nicht von der Gestapo abgeholt worden. Wahrscheinlich stimmte es, was ihm ein SA-Gewaltiger ins Gesicht geschleudert hatte: „Dich lohnt es nicht nach Dachau zu bringen". Er hatte ihn als „Friedhofsgemüse" bezeichnet.

Der 24. Dezember 1944 fiel mit dem 4. Advent zusammen. Vater hatte schon am Morgen vor dem Gottesdienst zum 4. Advent die „gute Stube" angeheizt, was im Jahr nur einmal, nämlich an Weihnachten, vorkam. Deshalb dauerte es erfahrungsgemäß lange, bis die Wände durchgewärmt waren. Der hohe, grüngekachelte Kohleofen machte dennoch den Raum wohlig warm und verlieh ihm zusammen mit Bratäpfeln, Nüssen und Zuckerzeug, so hieß bei uns das Weihnachtsgebäck, einen besonderen Festtagsgeruch.

Draußen herrschte ein trockenheller Frost. Es lag nur ganz wenig Schnee. Der Boden war hart gefroren. Gegen 14.30 Uhr trafen wir, d. h. drei gleichaltrige Schulfreunde bei dem Vierten im Bunde ein. Dort durften wir etwas ganz Schlimmes, staatlich streng Verbotenes tun. Unter und hinter dem alten Kanapee kauerten wir und hörten aus einem Volksempfänger, der sonst neben dem Lehnsessel des fortwährend hustenden Großvaters unseres Freundes auf einem Tischchen stand, BBC London, den Feindsender. Er hatte einige Monate vorher einem Anspacher, verurteilt vom Reichsgericht, den Tod gebracht. Und da hieß es plötzlich: „Alliierte Bomberverbände befinden sich im Angriff auf Feldflugplätze im Rhein-Main-Gebiet".

Konnte das sein, es war doch Weihnachten? Wir waren entsetzt, gerade weil wir im „NS-Jungvolk" nicht linientreu waren. Wir hatten von den „Edelweißpiraten" gehört. Dennoch waren wir unwissend, wenn auch nicht ahnungslos. Wir hatten das braune System jedenfalls satt und hielten dicht.

Bei der Meldung des „Feindsenders" dachten wir aber weniger politisch als vielmehr abenteuerlich. Wir bestiegen sozusagen geheimbündlerisch das verbotene wackelige Feuerwehrtürmchen, in dem die Schläuche getrocknet wurden. Es war ein primitives Gebilde, das von sechs oder acht starken Fichtenstangen, die mit Holzschwarten grob ummantelt waren, im Hinterhof des Feuerwehrgerätehäuschens in die Luft ragte. Eine nicht mehr intakte Holzleiter führte hinauf zu zwei schmalen Bretterböden, die auf unterschiedlicher Höhe angebracht waren. Wir fühlten uns als ganz wichtige Beobachter des angekündigten Geschehens, denn einer der Feldflugplätze lag ja nur etwa 3–4 km Luftlinie nördlich von unserem schwindelerregenden „Lug aus" entfernt. Wären wir erwischt worden, es hätte mit Sicherheit trotz Weihnachten eine Tracht Prügel gesetzt.

Wir brauchten nicht lange bei der klirrenden Kälte und dem strahlenden Sonnenschein in luftiger Höhe auszuharren, bis das dumpfe Dröhnen der Flugzeugpulks von Wiesbaden-Erbenheim und Eschborn herüberdröhnte. Die Flak begann zwecklos zwischen die Geschwader zu schießen, die dann über der Wetterau nach Norden und dann nach Nordwesten drehten. Einige deutsche Jagdflugzeuge stiegen von dem Feldflugplatz auf, wir erwarteten einen spannenden Luftkampf. Aber die Focke-Wulf-Maschinen nahmen reißaus, vielleicht waren sie für Besseres bestimmt. Dafür waren die dunkel glänzenden Punkte der Bomber immer deutlicher zu sehen. Und als sich die Maschinen in der Höhe des Feldflugplatzes befanden, fiel plötzlich ein ganz anderer Ton, ein Pfeifton in das Dröhnen der Flugzeugmotoren ein. Es war ein infernalisches Singeln und Zischen und Rauschen und dann folgten gewaltige Detonationen. Wir hatten das zweifelhafte Vergnügen, die langen Reihen der wie weiße Eier in der Sonne glänzenden Bomben zu sehen, die aus den Schächten der Flugzeuge fielen. Wehe dem Flugplatz, wehe dem Dorf! Ein not- und todbringendes Weihnachtsgeschenk, eine höllische „Bescherung" von oben. Der Spuk war vergleichsweise schnell vorbei. Die Flugzeuge flogen nach Westen ab, einige hatten die Bomben etwas später fallenlassen. Wir stiegen zitternd die Leiter, in der einige Sprossen fehlten, neben den getrockneten Feuerwehrschläuchen hinab. Wir waren verschont geblieben. Weihnachten konnte beginnen.

Als ich heim kam, hatte Mutter bereits die „gute Stube" abgesperrt, auch die neuen grünweißen Holzläden hatte sie geschlossen, es herrschte Verdunklungszwang. Und schließlich sollten der brennende Lichterbaum und die Geschenke eine Überraschung sein.

Das Füttern im Stall, das Melken, das Spülen der Eimer und Kannen und das spärliche Abendbrot mit Kochkäse, Brot, Butter und Pfefferminztee waren früher als sonst beendet. Dann trafen auch die seit Jahren gleichen Heilig-Abend-Gäste ein. Es waren die Großeltern mütterlicherseits, deren beiden Söhne „im Feld standen“, und es waren zwei Diakonissenschwestern, die als Niemöller-Anhängerinnen mit Großvater und den Eltern eng verbunden waren. Man konnte reden ohne Argwohn

Die „gute Stube“ empfing uns im Weihnachtsduft, einem ätherischen Gemisch von dem harzreichen Christbaum, den ausgestochenen Plätzchen und dem heißen Apfelwein mit Zimt und Zucker. Die Großeltern pflegten immer Walnüsse mitzubringen, denn sie besaßen einen großen Nußbaum.

Der Vater ließ es an nichts fehlen, ein Fest mußte bei aller sonstigen Sparsamkeit den Alltag deutlich überhöhen und auch etwas verschwenderisch sein. Er hatte den „selbstgemachten“ granatroten Johannisbeerwein bereitgestellt. Man trank einen Begrüßungsschluck, dann las Opa die Weihnachtsgeschichte, besser: er sagte sie auswendig. Die vor ihm liegende Bibel wäre gar nicht notwendig gewesen. Das obligatorische Lied „Stille Nacht“ wurde angestimmt, was der sangesfreudige Vater mit der zweiten Stimme unterlegte.

Dann erfolgte die Bescherung. Zuerst waren die jüngeren von uns Buben an der Reihe. Eine alleinstehende ältere Frau, die bei uns immer heimlich Milch holte, hatte ihnen jeweils einen Pullover, je eine Mütze und ein Paar Socken gestrickt. Das war das Geschenk der Eltern. Dazu kamen noch ein Quartettspiel und ein paar Sägeblätter und Vorlagen für die Laubsägearbeiten. Ich erhielt ein geradezu aufsehenerregendes Geschenk. Neben einem alten mit andersfarbigem Garn im Ärmel und Körperbereich verlängerten Pullover erhielt ich ein Paar Skier, die von einem Schreinerbetrieb stammten, in dem Vater wegen des hohen Schnees für ein paar Wochen zwangsweise arbeiten mußte. Umgekehrt warteten wir Kinder mit Laubsägearbeiten und Gedichten auf. Ich hatte es beim Basteln nach Vorlagen zu einem einfachen Stall mit Krippe und Figuren gebracht, die ich mit selbstgemischten Farben aus Leinöl, Sikkativ und Terpentin ganz ansehnlich angemalt hatte. Jedenfalls war es die erste Krippe, die je in unserem Hause aufgestellt wurde – und bis heute gehalten hat.

Das Christkind, die in weiß gekleidete und mit einem Vorhang vor dem Gesicht versehene Gestalt, die in den letzten Jahren immer wieder aufgetaucht war, wurde in diesem Jahr überhaupt nicht vermißt. Das Geheimnis war ja außerdem auch längst gelüftet. Es wurde wie immer am Heiligabend viel gesungen, die alt vertrauten Lieder. In diesem Jahr konnte ich sie in einfachen Sätzen schon auf dem Klavier begleiten, das Vater in unser Wohnzimmer hatte stellen lassen. Es war das Instrument seines Gesangvereins, das in dem für einen kleinen Rüstungsbetrieb geräumten Vereinslokal keinen Platz mehr hatte.

Während sich die Großeltern, die Diakonissen und die Eltern über viele Vorkommnisse und Geschichten vom Krieg und aus dem alten Dorf unterhielten, wobei ich zumindest mit einem Ohr ganz dabei war, kümmerten sich die Geschwister um ihre neuen und alten Spiele, knackten Nüsse und knabberten an den Weihnachtsplätzchen. Vater, und das war ein gewißer Höhepunkt, hatte sich zur Feier des Tages eine Zigarre angezündet. Nur einer fehlte an diesem Abend, unser Sanitätsunteroffizier. Er hatte mir ein Buch geschenkt, dessen Inhalt gewiß einen Impuls gegeben hat für meinen späteren Beruf. Es war die lange Geschichte vom „Kalendermann vom Veitsberg“, die eine kreative und Kindern zugewandte pädagogische Arbeit eines Lehrenden aufzeigt. Der Sanitätsunteroffizier war mit seiner Abteilung auf dem Flugplatz zugange, wo er nach dem Angriff am Nachmittag viel zu verbinden und zu helfen hatte. Offenbar war die Not groß, er kam erst gegen Mitternacht zurück, als wir bereits im Bett lagen.

Der erste Weihnachtsfeiertag verlief zunächst in den gewohnten Gleisen: Festtagsgottesdienst, etwas besseres Essen (Schweinebraten) und dann am frühen Nachmittag der Besuch bei den Großeltern mütterlicherseits. Sie hatten in ihrer geräumigen, noch ziemlich neuen landwirtschaftlichen Hofreite den Christbaum in der Küche im Obergeschoß aufgestellt, während sie ansonsten – auch im Winter – in der sogenannten Sommerküche im Souterrain hausten. Ihre Wohn- und Schlafzimmer waren ja ohnehin von dem Stab der Nachrichtenkompanie beschlagnahmt worden. Aber es war wichtig, auch ihren Christbaum zu bewundern und ihre Weihnachtsplätzchen zu probieren.

Allerdings verlief der Nachmittag, an dem auch andere Verwandte mit Kindern herbeigekommen waren, anders als erwartet. Ein gleichaltriger „Nachcousin“ und ich hielten es nicht in der Stube aus. So gegen 15 Uhr begann ein für uns nachhaltig wirksames Abenteuer. Im nachhinein frage ich mich immer noch, warum wir den trauten Familienkreis verlassen hatten, um auf einem alten Damenfahrrad die Straße hinauf und hinunter zu fahren und vor allem, woher wir den Mut nahmen, das Fahrrad auf einen Militär-Lkw zu werfen, der in der Schreinerei in einer Seitengasse Särge aufgeladen hatte. Wir konnten uns schnell mit den Uniformierten arrangieren, kauerten dann mit dem Fahrrad zwischen den Särgen und fuhren in Richtung des Feldflugplatzes. Wir wollten etwas von dem sehen, was gestern nur aus der Ferne zu beobachten war. Wir überlegten nicht lange, fragten auch nicht nach der Reaktion der Eltern. Das war ein Gemisch aus Neugier und pubertärer Wichtigtuerei.

Als wir uns gegen 16 Uhr dem Dorf oberhalb des Flugplatzes näherten, verschlug es uns die Sprache. Wir hätten jetzt gern auf diesen Nervenkitzel verzichtet. Denn wir standen plötzlich mitten auf dem

Kriegsschauplatz an der sogenannten „Heimatfront". Nichts von Heldentum und Hurra-Patriotismus, dagegen: verstockte, versteinerte Menschen, Eisberge aus erstarrtem Löschwasser, Hilflosigkeit. Wir blickten in aufgerissene Häuser und zerzauste Weihnachtsstuben, die gestern noch fein säuberlich hergerichtet worden waren. Zerfetzte oder ausgebrannte Scheunen starrten uns an. Da lag ein lamettaverzierter Christbaum in einer Hofecke, dort dampften noch verbrannte Kühe an ihren Ketten, die keine Fluchtchance hatten und zu Kadavern geschmolzen waren. Und es roch nach verbranntem Heu und Stroh. Auf einem der gewaltsam abgedeckten Gebäude hing das Vorderteil eines fuchsfarbenen Pferdes.
Gespräche konnten wir nicht führen. Wir kamen uns überflüssig vor, wir konnten ja nicht helfen. Der westliche Teil des Dorfes war arg mitgenommen. Sehr viele Bomben waren auch auf das rückwärtige Feld gefallen. Da hatte ein Bomberpulk „nur" zu spät ausgeklinkt.
Gegen 17.30 Uhr machten wir uns auf den Heimweg, unser wackeliges Fahrrad nur sehr vorsichtig und abwechselnd benutzend. Als wir aus dem Wald kamen, hatte der kalte Vollmond die vor uns liegende offene Landschaft in ein Silberreich verzaubert, er tat so, also sei nichts geschehen. Und dann kamen wir heim in eine völlige Nichtbetroffenheit, in eine heile warme Weihnachtsstube. Mutter hatte geglaubt, ich sei bei einem Freund, Vater und Großvater waren sowieso noch beim Füttern und Melken. Es war gar nicht recht aufgefallen, daß wir Buben den Nachmittag nicht in der Großfamilie verbracht hatten.
Nach dem Abendbrot gingen wir wieder in die „gute Stube", diesmal die Familie allein, wir waren unter uns. Die Geschwister spielten fröhlich und heute durchaus in Eintracht. Der Sanitätsunteroffizier berichtete vom Geschehen des 24.12., ich konnte ergänzen. Die Idylle wich einer Betroffenheit, die Schweigen verursachte.

Kirchhof im Hessenpark.

Vater war bereits für den 2. Feiertag mit „Hack und Schipp" zum Planieren der Bombentrichter beordert worden.
Ich mußte zum Schluß doch noch eine mühsam gelernte „Weihnachtsphantasie" auf dem Klavier spielen. Das „O, du fröhliche" klang 1944 nicht so überzeugend, mehr als hätten alle Halsweh.

Aus einem Brief an die Front

Lieber Willi!

Wir warten immer noch auf Post von dir. Dein letztes Schreiben war vom 3.12.44. Ich möchte dir jetzt unser Weihnachtsfest beschreiben wie wir dasselbe verlebt haben. Am 24.12. mittags um 15 Uhr, als wir gerade Kaffeetrinken wollten, kamen Flieger und zwar in großen Mengen, haben verschiedene Ziele angeflogen, unter anderem auch uns hier und haben uns eine große Bescherung gebracht. 35 Bomben gingen auf das Dorf nieder. Großer Schaden wurde verursacht. Menschen kamen nicht um. 3 Scheunen mit Stallungen und den Schuppen, die angebaut waren, brannten nieder. 19 Stück Großvieh verbrannten. Emil Höser sein Pferd wurde von einer Bombe durch das Dach des Stalles geschleudert und war tot. Etliche Schweine sind auch noch mit verbrannt...
Es ist wie ein Wunder, daß keine Menschen tot blieben, nur 4 Stück wurden verletzt, und zwar Aug. Fritz war verschüttet, Verrenkungen am linken Bein und an der linken Hand. Hildgard Fritz hat einen Knöchelbruch, liegt im Krankenhaus. Frankfurter Anna erhielt Verletzungen im Gesicht, am linken Auge und auf der Nase. Schütrumpfs ihre P (?) ..., wurde verschüttet. Auch hier ist das linke Bein beschädigt. Noch mehr Bomben als im Dorf liegen aber im Felde. Auf unserem Acker im Grundstück sind 16 Bombentrichter. Auch der Flugplatz wurde schwer ... beschädigt, fast alle Gebäude zerstört. Hier gab es 5 Tote, 2 Schwer- und 11 Leichtverletzte, insgesamt sind zirka 1000 Bomben hier abgeworfen worden. (Bierwirth)

Alte Glocke von 1488 in der Laurentiuskirche in Arnoldshain.

Ein Winterabend

Wenn der Schnee ans Fenster fällt,
Lang die Abendglocke läutet,
Vielen ist der Tisch bereitet
Und das Haus ist wohlbestellt.

Mancher auf der Wanderschaft
Kommt ans Tor auf dunklen Pfaden.
Golden blüht der Baum der Gnaden
Aus der Erde kühlem Saft.

Wanderer tritt still herein;
Schmerz versteinerte die Schwelle.
Da erglänzt in reiner Helle
auf dem Tische Brot und Wein.

Georg Trakl

Haus Heskem im Hessenpark.

Versuch, das Gedicht „Ein Winterabend" zu verstehen

In dem Gedicht von Georg Trakl „Ein Winterabend" offenbart sich ein von Schwermut und dunkler Abhängigkeit gezeichneter Dichter. Er gehört zu jener jungen Künstlergeneration des Frühexpressionismus, die nicht mehr mit impressionistischen Nachbildungen und ästhetischer Formvollendung zufrieden ist. Wie Georg Heym und Ernst Stadler spürt Trakl die Schatten des Todes über einer Welt titanischen Fortschrittsglaubens an Wissenschaft und Technik. Trakls Welt bleibt die des herbstlich-winterlichen Verfalls, in der er sich die Suche nach ethisch religiösen Horizonten offenhält.

Sein Gedicht beginnt scheinbar harmlos, und man glaubt zuerst mit dem traditionellen Lyrikverständnis auskommen zu können. Die Bilder sind bekannt: Winterabend, Schnee am Fenster, Abendglocke. Sie versprechen Ruhe, Feierabend, familiäre Geborgenheit. Aber Trakl spricht in Bedingungen: „Wenn" das läßt Zweifel aufkommen. Es gibt Unbestimmtheit: „Mancher" oder „Vielen", also nicht allen „ist der Tisch bereitet". Da ist die Rede von unbehauster Wanderschaft, die in Kälte und Verirren auf „dunklen Pfaden" enden kann. Heimatlosigkeit kann zur Erstarrung führen, ein Schicksal, das in der Realität manch Obdachloser erfährt.

Hoffnung verheißt jedoch eine zunächst überraschende und unverständliche Vision: „der Baum der Gnaden", der „aus der Erde kühlem Saft" erblüht. Wo's blüht, Früchte verspricht, da ist Leben. „Baum der Gnaden", das ist das Kreuz, verankert im Irdischen. Hier ahnt der Dichter Rettung. Bei der Redewendung von „Brot und Wein" in der letzten Zeile stellt sich das Motiv des Abendmahls ein, das Angebot der Gnade am Tisch des Herrn. Das ist sehr viel mehr als ein bloßes warmes Abendessen in geheizter Stube hinter schneeverwehten Fenstern.

Und doch ist da die Schwelle, eine bildhafte Verschlüsselung für Abwehr oder Schmerz über bisherige Enttäuschungen – vielleicht auch mit der Kirche. Aber es gibt den von menschlichem Versagen unabhängigen „Baum der Gnaden", und der ist kein vorübergehend geschmückter Weihnachtsbaum. Das Kreuz ist Zeichen der Einladung zur Einkehr, ja zur Heimkehr.

„Wanderer tritt still herein": wer sein Herz nicht versteinert und das Licht von Bethlehem in sich hineinläßt, dem ist Erlösung verheißen. Krippe und Kreuz sind aus dem gleichen Material hergestellt. Sie gehören zusammen.

Tür am „Festen Haus" aus Ransbach, heute im Hessenpark.

Altar in der Kirche aus Lollar im Hessenpark (links unten).

Willingshausen im Winter. Aquarell von Wilhelm Thielmann.

Das Weihnachtsfest

"Dämmerstiller Weihnachtsfriede" über dem Land.

„Und du, Bethlehem Efrata, die du klein bist unter den Städten in Juda, aus dir soll mir der kommen, der in Israel Herr sei, dessen Ausgang von Anfang und von Ewigkeit her gewesen ist." (Micha 5,1)

Weihnachten

Liebeläutend zieht durch Kerzenhelle
mild, wie Wälderduft die Weihnachtszeit
und ein schlichtes Glück streut auf die Schwelle
schöne Blumen der Vergangenheit.
Hand schmiegt sich an Hand im engen Kreise,
und das alte Lied von Gott und Christ
bebt durch die Seelen und verkündet leise,
daß die kleinste Welt die größte ist.

Joachim Ringelnatz

Dämmerstille Nebelfelder,
schneedurchglänzte Einsamkeit
und ein wunderbarer weicher
Weihnachtsfriede weit und breit.

Nur mitunter, windverloren,
zieht ein Rauschen durch die Welt,
und ein leises Glockenklingen
wandert übers stille Feld.

Und dich grüßen alle Wunder,
die am lauten Tag geruht,
und dein Herz singt Kinderlieder,
und dein Sinn wird fromm und gut.

Und dein Blick ist voller Leuchten,
längst Entschlafnes ist erwacht ...
und so gehst du durch die stille,
wunderweiche Winternacht.

Wilhelm Lobsien

Christine Brückner

Wenn es dämmert am Heiligen Abend ...

Wann begann eigentlich die Weihnachtszeit in unserem Pfarrhaus? Ich glaube, wenn Mutter die Adventskränze band. Zuerst den großen für die Kirche und dann den kleinen für uns. Wenn sie die schwarzen Samtdecken vom Totenfest abnahm und die roten auf Kanzel und Altar breitete und im Hausflur des Pfarrhauses den goldenen Stern aufhing – dann war Weihnachten nicht mehr weit.

Abends zogen die jungen Mädchen aus dem Dorf mit ihren Nähmaschinen in die warme Küche und nähten: Kinderhemdchen und Männerhemden für die Berliner Stadtmission. An anderen Abenden kamen die älteren Frauen aus dem Dorfe und schälten Äpfel, die im alten Backhaus auf Horden getrocknet wurden; andere strickten aus Schafswolle Strümpfe und Kopfschützer und Leibbinden. Mutter saß zwischen ihnen und stimmte Adventslieder an, und wenn es gar zu spät wurde, kam Vater aus dem Studierzimmer herunter und bot Feierabend. Wenn alles fertig war, wurden Pakete gepackt: mit Wollsocken und Hemden, einem Stück Speck, einer Wurst, mit Honigkuchen, und in Notzeiten lag auch ein Brot darin oder ein Säckchen mit Erbsen, auch der Tannenzweig war nicht vergessen. Pakete für die Männer aus dem Dorfe, die im Felde standen, und nach dem Kriege Pakete für die Armen in den großen Städten.

Auf dem Boden des Pfarrhauses standen drei große Kisten. In einer waren Ständer und Schmuck für den Baum in der Kirche, in der anderen Krippe und Baumschmuck und die bunten Teller für unser Weihnachtszimmer und in der dritten lagen Engelsflügel und weiße Gewänder mit silbernen Borten, Stab und Stern der Heiligen Drei Könige und goldene Haarreifen. – Abends deklamierten Engel und Hirten und Könige ihre Verse im Hausflur unterm Adventsstern, sangen, nähten an ihren Gewändern, flüsterten und lachten, und oben lagen wir Kinder in unseren Betten und horchten.

Zwei Tage vor dem Fest brachte der Förster die Tanne für die Kirche. Mutter war überall und niemals zu finden. Eben stand sie noch auf der Treppenleiter in der Kirche und schmückte den Baum. Oder probte sie das Krippenspiel? Oder war sie etwa doch im Weihnachtszimmer? Wir Schwestern hockten mit unseren Handarbeiten hinterm Ofenschirm und flüsterten Gedichte und Strophen vor uns hin. Nur der Pfarrherr saß fern von Vorbereitungen und Geheimnissen in seiner Studierstube über der Weihnachtspredigt hinter Tabakwolken und Büchern und tauchte erst wieder auf, wenn es am Heiligen Abend dämmerte.

Wenn es dämmerte am Heiligen Abend! Wenn sich der Frieden der Heiligen Nacht über unser kleines Dorf breitete, wenn das Vieh versorgt war und das Sonntagskleid angezogen, wenn die Glocken läuteten, dann kamen sie in kleinen schwarzen Gruppen durch den Schnee gestapft in die Kirche, die so wunderbar verändert war: Holzscheite prasselten im eisernen Ofen, die Kerzen gaben ihren Duft dazu und auf dem Transparent des Altars leuchtete das blaue Kleid Marias, das Weiß der wolligen Schafe und der goldene Stern von Bethlehem. Mutters Engelschor sang „Vom Himmel hoch, da komm ich her“, – und wenn Vater anhob die Weihnachtsgeschichte zu lesen: „Es begab sich aber zu der Zeit, daß ein Gebot ausging vom Kaiser Augustus“, – dann ging ein Schauer des Glücks durch uns alle. Und während wir noch standen und das letzte Lied sangen, verlöschten die Kerzen am Baume und die Kirche wurde dunkel, wie in allen anderen Nächten des Jahres

Dann läutete im Weihnachtszimmer das Christkind und die Tür tat sich auf – ach, alles war anders als sonst: zum Abendbrot gab es Holundersekt, den Mutter im Frühling selbst angesetzt hatte, und die Spielsachen durften mit ins Bett. Wir lagen und warteten, daß es Mitternacht wurde und die Weihnachtsglocken läuteten. Eine Stunde lang feiern bei uns die Burschen, schlagen mit ihren Hämmern an die Glocken und singen laut vom hohen Turm herab: Dies ist die Nacht, da mir erschienen des großen Gottes Freundlichkeit.

Am ersten Feiertag ging Mutter mit den jungen Mädchen zu den Alten und Kranken im Dorf. Vor dem Haus wurden die Kerzen am Tannenbäumchen angezündet und sie sangen „Fröhliche Weihnacht überall“. Hinter den Türen wartete man schon auf sie. Das Bäumchen blieb zurück und ein Korb mit Bohnenkaffee und Würfelzucker, Kakao und Plätzchen und weihnachtlicher Liebe. Und so zogen wir in der Dämmerung des Abends singend von einem Ende des Dorfes zum anderen.

Auch heute noch liegt dieses Dorf in der Weihnachtszeit in tiefem Schnee in den weiten Wäldern Waldecks, aber aus mir ist längst eine Stadtfrau geworden, die ihren Weihnachtsbaum beim Händler kauft und im Flur keinen Platz hat für den goldenen Stern. Die Krippe aus unserem Pfarrhaus ist in einer Bombennacht verbrannt. Der Vater ist schon lange tot, wir nähen keine Hemden für die Berliner Stadtmission mehr, – aber wir packen in jedem Jahr ein Paket für ein unbekanntes, armes Kind, und dieses Paket wird jedesmal das schönste und größte, es bekommt keinen Absender und es geht nach Berlin. An unserem Weihnachtsbaum hängt für jeden, den wir liebhaben und der nicht bei uns sein kann, ein Stern.

Vergangenes und Neues. Es ist schwer geworden, ein Weihnachtsfest zu feiern, das mehr Raum braucht als ein Zimmer und einen brennenden Baum und einen Gabentisch. Aber wenn wir zurückkommen aus der Lichterkirche und unsere Haustür aufschließen, dann spüren wir es, wie in dieser Nacht die Welt beschützt ist von einem unzerreißbaren Netz, gesponnen aus Fäden der Liebe, sichtbaren und unsichtbaren, aus Briefen und Päckchen, aus Gedanken, Erinnerungen und Gebeten.

Advent mündet in Weihnacht ein

Die Erwartung eines Welterlösers durchpulst viele Religionen. Seine Ankunft, sein Advent in Jesus Christus wurde und wird weithin nicht akzeptiert. Selbst Johannes der Täufer, der ihn angekündet hatte, war da von Zweifeln nicht frei: *Da aber Johannes im Gefängnis die Werke Christi hörte, sandte er zwei seiner Jünger und ließ ihm sagen: Bist du, der da kommen soll, oder sollen wir eines anderen warten? Jesus antwortete und sprach zu ihnen: Geht hin und sagt Johannes, was ihr sehet und höret: die Blinden sehen und die Lahmen gehen, die Aussätzigen werden rein und die Tauben hören, die Toten stehen auf und den Armen wird das Evangelium gepredigt; und selig ist, wer sich nicht an mir ärgert.* (Matth. 11, 2–6)

Aus einer Predigt von Rudolf Bultmann über den Matthäus-Text am 3. Advent 1938:

... Das Leiden an der Welt kennt nicht nur das Alte Testament, sondern alle Völker der Welt. Und die Hoffnung auf eine Zeit des Heils, in der Not und Leid von der Erde vertilgt sein werden durch göttliche Hilfe, ist keineswegs nur eine Hoffnung Israels, sondern ist über die ganze Welt verbreitet. Mit Recht singt das Weihnachtslied: „Die Völker haben dein geharrt, bis daß die Zeit erfüllet ward".

Überall auf der Erde ist die Hoffnung lebendig auf eine Wiederkehr des Paradieses, der goldenen Zeit des Anfangs, da es noch keine Not und kein Unrecht auf Erden gab. Die Nordgermanen haben ebenso wie die arischen Perser die Welt als das Kampfgebiet zweier Mächte, der guten und der bösen, des Lichtes und der Finsternis angesehen. Sie haben gewußt, daß alles Weltgeschehen unter dem Schatten des Weltuntergangs, des Weltgerichtes steht; und darüber hinaus richtete sich die Hoffnung auf eine Erneuerung der Erde, ein neues Menschengeschlecht, ein neues Zeitalter.

Den Vätern der alten Kirche war es am verwunderlichsten, daß der römische Dichter Vergil zur Zeit des Kaisers Augustus ein prophetisches Lied auf den, der da kommen soll, gedichtet hat. Er meint, die letzte Zeit sei gekommen:

*„Fangen an die hohen Jahre zu schreiten,
Die unseres Frevels Spuren, wo solche noch blieben,
Vernichten, die aus unaufhörlichen Ängsten erlösen
Die Länder."*

Und er ruft dem Gotteskinde, das die neue Welt heraufführen wird, zu:

*„Auf nun, Jupiters Sproß, du liebes göttliches Kindlein,
Schon kommt näher die Zeit, nimm an die erhabene Würde!
Sieh die gewaltige Last der Welt sich krümmen und beben,
Länder und Meeresweiten zugleich und die Tiefen des Himmels,
Sieh, wie alles sich freut der goldenen Zeit, die bevorsteht."*

Ja, man kann wirklich sagen: „Die Völker haben dein geharrt". Immer wieder haben Menschen an der Welt gelitten, und immer wieder erhob sich die Hoffnung auf eine Zeit des Heils, die ein von Gott gesandter Herrscher bringen wird. Ein

„Engelsgruß" von Veit Stoß 1518. St. Lorenz, Nürnberg.

deutscher Dichter des 19. Jahrhunderts, Karl Immermann, hat dieser Hoffnung in einer Reihe von herrlichen Gedichten Ausdruck gegeben. Sie sind heute fast vergessen; aber sie sind wert, daß man sich ihrer besinnt. Der Anfang lautet:

Ich schau in unsre Nacht und seh den Stern,
Nach dem die Zukunft wird ihr Steuer richten,
Bei dessen schönem Glanze sich die Pflichten
Besinnen werden auf den rechten Herrn.
Einst geht er auf; noch aber ist er fern.
Es sollen unsres jetzgen Tags Geschichten
Zu Fabeln erst sich ganz und gar verdichten.
Dann wird gepflanzt der neuen Zeiten Kern.
Dann wird der König, den ich meine, kommen ...

Diese Hoffnung schlief erst ein in der Zeit, als der Mensch meinte, durch Wissenschaft und Technik die Welt gänzlich seiner Herrschaft unterwerfen zu können. In dieser Zeit leben wir, und zwar auf ihrem Höhepunkt, da man nicht nur die Natur und ihre Kräfte durch technische Beherrschung zu nutzen und zu leiten versteht, sondern auch das Menschenleben durch eine klug durchdachte, umfassende und aufs feinste ausgebildete Organisation vollständig zu beherrschen meint und dadurch ein Reich des Glücks aufrichten will.

Wie sollte sich da der Blick noch über diese sichtbare Welt hinausrichten auf eine unsichtbare! Wie sollte man die Augen noch aufheben zu jenen Bergen, von denen uns Hilfe kommt, wenn man alle Hilfe von der eigenen Einsicht und Tatkraft erwartet? Wie sollte man noch hoffen auf das Ende dieser Welt und ihres Treibens? Wie sollte man noch fragen nach dem, der da kommen soll? Das aber ist die Art der Christen, daß sie an dieser Welt leiden. Nicht daß sie sich aus dieser Welt zurückziehen, ihre Gaben nicht dankbar empfingen und an ihren Aufgaben nicht verantwortungsbewußt mitarbeiteten! Wohl aber, daß sie wissen, daß alles, was die Welt gibt und fordert, den Menschen nicht im Innersten glücklich machen und ihn nicht im Letzten in Anspruch nehmen kann. Sie wissen, daß es auf dieser Welt kein Reich des Friedens, der Gerechtigkeit, der reinen Freude geben kann...

Ist also er, Jesus, der, der da kommen soll, und ist, nachdem er gekommen ist, die Welt erneuert für den, der sich selbst durch ihn erneuern läßt, dann haben wir auch die Antwort auf die andere Frage: Wie können wir, nachdem er gekommen ist, immer noch von dem reden als dem, der da kommen soll?

Eben deshalb, weil durch sein Kommen unser Blick in die Welt und Zeit völlig verändert ist. Sein Gekommensein ist nicht ein Ereignis innerhalb der Weltgeschichte, das alsbald zur Vergangenheit wird, sondern es ist ein Ereignis, das für die Weltgeschichte das Ende bedeutet. Diejenigen, die an ihn glauben, sind herausgehoben aus dem Fluß der Zeit in die Ewigkeit; sie haben die Wahrheit, die Reinheit, das Leben; wie Not und Tod sie nicht mehr in Verzweiflung bringen kann, so kann sie auch das Böse um uns und in uns nicht mehr schrecken. Es ist verschlungen in die Gnade Gottes...

Ob wir uns recht darauf bereiten und wirklich auf den warten, der da kommen soll, das können wir prüfen, wenn es uns ernst ist mit den Versen des alten Adventsliedes:

Und wer das Kind mit Freuden
umfangen, küssen will,
muß vorher mit ihm leiden
groß Pein und Marter viel.
Danach mit ihm auch sterben
und geistlich auferstehn,
das ewig Leben erben,
wie an ihm ist geschehn.

Filigranes „Rauhreif-Werk".

Domplatz in Fulda.

Weihnachten

Markt und Straßen stehn verlassen,
still erleuchtet jedes Haus,
sinnend geh ich durch die Gassen,
alles sieht so festlich aus.

An den Fenstern haben Frauen
buntes Spielzeug fromm geschmückt,
tausend Kindlein stehn und schauen,
sind so wunderstill beglückt.

Und ich wandre aus den Mauern
bis hinaus ins freie Feld,
hehres Glänzen, heil'ges Schauern!
Wie so weit und still die Welt!

Sterne hoch die Kreise schlingen,
aus des Schnees Einsamkeit
steigt's wie wunderbares Singen –
o du gnadenreiche Zeit!

Joseph Freiherr von Eichendorff

Dorfplatz im Hessenpark.

Weihnachten: nicht der Kalender, sondern das Geschehen!

Weihnacht kam als christliches Fest erst im 4. Jahrhundert zur Geltung. Damals war die Völkerwanderung in ihre letzte große Phase eingetreten. Doch über Rom spannte sich noch der antike Götterhimmel. Aber Konstantin der Große hatte das Christentum erlaubt und schließlich zur Staatsreligion im auslaufenden römischen Reich erhoben. Eine Weihnachtsfeier ist vom 25. Dezember im Jahre 354 zum erstenmal bezeugt.[48]
Das Fest war auf das Sonnenjahr ausgerichtet und bezog sich terminlich auf den Tag der Verkündigung des Engels Gabriel an Maria (21.März). Neun Monate also nach diesem Zeitpunkt, dem Frühlingsanfang, zugleich als Tag der Weltschöpfung interpretiert, war demnach der Geburtstag Jesu kalendarisch festzulegen. „Ze den wihen nachten" (Spervogel, Spruchdichter im 12. Jahrhundert) wurde in unserem Kulturkreis der Tag der Überwindung der Finsternis durch das Licht im Sinne der Jesaja-Prophezeihung:
„Mache dich auf, werde licht; denn dein Licht kommt, und die Herrlichkeit des Herrn geht auf über dir! Denn siehe, Finsternis bedeckt das Erdreich und Dunkel die Völker, aber über dir geht auf der Herr, und seine Herrlichkeit erscheint über dir". (Jes. 60, 1–2)

Josefs Herkunft und Zweifel

Während der Evangelist Lukas eine ausführliche Geburtsgeschichte überliefert, legt Matthäus einen Erzählschwerpunkt auf den Abstammungsnachweis des Gottesohnes aus dem Hause Davids. Dabei gewinnt Josef plötzlich eine wichtige Funktion.
Dies ist das Buch von der Geburt Jesu Christi, der da ist ein Sohn Davids, des Sohnes Abrahams.
Abraham zeugte Isaak. Isaak zeugte Jakob. Jakob zeugte Juda und seine Brüder. Juda zeugte Perez und Serach von der Thamar. Perez zeugte Hezron. Hezron zeugte Ram ... (Matth. 1, 1–17)
Und dann folgt die Benennung der bis auf David zurückreichenden Ahnenreihe. Sie ist jedoch für das zentrale Weihnachtsgeschehen unerheblich. Der Abschluß lautet lapidar: *Jakob zeugte Joseph, den Mann Marias, von welcher ist geboren Jesus, der da heißt Christus.*
Alle Glieder von Abraham bis auf David sind vierzehn Glieder. Von David bis auf die babylonische Gefangenschaft sind vierzehn Glieder. Von der babylonischen Gefangenschaft bis auf Christus sind vierzehn Glieder.
Die Zweifel Josefs an seiner Eherolle sind an dieser Stelle nicht von Belang, bedürfen aber einer Würdigung im Zusammenhang der Flucht nach Ägypten.[49]
Die Geburt Christi war aber also getan. Als Maria, seine Mutter, dem Joseph vertrauet war, fand sich's, ehe er sie heimholte, daß sie schwanger war von dem heiligen Geist. (Matth. 1, 18)
Folgen wir Matthäus, dann hätte Josef seine direkte Abstammung aus dem Hause David als natürlicher Vater auf Jesus übertragen. Dem widerspricht aber die Aussage von der Jungfrauen-Geburt, eine damals vertraute Erzählweise, um die göttliche Herkunft Jesu zu verdeutlichen. Schon Thomas

Kapelle aus Lollar. Heute Museumskirche im Hessenpark.

„Die Heilige Nacht". Ausschnitt aus dem Altarbild von Emil Nolde, 1912.

von Aquin äußerte hier Zweifel und geriet in Widerspruch zur Kirche. Wichtig ist, daß Josef trotz seiner Zweifel die gesetzliche Vaterschaft und die damit verbundenen Pflichten übernimmt.
Matthäus, der erste der Evangelisten berichtet (1, 19–25):
Joseph aber, ihr Mann, war fromm und wollte sie nicht in Schande bringen, gedachte aber, sie heimlich zu verlasssen. Indem er aber also gedachte, siehe, da erschien ihm ein Engel des Herrn im Traum und sprach: Joseph, du Sohn Davids, fürchte dich nicht, Maria, dein Gemahl, zu dir zu nehmen; denn das in ihr geboren ist, das ist von dem heiligen Geist. Und sie wird einen Sohn gebären, des Namen sollst du Jesus heißen; denn er wird sein Volk selig machen von ihren Sünden.
Das ist aber alles geschehn, auf daß erfüllet würde, was der Herr durch den Propheten gesagt hat, der da spricht: „Siehe, eine Jungfrau wird schwanger sein und einen Sohn gebären, und sie werden seinen Namen Immanuel heißen", das ist verdolmetscht: Gott mit uns. Da nun Joseph vom Schlaf erwachte, tat er, wie ihm des Herrn Engel befohlen hatte, und nahm sein Gemahl zu sich. Und er erkannte sie nicht, bis sie ihren ersten Sohn gebar; und hieß seinen Namen Jesus.
Nomen est omen: der Name „Jesus" ist Programm, denn er bedeutet „Jahwe (Gott) rettet". Das von Maria erwartete Kind ist schon von seinem Namen her der Mensch, in dem Gott erscheint und selbst sein Volk, die Welt, rettet. Indem Josef dem Neugeborenen den Jesus-Namen gibt, adoptiert er das Kind und akzeptiert seine Mutter. Damit werden beide in die Nachkommenschaft Davids genommen, wie es der Prophet Jesaja (7, 14) angekündigt hatte:
Denn uns ist ein Kind geboren, ein Sohn ist uns gegeben, und die Herrschaft ruht auf seiner Schulter; und er heißt Wunder-Rat, Gott-Held, Ewig-Vater, Friede-Fürst; auf daß seine Herrschaft groß werde und des Friedens kein Ende auf dem Thron Davids und in seinem Königreich, daß er's stärke und stütze durch Recht und Gerechtigkeit von nun an bis in Ewigkeit. (Jes. 9, 5–6)

Argwohn Josephs

*Und der Engel sprach und gab sich Müh
an dem Mann, der seine Fäuste ballte:
Aber siehst du nicht an jeder Falte,
daß sie kühl ist wie die Gottesfrüh.*

*Doch der andre sah ihn finster an,
murmelnd nur: Was hat sie so verwandelt?
Doch da schrie der Engel: Zimmermann,
merkst du's noch nicht, daß der Herrgott handelt?*

*Weil du Bretter machst, in deinem Stolze,
willst du wirklich den zu Rede stelln,
der bescheiden aus dem gleichen Holze
Blätter treiben macht und Knopsen schwelln?*

*Er begriff. Und wie er jetzt die Blicke,
recht erschrocken, zu dem Engel hob,
war der fort. Da schob er seine dicke
Mütze langsam ab. Dann sang er lob.*

Rainer Maria Rilke

Emil Nolde hat den Vater, Josef, über Maria wie einen Beschützer auf seinen Posten gesetzt. In leuchtend kräftigen Farben bringt er die übergroße Freude der Mutter Maria nach der glücklichen Geburt zum Ausdruck. Die Strapazen der langen Wanderung von Nazareth nach Bethlehem sind überstanden. Maria hebt außer sich vor Freude das Kind dem Stern Gottes am Nachthimmel entgegen.

Emil Hansen (1867 – 1956), der sich nach seinem Geburtsort Nolde bei Tondern nannte, war als Hauptvertreter des deutschen Expressionismus 1933 als „entartet" aus der Künstlerschaft ausgeschlossen worden. Seine „Heilige Nacht" ist Bestandteil des neunteiligen Altarbildes „Das Leben Christi" von 1912. Hier stehen Krippe und Kreuz nebeneinander wie im Glaubensbekenntnis: „... geboren von der Jungfrau Maria, gelitten unter Pontius Pilatus ..."

Die Geburt im Stall von Bethlehem: Es ist ein Ros' entsprungen ...

„Du wirst den Gesalbten, den Messias, gebären, den sollst du Jesus nennen". Dies war die Nachricht aller Nachrichten, die der Erzengel dem unbescholtenen und unerfahrenen Mädchen Maria hatte zukommen lassen.

Entsprechend den unterschiedlichen Entstehungsgeschichten der vier Evangelien variieren ihre Aussagen über Geburt und Kindheit Jesu. Das Markus-Evangelium als ältestes Evangelium berichtet ausschließlich über die öffentliche Wirksamkeit Jesu, von seiner Taufe durch Johannes bis zu seiner Kreuzigung und Auferstehung.

Das Johannes-Evangelium, das die Bedeutung Jesu in eine ganz andere geistige und religiöse Umwelt hinein bezeugt, sieht Jesu Ursprung und Herkunft vor allem in der Ewigkeit und im Willen Gottes. Johannes geht es um das Mysterium der Liebe Gottes in seiner Menschwerdung: „... und das Wort ward Fleisch ..."

Im Lukas-Evangelium finden wir das ausführlichste und uns vertrauteste Zeugnis der Geburt Jesu. Lukas ging es um nicht mehr und nicht weniger, als der Nachwelt klarzumachen, daß Jesus der Gesandte Gottes ist, in dem sich Gott für alle Menschen, auch für Randgruppen, als Retter auf dem Weg zu dem Reich Gottes anbietet. Deshalb geschah die Geburt Jesu in dem gewöhnlichen Stall bei den Tieren, seine Wiege war eine Krippe. Deshalb kamen die armen Hirten und berichteten von dem, was sie erfahren hatten in dem entscheidenden Satz des Engels: „Siehe, ich verkündige euch große Freude, denn euch ist heute der Heilbringer geboren".

Der Evangelist Matthäus sieht das zentrale Geburtsgeschehen im Zusammenhang mit Jesu Abstammung als des verheißenen Königs des Gottesvolkes, des Messias. Er führt die vielen Geschlechter auf, die er in der Ahnenreihe von König David und dessen Vater Jesse her abgeleitet sieht. Von daher ist auch verständlich, daß die Geburt Jesu in Bethlehem, der Stadt des bedeutenden israelitischen Königs David, geschieht. Matthäus legt Wert auf die zeitlichen und die räumlichen Zusammenhänge. Lukas und Matthäus schrieben das auf, was ihnen wichtig war und was sie vom Hörensagen und aus der Erfahrung ihrer Umwelt übernommen hatten. Jedesmal geht es um die zentrale Botschaft des Neuen Testaments: Gott nimmt leibliche Gestalt an.

Jesaja hatte bereits darauf hingewiesen, daß ein Reis, ein Zweig, hervorgehen würde aus dem Stamm Jsais oder Jesse und daß aus dieser Wurzel eine Frucht entstehen würde, begabt mit dem Geist des Herrn, der Weisheit und der Erkenntnis. Wenn wir das Weihnachtslied singen „Es ist ein Ros' entsprungen", dann müßte es eigentlich heißen „Es ist ein Reis entsprungen" aus der obengenannten „Wurzel zart". Vielleicht war dies auch der ursprüngliche Wortlaut des Liedes, das eine gewisse lyrische Umdeutung erfuhr.

Und es wird ein Reis hervorgehen aus dem

Szene aus einer Krippenspiel-Diaserie im Hessenpark (Stall Friedensdorf).

Es ist ein Ros' entsprungen. Holzschnitt von Fritz Kunz.

Stamm Isais und ein Zweig aus seiner Wurzel Frucht bringen. Auf ihm wird ruhen der Geist des Herrn, der Geist der Weisheit und des Verstandes, der Geist des Rates und der Stärke, der Geist der Erkenntnis und der Furcht des Herrn. (Jes. 11, 1–2)

Im 15. Jahrhundert diente das Lied primär zur Verherrlichung Marias. Es wies zeitweise 23 Strophen auf. Von dieser Marienverehrung ist nur ein Bruchteil erhalten, etwa in der zweiten Strophe, in der es heißt, daß Marie, die reine Magd, aus Gottes ewigem Rat das Kind der Weihnacht geboren hat.

Im ausgehenden Mittelalter war das „altkatholische trierische Christliedlein“ mit einer Legende verbunden worden. Ein junger Trierer Mönch mit Namen Laurenzius hatte zu Weihnachten eine vollerblühte Rose im Klostergarten gesehen. Das soll ihn zu diesem Text inspiriert haben. Der Wunderglaube des Volkes trieb im 15. und 16. Jahrhundert durchaus wunderliche Blüten, er sah in der Heiligen Nacht Blumen blühen und hörte Tiere reden. Erst der Wolfenbütteler Kantor Michael Praetorius, der den bekannten vierstimmigen Chorsatz des Liedes 1609 schrieb, reduzierte als strenger Protestant das Lied auf nur zwei Strophen, so daß alles, was an die Marienverehrung erinnerte, ausgeklammert wurde. Er veränderte den Text z. B. in der ersten Strophe. Die letzte Zeile lautete ursprünglich „bleibend eine reine Magd“, stattdessen reimt er „wohl zu der halben Nacht“.

1. Es ist ein Ros entsprungen
aus einer Wurzel zart.
Wie uns die Alten sungen,
von Jesse kam die Art
und hat ein Blümlein bracht,
mitten im kalten Winter
wohl zu der halben Nacht.

2. Das Blümlein, das ich meine,
davon Jesaja sagt,
hat uns gebracht alleine
Marie, die reine Magd;
aus Gottes ew'gem Rat
hat sie ein Kind geboren,
welches uns selig macht.

3. Das Blümelein so kleine,
das duftet uns so süß;
mit seinem hellen Scheine
vertreibt's die Finsternis.
Wahr' Mensch und wahrer Gott,
hilft uns aus allem Leide,
rettet von Sünd und Tod.

4. O Jesu, bis zum Scheiden
aus diesem Jammertal
laß dein Hilf uns geleiten
hin in den Freudensaal,
in deines Vaters Reich,
da wir dich ewig loben;
o Gott, uns das verleih!

Str. 1–2 Trier 1587/88; Str. 3–4 bei Fridrich Layriz (1884)

Die Weihnachtsgeschichte nach dem Evangelisten Lukas

Lassen wir uns also lieber auf den Bericht des Lukas ein. Er hat das Zentralgeschehen von Weihnachten aus einer für uns unvergleichlichen Nähe begriffen. Und er will, daß alle Menschen begreifen, daß Gott aus der Transzendenz, aus der Unanschaulichkeit heruntergekommen ist in die Anschaulichkeit der Menschengestalt. In den menschlichen Dimensionen des Jesuskindes und später des lehrenden, heilenden, helfenden und gekreuzigten Christus vermögen ihm die Menschen verstehend nahe zu kommen.

Es begab sich aber zu der Zeit, daß ein Gebot von dem Kaiser Augustus ausging, daß alle Welt geschätzt würde. Und diese Schätzung war die allererste und geschah zu der Zeit, da Quirinius Statthalter in Syrien war. Und jedermann ging, daß er sich schätzen ließe, ein jeder in seine Stadt.

Da machte sich auf auch Josef aus Galiläa, aus der Stadt Nazareth, in das jüdische Land zur Stadt Davids, die da heißt Bethlehem, weil er aus dem Hause und Geschlecht Davids war, damit er sich schätzen ließe mit Maria, seinem vertrauten Weibe; die war schwanger. Und als sie dort waren, kam die Zeit, daß sie gebären sollte. Und sie gebar ihren ersten Sohn und wickelte ihn in Windeln und legte ihn in eine Krippe; denn sie hatten sonst keinen Raum in der Herberge. (Luk. 2, 1–7)

Lukas zeigt den herabgestiegenen Gott, der allen Menschen sein Heil anbietet, sowohl den gesellschaftlich Hochgestiegenen als auch den gesellschaftlich Heruntergekommenen. Die Erwähnung von Ochs und Esel, den Windeln und der Krippe soll bekräftigen, daß Gott in Jesus geboren wurde als ein hilfloses, gefährdetes Wesen ohne jeden Glanz.

Aus der Volksfrömmigkeit entstanden schon im frühen Mittelalter apokryphe Kindheitsevangelien. Das Pseudo-Matthäus-Evangelium (8. Jh.) will auch den wenig beachteten Tieren im Stall bzw. in der Höhle von Bethlehem gerecht werden und erzählt:

Am dritten Tage nach der Geburt unseres Herrn Jesus Christus trat die seligste Maria aus der Höhle, ging in einen Stall hinein und legte ihren Knaben in eine Krippe, und Ochs und Esel beteten ihn an. Da erfüllte sich, was durch den Propheten Jesaja verkündet ist, der sagt: „Der Ochse kennt seinen Besitzer und der Esel die Krippe seines Herrn“ (Jes. 1, 3). *So beteten sogar die Tiere, Ochs und Esel, ihn ständig an, während sie ihn zwischen sich hatten. Da erfüllte sich, was durch den Propheten Habakuk verkündet ist, der sagt: „Zwischen zwei Tieren wirst du erkannt“* (Hab. 3, 2 in der griechischen Übersetzung). *Josef blieb am gleichen Ort mit Maria drei Tage.* (Pseudo-Matthäus 14, 1–4)

Viel wichtiger bleibt allemal der Lukastext. Schließlich werden in der Darstellung des Lukas die beiden Reiche, das Reich Gottes und das Reich der Menschen, diametral gegenübergestellt. Das real existierende Großreich des Kaisers Augustus war Inbegriff einer nicht nur politisch erfolgrei-

„Geburt Christi“ von Jan Joest. Hochaltar St. Nicolai 1506, Kalkar.

„Geburt Christi“. Nordrussisch, 17. Jh.

Dieser politischen Großmacht stellt Lukas das Reich Gottes gegenüber, das sich in dem unscheinbaren Kind in der Krippe zeigt. In der Stallgrotte am Hirtenfeld von Bethlehem wird die Gottesherrschaft ausgeleuchtet. Sie unterscheidet sich deutlich von der spektakulären Machtfülle der politischen und militärischen Sieger. Sie hebt sich auch wohltuend ab von der Genußsucht einer exzentrischen Hofhaltung des römerhörigen Vasallen und im Volk ungeliebten Königs Herodes auf der Festung Massada über dem Toten Meer oder im Herodion, der Burg im erkalteten Kraterkessel bei Bethlehem.

Aus Steuergründen also mußten sich Maria und Josef „schätzen lassen“, als Quirinius Landpfleger, besser „Hoher Kommissar“, in dem damals zu Syrien gehörenden Bereich Judäas war.

Lukas macht ein zweites deutlich: während es überhaupt keine Frage ist für die Militärmacht, Quartiere für Soldaten und Beamte zu bekommen, ist es unmöglich für Maria und Josef, eine Unterkunft zu finden; die Stadt Bethlehem ist überbelegt.[50] Sie müssen in einer Stallhöhle in dem verkarsteten judäischen Bergland ihre Zuflucht suchen, und dort eben kommt Jesus auf die Welt und nicht in Glanz und Gloria einer großen kaiserlichen Hofhaltung.

chen, sondern einer geradezu vergötterten Macht. Das Imperium Romanum stand für menschliche Größe und übernationale Macht, ja sogar für den Frieden unter den Völkern (pax romana). Augustus galt als der Retter der Menschheit – salve Augustus!

In Wahrheit stiegen unter dem großen römischen Kaiser Augustus die öffentlichen Lasten laufend an. Die Grenzen und die weiten Verkehrswege eines globalisiert wirtschaftenden Gebietes mußten militärisch und bürokratisch gesichert und finanziert werden, die zahllosen Beamten und Soldaten forderten ihren Sold. Der Zensus, die Volkszählung, war notwendig, damit die „öffentliche Hand“ einen hohen Anteil am Sozialprodukt über Steuern herauspressen konnte, insbesondere in den besetzten Gebieten. Die bei Lukas so genannte „Schätzung“ war eine Steuerschätzung. Die hochgelobte „pax romana“ wurde also mit Abschreckung und Steuerlast nach innen und mit Gewalt gegen äußere Gegner auf dem Rücken der kleinen Leute besonders in den Besatzungszonen bezahlt.

Vor der Krippe

Maria hat geboren,
Aus ihrem Fleisch und Blut
Das Kindlein auserkoren,
Das wahrer Mensch und Gott.

Es liegt hier in der Wiege,
Das liebe Kindelein;
Sein Antlitz wie ein Spiegel:
Gelobet muß es sein!

Maria, Gottes Mutter,
Gelobet mußt du sein!
Jesus ist unser Bruder,
Das liebe Kindelein!

Dürft’ ich das Kindlein küssen
An seinem lieben Mund,
Und wär’ ich krank, fürwahr!
Ich würd’ davon gesund.

Johannes Tauler, Anfang 14. Jahrhundert

Ernesto Cardinale, der mit den Bauern von Solentiname in Nicaragua über die Geburt Jesu gesprochen hatte, bekam von einem Bauern zur Antwort: „Jesus wurde in einem Stall geboren, der Befreier kam für die Armen, darum mußte er auf diese Weise geboren werden. Er mußte uns ein Beispiel geben, damit der eine sich nicht besser vorkommt als der andere, damit wir uns alle gleichfühlen, denn alle sind wir auf die gleiche Art geboren, alle aus dem Leib unserer Mutter." Und ein anderer sagte: „Der Engel kam zu den Hirten, weil sie arbeiten und ich finde das ist eine große Sache für uns, denn sie waren arm und mußten nachts arbeiten, sie hüteten die Schafe so wie wir hier Kühe versorgen. Es waren Arbeiter, arme Leute. Der Engel hätte auch zum König gehen können und sagen, der Retter ist geboren. Aber er ging nicht zum König, sondern zu den Arbeitern, d. h. diese Botschaft ist nicht für die großen Typen, sondern für die Masse, für alle Armen und Unterdrückten.".[51]

Für Christus gibt es bei aller Herabneigung keine Standes- auch keine Rassenunterschiede. Für jeden, der die Botschaft von Weihnachten vernimmt, ist diese ganz persönlich gemeint. Sie bleibt jedoch subjektiv ohne Folgen, „wäre Christus nicht in dir geboren" (Angelus Silesius). Das in dem Krippenkind in unsere Welt hereingebrochene „ganz Andere" kann für uns alle Kraft und Freudenquell sein, wenn wir es ernsthaft mit ihm versuchen.

Christus könnte auch als Negerkind von einer schwarzen Madonna geboren sein. Nord-Süd-Gefälle hätte er ebensowenig gebilligt wie den Ost-West-Gegensatz. Man kommt an Weihnachten schwerlich an der Frage vorbei, ob wir angesichts der Vorgänge in anderen Erdteilen die christgebotenen Konsequenzen für ein richtig verstandenes multikulturelles Miteinander in einer globalisierten Welt ziehen wollen. Jesus will verbinden und versöhnen. Der vom Himmel Heruntergekommene lebte Mitmenschlichkeit und Solidarität mit allen Menschen vor, auch mit den gesellschaftlich unten und am Rand stehenden Mitmenschen.

Die Weihnachtsbotschaft läuft nämlich auf eine Ethik gegen sinnentleertes Habenwollen, gegen Ellbogenverhalten, gegen platte und unmenschliche Geschäftemacherei, gegen Mafiamethoden und Gewalt hinaus. Das Christkind steht für eine „Offensive der Freundlichkeit" und für eine Anerkennung der vielen allerdings presseunwirksamen guten Taten der Mitmenschlichkeit, wie es Bundespräsident Roman Herzog in seiner Weihnachtsansprache 1996 verdeutlicht hat.

Beate Heinen verlegt in ihrem Bild Weihnachten bewußt in unsere Gegenwart. Was ist weihnachtlich an ihrem Bild? Da fehlen Schnee, Ochs und Esel, Josef, die Engel, die Hirten. Statt einfacher Behaglichkeit und Stallgeruch erscheint bedrohlich bleich am Horizont ein Atomkraftwerk – Tschernobyl ist überall! Die massigen Wohn-, Büro- und Kirchtürme einer bodenversiegelnden Stadt verstellen den dunklen Hintergrund. Auch

„Weihnachten". Beate Heinen 1983.

„Anbetung des Kindes". Gemälde von Stefan Lochner.

im Mittelgrund breitet sich nur ein dürrer Obsthain aus, Hoffnungslosigkeit!
Man könnte sich entsetzt abwenden, wäre da nicht der gelbrote, lebenssprühende und Hoffnung verströmende Kreis. In diesem neuen „hortus conclusus" blüht und fruchtet es zur gleichen Zeit. Reife Äpfel hängen an blühenden Ästen, ein paradiesischer Zustand! Eine Mutter – Maria – lehnt an einem nach außen dürren Baum, der jedoch im Umfeld des Kindes zum Baum des Lebens wird. Mittelpunkt des neuen Hoffnungskreises sind Herz und Kopf des Jesuskindes. Genau das ist Weihnachten: Jesus, der zweite Adam, hat als Gottessohn die Verbindung zu Gott wieder hergestellt, er hat den Sündenfall aufgehoben: *„Also hat Gott die Welt geliebt, daß er seinen eingeborenen Sohn dahin gab, auf daß alle gerettet werden, die an ihn glauben".* (Joh. 3, 1b)

Welch Geheimnis ist ein Kind!
Gott ist auch ein Kind gewesen.
Weil wir Gottes Kinder sind,
kam ein Kind, uns zu erlösen.
Welch Geheimnis ist ein Kind!
Wer dies einmal je empfunden,
ist den Kindern durch das
Jesuskind verbunden.

Clemens von Brentano

Stefan Lochner sieht mit den historisierenden Augen des Lukas, aber auch mit seinen eigenen Empfindungen. Er nennt sein Gemälde „Anbetung des Kindes". Da fehlt der Vater, Heu und Stroh sind nicht vorhanden, Maria hält das Kind nicht im Arm, sie hat die Hände zum Gebet erhoben.
Das Jesuskind liegt nicht in der Krippe, sondern auf einem kalten Steinboden. Das noch so kunstvoll gewebte Tüchlein vermag das Kind nicht zu wärmen. Eine Lungenentzündung wäre ihm normalerweise sicher. Ochs und Esel schauen sich ziemlich verständnislos an, die Hörner stehen fast senkrecht, die Ohren sind nach oben gespitzt. Die Engelflügel gleichen aufgepflanzten Spießen. Die Gedanken des Künstlers sind nicht so einfach zu enträtseln, und spekulieren wollen wir nicht.
Die Hauptsache aber ist deutlich. Maria und das Kind befinden sich in einem Stallraum, dessen Wände durchlöchert sind. Aber Maria und das Kind sind zugleich in einem überirdischen Bereich des Heiligen verankert, das in den Goldkreisen um die Köpfe zeichenhaft erscheint. Im Goldschein dieses Geheiligtseins, des von Gott Auserwähltseins, erscheinen die Gesichter hell und froh. Maria ist nicht die Hauptperson, sondern das Kind, das trotz seiner hilflosen Isoliertheit am Boden Glück ausstrahlt. Alles atmet Geborgenheit, Überglücklichsein trotz der Unbehaustheit. Gott kommt in einem ungemütlichen, halbverfallenen Stall in Gestalt des Jesuskindes auf die Welt. Am

Maria mit dem „Brot des Lebens“. Gemälde von Lucy D’Souza-Krone.

unscheinbaren Ort dringt der helle Schein seines Segens und seines Heils in die Welt. Hier wird Zuwendung zu uns Menschen sichtbar. Welch eine Chance für alle, die sich unten am Boden wissen!

„Gott sandte unserer gequälten Welt keine technische Hilfe: etwa Gabriel mit einer Expertengruppe.

Er schickte uns auch keine Nahrungsmittel und keine gebrauchten Kleider von Engeln.

Ebensowenig gewährte er uns einen langfristigen Kredit. Er kam lieber selbst, geboren in einem Stall, hungernd in der Wüste, nackt an einem Kreuz.

Er teilte mit uns und war unser Brot.
Er litt mit uns und wurde unser Friede.“

Unbekannter Dichter aus Hongkong

Die indische Künstlerin Lucy D’Souza-Krone hat in der Reihe „Maria und die vier Elemente“ die Erde als Nahrungsspielraum für die Hungernden begriffen und zugleich den Anspruch und das Angebot Gottes in Jesus als „Brot des Lebens“ damit verbunden. Maria bekundet: „Jubelt mit mir, denn ich trage eine Garbe voll mit Freude.“
Um das Jahr 830 schrieb – im Auftrage Ludwigs des Frommen – ein unbekannter niedersächsischer Geistlicher in altsächsischen Langzeilen den „Heliand“. Es ist ein Epos auf das Leben und die Lehre Jesu, des Heilandes (= Heliand). Neben der „Altsächsischen Genesis“ (Schöpfungsgeschichte) ist der „Heliand“ die einzige große Stabreimdichtung. In ihr wird der missionarische Versuch gemacht, die neue Lehre des Christentums dem germanischen Wertempfinden anzupassen, was im Blick auf die Gefolgschaftstreue der Jünger noch vergleichsweise einfach war. Schwerer tat man sich mit der Niedrigkeit Gottes in dem Menschen Jesu, geboren im geradezu skandalösen Umfeld. Davon eine Kostprobe:

„Weihnachten". Ölgemälde 1954 von Emil Scheibe.

Da kam an der Menschen Licht. Da ward alles wahr, / Was spähende Männer vordem gesprochen, wie / Er in Niedrigkeit hernieder auf Erden durch Seine einige Kraft / Zu kommen gedächte, der Menschen Mundherr. Da Ihn / Die Mutter nahm, mit Gewand bewand Ihn der Weiber / Schönste, zierlichen Zeugen, und mit den zweien Händen / Legte sie liebreich den lieben kleinen Mann, das Kind, / In eine Krippe, das doch Gottes Kraft besaß, / Der Menschen Mächtigster. Die Mutter saß davor, die / Wachende Frau, und wartete selber und hütete das / Heilige Kind.

Die Erfahrung von Weihnachten ereignet sich im 20. Jahrhundert natürlich im Zusammenhang anderer, heutiger Lebensumstände. Emil Scheibe hat das Weihnachtsgeschehen 1954 in einem Gemälde festgehalten, das man gar nicht als Weihnachtsbild akzeptieren möchte. Da gibt es wohl einen kleinen Schuppen mit einem Elternpaar und einer Kiste, in der ein Kind liegt. Aber das ist beinahe eine Randerscheinung. Im Vordergrund gehen eine Frau und ein Mädchen an der Notunterkunft vorbei, ohne sich daran zu stören. Ein Radfahrer passiert ebenfalls diese Szene, ohne Kenntnis zu nehmen von dem, was da in dem Schuppen vor sich geht. Das zwischen den Passanten und dem Schuppen liegende hell erleuchtete Feld ist leer. In der Mitte des Bildes gähnt Hoffnungslosigkeit. Die Menschen sind nur noch unterwegs! Sie sehen offenbar auch nicht, daß sich die Schaufel eines Baggers über der Hütte geöffnet hat, so als wolle er sie technisch problemlos beseitigen. Jesus hält sich dort auf, wo Menschen ihn nicht vermuten.

Der römische Kaiser Hadrian hatte in Bethlehem einen heidnischen Tempel erbauen lassen – er hat sich als nicht haltbar erwiesen. Der, der „in niederen Hüllen" kam, überlebte die Jahrtausende, weil er stets aktuell ist, alle Jahre wieder.

Für viele Zeitgenossen ist Weihnachten so etwas wie ein „wiedergefundenes Paradies".[52] Die Werbung versteht es glänzend, ihre Zielgruppen in ihre jeweiligen „Paradiese" zu locken, sie übernimmt die Rolle der früheren Religionen und Mythen. Allerdings interessiert dabei nicht die Welt Gottes. Heute geht es um gewinnträchtige Verführungen in Ski-, Wander-, Palmen- und Strandparadiese, Fluchtpunkte aus dem stressigen Arbeitsleben oder der bedrückenden Arbeitslosigkeit. Wenn aber solche „man-made paradises" erträumt und auch partiell erreicht werden können, dann – so vermutet man – muß es im Menschen verborgen eine angeborene ferne Ahnung geben von dem Zustand der Harmonie in einem Paradies. Auch Weihnachten wird dahingehend vermarktet – und das gelingt.

Wie reagiert die Kirche auf diese Ahnung von der verlorenen Größe „Paradies", aus dem sich Adam und Eva – der Mensch – herausgelöst hat?
Nikolaus Herman hatte 1560 die Christushoffnung freudig so formuliert: „Heut schleußt er wieder auf die Tür zum schönen Paradeis; der Cherub steht nicht mehr dafür. Gott sei Lob, Ehr und Preis!"
Weihnacht ist der Tag von Adam und Eva, aber eben auch der Tag der Christgeburt, mithin ein Fest der Freude, einer Freude, die aus göttlicher Zuwendung keimt und sich unabhängig von unserem Befinden regeneriert. Es gibt vieles, worüber sich Erwachsene und Kinder an Weihnachten freuen, jeder hat da seine eigenen Gründe.
Dennoch haben viele Menschen gerade an Weihnachten nichts zu lachen, die Selbstmordquote steigt an den Festtagen rapide an, die Telefonseelsorge kommt nicht zur Ruhe, die Obdachlosen spüren ihre Heimatlosigkeit besonders stark, die Einsamen kommen sich noch verlassener vor, die Familiendramen erreichen Höhepunkte, der Drogennotruf wird stark in Anspruch genommen.
Von daher bringt man schnell Verständnis dafür auf, daß die ursprünglich einmal vier Feiertage dem „gemeinen Mann" nicht bekamen. 1773 wurde auch der dritte arbeitsfreie Tag zuerst in Preußen, später in anderen Ländern als eine „Überforderung" abgeschafft. Viele Menschen fliehen vor dem Fest und vor sich selbst, weil die ins Unwirkliche gesteigerte Sehnsucht aus der Vorweihnachtszeit oder gar aus Kindheitserinnerungen als selbstfabrizierte Wege zur Freude, als Illusionen entlarvt werden. In den um die Weihnachtszeit überfüllten Zügen, Autobahnen und Flugzeugen zieht unendlich viel Sehnsucht mit, deren Erfüllung auf einem anderen Blatt steht.
Der Zeitpunkt 23.15 Uhr am 24.12.1996 in Frankfurt-Sindlingen zeigte mit Schrecken, daß wir „jenseits von Eden" leben. Eine psychisch kranke Frau tötete sich und zwei Christmette-Besucherinnen und verletzte 13 Personen. Das veranlaßte die Frankfurter Pröpstin Helga Trösken bei der Trauerfeier zu der Frage, warum Gott nicht die Menschen in seinem Haus bei der Geburtstagsfeier seines Sohnes schützte. Der Kirchenpräsident, Peter Steinacker, sagte im Blick auf die verwirrte oder haßerfüllte Täterin: „... die Welt, die wir uns gebaut haben, verführt offensichtlich immer mehr dazu, lebensgefährliche Anspannungen von Mitmenschen nicht mehr wahrzunehmen". Mitmenschlichkeit bleibt auf der Strecke, je weniger wir Weihnachten täglich unter uns realisieren.
Es geht nicht um die Sehnsucht nach dem Fest der Freude, sondern um das Suchen der Nähe Gottes, der den Menschen im Stall von Bethlehem so sehr entgegengekommen ist. Die Notunterkunft des Gottessohnes damals will zeigen, wie sehr Gott mit uns Menschen in unserer kalten Wirklichkeit solidarisch ist. Mit ihm, dem Kind von Bethlehem, dem armen, verfolgten und gewaltsam umge-

Wie zur Beschämung der gewaltigsten menschlichen Anstrengungen und Leistungen wird hier ein Kind in den Mittelpunkt der Weltgeschichte gestellt.

Dietrich Bonhoeffer

„Der Stern von Bethlehem" in der Geburtsnische. Die „Geburtsgrotte" entspricht so nicht mehr der Wirklichkeit von damals. Sie ist ein Heiligtum geworden in Bethlehem.

„Es ist ein Ros' entsprungen". Beate Heinen 1994.

brachten Verkünder des Reiches Gottes, läßt sich unsere Situation auch in der Bedrohtheit und Kälte der Welt aushalten. Die „Freude im Herzen" ist tiefer gegründet als unser gewohntes Familien-Weihnachsfest; man lese dazu Paul Gerhardts Lied „Fröhlich soll mein Herze springen ..." Es ist die Kunde eines von Leiden und Tod in der eigenen Familie gezeichneten Mannes, der um die wahre Lebensfreude weiß.

Wir fassen keinen anderen Gott als den,
der in jenem Menschen ist,
der vom Himmel kam.
Ich fange bei der Krippe an.

Martin Luther

Weihnachten heißt: Er ist gekommen.
Er hat die Nacht hell gemacht.
Er hat die Nacht unserer Finsternis,
die Nacht unserer Unbegreiflichkeiten,
die grausame Nacht
unserer Ängste und Hoffnungslosigkeiten
zur Weihnacht, zur heiligen Nacht gemacht.

Gott hat sein letztes, sein tiefstes,
sein schönstes Wort
im fleischgewordenen Wort
in die Welt hineingesagt.
Und dieses Wort heißt:
Ich liebe dich, du Welt und du Mensch.
Ja, zündet die Kerzen an!
Sie haben mehr recht als alle Finsternis.

Karl Rahner

Im Weihnachtsgeschehen, in Jesus, dem Kind in der Krippe, hat Gott uns alle als seine Kinder adoptiert, uns allen seine uneingeschränkte Liebe erklärt – und zwar für alle Zeiten.
In der Tat: es kommt primär auf das Kind, erst sekundär auf seine Mutter an. Beate Heinen gewährt uns wichtige Seitenblicke auf die Wirkungen der Christgeburt, auf die Folgen, die aus dem „Reis Isais" hervorgehen und läßt uns auf die Früchte sehen aus dieser „Wurzel zart".
Die kultisch schön und kostbar ausstaffierte Geburtshöhle, über der sich seit dem ersten christlichen Römerkaiser Konstantin die Geburtskirche in Bethlehem erhebt, vermittelt keinen realistischen Eindruck von der Ärmlichkeit und der existentiellen Bedrohung auf der untersten Stufe der Geschöpfe. Eine viel deutlichere Sprache spricht die Eingangstüre. Da alle anderen Tore und Türen zugemauert sind, muß sich jeder Besucher bücken. Wer zur Krippe will, muß sich zuerst klein machen, er muß vor dem Kind der Heiligen Nacht anbetend oder staunend die Knie beugen. Lasten drücken uns, Ehrfurcht lehrt sich zu verneigen. Nur wer sich herabneigt zu den Einsamen, Notleidenden und Hilfsbedürftigen, der ist auf der Ebene des Kindes von Bethelhem angekommen. Wir hätten also notwendigerweise Diener zu sein und mitzuhelfen bei allen Arten von physischer und psychischer Not, die zu wenden wäre. Weihnachten gibt da Hinweise in den Aktionen „Brot für die Welt", „Misereor", „UNO- Flüchtlingshilfe" etc.

Der Arzt Kurt Räuber malte mit Kohle die sogenannte „Weihnachtsmadonna von Stalingrad“ in der völlig zerstörten Stadt an der Wolga an Weihnachten 1942 auf die Rückseite einer russischen Landkarte. In seinem nur noch spärlich beleuchteten Bunker empfand er offenbar das Weihnachtsgeschehen als Eingehülltsein in den Schutzmantel der Maria, eine große Sehnsucht nach Geborgenheit in schier hoffnungsloser Lage. Was der nationale Größenwahn Deutschlands und die mißbrauchte Opferbereitschaft vieler Soldaten ermöglicht hatten, das ging jetzt in Not und Tod und Dunkelheit unter. Er rahmt sein Bild mit drei Worten ein: Licht, Leben, Liebe. Besser könnte das Weihnachtsmotiv nicht umschrieben werden. In einer Ausstellung im Hessenpark fordert das Motiv als Erinnerung an Gefangenschaft und Heimkehr – oder Tod – zu Antworten heraus.

„Weihnachtsmadonna von Stalingrad“. Kohlezeichnung von Kurt Räuber.

Gerade der schwächste Mensch
darf die größte Hoffnung
auf die größten Gnaden haben,
weil sich Gott
dem Elend der Menschen anpaßt.

Theresia von Lisieux

Wir können dich, Kind in der Krippe, nicht fassen.
Wir können die Botschaft nur wahr sein lassen.

Albrecht Goes

Eingang in die Geburtskirche in Bethlehem.

Advents- und Weihnachtstafel des Isenheimer Altars von Matthias Grünewald.

Paulus schreibt im Philipperbrief (2, 5–11):

Seid so unter euch gesinnt, wie es auch der Gemeinschaft in Christus Jesus entspricht: Er, der in göttlicher Gestalt war,hielt es nicht für einen Raub, Gott gleich zu sein, sondern entäußerte sich selbst und nahm Knechtsgestalt an, ward den Menschen gleich und der Erscheinung nach als Mensch erkannt. Er erniedrigte sich selbst und ward gehorsam bis zum Tode, ja zum Tode am Kreuz. Darum hat ihn auch Gott erhöht und hat ihm den Namen gegeben, der über alle Namen ist, daß in dem Namen Jesu sich beugen sollen aller anderer Knie, die im Himmel und auf Erden und unter der Erde sind,und alle Zungen bekennen sollen, daß Jesus Christus der Herr ist, zur Ehre Gottes, des Vaters.

Advent und Weihnachten – eine Bilanz

Wir wenden den Blick noch einmal zurück in die frühe Hochphase der künstlerischen Verarbeitung des Weihnachtsgeschehens. Matthias Grünewald hat in seinem Isenheimer Altar von 1515 das ganze Heil für die Welt in Maria und dem Kind wie in einem neuen Paradies dargestellt. Allein die überschwenglichen Farben und ihre unendlichen Schattierungen singen ein Loblied auf die Allmacht Gottes. Aus der Unendlichkeit der Himmelshöhen segnet Gottvater den berühmten Garten, er ist Abbild seines Reiches der Vollkommenheit.
Das Licht aus der Höhe umfaßt die ganze Schöpfung innerhalb und außerhalb des Gartens der Maria. Die Gestalt Gottes ist mit Zepter und Reichsapfel ausgestattet. In seiner Allmacht löst er die große Lichterscheinung aus.[53]
An der Grenze des himmlischen Reiches wollen dunkle Wolken wie feindliche Barrieren den Goldglanz der Gottesherrlichkeit aufhalten. Sie wollen den Lichtglanz geradezu aufsaugen, damit nur noch Teile davon die Erde erreichen.
Grünewald hat zwei Tafelbilder gegeneinander gestellt: eine Adventstafel der Erwartung und eine Weihnachtstafel der Erfüllung.
Die linke Adventstafel, das sogenannte Engelskonzert, zeigt viele unergründliche Details Grünewaldscher Mystik und Psychologie. Sie läßt infolgedessen viele Deutungen und Spekulationen zu.
Uns genügt zu begreifen, daß in der Adventstafel immer noch die Finsternis in der Welt mit allem Undurchschaubaren überwiegt. Was auch immer die einzelnen Engel und auch die finsteren, geradezu unheimlichen Mächte in ihrem Widerstreit bedeuten, es gibt Lichthoffnung in der Welt. Diese offenbart sich in zwei Gestalten: dem rosenfarbenen Engel, der vor einem Tempelbau singt und die Kniegeige spielt, und in Maria als Tempeljungfrau, die vom Erzengel Michael eine Zwölfsternenkrone erhält und in Anbetung versunken ist. Eine lichtglühende Aureole umgibt die zur Geburt des Gottessohnes auserwählte junge Frau. Der überirdisch verklärte Glanz wird verstärkt durch den Lobgesang einiger Engel, der seinerseits die Finsternis ein wenig zu durchbrechen vermag.
An dem filigranen Blattwerk eines Heiligtums, das mit feingearbeiteten Eckpfeilern markiert und mit Prophetenfiguren versehen ist, befindet sich ein Vorhang. Dieser ist geöffnet und erlaubt aus dem ansonsten dunklen „Reich der Heiden" hinüber zu schauen in das „Reich Gottes", in die Weihnachtssituation der Erfüllung.
In der Adventstafel ist Maria im Gegensatz zu den „Kindern der Welt" Weihnachten am nächsten. In der zweiten Tafel hält sie das bisherige Geheimnis Gottes, das Jesuskind, glücklich auf dem Schoß. Sie ist immer noch „Magd des Herrn" und wird von seinem Licht beschienen, so wie die Hirten am Rand der hohen Felsen über dem Klosterbau. Sie ist nicht die Lichtquelle selbst. Maria bestimmt aber den Mittelpunkt des geborgenen, paradiesischen Raumes in dem ummauerten Garten (hortus conclusus). Der Garten ist mit einer geschlossenen Tür (porta clausa) gesichert.
Diese Symbole der Jungfräulichkeit sind Zeichen der von Gott am Anfang gewollten Welt, die das Jesuskind in der Krippe und der Erlöser am Kreuz im Glauben wieder herstellen. Dem entsprechen die Rose als Zeichen der Reinheit und der Feigenbaum als der „Baum der Erkenntnis". Das Paradies ist dort, wo Gott Einlaß gewährt wird, nicht erst im Jenseits, sondern schon auf Erden, wo Gegenstände wie Badezuber, Wiege und Töpfchen gebraucht werden. Das zerrissene Windeltuch entspricht dem zerfetzten Lendentuch am Kreuz.
Der zierliche Glaskrug an der Nahtstelle zwischen den beiden Tafelhälften, zwischen der Phase der Erwartung und der Zeit der Erfüllung, zeigt, wie das Licht in ihn eindringt und ihn dadurch lebendig erscheinen läßt. So vereinen sich in dem ganzen Gemälde Überirdisches und Irdisches, wobei das Licht aus der Höhe die Finsternis überwindet.
Nur so können wir getrost und getröstet mit Siegfried Goes sagen:

Nun komme, Nacht, verhülle
den Lärm und Hast und Streit.
Mach unsre Seele stille
und unser Herz bereit.

Zieh über Berg und Tale
den Mantel schwarz und dicht,
daß heller drauß' erstrahle
das liebe Weihnachtslicht.

Und laß von fremden Sinnen
mein Herze leer und frei,
daß weiter Raum darinnen
dem Kind der Weihnacht sei.

Psalm 85

Einst hast du, Herr, dein Land begnadet,
heimkehren ließest du die Gefangenen Jakobs.
Aufgehoben hast du die Schuld deines Volkes,
hast zugedeckt all seine Sünden.
Zurückgezogen hast du all deinen Groll,
hast dich abgekehrt von der Glut deines Zornes.

Kehre dich uns jetzt zu, du Gott unsres Heiles,
und deinem Unmut gegen uns mach ein Ende.
Willst du uns denn ewig zürnen, deinen Zorn hinziehn durch alle Geschlechter? Willst du uns nicht wieder beleben, damit dein Volk an dir sich freue? Herr, zeig uns dein Erbarmen, dein Heil gewähre uns!

Hören will ich, was Gott redet: der Herr, er redet „Friede!“ zu seinem Volk und zu seinen Frommen, daß sie sich nicht zur Torheit wenden.
Sein Heil ist denen, die ihn fürchten, nahe,
daß Herrlichkeit in unserm Lande wohne.
Es begegnen einander Liebe und Treue,
Gerechtigkeit und Friede küssen sich.
Treue sprießt aus der Erde hervor, Gerechtigkeit blickt vom Himmel hernieder. Ja, der Herr gibt das Gute, und unser Land bringt seinen Ertrag hervor. Gerechtigkeit geht vor ihm her und bahnt den Weg mit ihren Schritten.

„Weihnachten“. Beate Heinen, 1976.

Weihnacht aus dem 85. Psalm

Aus dem – auch sprachlich – wunderschönen 85. Psalm läßt sich das Angebot der Gottesnähe, mithin Weihnachten, herauslesen. Der großartige Liedhymnus besteht aus drei Stophen.
Die erste Strophe entfaltet sich als Lobgesang auf die Befreiung des Volkes Israel aus der babylonischen Gefangenschaft. Nicht die historische Analyse, der trockene Sachbericht wird als Darstellungsmethode angewendet. Poesie durchweht die Verse:
„Einst hast du, Herr, dein Land begnadet,
heimkehren ließest du die Gefangenen Jakobs.“
„Herr“, das ist nicht der obrigkeitstaatliche Herrscher, das ist ein Synonym für „Gott“, den gnädigen Vater: „Aufgehoben hast du die Schuld deines Volkes“. Die Kluft, der durch des Volkes Abfall aufgerissene Graben zwischen Gott und Israel, ist zugedeckt, die große Sünde, die Absonderung vergessen: „Zurückgezogen hast du all deinen Groll“.

Josef Mohr dichtet in den leider vergessenen Strophen seines Liedes „Stille Nacht, heilige Nacht“:
„Lange schon uns bedacht,
als der Herr vom Grimme befreit
in der Väter urgrauer Zeit
aller Welt Schonung verhieß“

Die zweite Strophe des Psalms beschreibt eine spätere Epoche. Dem „einst“ steht das „jetzt“ gegenüber. Und wieder sind Gleichgültigkeit und Abfall

von Gott im Spiel. Deshalb die Bitte: „Kehre dich uns jetzt zu, du Gott unseres Heils", und der Schrei: „Willst du uns denn ewig zürnen" wird ins Positive gewendet mit der auf Perspektiven zielenden Frage: „Willst du uns nicht wieder beleben,damit dein Volk an dir sich freue?"
Darin äußert sich die ganze große Messiaserwartung. „Herr, gewähre uns dein Heil!" das ist der Ruf der Propheten, die den Heiland ankündigen.

Josef Mohr sang einst in Oberndorf an der Salzach:
„Stille Nacht, heilige Nacht!
Die der Welt Heil gebracht
aus des Himmels goldenen Höh'n,
uns der Gnade Fülle läßt sehn
Jesus in Menschengestalt".

Und weil Gott in unsere Mitte tritt an Weihnachten, weil mit Jesus „die Zeit erfüllt ist", kann die dritte Psalmstrophe voller Innigkeit und Beseeltheit gesungen werden. Sie ist voller Liebe statt Dogmen, voller Friede statt Gewalt, voller Heil statt Unheil und voller Spiritualität statt Stoffbericht. Sie beginnt wie jedes gute Gespräch mit dem Hören, d. h. dem Lauschen mit Ohren, Augen und Herzen. Der Mensch ist „zum Gespräch geboren" und als Gemeinschaftswesen nicht nur dialogfähig, sondern geradezu dialogabhängig. Jedes Gespräch basiert auf Vertrauen, auch der Dialog mit Gott: „Hören will ich, was Gott redet: der Herr, er redet „Friede".
„Friede auf Erden bei den Menschen seines Wohlgefallens" läßt er die Engel auf dem Hirtenfeld ausrufen.
„... daß sie sich nicht zur Torheit wenden", das allerdings ist in unserer Welt leider nicht der Fall. Man benutzt das Gottesgeschenk des Verstandes und des Wissens zum Bau von Zerstörungswerkzeugen, man macht nicht erst seit der Aufklärung die höchst begrenzte Einsicht der Menschen zum Maßstab aller Dinge, man tut was man kann, statt nur das zu tun was man darf. Nietzsche hatte ganz richtig erkannt: der technokratische fortgeschrittene Mensch ist „toll", er hat „Gott getötet". Und er ist immer weniger Herr der von ihm geschaffenen Instrumente der Weltbewältigung. Im Gegenteil: er wird immer mehr in das von ihm erfundene und geschaffene System eingepaßt, je höher die Technologie emporsteigt.
Blaise Pascal formulierte: „Nichts ist vernünftiger, als weit über die Vernunft hinauszugehen", d. h.

Winter im Weinberg.

nach Gottes Willen zu fragen und ihn zu fürchten, zu „ehrfürchten", sein Heilsangebot anzunehmen. Denn dann erst kann „Herrlichkeit in unserem Lande wohnen". Wenn Gottes Herrlichkeit die Oberhand hat, anders gesagt: Gottes Reich unter uns Gestalt gewinnt, dann „begegnen einander Liebe und Treue, Gerechtigkeit und Friede küssen sich. Treue sprießt aus der Erde hervor ..."
Wenn Gottes Wille und Werk bei uns Heimstatt hat, dann wird ein Stückchen Paradies sichtbar. Die poesieerfüllte Sprache von dem Kuß zwischen Gerechtigkeit und Friede, das ist die Weihnachtsbotschaft. Jesus ist Urbild und Vorbild, der ursprüngliche Menschenentwurf Gottes, der zweite Adam sozusagen. Wenn wir von Weihnachten erfüllt sind, dann:
- tauen kaltgewordene, versteinerte Herzen auf,
- dann begegnen einander Liebe und Treue in Ehen, Familien, sogar im Staat,
- dann küssen sich Gerechtigkeit und Friede zwischen den Völkern der ersten, zweiten, dritten und vierten Welt,
- dann bringt unser Land seinen Ertrag hervor, an dem alle Gesellschaftsschichten teilhaben,
- dann entstehen Perspektiven für Arme, Ausgegrenzte, Bedrückte,
- dann gibt es kein Freund-Feind-Schema mehr,
- dann kommt ein Stück Himmel auf die Erde. „Die Nacht ist schon im Schwinden" (Jochen Klepper). Machen wir uns auf, werden wir Licht!

Dann werden wir gute Spuren hinterlassen, nicht Staub aufwirbeln, der im Winde verweht.

Josef Mohr sang:
„Stille Nacht, heilige Nacht!
Wo sich heut' alle Macht
väterlicher Liebe ergoß,
und als Bruder huldvoll umschloß
Jesus die Völker der Welt."

Weihnachtliches Untertor (Jerusalemer Tor) in Büdingen.

Nikolai Gogol

Der Traum von Weihnachten

Ein armer Wüstensohn hatte einen Traum: Still liegt das große Mittelländische Meer und breitet sich in unendliche Formen aus. In einer Bucht erhebt sich das alte Ägypten. Genährt von dem großen Nil, geschmückt mit geheimnisvollen Zeichen und heiligen Tieren thront es majestätisch, unbeweglich und wie verzaubert, gleich einer Mumie, die der Verwesung Trotz bietet.
Zahllose unabhängige Kolonien hat das heitere Griechenland um sich her gegründet. Das Mittelmeer ist mit Inseln übersät, die in grünen Wäldern ertrinken; Oliven, Weinreben und Feigenbäume schaukeln sich mit ihren honiggetränkten Zweigen im Winde. Mit Weintrauben geschmückt, Pokale und Thyrosstäbe in Händen, hält das Volk im geräuschvollen Tanz inne; schlanke, junge Priesterinnen mit wallenden Locken werfen flammende Blicke aus nachtschwarzen Augen. Efeubekränzte Schalmeien, Zimbeln und andere musische Instrumente erklingen.
Stolz und unermeßlich dehnt sich das eherne Rom, ein Wald von Lanzen starrt gen Himmel, in drohendem Glanze leuchten die stählernen Schwerter. Sein gieriges Auge scheint alles verschlingen zu wollen, und weit ausgestreckt ist seine sehnige Rechte. Aber auch Rom liegt unbeweglich da, wie alles ringsum, und rührt seine löwenstarken Glieder nicht.
Die Luft des himmlischen Ozeans lastete dumpf und erstickend auf allem. Kein Wellenschlag bewegte das große Mittelmeer, und es war, als wäre das Jüngste Gericht gekommen für die drei Reiche – vor dem Ende der Welt.
Da sprach Ägypten, und die schlanken Palmen schwankten im Winde: „Hört mich, ihr Völker! Ich allein drang ein in das Geheimnis des Lebens und in das Rätsel des Menschen. Alles ist vergänglich. Gemein ist alle Kunst, armselig jeder Genuß und noch armseliger die Worte und Taten. Der Tod herrscht über die Welt und die Menschen! Der Tod verschlingt alles, und alles lebt für den Tod. Fern ist die Auferstehung! Gibt es denn überhaupt eine Auferstehung? Fort mit den Wünschen, fort mit den Genüssen. Armer Mensch! Errichte immer höhere Pyramiden, um dein elendes Dasein wenigstens um eine winzige Zeitspanne zu verlängern!"
Und es sprach das heitere Griechenland, das so klar ist wie der Himmel, wie der Morgen und wie die Jugend, und es war, als vernähme man keine Worte, sondern Töne einer Schalmei: „Das Leben ward für das Leben geschaffen. Erweitere und bereichere dein Leben, erweitere mit ihm deine Genüsse. Ihm bringe alles zum Opfer dar. Sieh, wie ist alles so plastisch und schön in der Natur, wie ist alles in Eintracht verbunden. Das Leben ward für das Leben und für den Genuß geschaffen – lerne, des Genusses würdig zu sein!"
Und das in Eisen gehüllte Rom klirrte mit dem leuchtenden Wald seiner Lanzen und sprach: „Ich habe das Geheimnis des Menschenlebens ergründet. Die Ruhe ist des Menschen unwürdig, sie richtet ihn zugrunde in seinem eigentlichen Wesen. Kunst und Genuß sind zu gering für seine Seele. Der wahre Genuß liegt in dem gigantischen Wunsch. Verächtlich ist das Leben der Völker und des einzelnen ohne ruhmreiche Heldentaten. Dürste nach Ruhm, dürste nach Ruhm, o Mensch! Beim betäubenden Lärm der Waffen im Rausch unbeschreiblicher Lust laß uns auf die Schilde der lanzentragenden Legionen dich heben! Furchtbar und streng schreite vorwärts und erweitere deine Weltherrschaft, dann wirst du zuletzt auch den Himmel erobern!"
Und Rom schwieg und heftete seinen Adlerblick gen Osten. Auch Griechenland wandte seine herrlichen, vom Genuß feuchten Augen nach Osten, und auch Ägypten richtete seine trüben, farblosen Augen dem Orient zu.
Ein steiniges Land, ein verachtetes Volk. Ein paar einsame Hütten stehen an nackte Hügel gelehnt da, und hin und wieder nur fällt der spärliche Schatten eines dürren Feigenbaumes auf sie. Hinter einem niedrigen baufälligen Zaun steht eine Eselin. In der Holzkrippe liegt ein Knäblein. Die jungfräuliche Mutter steht über das Neugeborene gebeugt und schaut es mit tränenfeuchten Augen an. Hoch über der Krippe aber strahlt ein Stern, und ein herrliches Leuchten erfüllt die Welt.
Die Pyramiden des hieroglyphengeschmückten Ägyptens neigten sich immer tiefer, und Ägypten versank in Träume. Unruhig blickte das herrliche Griechen-

Hessisches Dorf in der Weihnachtszeit. Otto Ubbelohde.

land. Rom senkte seine Augen und schaute auf seine eisernen Lanzen. Das große Asien mit seinen zahllosen Hirtenvölkern lauschte gespannt. Und der Ararat, der Urvater der Erde, beugte seinen Nacken.

Übersetzt aus dem Russischen
von Alexander Eliasberg

Martin Hoffmann

Die Arnoldshainer Weihnacht

Eine Weihnachtserzählung aus schwerer Zeit

Schäfer mit seiner Herde am Kirchberg von Arnoldshain.

Am Vortag des Heiligen Abends im Jahr 1671 saß der evangelische Pfarrer zu Arnoldshain, Johann Wenck, im Zimmer des Pfarrhauses, der Amts- und Studierstube, und bereitete seine Weihnachtspredigt vor. Er wurde durch ein Klopfen an der Tür aus seinen Gedanken, die er zu Papier zu bringen versuchte, gerissen. Auf sein nicht gerade erfreulich klingendes „Herein“ trat ein alter Mann in der Kleidung, wie sie die Hirten trugen, in die dämmrige Stube. Es war Johann Jacob Weißgerber, der Hirte aus der Krötenbach. Er wirkte älter als er war. Die vielen harten Jahre des Krieges und der Entbehrung hatten ihn, den Fünfzigjährigen, vorzeitig alt gemacht. Mehr als die Hälfte seines Lebens waren Kriegs- und Hungerjahre. Geboren in der Pfalz, kam er als Bub mit seinen Eltern und Geschwistern in den Taunus. Der Krieg hatte sie vertrieben, und Vater Christoph Weißgerber hatte eine Anstellung als Viehhirte in Arnoldshain gefunden. Seitdem lebte die Familie im Hirtenhaus. War das Leben eines Hirten in normalen Zeiten schon arm, so war es in Kriegszeiten geradezu erbärmlich.
„Guten Abend, Herr Pfarrer“ – und dabei drehte der späte Gast verlegen den Hut in seinen Händen.
„Guten Abend, Johann. Welch ein seltener Besuch. Tretet näher. Wollt Ihr mir heute schon einen Weihnachtsgruß sagen?“
„Herr Pfarrer entschuldigen, daß ich jetzt noch störe. Aber es hat mir keine Ruh gelassen. Und ich muß gleich sagen: es wird etwas länger dauern. Herr Pfarrer machen sicher die Weihnachtspredigt. Und vielleicht, so dacht ich, paßt es dazu, was ich Euch zu erzählen habe. Und Ihr könnt's dann den Leuten weitererzählen.“
„Ja, ich sitze über der Predigt. Aber Ihr habt mich neugierig gemacht. Kommt, setzt Euch hierher. Im Sitzen erzählt sich's besser.“ Dabei rückte der Pfarrer einen Hocker an den Tisch, auf dem der Hirte Platz nahm.
„Herr Pfarrer, ich bin ja kein studierter Mann. Ich war mein Leben lang nichts anderes als ein armer dummer Hirt. Und in die Kirche komme ich nicht oft. Geradeso wie die Hirten von Bethlehem. Die waren auch arm, und sehr fromm waren sie auch nicht. Aber Gott muß sie doch liebgehabt haben.“
„Wie kommt Ihr darauf?“, unterbrach der Pfarrer. Als hätte er die Frage nicht gehört, redete Weißgerber weiter: „Sagt, ist da zwischen Bethlehem und Arnoldshain ein großer Unterschied?“ Der Pfarrer schüttelte unverständig den Kopf: „Das glaub ich wohl. In Bethlehem ist der Heiland geboren. Was meint Ihr damit?“ „Ja, seht, das ist ja gerade meine Geschichte, Herr Pfarrer. Ich glaub', daß der Heiland überall wieder zur Welt kommen kann. Da, wo Menschen ihn aufnehmen. Und ich glaub', daß Gott die armen und kleinen Leut' besonders lieb hat. Vielleicht gerade deshalb, weil sie sonst so wenig Achtung und Liebe haben.“ Das verstand der Pfarrer schon besser: „Da habt Ihr recht. Aber Ihr seid doch nicht zu mir gekommen, um mir das für meine Predigt zu sagen. Was habt Ihr auf dem Herzen, sprecht?!“
„Ich wollt Euch eine Geschichte erzählen. Ich hab's mir lange überlegt, ob sie's wert sei. Ich habe Angst gehabt zu Euch zu gehen. Aber jetzt muß es raus. Und den Leut' geht's langsam wieder besser, nach dem großen Krieg. Manchmal mein ich, sie hätten's wieder vergessen. Die Not, und wie arm sie waren. Und was wir uns alle gewünscht hatten: Frieden auf Erden. Und nun ist Friede. Und es geht uns besser. Aber Not ist noch viel auf der Welt. Und in den Herzen ist noch viel Haß und Streit.“ „Da habt Ihr recht! Wir vergessen

alle zu schnell." Wieder nickte Pfarrer Wenck zustimmend.
„Damit die Leut nicht ihre Not vergessen, ihre eigene und die anderer nicht, deshalb bin ich zu Euch gekommen.
Es war der schreckliche Winter 35/36. Ich war damals 14 Jahre und wohnte draußen im Hirtenhaus mit meinem Vater und den Geschwistern. Meine Mutter war im Jahr zuvor gestorben, an der Auszehrung. Es gab keinen Lohn für den Kuhhirten. Es gab nur noch wenige Kühe im Dorf. Wir hatten nichts zu beißen. Die Soldaten hatten uns alles weggenommen, das Vieh geschlachtet, die Häuser geplündert. Wir kauten die Rinde von den Bäumen und kochten Wurzeln. Von denen, die am Dorf vorbeizogen, aus Frankfurt und den anderen großen Städten, hörte man schreckliche Dinge. Daß die Menschen vor Hunger wie die wilden Tiere wurden und Dinge taten, die man nicht erzählen kann.
Am 24. Dezember, dem Heiligen Abend, schneite es unaufhörlich. Ein eisiger Wind jagte den Schnee zu Haufen und Wehen. Wir saßen trübsinnig in der Stube. Anna, meine Schwester, fragte, wann Weihnachten sei. ‚Heute' sagte mein Vater. Wir hatten nichts. Nicht einmal eine Bibel, aus der der Vater die Weihnachtsgeschichte hätte lesen können. Denn im Haus eines Kuhhirten gab es kein Buch. Wofür auch? Lesen konnte doch keiner.
Aber Geschichten konnte der Vater erzählen. Und an diesem Abend erzählte er die Weihnachtsgeschichte. Er konnte sie auswendig. Als er bei der Stelle angekommen war ‚und Friede auf Erden ...' faltete er die Hände und wiederholte: ‚Friede auf Erden'.
Sonst waren wir am Heiligen Abend zur Kirche gegangen, den Weg am Bach hinter und dann im Dorf zur alten Kirche. Es war schön und feierlich gewesen unter all den vielen Leuten und die Weihnachtsgeschichte zu hören und die Lieder zu singen. Aber seitdem die Mutter tot war, ging der Vater nicht mehr mit uns zur Kirche. Er war nicht gottlos. Aber er ging eben nicht mehr.
Er betete öfter mit uns. Er hatte uns das Vaterunser beigebracht. Manchmal erzählte er uns eine Geschichte aus der Bibel. Auch an jenem Weihnachtsabend beteten wir zusammen das Vaterunser und dann gingen wir schlafen.
Ich lag noch wach, als es an der Tür klopfte. Zuerst ganz schwach, dann stärker. Ich dachte zuerst, es sei der Wind, der irgend etwas bewegte und gegen das Haus schlagen ließ. Aber dann bekam ich Angst, das Herz klopfte mir bis zum Hals. Waren es Soldaten oder Räuber? Oder war es ein wildes Tier, vielleicht ein Wolf. Wißt Ihr, wenige Jahre zuvor hatte ein Wolf dem Armen sein Kind gerissen und getötet.
Ich weckte den Vater. Wir beiden warteten auf das Klopfen. Es kam wieder, heftiger. Es wurde an der Tür gerüttelt. Mein Vater zog sich das Kleid über und die Jacke, nahm die Laterne und öffnete langsam die Tür.
Draußen standen zwei Gestalten, voller Schnee. Ein Mann und eine Frau, das sah ich, als der Vater sie mit der Laterne anleuchtete. Die Frau hatte ein Bündel im Arm.
‚Was wollt Ihr und wer seid Ihr?', fragte der Vater. ‚Wir sind unterwegs, geflohen vor den Schweden. Wir suchen eine Unterkunft für die Nacht. Wir haben ein Kind, vor sieben Tagen geboren. Um Gottes Willen, laßt uns ein.'
Und mein Vater ließ sie rein. Den Mann und die Frau mit dem Bündel. Ohne weitere Fragen zu stellen. Er kannte weder ihren Namen noch ihre Herkunft. Und er holte das Wenige, was wir zu Hause hatten, ich meine zu essen. Meine Geschwister waren natürlich längst wach geworden und starrten mit verschlafenen Augen die Fremden an. Wir sahen, wie der Vater die Fremden bewirtete und das Kind anlachte.
Wißt Ihr, Herr Pfarrer, das kann ich nie vergessen. Nie in meinem Leben werde ich vergessen, wie der Kuhhirt Christoph Weißgeber, mein Vater, in der heiligen Nacht die Leute mit dem Kind bewirtet hat. Versteht Ihr das, Herr Pfarrer?"
Der Pfarrer nickte: „Wer waren denn nun diese Leute?" „Meine kleine Schwester Anna fragte: Wer sind denn die Leute, Vater? – geradeso wie Ihr, Herr Pfarrer, fragte sie. Da flüsterte mein Bruder: Das sind doch Maria und Josef mit dem Jesus-

Burgruine Reifenberg im oberen Weiltal.

kind. Anna klatschte in die Hände und rief ungeniert in die Stille: Dann ist ja bei uns wirklich Weihnacht geworden. Und wir sind der Stall von Bethlehem.Pst, sei nicht so laut, sonst erschrickt ja das Kind, sagte der Vater. Ja, da waren wir armen Leute auf einmal so reich, daß wir noch anderen abgeben konnten.

Aber damit ist die Geschichte noch nicht zu Ende. Denn mein Vater wollte natürlich wissen von den Leuten, die da als Maria und Josef in unser Haus geschneit waren, woher sie kämen. Sie erzählten von ihrer Flucht aus dem Königstein'schen. Weil sie wohlhabende Katholiken waren, wurden sie von den Schweden, die auf der Seite der Evangelisten kämpften, aus Haus und Hof verjagt, mitten im kalten Winter, bei Schnee und Eis.

Das kam nun unserem Vater allerdings hart an, was der Mann da erzählte. Wißt Ihr, seitdem er von den Katholischen aus seiner Heimat vertrieben wurde, war er Katholikenhasser. Bis zum Abend des 24. Dezember 1635, an dem ihm aufging, daß das Jesuskind weder katholisch noch evangelisch war, sondern ein Menschenkind und Gotteskind. Und daß der Krieg in der Welt nicht durch die Mächtigen oder irgendeine Seite beendet würde, sondern durch Menschen, die anderen die Tür auftun. Daß auch ein Hirte, so arm wie er, noch immer von Gott geliebt wird, daß er den Heiland aufnehmen darf.

Das alles hat mein Vater in diesen Augenblicken verstanden. Er war wohl einfach und ungebildet. Aber konnte ganz tief nachdenken. Und in seinem Herzen war er nicht ungebildet. Er machte sich danach auf den Weg in das Dorf, um für das Kind Milch zu holen. Die unsere war ausgegangen. Ja, so arm waren wir, daß ein Kuhhirte nicht mal mehr Milch hatte. Er kämpfte sich den Weg durch den Schnee und den Wind. Wir Kinder sollten derweil auf das Kind und seine Eltern aufpassen und das Feuer versorgen.

Im Dorf kamen die Leute gerade von der Kirche. Mein Vater erzählte die Geschichte, die dann einer dem anderen weitergab. Viele kamen am Weihnachtstag und brachten dem Kind und den Eltern von dem wenigen, was sie hatten. Mein Vater hatte ihnen nicht gesagt, daß es ein katholisches Kind sei. Denn er kannte ja die Menschen, er kannte ja sein eigenes Herz. Er wußte, wie in dieser Zeit das Vorurteil die Menschen entstellte und die Herzen zuschloß. Er wußte, wieviel entstellt war in jenen Jahren durch den Haß, und er wußte jetzt, daß auf beiden Seiten die Schuld groß war. So kam es, daß viele Arnoldshainer meinten, es müsse jetzt nach dieser Weihnacht der Stern des Friedens über dem Land aufgehen. Aber Ihr wißt ja selbst, wie lange es noch dauerte, bis der Frieden kam."

Hier endete Johann Christoph seine Erzählung. Eine solche lange Rede hatte er noch nie in seinem Leben gehalten. Die Augen, die alt und müde geworden waren von den vielen schrecklichen Bildern, die sie gesehen hatten, waren beim Erzählen hell und wach geworden. Der Pfarrer, der ihn nicht unterbrochen hatte, tat einen Seufzer und nahm die Hand des Hirten. Mit einer Stimme, der man die innere Erregung anmerkte, sprach er: „Ich danke Euch, Johann Jacob Weißgerber, für diese Weihnachtspedigt. Eine Arnoldshainer Weihnacht anno 1635. So soll in diesem Jahr meine Predigt überschrieben sein. Und ich weiß auch schon den Predigttext: Die Hirten aber, da sie es gesehen hatten, breiteten das Wort aus, welches zu ihnen von diesem Kinde gesagt war. Und alle, vor die es kam, wunderten sich der Rede, die ihnen die Hirten gesagt hatten."

Winterruhe im Hessenpark.

Seelenberg (Schmitten) im ausgehenden Winter. Aquarell von Willi Euler .

Die Weihnachtsgeschichte in der Mundart

Vor einigen Jahren war es in Mode gekommen, die Weihnachtsgeschichte im Dialekt auszudrücken. Mancher Leser fragt sich, ob man einen solch „heiligen“ Text, der in der Sprache Luthers Weltliteratur darstellt, in die Deftigkeit des Volksmundes verlegen darf. Es ist erlaubt, denn Luther und andere Übersetzer im 16. Jahrhundert haben schließlich nicht außerhalb ihrer Muttersprache das Bibelgriechisch und das Kirchenlatein übersetzen können. Luther hat die neuhochdeutsche Sprache treffend formulieren können, weil er dem „gemeinen Mann“ und der Marktfrau „auf's Maul geschaut“ hat.

Die verschiedenen Dialekte bringen taufrische und volksnahe Anschaulichkeit in den bekannten und scheinbar selbstverständlichen Text. Möglicherweise hört sich der Text nun verfremdet an, wodurch er allerdings auch die Chance eines neuen Hinhörens eröffent. Weil die „Muttersprache“ origineller, bilderreicher und gefühlvoller ist, riskieren wir neue Sichtweisen, vielleicht sogar tiefere Einsichten. Die altvertraute Weihnachtsgeschichte kann neu klingen. Schließlich sagt Johann Wolfgang von Goethe: „Der Dialekt ist das Element, in welchem die Seele ihren Atem schöpft“.[54] Max von Schenkendorf trifft das Wesenhafte der Mundart: „Muttersprache, Mutterlaut wie so wonnesam, so traut. Erstes Wort, das mir erschallet, erstes, süßes Liebeswort. Erster Ton, den ich gelallet, klinget ewig in mir fort“.

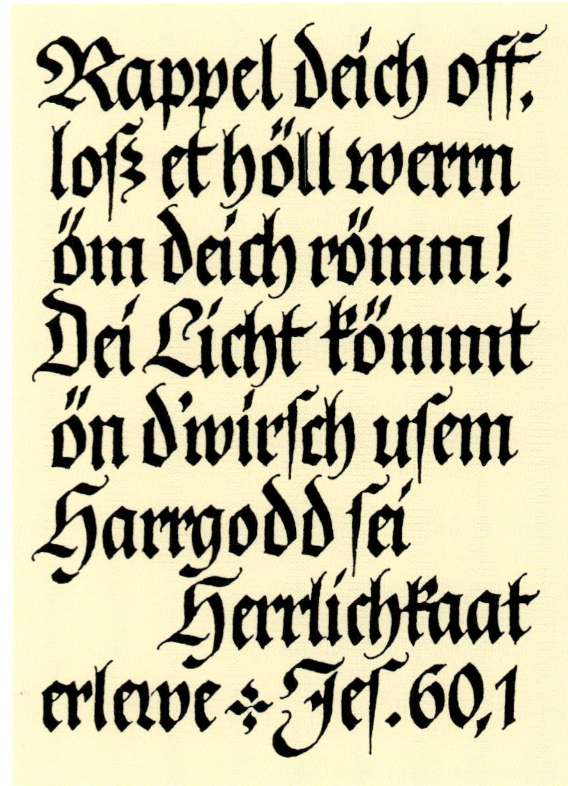

Da es ländereinheitliche Dialekte nicht gibt, sondern eine Fülle von Mundarträumen,[55] sollte jeder Leser den Mut haben, für sich das zweite Kapitel des Lukas-Evangeliums in seiner angeborenen Sprache und seiner Bilderwelt aufzuschreiben. Dabei kann man sich auf die „wörtliche“ Übersetzung beschränken; man kann aber auch die Situation in seiner eigenen Vorstellungswelt ausmalen: beide Möglichkeiten sind in Beispielen belegt.[56]

Mengerskirchen im Hohen Westerwald.

Besinnung

Laßt der Weihnacht uns gedenke
Net mit riesische Geschenke,
Net in Form von Völlerei,
Sondern – wem's noch möglich sei –
Nach dem christliche Gebot,
Dem zu helfe, der in Not!

Erich Fries

Annleis Glänzer
Lukas 2, 1–7 im Schwälmer Dialekt

Es wor ver ongefehr 2000 Johrn, do wull dä römische Kaiser Augustus, daß alle Mänsche i dä Wält gezahlt wodde. Un doos wor des alleräschte mol un wor ih dä Zejt, wi Cyrenius ewäschter Härr ih Syrien wor. All' gehorchte see un gonge ih die Stoodt wo see härkomme. Öch dä Joseph äus Nazareth, dos leijt ih Galiläa. Hä müßt noch Bethlehem ihs jüdische Laand. Senge Familie komm vo David här, dos kann mer ih dä Biewel läse. Hä wull sich öch schetze lesse mit Maria, senger Frä, die sull kreje ähr äschtes Kend. Un wie see nü ih Bethlehem wonn, komm des Kend oh, in kleener Jong. Maria weckelt doos Jengche ih Wengeln un leet än ih die Krepp. Söst wo kinn Platz ih dä Herberje ver see. Kee Bettche fers Kend, kee Stubb, nür im Stall wor Platz fer die Familie.

Marianne Heleine
Lukas 2, 1–7 im Odenwälder Dialekt

Es is baoll zwadausend Johr her, do hot de Kaise Augustus e Gsetz rausgäwwe, daß endlich mol di Leit im remische Reich gezäilt wern. Souwas hotts noch nie gäwwe. Däss wa zu dere Zeit, wie de Cyrenius sou was ehnliches wie en Ministepräsident in Syrien wa. Jede Mensch hot sich in seum Geburtsort in Lischte eutraoe misse. Däss wa weje de Steie.

Schwälmer Mädchen mit Weihnachtsgeschenken.

De Josef hot in Nazareth gewohnt, däss is e Stadt in Galiläa. Weil är vun frieher mimm Kenich David vewant wa hot är den weire Wäg nooch Bethlehem mache misse. Bethlehem is e Stadt in Judäa. Di Maria wa seu Velobte, di hot är a mitgenumme. Däss wa alles nit sou aofach, di Maria hot nemlich was Klaones ärwat. Kaum waan se dort in Bethlehem, isses a schunn ougange. Di Maria hot ehr erscht Kind krikt, ess wa en Bu. Weil alles drunne unn driwwe gange is sällemols, unn in kaner Wertschaft Platz wa, hot di Maria ehr Kind in Winnel eugepackt unn im Stall in e Fuddekribb geläigt.[57]

Zwetschen- und Nußfiguren („Quetschemännche") auf dem Otzberger Weihnachtsmarkt.

Hermann Fröhlich

Weihnachten um 1900

Je älter der Mensch wird, umso mehr kommen die Kindheits- und Jugenderinnerungen wieder ins Bewußtsein zurück.
Zu der Zeit, wo wir heute über siebzig Jahre alten Menschen geboren wurden, war in unserem Gensunger Platt der Ausdruck „Weihnachtsbaum“ nicht üblich. Wie sollte man auch das Wort „Weihnachtsbaum“ in unser Gensunger Platt übersetzen, es geht nicht! „Chrästböhm“, das war unsere Bezeichnung! Wie war es „damals“? Die Adventszeit war still. In den meisten Häusern brannten noch nicht einmal Adventskerzen. Kerzen waren teuer. Man hatte ja auch die Kirche, in der feierlich die Kerzen brannten. An den Säulen, die die Empore tragen, waren einfache Leuchter aus Zinnblech angebracht, die mit dicken weißen Kerzen besteckt waren. In der Mitte des Kirchenschiffes hing ein großer Kronleuchter mit Petroleumlampen. Das war der einzige Luxus im Gotteshaus. Wir Kinder gingen an der Hand der Eltern den Kirchberg hinauf und verhielten uns mucksmäuschenstill. Später, als wir schon die Schulbank drückten, hatten wir Jungen unsere festen Plätze auf der obersten Bank der Burschenempore.
Wenn so manches von den Kindern nicht verstanden wird, dann dürften Großeltern und Eltern auch mal eine Stunde Zeit für ihre Kinder und Enkelkinder haben, um ihnen diesen oder jenen Begriff oder Ausdruck zu erklären, ja vielleicht selbst einmal im Schatzkästlein der Erinnerung zu kramen, um aus längst vergangenen Tagen zu berichten. Aus eigener Erfahrung weiß ich, daß ein großer Teil der Kinder gern etwas aus der Vergangenheit hören möchte. Unsere alten Weihnachtslieder haben eine so große Aussagekraft, daß man aus ihnen wie aus einem unversiegbaren Brunnen schöpfen kann. „Stille Nacht, heilige Nacht“ ruft das Gedenken an die Geburt des Herrn wach, an den Stern, der über Bethlehem aufging, der den Hirten den Weg zur Krippe zeigte, daß der gottgewordene Mensch Jesu Christus den Grundstein zu einem neuen Menschenbild legte. Aber wie haben wir dieses Leitbild verformt? Was ist noch von dem Wunder der „Heiligen Nacht“ übriggeblieben? Das Weihnachtsfest unserer Kindheit, wie wir es vor sechzig und mehr Jahren erlebt haben, wurde zu Geschenkaustauschtagen umfunktioniert. Eine Zurückbesinnung auf den wahren Sinn der Christnacht wäre für uns alle gut. Wir, die wir alt geworden sind, haben noch etwas vom Wunder der Heiligen Nacht erlebt.
Begreifen wir wieder was gewesen ist, finden wir wieder den Weg zu dem ärmlichen Stall zu Bethlehem, dann haben wir auch ein Recht, „O du fröhliche, o du selige, gnadenbringende Weihnachtszeit“, zu singen.

Gerd J. Grein

Weihnachtszeit im Kleinbürgerhaushalt um 1950

Die Weihnachtszeit gehört zu den eindrucksvollsten und nachhaltigsten Erlebnissen meiner Kindheit. Diese Erlebnisse fielen in eine Zeit, als der ärgste Mangel der Nachkriegszeit zwar schon vorüber war, das Wirtschaftswunder aber noch nicht eingesetzt hatte. Die wichtigste Zeit war die Vorweihnachtszeit. Sie begann in meiner Kindheit dann, wenn die Spiele im Freien wegen den Witterungsverhältnissen und der früher einsetzenden Dunkelheit nicht mehr so interessant waren. Im November wurden als besonderer Höhepunkt „Dickwurzlaternen“ (Rübenlaternen) ausgehöhlt, mit Kerzen beleuchtet und damit die Altstadtgasse unsicher gemacht. Ein Rennen und Gejohle setzte ein und verstummte erst dann, wenn der letzte Spielgefährte von den Eltern „haamgepiffe“ worden war oder ein verärgerter Nachbar einen Eimer Wasser aus dem Fenster kippte!

Ruine Heiligenberg zwischen Gensungen und Melsungen.

Wenn beim Bäcker, der einige Häuser weiter seinen Laden hatte, die ersten Lebkuchen in der Auslage bereit lagen, dann war dies ein untrügliches Zeichen dafür, daß eine ganze besondere Zeit sich ankündigte: die Vorweihnachtszeit! Dieser Termin war für mich und für meine Großmutter mütterlicherseits eine herbeigesehnte Zeit, denn sie war angefüllt mit Bastelarbeiten und stimmungsvollen Vorbereitungen für das eigentliche Fest. Nun muß man wissen, daß meine Großmutter eine ungemein kreative Frau war, die mit ihren Basteleien und Bosseleien manche Familienfeier bereicherte. Ja, sie bosselte so gerne, daß sie – sehr zum Leidwesen der übrigen Familienmitglieder – ganz und gar ihren Haushalt vergaß! Ende November, Anfang Dezember war dann alljährlich der Termin, wo mir die Großmutter einige „Zehner“ oder ein Fünfzigpfennigstück in die Hand drückte, womit ich in der Lage war, beim Bäcker die ersehnten und heißgeliebten Lebkuchen zu kaufen.
Der Bäcker hatte sie nicht selbst hergestellt, sondern aus dem Odenwald bezogen. Es gab sie in Herzform und von rechteckiger Form. Einige der schmalen, rechteckigen waren mit „Glanzbildcher“ wie man die Papieroblaten nannte, versehen und zeigten den Nikolaus und Hänsel und Gretel. Diese Lebkuchen hatte ich besonders gern: nicht etwa wegen des wohlschmeckenden Lebkuchens, sondern vielmehr der Glanzbildchen wegen, die sorgfältig abgelöst und wie ein kostbarer Schatz verwahrt wurden! Die Lebkuchen wurden meist hart und dann später von der Großmutter in den Kaffee „gedunkt“.
Die herzförmigen und tafelähnlichen Lebkuchen, die nur mit Mandelstückchen versehen waren, wurden dann von Großmutter und mir zum „Hexenhaus“ zusammengefügt. Das Hexenhaus wurde seinerzeit wohl in vielen Familien gebastelt, bevor es später in den Konditoreien vorgefertigt zu kaufen gab. Die selbstgebastelten waren aber viel interessanter und waren bei den evangelischen Familien so etwas wie ein

Odenwälder Weihnachtsstube um 1900. Museum „Veste Otzberg“.

„Krippenersatz“, denn eine Weihnachtskrippe war in meiner Kindheit bei den Evangelischen nicht üblich. Ich erinnere mich noch sehr genau, daß ich mir als Schulkind sehnlichst eine Weihnachtskrippe gewünscht hatte, die im Schaufenster einer Apotheke ausgestellt war. Ich stieß bei den Eltern auf nicht zu überwindenden Widerstand. Es war übrigens einer der wenigen Wünsche, die von den Eltern versagt worden waren!
Doch zurück zum Hexenhaus! Für die Herstellung benötigte man einige der rechteckigen Lebkuchen, und zwar zwei für die Längsseiten des Hauses, einen quer durchgeschnitten für die Schmalseite, die Giebelseite und noch einmal zwei für das Dach. Der Giebel wurde mittels zweier umgekehrter Lebkuchenherzen gestaltet. Sollte das Hexenhaus besonders prächtig werden, dann wurde ein weiterer Lebkuchen mit dem Küchenmesser für den Schornstein und einen evtl. Gartenzaun zerschnitten. Zusammengefügt wurden die Einzelteile mit abgebrochenen Streichhölzern, bei denen der Phosphorkopf entfernt worden war. Selbstverständlich wurden auch mit dem Küchenmesser Türen und Fenster in die „Lebkuchenwände“ geschnitten. Die Fenster konnten von innen mit buntem Transparentpapier – meist von roter Farbe – beklebt werden. Dies war schon eine ganz besondere Steigerung der Bastelei!
Nun begann die eigentliche Ausgestaltung des Hexenhauses: mit Zuckerwasser wurden dann Bonbons, Zuckerringe, rautenförmige Nappos usw. auf Dach und Hauswände geklebt. Waren schon Weihnachtsplätzchen gebacken, so wurden diese ebenfalls verwandt. Dies war insofern nicht ungeschickt, weil man mit den Weihnachtsplätzchen schneller mehr Fläche bedecken konnte. Aus dem Schornstein stieg auch immer Rauch. Dieser wurde ganz einfach mit einem Rest Watte gestaltet. Die Herstellung der Figuren, nämlich der Hexe und Hänsel und Gretel, erwies sich als problematisch. Dazu war die Großmutter ebensowenig wie ich in der Lage. Hier half immer ein älterer Cousin aus, der mit der Laubsäge umgehen konnte und die Figuren aus Sperrholz fertigte. Soweit ich mich erinnern kann, gab es dazu auch Bastelanleitungen, was sich dann bei der Bemalung als sehr hilfreich erwies.
Von der Großmutter solchermaßen angeregt, legte ich bei den weihnachtlichen Spielzeugwünschen allergrößten Wert auf Eigen-Gestaltungsmöglichkeiten. Einmal brachte ich meine Eltern in arge Verlegenheit mit meinem Weihnachtswunsch. Auf die obligate Frage, was ich mir zu Weihnachten wünschen würde, erklärte ich ganz unbekümmert, daß es „e Bobbekich“, eine Puppenküche, sein sollte! Dieser unmißverständlich geäußerte Wunsch muß für die Eltern ein arger Schock gewesen sein. Man stelle sich vor: Anfang der 50er Jahre wünscht sich ein Junge ein aus-

gewiesenes Mädchenspielzeug! Undenkbar! Zum anderen hatte der Vater schon genügend Geld für eine elektrische Eisenbahn (die er sich ganz offensichtlich selbst gewünschte hatte) angespart. Und nun so etwas!
Da aber die Eltern ihrem einzigen Sprößling fast alle Wünsche erfüllten, wurde auch dieser außergewöhnliche realisiert. Und das war so: Puppenstuben und Kaufläden, wie auch Eisenbahnen wurden in den seltensten Fällen neu angeschafft. Sie wurden innerhalb der Familie „weitergereicht". Der jüngere Bruder bekam den Kaufladen vom älteren, wenn dieser aus dem Spielalter heraus war und dann bekam der nachgewachsene Cousin das Familienstück. Da die Spielsachen in der Regel auch nur zur Weihnachtszeit vom Dachboden geholt und aufgebaut wurden, war der Verschleiß so gut wie ausgeschlossen.
Es gehörte aber zu einem ungeschriebenen Gesetz, daß immer wieder neue Einrichtungsgegenstände dazugeschenkt wurden: eine neue Waage für den Kaufmannsladen etwa oder einen „modernen" Spiritusherd für die Puppenküche. Bei „meiner" Puppenküche war es so, daß sie aus der Nachbarschaft stammte. Sie gehörte den „Hausleuten", bei denen wir damals in Miete wohnten. Die hatten zwei Töchter, für die die Puppenküche, die schon zwei Generationen älter war, neu aufgearbeitet worden war. Diese Töchter waren schon aus dem Alter heraus, in dem Mädchen mit Puppenküchen spielten. Das gute Stück war also vakant und stand dann unter unserem Weihnachtsbaum! Ich war glückselig; die Eltern schauten verlegen auf die Seite! So war mir also mein sehnlichster Wunsch in Erfüllung gegangen. Nur – spielen konnte ich am Heiligabend damit nicht! Es war ganz offensichtlich so, daß die Eltern den Entschluß so lange vor sich her schoben, daß nur noch der Vortag von Heiligabend blieb, um die Küchenmöbel und das Gehäuse neu zu streichen. Wer noch weiß wie lange Ölfarbe zu Beginn der 50er Jahre brauchte, bis sie endlich trocken war, kann meinen Schmerz und meine Ungeduld verstehen!
Ja, mit den Weihnachtsspielsachen in Familienbesitz ist es so eine eigene Sache. Mein Großvater väterlicherseits war ein biederer Schreiner, der als „Gaaßebauer" (Geißenbauer = Kleinstlandwirt) für sich und seine Familie noch ein Zubrot verdiente. In der Vorweihnachtszeit schreinerte und zimmerte er für seine eigenen beiden Söhne Heinrich und Willi und für die Kinder in der Verwandtschaft Spielsachen aus Holz. Als dann schon Enkelkinder da waren, wurden diese mit seinen Feierabendbeschäftigungen beglückt. So stellte er u. a. „Schoggelgäul" (Schaukelpferde) her, deren Rumpf er auf die jeweilige Körpergröße des Kindes zuschnitt. Für den Kopf des Pferdes hatte er allerdings eine Schablone. So konnte es passieren, daß die Verhältnisse nicht immer stimmten! Ich besitze noch den „Schoggelgaul", den ich als Dreijähriger bekam: er ist kopflastig – der Kopf ist für den Rumpf entschieden zu groß! Das absolute Meisterstück des Großvaters ist zweifelsohne eine Miniaturschiffschaukel, die er 1928 für meinen Vater und meinen Onkel bastelte. Alles stimmt maßstäblich. Sechs Schaukeln sind vorhanden, Geländer, Orgel und der Platz für den „Schiffschaukelbremser". Ein Nachbar, der Weißbinder von Beruf war, versah den Anstrich und beschriftete das Transparent über den Schaukeln: „Sicherheitsschiffschaukel von Geschwister Grein". So haben zuerst mein Vater und sein jüngerer Bruder damit gespielt, dann kam das gute Stück in die Hände eines Jungen aus einer Familie, mit denen die Großeltern „Freundschaft hielten". Erst einige Jahre später spielte mein ältester Cousin damit, bis ich dann an die Reihe kam. Nach mir hat nur noch mein Cousin Rolf damit Freude und Spaß gehabt. Dann riß die Kette ab – und das war gut so. Auf diese Weise hat Großvaters Meisterleistung überdauert. Sorgsam verpackt, fristete die Schiffschaukel in einem abseitigen Winkel des Dachbodens seine Zeit, bis vor zehn Jahren beim „Kruuschen" das Paket meinem jüngsten Cousin und Patensohn Thomas in die Finger geriet, der es mir wiederum offerierte. Seit dieser Zeit gehört Großvaters Schiffschaukel zu den meist bewundertsten Exponaten in unserem Spielzeugmuseum!
Bemerkenswert waren auch die Weihnachtsbäume, die „Christbäume" in meiner Kindheit, und zwar deshalb, weil ich sie in so unterschiedlicher Form mit so ganz unterschiedlicher Auszier erlebte. Im Elternhaus gab es einen etwa 1 m hohen Weihnachtsbaum, der vom Vater sorgsam ausgesucht und am Vortag von Heiligabend so zugerichtet wurde, daß er in den eisernen Baumständer paßte. Am späten Vormittag oder frühen Nachmittag von Heiligabend wurde er dann vom Vater geschmückt. Die Mutter war mit der Vorbereitung des Kartoffelsalates beschäftigt, denn traditionsgemäß gab es an Heiligabend immer Kartoffelsalat mit Frankfurter Würstchen. Dies unterschied den Festtag vom normalen Sonntag. Da gab es nämlich immer abends heiße Fleischwurst.
Auf das Schmücken des Weihnachtsbaumes verwandte der Vater sehr viel Zeit und Akribie. An den Baumschmuck kann ich mich noch sehr genau entsinnen, denn in den 50er Jahren, als es wieder wirtschaftlich bergauf ging, hatten die Eltern neue Christbaumkugeln gekauft. Sie waren dem Zeitgeist entsprechend einfarbig von silbrigem Ton. Dies korrespondierte innigst mit dem Lametta, welches der Vater sorgfältigst Faden für Faden an die Zweige hängte. Dennoch hatte der Baum etwas Zurückhaltendes, ja Kühles. Um ihn größer erscheinen zu lassen, wurde er auf einen kreisrunden „Rauchtisch" gestellt, einem der wenigen Möbelstücke, welches sich die Eltern auf Bezugsschein bei ihrer Hochzeit leisten konnten! Ganz anders – und von mir geliebt – waren die Christbäume bei den Großeltern. Sie waren bei weitem nicht so groß, wie der bei den

Eltern. Sie mögen vielleicht einen halben Meter in der Höhe betragen haben. In dieser Art waren die Christbäume auch schon Jahrzehnte vorher beschaffen: sie waren früher einfach kleiner gewesen. Dagegen war der Schmuck durch Christbaumkugeln viel bunter und üppiger. Da gab es keinen Baumschmuck Ton in Ton. Nein, alles wurde an den Baum gehängt, was sich über Jahrzehnte angesammelt hatte. Da leuchteten die Kugeln grell bunt und setzten sich von den silbrigen Zapfen und Sternen ab. Da gab es Baumschmuck in der Art von kleinen Häuschen, Schuhen, Nikoläusen und Pilzen. Ganz besonders hatte es mir ein Schwan mit edelgeformtem Hals angetan. Immer und immer wieder wanderten die Augen dorthin, ganz besonders, wenn er über der Flamme der Christbaumkerze in leicht schaukelnde Bewegung versetzt wurde. Es gab große, prächtig runde Kugeln und solche von recht kleiner Ausführung, die meist die Form eines Apfels oder einer Birne hatten. Sie waren mit Glimmer besetzt und verursachten bei der Berührung eine leichte Gänsehaut. Von den kleinen Baumkugeln mochte übrigens meine Urgroßmutter nichts wissen. „Dodekuchele" (Totenkugeln) nannte sie diese verächtlich. Das findet seine Erklärung darin, daß meine Urgroßmutter vor der Jahrhundertwende noch die kunstvollen Totenkronen auf den Gräbern der unverheiratet Gestorbenen erlebt hatte, wo als besonders kostbare Ausschmückung solche kleinen, bunten Glaskugeln eingearbeitet waren.

Die Großeltern väterlicherseits hatten sich nach ihrer Hochzeit kurz nach dem Ersten Weltkrieg eine Kollektion damals moderner Kugeln gekauft. Sie hatten tropfenförmiges Aussehen und waren in lasziven Farben gehalten. Zusammen mit Lametta kamen sie alljährlich erneut an den Baum. Da selbst bei sorgsamster Behandlung immer wieder eine Kugel zu Bruch ging, dezimierte sich der Bestand von Jahr zu Jahr empfindlich. Ich kann mich an die „Schwundform" zuletzt noch gut erinnern: auf dem Vertiko in der Wohnstube stand ein etwa 60 cm hohes Bäumchen, an dem nur noch vier der besagten Kugeln hingen. „Mer brauche net mehr" hat die Großmutter erklärend versichert, „mer wisse aach so, deß Weihnaochte is!"

Der Bestand an Baumschmuck wurde bei einer Großtante und einem Großonkel auf höchst simple Weise seinerzeit dezimiert. Die beiden waren langjährige Ehepartner und ihre Zuneigung zueinander war nicht mehr taufrisch: was ehemals die Liebe zusammenführte, hatte später Gewöhnung und Alltag erhalten. Ich kannte sie eigentlich nur, daß sie sich stritten, und das meist wegen Nichtigkeiten. Nun stand aber Weihnachten vor der Tür und am „Fest der Liebe" wollten sie sich vertragen; das jedenfalls war die Devise, die unausgesprochen im Raum schwebte. Der Großonkel sollte den Christbaum schmücken, was so gar nicht nach seinem Geschmack war: er betrieb einen Getränkehandel, und da war er mehr an's Kastenschleppen gewöhnt, als an's gefühlvolle Schmücken des Weihnachtsbaumes! Die Großtante war schon flugs auf den Dachboden gestiegen und hatte die verstaubten Pappkartons mit dem Christbaumschmuck heruntergeholt. Damit sie gleich zur Hand waren, stellte sie diese auf die zweitoberste Stufe der Treppen, die vom Obergeschoß in's Parterre führte. Das war allerdings gar nicht so klug von der Großtante, wie sich bald herausstellen sollte, als der Großonkel nach unten gehen wollte und gleich in die aufgeschichteten Kartons mit Baumschmuck trat. Er ließ seiner Verärgerung freien Lauf und titulierte die Großtante mit allen bekannten Namen aus Brehms Tierleben, die von dieser aufs heftigste erwidert wurden und somit hatte sie der Alltag wieder eingeholt: sie hatten ihren gewohnten Streit.

Weihnachtsmarkt am Museum Otzberg.

Stille der Weihnacht im Berner Oberland.

Aus tausend Traurigkeiten
zur Krippe gehn wir still.
Das Kind der Ewigkeiten
uns alle trösten will.

Friedrich v. Bodelschwingh

Wunder wachsen nur aus
der Stille auf.
Sie leben aus dem Atem
des Schweigens.
Stille ist das wartende Hoffen
auf eine Überraschung.

Stille ist das Singen
weiter Himmel.
In aller Stille wandern
die Sterne durch unsere verdunkelten Nächte
und erfüllen die tiefen Horizonte
mit tanzenden
und lachenden Lichtern.
Stille ist das beredte Schweigen
der Offenbarungen.

Wer in die Stille geht,
ist auf den Pfaden der Schatzsuche.

Stille ist nicht Einsamkeit,
nicht Isolation.
Stille ist Teilhabe am Ewigen
und ist erfüllende Freude.
Stille ist der Ackerboden
köstlicher Gaben.

Stille ist schließlich,
und das gerade zur Weihnacht,
der Atem Gottes
und das Lächeln der Engel,
die uns die Botschaft
der Freude verkünden:
Seht, wir verkünden euch
eine große Freude:
Gott kommt in aller Stille
auf diese Welt,
damals und heute:
Stille, du Atem der Weihnacht.

P. Hans Wallhof

Maria, Jesu Mutter! – Himmelskönigin?

„Ich sehe dich in tausend Bildern,
Maria, lieblich ausgedrückt,
doch keins von allen kann dich schildern,
wie meine Seele dich erblickt.

Ich weiß nur, daß das Weltgetümmel
seit dem mir wie ein Traum verweht,
und ein unnennbar süßer Himmel
mir ewig im Gemüte steht."

Novalis (Friedrich von Hardenberg)

Von dem Bethlehemer Stallgeschehen her fragen wir noch einmal nach Maria. Als „Himmelskönigin" ist sie von Stefan Lochner mit zierlich gekröntem Haupt im Rosenhag, d. h. in einem paradiesischen Zustand der Erhöhung dargestellt. Bei allen Unterschieden in der Malauffassung gibt es Ähnlichkeiten in der Grundaussage mit der Statue „Maria Gloriosa" in der Kloster- und Pfarrkirche in Blankenau. Das ehemalige Zisterzienserinnen-Kloster im Vogelsberg war noch 1693 auf einem alten Klostersiegel als „Jungfrawlich Closter zu Blankenaw" bezeichnet worden. Aloys Knapp (Neuenburg bei Fulda) schuf 1961 nach barockem Vorbild die Statue der „glorreichen Jungfrau". Sie wird als Siegerin dargestellt. Alle Attribute wie Strahlenkranz (Ausstrahlung ihrer Heiligkeit), sternenbesetzter Heiligenschein und die Lilie (Zeichen der Reinheit) deuten auf Maria als die Erhöhte im Reich Gottes.

Maria steht auf dem Erdtrabanten, dem Mond. Die mit der Sonne bekleidete Frau aus der babylonischen Mythologie im Buch der Offenbarung des Johannes (12, 1) hat jedoch nichts mit Maria zu tun. Sie ist Symbol nicht nur der zwölf Stämme Israels (12 Sterne), sondern Bild für das ganze Gottesvolk, mit dem Gott am Ende seinen Bund erneuern will. Die Frau in der Offenbarung, Abbild der Gottesgemeinde, hat große Qualen bei der Geburt zu erleiden und wird von der Macht des Bösen, dem Drachen, bedroht. Die Kirche und die kirchliche Kunst der Barockzeit hat hier kaum zulässige Assoziationen mit Maria hergestellt.

Die „Lorcher Traubenmadonna" wurde um 1350 vermutlich in Rüdesheim geschaffen. Die Trauben wollen Hinweis sein auf das Mysterium von Passion (Kelter, Abendmahl) und Auferstehung von Gottes Sohn, Jesus Christus.

Auch im geistlichen Volkslied findet Maria – besonders in der katholischen Tradition – einen herausragenden Platz. Aus dem altkirchlichen Hymnus „Ave maris stella" entstand ein Paderborner Wallfahrtslied. In der bündischen Jugend wurde es Anfang des 20. Jahrhunderts gerne gesungen. Es sei hier stellvertretend genannt:

„Maria Gloriosa" in der Pfarrkirche Blankenau.

Die thronende Gottesmutter wurde um das Jahr 1350 von einem unbekannten Meister vermutlich in Rüdesheim geschaffen. Als „Lorcher Traubenmadonna" ist sie das Herzstück im Heimatmuseum von Lorch im Rheingau.

„Muttergottes in der Rosenlaube". Stefan Lochner

1. Meerstern ich grüße Dich.
O Maria, hilf!
Gottesmutter süße!
O Maria, hilf!
Maria hilf uns allen
aus unsrer tiefen Not!

2. Rose ohne Dornen!
Du von Gott Erkor'ne!

3. Lilie ohnegleichen!
Dir die Engel weichen.

4. Quelle aller Freuden,
Trösterin im Leiden.

5. Hoch auf deinem Throne,
aller Jungfraun Krone.

6. Gib ein reines Leben,
sichere Reis' daneben!

7. Dich als Mutter zeige,
gnädig uns zuneige!

8. Nimm uns in deine Hände,
uns das Licht zuwende!

9. Hilf uns Christum flehen!
O Maria, hilf!
Fröhlich vor ihm stehen!
O Maria, hilf!
Maria, hilf uns allen
aus dieser tiefen Not!

In der Rosenhag-Madonna hat Stefan Lochner die ganze Vergeistigung der „Magd des Herrn" zur „Königin des himmlischen Gartens" mit großer Verehrung und Empfindsamkeit mystischen Schauens hervorgehoben. Die Rose (lat. rosa), von Farbe, Duft und Zartheit der Blüte her als Symbol der Reinheit und Liebe gedeutet, wurde schon im Mittelalter ganz eng mit der Jungfrau Maria verbunden. Die Liebfrauenbasilika in Trier wurde im 13. Jahrhundert im Grundriß nach einer achtblättrigen Rose gestaltet. Die „rosa mystica" ist mit der Hl. Maria identisch und Urbild der Kirche.
Maria ist bei Stefan Lochner würdevoll umgeben von Blüten der Rosen und Lilien. Die höfische Kultur der Liebesgärten und der Liebeslyrik u. a. des „Hohen Liedes" kommen hier ebenfalls ins Spiel. Gott in Christus und die Braut Maria als Kirche gedeutet, gehören zum Stimmungsgehalt hochgotischer Bilder und Vorstellungen.
Das Meisterwerk Schongauers, das er im Alter von 20 Jahren gemalt hat, erscheint von tieferer Bedeutung. Vor dem goldenen Bildhintergrund sitzt Maria mit dem roten Gewand und mit leicht geneigtem Kopf. Sie hält mit zarter Geste das auf ihrem Schoß sitzende Kind. Vor dem Bildhintergrund umrankt eine Rosenhecke mit weißen und roten Blüten und singenden Vögeln wie eine liebliche und doch abwehrende Schutzzone die beiden Figuren. Martin Schongauer benutzt das Motiv des „hortus conclusus", des paradiesisch gesicherten Raumes. Man spricht von der deutschen Sixtinischen Madonna, weil Monumentalität und

Gemüt hier geradezu verschmelzen. Der goldene Hintergrund gilt als Symbol der unendlichen, durch keine Objekte gestörten Ewigkeit. Das Mutter-Kind-Motiv im Vordergrund weist in die Realität der Schöpfung. Die Mutter Jesu, die von Gott ausgewählte Mutter, sitzt im Diesseits auf einer blühenden Wiese. Aus dem Goldhintergrund will ein Engel die Krone über ihr Haupt bringen. Sie ist nicht gekrönt, ihre Krönung bleibt Vision.

Die überhöhte „Gottesmutter“ als „Himmelskönigin“ ist biblisch kaum haltbar, wie sehr man hier auch dogmatisch verfestigen will (Mark. 3, 31–35 und Luk. 11, 27–28). Paulus teilt über Jesus nur mit „... geboren aus einer Frau“, er nennt nicht einmal den Namen Maria (Galat. 4, 4).

Maria ist Mutter. Der Funktion als Königin widerspricht auch der Gesichtsausdruck. Schongauer läßt sie vom noch fernen Kreuz her einen feinen Schmerz spüren. Maria ahnt, daß nicht alles glatt gehen wird mit diesem Sohn, und die Geschichte hat sie bestätigt. Schon der 12jährige Jesus mußte gesucht werden und hat deutlich gegen seine Eltern gesprochen: „... wißt ihr nicht, daß ich sein muß, wo meines Vaters ist?“.

Der messianisch wirkende Jesus ist bei Schongauer die überhöhte Figur, was in dem Strahlenkranz um den Kopf des Kindes zum Ausdruck kommt. Jesus hatte bei der Hochzeit zu Kanaan rethorisch gefragt, wer ist meine Mutter, wer sind meine Brüder und dann deutlich erklärt, daß es all jene sind, die ihn gerade notwendig brauchen, nicht unbedingt die leiblichen Verwandten.

Die scheinbar ungetrübte Idylle, zu deren Paradieshaftigkeit auch die schönen Singvögel beitragen, erhält in dem Blick der Maria gleichsam einen Sprung. In ihrem Gesicht spiegelt sich das Wissen um künftiges Leid.

Hätten wir das ursprüngliche Bild noch vor uns, würden wir die falsche Überhöhung der Maria noch eher verstehen. Um 1720 wurde nämlich das Originalgemälde um 50 cm rundherum abgeschnitten, damit es in einen vorhandenen Rahmen paßte. Da es jedoch eine Kopie in Boston gibt, wissen wir, daß die Strahlen, die am oberen Bildrand zu sehen sind, ursprünglich von Gott Vater selbst ausgehen, der den Heiligen Geist in der Gestalt einer Taube herunterschickt.[58] Der Ursprung allen Seins ist eben nicht Maria, sondern Gott, der uns Menschen, wie es in einem modernen Weihnachtslied heißt „in tiefster Nacht erschienen ist“. Deshalb kann „unsere Nacht nicht traurig sein“.

Ganz anders erscheint Maria bei Raffael. Er hatte seinen Auftrag intuitiv richtig begriffen und malte eine Siegesmadonna. Sie ist nicht mit Maria im Stall von Bethlehem, der niedrigen Magd, zu vergleichen. Sie ist aber auch noch nicht die vollendete überhöhte Königin des Himmels. Sie ist eher auf dem Weg, eine erhobene Gottheit zu werden, aufrechtstehend, zentral zwischen Erde und Himmel. Die Mystifizierung Marias begann schon im 5. Jahrhundert, weniger aus der Bibel als vielmehr

„Die Madonna im Rosenhag“. Von Martin Schongauer, 1473.

„Die Sixtinische Madonna". Von Raffaelo Santi ,1512/13.

Madonnen-Altar in der Dorfkirche von Weilrod-Hasselbach (rechte Seite).

aus einer frommen Hochschätzung. Im Geist der Renaissance drückte Raffael die Sehnsucht nach der Frau in der Gottheit (im Sinne der Ganzheit Gottes) aus. Insofern ist er modern.

Raffael hat den Anspruch „Maria als Himmelskönigin" trotz seiner renaissancehaften Malauffassung zurückgenommen, indem er die aufstrebende Mutter mit dem Kind auf dem Arm in eine Wolke voller Engel stellt. Diese wirkt wie ein umhüllender Schutzmantel, der beide Hauptgestalten sozusagen ins Überirdische zu tragen vermag.

1711 hatte August der Starke, Kurfürst von Sachsen und König von Polen, in Piacenza das Gemälde gesehen und spontan seine Bedeutung erkannt. Er feilschte viele Jahrzehnte mit der Stadt und dem Kloster und erreichte schließlich sein Ziel. Im Februar 1754 wurde das Gemälde aus der Sixtinischen Kapelle der oberitalienischen Stadt in seinen Thronsaal nach Dresden gebracht.

Das Gemälde selbst wurde 1512/13 im Auftrag von Papst Julius II. für das Kloster der Augustiner in Piacenza geschaffen. Es war schon lange vorher von dem vormaligen Papst Sixtus IV. gestiftet worden, der übrigens auch der Erbauer der Sixtinischen Kapelle im Vatikan war. Julius II. stammte ebenso wie Sixtus aus dem oberitalienischen Geschlecht der Rovere aus der Stadt Piacenza. Da sich diese Stadt freiwillig in den langen kriegerischen Wirren dem Kirchenstaat angeschlossen und gesiegt hatte, beauftragte Julius II. Raffael Santi von Urbino mit dem von Sixtus gewollten Gemälde.

In Raffaels Gemälde der Sixtinischen Madonna stehen die Hauptfiguren, Maria und das Kind, in einer Wolke von Engeln, die sie tragen, retten und Freude verkünden. Im Hessenpark wurde vor Jahren eine Ausstellung zu den „Lausbuben-Engeln" am unteren Bildrand aufgebaut, die seitdem nicht aufhört zu wachsen. Sie bezieht sich in einer Weise auf das Phänomen Engel, das geeignet ist, Gefühle und Auffassungen des breiten Volkes aufzudecken. Die Ausstellung weist von der großen Kunst über die Gemütslage der „Gartenlaube" und die naiv echt gemeinten Haussegen bis hin zu den Poesiealben und verebbt schließlich in allerprimitivster Werbung; die Engelsvorstellung sinkt aus ihrem ursprünglich religiösen Umfeld ab zum banalen Kitsch. Die „Lausbubenengel" am unteren Bildrand des Raffel-Gemäldes müssen bis hin zu teilweise geistlos garstigen Werbezwecken herhalten.[59]

In den Jahren 431/432 brach auf dem Konzil von Ephesus gegen die großen heidnischen Fruchtbarkeitskulte und die damit verbundenen Göttinnen (Diana) eine christliche Gegenbewegung aus. Maria, die in Ephesus gestorben sein soll, wurde zur „Menschheitsmutter", zur Gottesgebärerin hochstilisiert. Damals erklang aus vielen hundert Kehlen der Ruf „Heilige Maria, Mutter Gottes, bitte für uns ...."[60] Dieser Jubel ist in den Bildern der Maria mitgeformt, die nicht nur in der orthodoxen Ikonostase (Bilderwand) dargestellt wird.

Im 10. Jahrhundert hatte Maria vom ottonischen

Königtum eine Interpretation erfahren, die das himmlische Königtum im irdischen Herrscherpaar abbildete. Maria wurde zur „regina coeli“ (Himmelsregentin), die dann natürlich eine Krone zu tragen hatte, aber doch Fürsprecherin der Bedrängten sein konnte. Die Gotik hatte diese Doppelfunktion besonders ausgeformt und mystisch gestaltet.

Es muß in diesem Zusammenhang noch einmal deutlich herausgestellt werden, daß der Gedanke der jungfräulichen Geburt, d. h. der Geburt von heroischen, ja götterähnlichen Menschen aus „unbefleckter Jungfräulichkeit“ schon in alttestamentlicher Zeit außerhalb des Judentums und erst recht des Christentums weit verbreitet war. Dahinter stecken Ursprungsmythen der Reinheit und Unberührtheit und des Wirkens einer Gottheit. Das hatte Thomas von Aquin schon erkannt.

Erst im 12. Jahrhundert wurde die Vorstellung von der „Immaculata“, der makellosen Mutter Jesu ohne Belastung durch die Erbsünde in der Kirche deutlich erkennbar. Dabei hatte schon das Konzil von Ephesus Maria zur Gottesgebärerin (Theotokus) dogmatisch festgelegt und damit eine steigende Marienverehrung hervorgerufen.

In der orthodoxen Kirche gewannen die Marienbilder (Apsis, Triumphbogen) eine große Bedeutung für die Volksfrömmigkeit. Die abendländische Marienverehrung, die später einsetzte (Portale, Fresken, Glasfenster), erreichte in der Mystik ihren ersten Höhepunkt (Pietà). Die spätmittelalterlichen Maler schufen einen allerhöchsten künstlerischen Ausdruck der Marienfrömmigkeit (Lochner, Schongauer, Grünewald, Joest). Die Gnadenbilder der „schwarzen“ oder „blutenden“ Maria kamen der Gegenreformation zugute, auch die Motive der Maria im Ährenkleid und auf der Mondsichel (apokalyptisches Weib mit Krone und Zepter, Offenb. 12, 1).

Maria war keine unterwürfige Frau. Sie wagte es, den Engel Gabriel zu fragen, da sie keine eheliche Verbindung zu einem Mann hatte. Erst als der Auftrag Gottes klargestellt war, nahm sie ihn an, ohne Josef oder ihre Eltern oder Freunde zu fragen. Diese durchaus freie Entscheidung hat für die damalige Zeit emanzipatorischen Charakter.

Die Jahrhunderte der Überfrachtung mit fragwürdigen Traditionen werden heute von den katholischen Mariologen sehr kritisch bewertet. Trotz einer in der römischen Kirche erkennbaren Strömung, die Maria als Himmelsgöttin sozusagen als

Evangelische Marienkirche in Anspach. Eva Arzt (rechte Seite).

Maria von Nazareth und ihr Kindlein. Von Else Lasker-Schüler, 1913.

Teil einer Vierfaltigkeit sehen will, wird sie als „Miterlöserin“ abgelehnt.[61] Maria ist auch in Rom nicht eine „liebe süße Gipsmadonna“. Sie tut keine Wunder, die sind allein Gottes Werk. Maria nicht als Mythos, sondern als wichtige Frau des Evangeliums: das zeigt, daß im ökumenischen Konsens die Versöhnungstat von Jesu (1. Kor. 13) die zeitbedingten Dogmen in Frage stellt.

Die Reformation lehnte die kultische Verehrung der Maria ab, weil sie dadurch den heilsgeschichtlichen Rang des Erlösungswerkes Christi in Frage gestellt sah. So sehr Maria als „himmlische Mittlerin“ von Luther abgelehnt wurde, so sehr wurde sie als „Magd des Herrn“ (Magnificat) verehrt. Protestanten können von daher kaum Zugang gewinnen zu den Mariendogmen, die u. a. in Jes. 7, 14 ihre terminologische Grundlage finden. Die vaterlose Geburt (natus ex virgine) als Dogma von 1894 (Pius IX.), erst recht die Aufnahme Marias mit Leib und Seele nach ihrem irdischen Dasein in die himmlische Herrlichkeit (Himmelfahrt Marias) als Dogma von 1950 (Pius XII.), sind keine notwendigen Voraussetzungen zum Glauben an Jesus Christus und sein Erscheinen als Gottes Sohn an Weihnachten.
Else Lasker-Schüler hat mit wenigen Strichen und in sehr zurückhaltenden Farben versucht, dem Geheimnis der Maria gerecht zu werden. Zentrale Bedeutung hat das Kind in ihrem Herzen, das unter dem Stern von Bethlehem Richtung und Orientierung gibt. Der Heiligenschein ist kein majestätisches Zeichen, eher ein Hinweis auf ein Geheiligtsein durch ihren besonderen Auftrag im Namen Gottes. Die Rose auf ihren Wangen greift das alte Zeichen für Reinheit und Liebe wieder auf.

Wunder der Weihnacht

Wenn im Dezember graue Nebel wallen
und tief verschneit die müde Erde liegt,
dann geh ich einsam durch die weiten Hallen
zum Stuhl der Mutter, die ihr Kindlein wiegt.

Schon hör ein Lied ich von den Lippen klingen:
ein Lied aus einer andern Welt!
Zum Himmel wird es sich erschwingen,
das Lied, das tief ins Herz mir fällt.

Danach, nur noch in sel'gem Schweigen
blickt sie auf ihr geliebtes Kind.
Ich fühle, wie sich Engel zu ihr neigen.
Engel, die dazu auserkoren sind.

Nun lächelt sie ihm zu, in einer Weise,
wie keine andre lächelt, süß und mild.
Und plötzlich ist es mir, als spräche leise
die Weihnacht hier aus diesem Bild.

Karin Breither

An Maria

Im Laufe der letzten Jahre habe ich oft über Dich geschrieben. Es waren Versuche, Dir näher zu kommen; jetzt allerdings habe ich das Bedürfnis, Dir selbst einen Brief zu schreiben, weil ich das persönlicher und auch respektvoller finde. ...
Im Lauf der Jahrhunderte bist Du, Maria, über Deine persönlichen und biblischen Züge hinaus zum Symbol verfestigt worden. Sie haben Dich zur Königin des Himmels gemacht und zur Zuflucht für alle Armen und Unterdrückten und für die Sünder. Sie haben Dich Deiner Mutterschaft wegen himmelhoch emporgehoben, Dich Deiner Jungfräulichkeit wegen auf eine Säule gesetzt. Dadurch wurdest Du für uns Frauen immer unkenntlicher ... und Du wurdest für die modernen Männer, die in Jesus den kritschen Propheten sehen wollen, immer uninteressanter ... Es gibt allerdings Frauen, die Dich aufs Neue kennenlernen wollen, die in Dir ein Symbol der Schwesterlichkeit sehen. Wir finden, daß Dir Unrecht geschah, daß Du verzeichnet worden bist und eingeschränkt, verfälscht und negiert...
Diesen Brief schreibe ich Dir als der Frau, die ich aus den Schriften kenne, und von der zwei Worte bewahrt geblieben sind, die mein Leben inspirieren, bereichern und ihm Sinn geben: Dein „fiat" und Dein „magnificat".
Gerade Du, Maria, weist hin auf hörendes Leben, auf empfängliches Leben, auf Deine Bereitschaft, Leben zu geben und es auch weiterzuschenken, aber auch auf schöpferisches Leben, auf offenbarendes Leben, in einem Prozeß, der weit über den Tod hinausgeht.
Mit prophetischen Augen hast Du, Maria, voll göttlichen Lebens ein neues Land geschaut, in dem nicht mehr in Machtstrukturen, Hierarchien und gegenseitiger Konkurrenz gedacht und gelebt wird, sondern wo Gerechtigkeit geschieht. In Deinem Magnificat hast Du die Vision geschaut, wie es werden kann, wenn alle Menschen Gottes Wort hören und danach handeln werden. Dann werden wir Mutter, Schwester und Brüder von Gottes Sohn und von Gott selbst sein.

Catharina J. M. Halkes

Vom Schneebruch
gefährdete Fichten.

Hermann Fröhlich

Dies ist mein Leib ...

Dem kleinen Haus, das fast verloren am Ende des Bachlaufes stand, sah man schon von außen an, daß das Glück den Bewohnern nicht durch den Schornstein hineinregnen würde. Haus war eigentlich nicht das rechte Wort, man hätte eher Hütte sagen können. Die ehemals weißen Gefache aus Fitzegerten und Lehm zeigten hier und da tellergroße Flächen, die durch Regen, Kälte und Wind ein wirres Aussehen bekommen hatten. Die Haustür hatte wohl niemals einen Farbanstrich gesehen, und die Jahresringe der Fichtenbretter verliefen sich in wirren Reliefs in den Gevierten.

Nur der schmiedeeiserne Türdrücker war blank wie ein Spiegel, denn gar zu viele Hände benutzten ihn tagein tagaus. Viele wurden unter dem moosgefleckten Ziegeldach geboren, viele gingen aber auch bald nach dem ersten Augenaufschlag wieder zurück zur Ewigkeit. Dem ausgemergelten Leib der Frau konnte nur selten ein gesundes junges Leben entströmen.

Das Ehepaar, welches in diesem dem Verfall preisgegebenen Hause ein kümmerliches, mehr schlechtes als rechtes, Leben führte, war arm, wie so viele Menschen zu jener Zeit um die Wende des 18. Jahrhunderts. Im Einwohnerverzeichnis des Dorfes stand hinter dem Namen Johannes Schomberg, so schrieb sich die Familie, unter der Spalte „Berufsbezeichnung" das schon Armut ausdrückende Wort „Tagelöhner". Genauso hätte man schreiben können „Gelegenheitsarbeiter". Die Menschen, die wirklich Arbeit zu vergeben gehabt hätten, hatten selbst kaum mehr zum Beißen und Brechen als ein Tagelöhner. Schon in der Armut in jungen Jahren zusammengefunden, brachten die kommenden Jahre auch keinen Reichtum, trotzdem die schwieligen Hände von Frau und Mann vom beginnenden Tag an bis zum Erlöschen der Sonne werkten. ...

Als beide, Mann und Frau, noch jung waren, schien alles im rechten Lot zu sein, bis zu dem Tag, an dem Johannes Schomberg zur Winterszeit, als er spät am Abend von seinem Tagewerk kam, am vereisten Bachufer stürzte und sich dabei das rechte Bein so stark brach, daß auch ärztliche Kunst vergeblich gewesen wäre, um heilen zu können. Man suchte eine alte Einwohnerin auf, die sich auf das „Brauchen" verstand und die für alle Gebrechen immer ein Mittel hatte. Obwohl der rechte Glaube im Unglückshause, eher als in reichen Häusern, anzutreffen war, versuchte man immer wieder sein Heil im Aberglauben. Das „Brauchen" war im Dorf, und nicht nur hier, üblich. Das Siebdrehen, das Besprechen und auch das „Anrufen" war im Schwange. Die Kirche sah dieses natürlich nicht gern und kämpfte, zumeist vergeblich, gegen diese Unsitte – wie der Verlauf dieser Erzählung zeigt – an. So kam es, daß Johannes ein Krüppel blieb. Zuvor hatte er sich oft als Botengänger zwischen Gensungen und dem Kurfürstlichem Hof in Kassel betätigt, er verdiente dabei nach seiner Ansicht ein Vermögen! Nur war die Reihe, einen Botengang zu tun, zu wenig an ihm. Im Dorf hatte sich so etwas wie ein Privileg gebildet, eine Art Botengängerzunft, jedenfalls wagte niemand den Familien, die dieses Privileg durch eigene Anmaßung besaßen, ins Gehege zu kommen. Aber, wenn das Wetter schlecht war oder wenn es galt, schwere Lasten zu schleppen, dann besann man sich des Johannes. Gertrud, die Hausfrau, verdiente ein Zubrot mit Waschen und mit der Feldarbeit, je nach Jahreszeit. Zum Waschen lieferte der Bach genügend Wasser, und zum Herstellen der Waschlauge fiel genug Holzasche im Dorf an. Aber es reichte alles keineswegs, um die acht hungrigen Mäuler, die um den roh gezimmerten Tisch saßen, satt zu bekommen. Was vom Tisch anderer Dorfbewohner fiel, war kaum dazu angetan, um nur ein Kind zu sättigen. So sah die Not vom Morgen bis zum Abend durch die blinden Fensterscheiben. Sie kam auch mit den Krücken, die Johannes sich beim Wagner selbst hergestellt hatte, zur Haustür herein. Besen binden im Sommer und Strohseil flechten im Winter,

Felsberg an der Eder.

Vogtshaus Gensungen.

waren so ziemlich die einzigen Einnahmen...

So lebten sie in einer Welt der Bescheidenheit. Wer weiß, ob sie das Wort „glücklich“ jemals in den Mund genommen haben. Die Jahreszeiten kamen und gingen, sie brachten höchstens mal mehr, mal weniger Entbehrung. So war auch wieder einmal, nach einem sonnigen Herbst, ein bitterkalter Winter gekommen. Der Bach vor dem Haus war zugefroren. Der Haufen Lesholz hinter dem Haus wurde von Tag zu Tag kleiner. Die zwei Ziegen im Stall standen frierend in der Laubstreu, und an den Fenstern des Hauses tauten die bleigefaßten Fensterscheiben kaum einmal einen Finger breit auf. In vielen Häusern hatte der Winter Krankheiten gebracht, wovon besonders viele Kinder betroffen wurden. Auch im Haus am Bach konnten die Kinder kaum einmal von ihren Strohsäcken aufstehen. Die Mutter wachte Tag und Nacht und kochte einen Sud nach dem anderen, so daß der Kräuterbeutel um die Weihnachtszeit nahezu leer war.

Besonders das jüngste Kind, dem man den Namen der Mutter, in Ermangelung einer Tante, gegeben hatte, lag arg darnieder. Da es hier nicht anders war wie in anderen Familien, so war das jüngste Kind immer das Liebste. Die Mutter ließ nichts unversucht, das dem Kinde hätte helfen können. So war der Heilige Abend gekommen. Getrud, die Mutter, hatte die karge Stube so gut es ging gereinigt und aufgetauten Sand auf die ausgetretenen, aber weißen Dielen gestreut. Ansonsten war es ein Tag wie jeder andere. Das einzige Licht, das in der Christnacht Hoffnung bringen sollte, war eine Öllampe, die mit ranzigem Öl, das die Mutter von mitleidigen Menschen geschenkt bekommen hatte, gespeist wurde und die den ärmlichen Raum schemenhaft beleuchtete. Der flackernde Schein rief wirre Reflexe auf dem fieberglühenden Gesichtchen der kleinen Gertrud hervor.

Die anderen Kinder waren, soweit sie die nötigen Kleidungsstücke dazu hatten, am frühen Abend zur Christvesper gegangen. Sie hatten sich verschämt in die Armeleutebänke verkrochen und wagten kaum zu atmen. Es war schon hart, arm zu sein. Wenn auch die Menschen vor Gott alle gleich sein sollten, so hielten sich die Menschen zu keiner Zeit an dieses göttliche Gebot – auch in der Kirche nicht. Respektvoll, fast ängstlich, blickten die Kinder zu den Kirchenständen der Gutsherrschaft. Hier hatten die Leute von dem nahegelegenen Gut ihre angestammten Plätze, die von keinem anderen Kirchenbesucher benutzt werden durften. Mit zwei kostbaren pferdebespannten Schlitten waren die Herrschaften gekommen. Das Geläut der Schlittenpferde hatte im hellen Rhythmus die abendliche Stille des Dorfes durchbrochen. Für die damalige Zeit kostbar gekleidet, betraten zuerst der Gutsherr und die Gutsherrin, dann deren Kinder, der Inspektor, der Hofmeister und das höhergestellte Gesinde, allseitig mit stummem Kopfnicken begrüßt, das Gotteshaus. Diese Menschen würden am Abend sicher an einer festlich gedeckten Tafel speisen – aber wie es im Haus am Bache aussehen würde, darüber dachte im Dorf wohl kaum jemand nach. Es war ja auch nicht das einzige Haus, in dem der Hunger und die Armut ständige Gäste waren.

Unter der Emporentreppe, unter der die schmalen Seitenbänke des Kirchenschiffes standen, saßen die Schombergkinder dicht aneinandergedrängt, die blaugefrorenen Hände zum Gebet gefaltet. Sie sahen sich verängstigt um, sie wagten in der andächtigen Stille des Gotteshauses kaum zu atmen. Die wenigen Öllampen und die Unschlittkerzen warfen warme Schatten auf die Kirchenbesucher, die alle stumm und erwartungsvoll in den Bänken, zum Teil auf angestammten Plätzen saßen. Links und rechts im Seitenschiff vor dem Altar saßen die Kirchensenioren. Ihren Augen entging keine Bewegung der Gemeinde. Mit den letzten Glockenschlägen betrat der greise Geistliche das Gotteshaus und schritt mit schweren Schritten dem Altar zu. Die Orgel intonierte nach einem kurzen Vorspiel den Choral „Macht hoch die Tür, die Tor macht weit ...“. Die Gemeinde fiel ein, und unter der Emporentreppe heraus hörte man zwei helle Kinderstimmen aus den rauhen Tönen der Männer und den eher schüchternen Stimmen der Frauen heraus glockenhell erklingen; sie gehörten Martin und Maria Schomberg. Der Kantor hatte die Kinder schon oft wegen ihrer reinen und hellen Stimmen gelobt. Es ist wohl im Leben immer so, daß die Armut auch oft einen Reichtum der Schönheit – und sei es in der Stimme – beherbergt.

Pfarrer Sandrock, der wegen seiner Strenge gefürchtet und wegen seiner Gerechtigkeit geliebt wurde, verkündete die Worte des Weihnachtsevangeliums, er ließ in seiner Predigt die Zeitläufte nicht außer acht. Sittenstreng wie er war, verschmähte er es nicht, sogar am Weihnachtsabend seiner Gemeinde deren Sünden, die ihm noch kurz vor Weihnachten zu Ohren gekommen waren, vor Augen zu halten. Mancher Blick ging in den Kirchenbänken verschämt auf die gefalteten Hände. Nach dem Amen standen die Kirchenbesucher stumm auf und verharrten noch eine Weile im stummen Gebet, die Männer hielten dabei den Hutrand, so wie es heute noch bei älteren Männern zu sehen ist, an das Kinn. Dann gingen alle. Zuerst die Herrschaft, dann die Frauen, die Männer, zuletzt die Burschen und Kinder.

Im Haus am Bach fanden die Kinder ihre Mutter an der Liege ihrer Schwester betend sitzen. War in der Heiligen Nacht in Bethlehem ein Kind geboren worden, um der Welt das Heil zu bringen, so bangte hier eine Mutter um das Leben ihres Kindes, dessen Lebensflamme immer kleiner zu brennen schien. Still und friedlich lag die kleine Gertrud auf ihrer mit grobem Leinen bedeckten Strohschütte, aus der einzelne Strohhalme gleich Goldfäden hervorlugten. Es gab kein Fragen und Antworten im Haus, ebenso fehlte der Gabentisch. Eine Brennsuppe und trockenes Brot waren das Christmahl. Still verkrochen sich die Kinder auf ihre Lagerstatt, sie schliefen bald ein.

Gertrud, die Mutter, räumte das Wenige, was aufzuräumen war, fort. Dann öffnete sie den niedrigen Kleiderkasten, dem man ansah, daß er auch oft als Tisch benutzt werden mußte, nahm einen abgetragenen Beiderwandrock, eine ebensolche Jacke und eine verwaschene Blaudruckschürze heraus. Sie nahm Nadel und Faden zur Hand und versuchte, die schadhaften Stellen so gut es ging auszubessern. Im vorigen Jahr war sie nicht am Weihnachtsmorgen zum Abendmahl gegangen, da hatte sie die verschlissenen Kleidungsstücke noch nicht. Die Kirchensenioren hatten ihr Fehlen wohl bemerkt, sie wurde dieserhalb vor den Geistlichen Herrn zitiert, der ihr Vorhaltungen wegen ihres Fehlens gemacht hatte. Mit weinender Stimme hatte sie auf ihre schlechte, zum Kirchgang unwürdige Kleidung aufmerksam gemacht. Mit nickendem Haupt hatte der Pfarrer ihr die Absolution erteilt, er wußte um die Belange seiner Gemeinde. Nur zu oft wurde als Grund für das Fernbleiben vom Gottesdienst fehlende oder mangelhafte Kleidung angegeben...

Gertrud hatte nach der Ernte von der Bäuerin, der sie den Sommer hindurch zur Hand gegangen war, einen Rock, Jacke und Schürze bekommen, obwohl die Kleidungsstücke der Bäuerin selbst schwer abgingen. Da saß sie nun, bis die Öllampe mit einem letzten Flackern erlosch. Sie schlief am Lager ihres kranken Kindes bald ein. Am Weihnachtsmorgen wurde sie vom Geläut der Glocke, die das Zeichen für den bald beginnenden Gottesdienst gab, geweckt. Schnell hatte sie sich angezogen. Die kleine Gertrud schien zu schlafen, ebenso die anderen Kinder. Ihr Mann war wach, er wäre selbst gern mitgegangen, er wagte es aber nicht, mit seinen Krücken den steilen Kirchberg hinaufzugehen, auch wenn er nicht am Lager des Kindes hätte bleiben müssen.

Gertrud nahm das gewichtige Gesangbuch vom Bord, legte den Klingelbeutelpfennig in den im Gesangbuch gefalteten Stern, griff das Abendmahlstaschentuch; wohl der einzige Gegenstand, der im Hause unbeschädigt war, schritt die knarrenden Stiegen hinunter, schloß leise die verwitterte Haustür zu und bahnte sich einen Weg durch den in der Nacht gefallenen Schnee zur Dorfstraße. Von allen Seiten kamen die Kirchgänger und schritten schweigend in den kühlen, dunklen Morgen. Inzwischen hatten auch die Glocken mit dem Zusammenläuten begonnen. Über dem Kirchturm stand am Sternenhimmel das Kreuz des Südens. Die Sterne strahlten besonders hell in der fünften Morgenstunde. Viele ältere Männer und Frauen strömten dem Gotteshaus zu und suchten sich ihren Platz. Es war ein ungeschriebenes Gesetz, daß jeder Dorfbewohner „seinen" Platz hatte.

Gertrud blieb von Zeit zu Zeit nachdenklich stehen, was sie in ihren Gedanken bewegte, war weniger der Weihnachtsmorgen, als die Sorge um ihr krankes Kind. Es waren quälende Gedanken, die sie nicht losließen. War nicht vor Jahren das Kind eines Häuslers nach dem Genuß von Abendmahlsbrot gesund geworden? Sie kam zu keinem Entschluß, sie wußte wohl, daß sie mit der Verweigerung des Leibes Christi eine schwere Sünde auf sich laden würde. Hatte Christus denn nicht auch die Kinder geliebt und vieles für sie getan? Fragen über Fragen.

So war sie in Gedanken versunken im Gotteshaus angekommen, sie setzte sich dahin, wo am Abend vorher ihre Kinder gesessen hatten, auf die Seitenbank unter der Emporentreppe.

Die Glocken verstummten und die Orgel setzte ein. Nach einer kurzen Predigt rief der Pfarrer seine Gemeinde zum Tisch des Herrn, auch hier wieder nach Rang und Namen. Zuerst die Gutsherrschaft, dann die Männer und Burschen, zuletzt die Frauen und Mädchen. Man saß damals streng nach den Geschlechtern getrennt. Fast zum Schluß reichte der Geistliche Gertrud das gebrochene Brot mit den Worten aus dem Lucas Evangelium 22tes Capitel Vers 19: „Und er nahm das Brot, dankte und brach es, und gab es ihnen und

Kirche von Ernetheis.

sprach: Das ist mein Leib, der für euch gegeben wird; das tut zu meinem Gedächtnis". Mit zitternden Händen führte Gertrud das Brot zum Mund, um es nach einem Dankesknicks unauffällig – wie sie glaubte – in der Schürzentasche verschwinden zu lassen. Als sie den Kelch gereicht bekam, schlug ihr Herz zum Hals heraus. Die Worte der Einsetzung: „Desselbigen gleich auch den Kelch nach dem Abendmahl, und sprach: Das ist der Kelch, das neue Testament in meinem Blut, das für euch vergossen wird", gingen an ihren Ohren vorüber. Es war so, als ob unsichtbare Stimmen von allen Seiten ihr zuriefen: Sünde! Sünde! Sünde! Nachdem sie ihren Platz wieder aufgesucht hatte, tasteten ihre Finger nach dem winzigen Stück Brot in der Schürzentasche. Hatte sich Christus denn nicht für alle Menschen geopfert, auch für die Kinder? Trost brachte ihr dieser Gedanke nicht.

Zuhause angekommen, fand sie alle ihre Angehörigen wach um das Lager der kleinen Gertrud versammelt, die friedlich schlief. Als die Mutter sie alle so um das Lager des Kindes versammelt sah, erschrak sie zunächst heftig, denn sie glaubte, die kleine Gertrud sei für immer eingeschlafen. So als ob die Schläferin das Kommen der Mutter bemerkt hätte, schlug sie die Augen auf und lächelte, als sie das Gesicht der Mutter sah.

Der Vater und die Kinder suchten schweigend für eine kurze Weile ihre Lagerstätten auf. ... Man hörte unter der Stube im Stall die Mutter werken, sie melkte die Ziegen, um mit der Milch, gemischt mit Mehl und trockenen Früchten, eine Morgensuppe zu kochen. Einen kleinen Teil der körperwarmen Milch tat sie in eine kleine Schale und legte auch das, wie ein kostbares Kleinod aufbewahrte Stückchen Abendmahlsbrot hinein. Darüber war eine Zeit vergangen, die Morgendämmerung kroch durch die Straßen und ein schmaler Streifen des kommenden Tageslichtes huschte an den gefrorenen Fensterscheiben entlang und vergoldete die Eisblumen in den Fenstergevierten. Ein Kind nach dem anderen rieb sich den Schlaf aus den Augen, jeder suchte seine spärlichen Kleidungsstücke zusammen, jeder versuchte als erster an die hölzerne Waschbütte, die die Mutter mit angewärmtem Wasser gefüllt hatte, zu gelangen, um dadurch als erster am Tisch zu sitzen. Stehend sprach der Vater das Morgengebet. Ganz gegen die Gewohnheit fügte die Mutter noch Worte hinzu, deren Sinn keiner am Tisch verstand, sie aber wußte, warum sie es tat. Stillschweigend trat sie zum Lager der kleinen Gertrud, die die Augen aufgeschlagen hatte und die Mutter erwartungsvoll anblickte. Diese sah die Blicke nicht; sie murmelte unverständliche Worte vor sich hin. Ihre Hände zitterten, als sie die Schale mit der Milch und dem Abendmahlsbrot dem Kinde an den Mund führte, dabei murmelte sie die Worte: „Dies ist mein Leib, der für euch gegeben wird" mehrmals hintereinander. Zu ihrem Erstaunen verlangte die Kranke noch mehr, aber auf dem Tisch war nichts mehr. - Die hölzernen Löffel steckten bereits im Löffelkasten, auch die Milchschüssel war leer. So blieb der Mutter nichts anderes übrig, als zwei Äpfel am Feuer zu garen und dem Kinde zu geben.

Mittlerweile war das Tagesgestirn über die Dächer gestiegen und die wärmenden Strahlen fanden den Weg auch zum Haus am Bach. Es war windstill und kein Wölkchen am Himmel. Die Stube war von den Kindern verlassen. Irgendwo im Dorf gingen sie den Winterfreuden nach. Die niedrigen vom Wagner oder Schreiner, aber auch von geschickten Vätern erbauten Bretterschlitten glitten rumpelnd über den festgefahrenen Schnee der Dorfstraßen.

Um die Mittagszeit waren die Fensterscheiben im Bachhaus soweit aufgetaut, daß die Sonnenstrahlen ungehindert hindurch konnten, Vater und Mutter schoben das Strohlager der kleinen Gertrud in den wärmenden Lichtkegel, gar bald röteten sich die Wangen des kleinen Mädchens und ein erstes Lächeln huschte über ihr Gesicht. Sollte das Abendmahlsbrot bereits geholfen haben? Die Mutter glaubte ganz fest daran.

Es war Zeit sich für den Mittagsgottesdienst zu rüsten. Die älteren Kinder wurden ins Haus gerufen, um mit der Mutter den Gottesdienst zu besuchen. Auch um die Mittagsstunde war das Gotteshaus von den Dorfbewohnern gefüllt. Diesesmal ein – nach der Liturgie – reiner Predigtgottesdienst, gab dem betagten Geistlichen hinreichend Gelegenheit, gegen die Verderbnis und den Aberglauben der Menschen zu wettern. Die Worte trafen die zusammengedrückt unter der Emporentreppe sitzende Frau wie Keulenschläge. Gehörte sie nicht auch zu denen, die an Wunder glaubten? Hatte sie nicht auch gegen das Gebot Gottes gesündigt, indem sie das Abendmahlsbrot nicht selbst gegessen, sondern es für ihr krankes Kind aufbewahrt hatte? Krampfhaft preßte sie die Hände beim Vaterunser zusammen – und vergib uns unsere Schuld, und führe uns

nicht in Versuchung, erlöse uns von dem Bösen!
Sie wunderte sich nicht wenig, als zwei gut gestellte Bäuerinnen sie vor dem Tor zum Kirchhof ansprachen und ihr sagten, daß sie für sich und ihre Familie Brot und Mehl von ihnen haben könnte. Beides konnte sie gut gebrauchen, denn ihre Vorräte waren erschöpft. Was sie nicht gesehen, waren die Blicke, mit denen sie von dem Kirchensenioren Dingel mißtrauisch angesehen wurde. Die Ursache dazu sollte sie in ein paar Tagen erfahren. Den Augen des Kirchensenioren war es nicht entgangen, daß Gertrud das Abendmahlsbrot nicht gegessen, sondern in ihrer Schürzentasche versenkt hatte. Am darauffolgenden Montag klopfte es früh an der Haustür des Schomberghauses. Als Gertrud öffnete, sah sie sich dem Kirchensenior gegenüber, der ihr eröffnete, daß sie am Abend des gleichen Tages um 6 Uhr zum Pfarrer kommen sollte. Die Ursache ahnend, ging sie mit schweren Schritten zur angegebenen Zeit zum Pfarrhaus, wo sie in der warmen Amtsstube von dem ernst dreinschauenden Pfarrer empfangen wurde. Streng, aber doch mit einem Unterton von Wohlwollen in der Stimme, hielt er ihre Sünden vor, er ermahnte sie, daß sie niemals wieder gegen das heilige Sakrament verstoßen sollte, was am Altar geschehe, das müsse man heilig halten. Nach einem gemeinsamen Gebet erhielt sie die Absolution. Als sie das Pfarrhaus verließ, drückte ihr die Pfarrmagd einen Korb in die Hand mit den Worten, sie möge den gesegneten Inhalt mit ihren Angehörigen teilen. Erleichtert strebte die nun von ihren Sünden Befreite ihrer Behausung zu, wo sie zu ihrer Verwunderung von der kleinen Gertrud lachend empfangen wurde. Ein Wunder war doch geschehen! Für die Mutter stand fest, daß das zum Leib Christi gewordene Brot dieses Wunder bewirkt habe. Ob sie noch einmal mit dem geheiligten Brot so umgehen würde? Diese Frage blieb unbeantwortet.
Das, was hier aufgezeichnet wurde, steht mit wenigen Worten von Pfarrer Kaspar Friedrich Sandrock, um 1791 weiland Geistlicher zu Gensungen, aufgezeichnet im Bußprotocollbuch der evangelischen Kirchengemeinde dortselbst.

Weihnachtsgottesdienst im Festsaal der Herrnhuter „Brüdergemeine“.

Das Advents- und Weihnachtslied

„Jauchzet ihr Himmel, frohlocket ihr Engel in Chören". Musizierender Engel (1619), aus dem Deckengemälde der Kirchenburg St. Michael in Ostheim v. d. Rhön.

Man kann das Weihnachtsereignis, die Menschwerdung Gottes, mit unseren wenigen Sinnen nicht begreifen, es sei denn, man feiert es. Dazu gehören die bekenntnisstarken Lieder. Sie bringen in vielen Kirchenbesuchern wieder etwas ins Schwingen, was längst verstummt erschien.

Die Advents- und Weihnachtslieder sind als Bereicherung des Christfestes älter als das spätere Brauchtum von Adventskranz und Tannenbaum. Schon Bischof Ambrosius hatte um das Jahr 386 das Adventslied „Veni redemptor genitum" (Nun komm, der Heiden Heiland) gesungen, das Martin Luther 1524 verdeutschte. Auch Luthers Parteigänger und späterer Gegner und Aufwiegler der Bauern, Thomas Münzer, hatte bereits 1523 den Hymnus „Canditor alme siderum" (Gott, heilger Schöpfer aller Stern) einer aus dem 10. Jahrhundert von Kempten her bekannten Melodie unterlegt.[62]

Das wohl älteste schriftlich überlieferte Weihnachtslied in deutscher Sprache dürfte das am Niederrhein von den Bürgern der Städte gesungene „Sei willkommen, Herre Christ" sein. Seine Melodie wurde im Evangeliar Kaiser Ottos III. aus dem 11. Jahrhundert im Aachener Münsterschatz überliefert.[63]

Das bekannte „In dulci jubilo" (Nun singet und seid froh) stammt aus dem 14. Jahrhundert, und das nicht weniger gesungene „Quem pastores laudavere" (Den die Hirten lobeten sehre) ist aus dem 15. Jahrhundert überliefert. In den lutherischen Kirchen hat sich das „Quempas-Singen" im 16. und 17. Jahrhundert großer Beliebtheit erfreut. Die Schulkinder schrieben die Lieder zu Advent und Weihnachten in ihr „Quempas-Heft", lernten sie auswendig, um sie in Gruppen an verschiedenen Stellen in den Gotteshäusern zu singen. Allmählich stimmte dann auch die Gemeinde ein, was gerade den protestantischen Lehrauffassungen entgegenkam. An den Christmettfeiern am Morgen des ersten Weihnachtsfeiertages dauerten diese Liedgottesdienste oft mehrere Stunden. Von Eichelsdorf im Vogelsberg wird uns von Frühgottesdiensten am 25. Dezember mit ausgiebigem Weihnachtsläuten und Weihnachtssingen noch aus jüngster Zeit berichtet.[64]

Nun singet und seid froh,
jauchzt alle und sagt so:
Unsers Herzens Wonne
liegt in der Krippen bloß
und leucht' doch wie die Sonne
in seiner Mutter Schoß.
Du bist A und O,:]

Sohn Gottes in der Höh,
nach dir ist mir so weh.
Tröst mir mein Gemüte,
o Kindlein zart und rein,
durch alle deine Güte,
o liebstes Jesulein.
Zieh mich hin zu dir,:]

Groß ist des Vaters Huld,
der Sohn tilgt unsre Schuld.
Wir warn all verdorben
durch Sünd und Eitelkeit,
so hat er uns erworben
die ewig Himmelsfreud.
O welch große Gnad,:]

Wo ist der Freuden Ort?
Nirgends mehr denn dort,
da die Engel singen
mit den Heilgen all
und die Psalmen klingen
im hohen Himmelssaal.
Eia wären wir da, :]

Die Zahl der Weihnachtslieder, die aus dem Geist der Reformation geschaffen wurden, ist beachtlich. Genannt seien: „Ihr lieben Christen, freut euch nun" von dem hessischen Humanisten Erasmus Alberus (Bruchenbrücken, Staden, Oberursel) und „Gelobet seist du, Jesus Christ", dessen erste Strophe schon um 1380 entstand und das 1524 von Luther um 6 Strophen erweitert wurde.

1. Ich steh an deiner Krippen hier,
o Jesu, du mein Leben;
ich komme, bring und schenke dir,
was du mir hast gegeben.
Nimm hin, es ist mein Geist und Sinn,
Herz, Seel und Mut, nimm alles hin
und laß dir's wohlgefallen.

2. Da ich noch nicht geboren war,
da bist du mir geboren
und hast mich dir zu eigen gar,
eh ich dich kannt, erkoren.
Eh ich durch deine Hand gemacht,
da hast du schon bei dir bedacht,
wie du mein wolltest werden.

3. Ich lag in tiefster Todesnacht,
du warest meine Sonne,
die Sonne, die mir zugebracht
Licht, Leben, Freud und Wonne.
O Sonne, die das werte Licht
des Glaubens in mir zugericht',
wie schön sind deine Strahlen!

4. Ich sehe dich mit Freuden an
und kann mich nicht satt sehen;
und weil ich nun nichts weiter kann,
bleib ich anbetend stehen.
O daß mein Sinn ein Abgrund wär
und meine Seel ein weites Meer,
daß ich dich möchte fassen!

Paul Gerhardt

Einen neuen Höhepunkt erreichte das kirchliche Weihnachtslied durch den begnadeten Lyriker und brandenburgischen Pfarrer Paul Gerhardt um die Mitte des 17. Jahrhunderts. Erinnert sei hier an die Lieder „Fröhlich soll mein Herze springen" (1653), „Kommt und laßt uns Christum ehren" (1666) und „Ich steh an deiner Krippen hier" (1653). Paul Gerhardt hielt sich als treuer Lutheraner stets an den Kern der biblischen Aussagen. Dabei schuf er die innigsten und bilderreichsten Lieder. Dem großen Geschenk Gottes in der Krippe bringt er als Gegengeschenk sein eigenes „Ich".[65]

Auf katholischer Seite verfaßte Friedrich Spee das innige Lied „Zu Bethlehem geboren ist uns ein Kindelein". Diese hier formulierte alleinige Bezugnahme auf das Jesuskind gab Spee die unerschütterliche Kraft, gegen Aberglauben, Hexenwahn und kirchliche Irrwege seiner Epoche anzukämpfen.

Das volksliedhafte „O du fröhliche ..." wird heute bei den Festgottesdiensten zu Weihnachten kaum ausgelassen. Es ist ein die Weihnachtsfreude treffendes Lied, das Johannes Daniel Falk zusammen mit Heinrich Holzschuher, einem seiner Mitstreiter, gedichtet hat. Sie hatten es zunächst gedacht für die verwahrlosten und gefährdeten Kinder des von ihnen gebauten und bewirtschafteten Lutherhofs in Weimar. Den Text schrieben sie 1819 auf eine Melodie, die der ebenfalls in Weimar wirkende Johann Gottfried Herder 1788 als siziliani-

Ausschnitt aus dem „Frankfurter Paradiesgärtlein" (Staedel). Die heilige Cäcilia wird als Patronin der Kirchenmusik sowie der Musiker, Sänger und Instrumentenbauer verehrt. Die schöne Legende von der Hochzeitsfeier der Märtyrerin mit einer ganz Gott zugewandten Musik gab dazu die Begründung. Der Oberrheinische Meister schuf das Gemälde der Sündenlosigkeit Marias um das Jahr 1410. Maria hält sich mit dem Kind und einigen Heiligen im mauergeschützten „hortus conclusus" auf. Cäcilia läßt das Jesuskind auf einem Saiteninstrument spielen.

sches Schifferlied mitgebracht hatte. In einer sehr einfachen, beinahe kindgemäßen Weise drückt es den Jubel über das Erscheinen Gottes in der Welt aus.

1. O du fröhliche, o du selige,
gnadenbringende Weihnachtszeit!
Welt ging verloren, Christ ist geboren:
Freue, freue dich, o Christenheit!

2. O du fröhliche, o du selige,
gnadenbringende Weihnachtszeit!
Christ ist erschienen, uns zu versühnen:
Freue, freue dich, o Christenheit!

3. O du fröhliche, o du selige,
gnadenbringende Weihnachtszeit!
Himmlische Heere jauchzen dir Ehre:
freue, freue dich, o Christenheit!

Johannes Daniel Falk

Die Popularität des Liedes ist so groß, daß parodistische Umdichtungen geradezu vorgezeichnet waren, insbesondere, wenn man den Mißbrauch der Weihnacht geißeln will, wie es Uwe Wandrey getan hat:

„O du fröhliche, o du selige
dollarbringende Weihnachtszeit ...
Geld ward geboren
Welt ging verloren,
verloren, verloren die Christenheit"

Oder in der zweiten Strophe:

„Geld ist erschienen
daß wir ihm dienen,
dienen, dienen der Marktfreiheit".[66]

Tizian hat in lichtfrohen Farben „Die heilige Familie mit Johannes dem Täufer" gemalt. Dies ist eine überraschende Personenkomposition, eine von der Zeitabfolge undenkbare, aber theolgisch höchst aufschlußreiche Zusammenfügung, denn Johannes der Täufer war nur sechs Monate älter

„Die heilige Familie mit Johannes dem Täufer" von Tizian.

als Jesus. Tizian stellt den tragischen Bußprediger und Ankünder Jesu in den dunklen Erdfarben mit dem Symbol des Lammes an den Rand der Familienidylle südländischer Prägung. Die Bewegung und die Farben singen geradezu das „O du fröhliche …".
Die Lieder zur Advents- und Weihnachtszeit werden an Reichhaltigkeit von kaum einem anderen Motivkreis übertroffen. Vor allem, wenn man zu dem geistlichen Lied im Kirchengesangbuch, und zu den Kantaten, Motetten und Oratorien das auf mancherlei Weihnachtsbrauchtum bezogene Volkslied rechnet. Heute fordert sogar die Hitparade zu sentimentalen Winterweihnachtsschlagern heraus. Offenbar verbirgt sich in den fröhlichen und feierlichen Klängen eine große Sehnsucht nach Harmonie, Mitmenschlichkeit und Hoffnung. Die Weihnachtsklänge rühren die Herzen von jung und alt an, weil sie von vielen Menschen empfunden werden wie der emporsteigende Duft von Blumen und wie ein Verströmen von Versöhnungskraft. Diesem Empfinden hat der Mystiker des Protestantismus im 18. Jahrhundert Gerhard Tersteegen 1731 innigen Ausdruck verliehen.

Himmlische Musik: Engel mit Baßfidel. Kartusche aus dem Tonnengewölbe von Weiterode bei Rotenburg a. d. Fulda.

1. Jauchzet, ihr Himmel, frohlocket, ihr Engel, in Chören,
singet dem Herren, dem Heiland der Menschen, zu Ehren!
Sehet doch da:
Gott will so freundlich und nah
zu den Verlorenen sich kehren.

2. Jauchzet, ihr Himmel, frohlocket, ihr Enden der Erden!
Gott und der Sünder, die sollen zu Freunden nun werden.
Friede und Freud
wird uns verkündiget heut;
freuet euch, Hirten und Herden!

3. Sehet dies Wunder, wie tief sich der Höchste hier beuget;
sehet die Liebe, die endlich als Liebe sich zeiget!
Gott wird ein Kind,
träget und hebet die Sünd;
alles anbetet und schweiget.

4. Gott ist im Fleische: wer kann dies Geheimnis verstehen?
Hier ist die Pforte des Lebens nun offen zu sehen.
Gehet hinein,
eins mit dem Kinde zu sein,
die ihr zum Vater wollt gehen.

5. Hast du denn, Höchster, auch meiner noch wollen gedenken?
Du willst dich selber, dein Herze der Liebe, mir schenken.
Sollt nicht mein Sinn
innigst sich freuen darin
und sich in Demut versenken?

6. König der Ehren, aus Liebe geworden zum Kinde,
dem ich auch wieder mein Herze in Liebe verbinde:
du sollst es sein,
den ich erwähle allein;
ewig entsag ich der Sünde.

7. Süßer Immanuel, werd auch in mir nun geboren,
komm doch, mein Heiland, denn ohne dich bin ich verloren!
Wohne in mir,
mach mich ganz eines mir dir,
der du mich liebend erkoren.

Gerhard Tersteegen

Hausmusik. Ludwig Richter.

Im ausgehenden 18. und beginnenden 19. Jahrhundert wurden die neuen Erziehungsansichten (Rousseau, Pestalozzi, Fröbel) und die kulturelle und gesellschaftspolitische Emanzipation des Bürgertums auch im Blick auf die Advents- und Weihnachtszeit wirksam. Seit der Biedermeierzeit und besonders seit den Gründerjahren strahlt das christlich beeinflußte Advents- und Weihnachtsbrauchtum auch in die unteren Sozialgruppen und von der Stadt auf das Land aus.

Das Weihnachtsfest, bisher eine vorwiegend kirchliche Feier, wurde auch in der Familie heimisch. Das Weihnachtsbrauchtum, das zum Teil noch von vorchristlichen Elementen durchsetzt war, erfuhr eine bisher nicht gekannte Verfeinerung. Die zunehmende Sitte des Schenkens und Bescherens, die preisgünstig gewordenen, weil serienproduzierten Musikinstrumente und das stark erweiterte, zum Teil auch säkularisierte auf das Christfest bezogene Liedgut trugen entscheidend dazu bei, daß Weihnachten das herzoffene deutsche Familienfest schlechthin wurde.

Gab es in der Barockzeit vergleichsweise wenig Hausinstrumente wie Cembalo, Geige, Laute, Trompete oder Hausorgeln fast nur in den Stadtpfeiferfamilien, so kam es im 19. Jahrhundert zu einer deutlichen kulturellen Ausweitung im musischen Bereich. Während im alpenländischen Raum die traditionellen Zupf- und Blasinstrumente neue Darstellungsfelder innerhalb des Weihnachtenfeierns erhielten, kamen im bürgerlich-städtischen Haushalt in ganz Deutschland das Klavier, die Ziehharmonika, später auch das Schifferklavier und vor allem die Blockflöte in Mode. Arme Gebirgsdörfer im Schwarzwald und im Erzgebirge hatten diese Bedürfnisse zu einem regelrechten Heimgewerbe des Instrumentenbaus genutzt. In betont christlichen Familien erreichte das Harmonium einen beinahe überirdischen Stellenwert.

Die Hausmusik wurde gerade zur Advents- und Weihnachtszeit zu einer familienverbindenden Kraft. Sie trug zur Verbreitung der bisher nur in den Kirchen gesungenen Choräle bei und motivierte zu neuem Dichten und Komponieren von Weihnachtspoesie. Die Gedichte und Lieder gerieten zwar oft recht hausbacken, waren aber vom Ursprung her durchaus gefühlsecht. Vielerorts wurden sie mit dem Winter als Klimaerscheinung verbunden, was besonders seit der romantischen Epoche festzustellen ist. Eichendorff, Storm, Lenau, von Liliencron, Lobsien u. a. haben dazu herausragende Beispiele geliefert. Viele ihrer Gedichte wurden vertont oder mit alten Volksweisen verbunden. Das von Eduard Ebel verfaßte „Leise rieselt der Schnee“, das sich in einer gut geheizten Stube beim Blick auf ein Schneetreiben draußen gut singen läßt, ist ein Beispiel für eine unauflösliche Symbiose von Winterzeit und Heiliger Nacht.

Leise rieselt der Schnee,
still und starr ruht der See;
weihnachtlich glänzet der Wald:
Freude dich, Christkind kommt bald!

In den Herzen wird's warm,
still schweigt Kummer und Harm,
Sorge des Lebens verhallt:
Freude dich, Christkind kommt bald!

Bald ist Heilige Nacht,
Chor der Engel erwacht,
Hört nur, wie lieblich es schallt:
Freude dich, Christkind kommt bald!

Wir können aus dem schier unüberblickbar gewordenen Liedgut zur Advents- und Weihnachtszeit nur exemplarische Hinweise zur Kenntnis nehmen. Dabei sollen Lieder aus verschiedenen Epochen zu uns sprechen, wobei versucht wird, den jeweiligen Zeitgeist und Zeitgeschmack von dem Kern der Aussage zu trennen.

Wilhelm Hey hatte in biedermeierlichen Versen für Kinder das Lied geschrieben „Alle Jahre wieder kommt das Christuskind". Die einfache Melodie von Friedrich Silcher zu dem Lied „Aus dem Himmel ferne" paßte dazu und machte es zum Volkslied. Der Text wirkt verbraucht. Dem Liedchen geht es wie vielen alten Dingen, sie sind abgegriffen und werden – weil irgendwie echt – doch nicht weggeworfen.
Ähnlich verhält es sich mit der aus der gleichen Zeit und dem gleichen geistigen Umfeld stammenden Volksweise „Am Weihnachtsbaum die Lichter brennen" von Hermann Klettke. Offenbar empfinden die Sänger und Hörer eine köstlich unvergängliche Glaubenserfahrung.
Das Weihnachtsgeschehen wird ganz bewußt auf die Verstehenswelt der Kinder transponiert in dem 1811 von Christoph von Schmid geschriebenen Lied „Ihr Kinderlein kommet ...". Es paßt auf eine schon 1794 von J. A. P. Schulz komponierte Melodie.
Ein durchaus nur das Brauchtum zu Weihnachten ansprechendes Kinderlied, das dazu noch ganz zeitbedingt an soldatischen Geschenkvorstellungen orientiert ist, findet sich in „Morgen, Kinder, wird's was geben" von Hoffmann von Fallersleben.

Ihr Kinderlein kommet, o kommet doch all,
zur Krippe her kommet, in Bethlehems Stall,
und seht, was in dieser hochheiligen Nacht
der Vater im Himmel für Freude uns macht.

O seht in der Krippe im nächtlichen Stall,
seht hier bei des Lichtleins hellglänzendem Strahl
in reinlichen Windeln das himmlische Kind,
viel schöner und holder, als Engel es sind.

Da liegt es, das Kindlein, auf Heu und auf Stroh,
Maria und Joseph betrachten es froh,
die redlichen Hirten knien betend davor,
hoch oben schwebt jubelnd der Engelein Chor.

O beugt wie die Hirten anbetend die Knie,
erhebet die Hände und danket wie sie;
stimmt freudig, ihr Kinder, – wer wollt sich nicht freun? –
stimmt freudig zum Jubel der Engel mit ein.

Es mag stellvertretend für viele ähnliche Liedchen stehen. Zu diesem Bereich zählt auch eine Reihe von Liedern, die in vielen Kaufhäusern und auf Weihnachtsmärkten in abgedroschenen, beinahe gassenhauerhaften Versionen von „Süßer die

Leise rieselt der Schnee.

Heilige Familie aus dem Haus Canigiani. Begegnung der Kinder Johannes und Jesus mit ihren Müttern Elisabeth und Maria. Raffaelo Santi.

Glocken ..." bis zu „Jingle Bells" und „White Christmas" erklingen. Jeder Geschmack kann bedient werden. „Wessen Lieder wirst du singen?" fragt ein neuzeitliches Tauflied.

Viel umfangreicher ist das ältere Liedgut aus der Zeit des „Kindel-Wiegens", wo zwar keine völlige Säkularisation, wohl aber doch ein Abweichen von dem zentralen Weihnachtsgeschehen zu beobachten ist. Unmöglich kann die Fülle dieser Wiegen- und Schlaflieder zu Ehren des Jesuskindes hier dargestellt werden. Eines der ältesten, nämlich „Josef, lieber Josef mein" stammt aus dem Bereich der spätmittelalterlichen Krippenspiele. Es wurde auf die Weise „Resonet in laudibus" gesungen, die schon am Anfang des 14. Jahrhunderts in „Christspielen" als Wechselgesang zwischen den Eltern Jesu einerseits und dem Chor andererseits beliebt war, der nach jeder Strophe antwortete „Nun ist erfüllt was uns geweissagt Gabriel".[67] Der ursprüngliche Text dieses mittelalterlichen Liedes lautete:

„Josef, lieber Josef min,
hilf mir wiegen min Kindelin,
daß Gott müeze din lohner sin ..."

und Josef hatte zu antworten:
„Gerne liebe Muhme min
ich hilf dir wiegen din Kindelin ..."

Josef spricht Maria nicht als seine Frau, sondern als „Muhme" (= Tante) an. Offenbar durfte die Virginität, die Jungfernschaft Marias nicht angetastet und die Vaterschaft Josefs nicht angedeutet werden: Josef in der beklagenswerten Nebenrolle des Adoptivvaters! Die Wiegenlieder waren sozusagen als Gegensatz zu den strengen, aber theologisch makellosen Kirchen-Leisen (Gemeindeantwort auf den Gesang der Chorherren als Sprechgesang, z. B. das Kyrie eleison = Herr, erbarme dich) schon in vorreformatorischer Zeit zu einem kirchlichen Eigenleben emporgestiegen. Sie beschränkten sich in ihrer Darbietung auf die naive Freude am neugeborenen Jesus und leiteten eine nicht unbedenkliche Folklorisierung einer ganz sinnenhaft erfahrenen Weihnacht ein. Es waren gerade die Nonnenklöster, in denen sich das „Kindelwiegen" eine eigene Liturgie erobert hatte. Bei den zum Teil spektakulären Gassenumzügen mit der Krippe übernahmen die frommen Frauen so etwas wie eine sichtbar gemachte Ersatz-Mutterschaft. In dem Lied „Vom Himmel hoch, o Englein kommt", das in seiner heutigen Version im Kölner Gesangbuch von 1623 zu finden ist, erreicht der „Eiasusani-Effekt" seinen Höhepunkt.[68]

Eine Abkehr von den geradezu gesellig-harmlosen Wiegen- und Schlafliedern hin zu dem theologischen Zentralgedanken der Inkarnation, der Menschwerdung Gottes, bei dennoch gleichzeitig kindgemäßer Darstellung im Lied, findet sich bei Luther. Das bekannte Weihnachtslied „Vom Himmel hoch" hat er in erster Linie für seine Kinder geschrieben. Der musisch begabte Reformator mag es seiner Familie oft vorgesungen und auf der Laute begleitet haben. Luther hat das 15strophige Lied allerdings nicht ganz von dem Sprachmotiv des „Susani" gereinigt, aber er hat durch seine Gedankenführung und durch seine Formulierung, aber auch durch die Melodie aus dem oberflächlichen Gefühlsbereich herausgeführt und die Sentimentalität verbannt, die sich in vielen Schlaf- und Wiegenliedern verselbständigt hatte. In den Strophen 1 bis 6 geht es ihm um die Verkündigung des

1. Vom Himmel hoch, da komm ich her,
ich bring euch gute neue Mär;
der guten Mär bring ich so viel,
davon ich sing'n und sagen will.

2. Euch ist ein Kindlein heut gebor'n
von einer Jungfrau auserkor'n,
ein Kindelein so zart und fein,
das soll eu'r Freud und Wonne sein.

3. Es ist der Herr Christ, unser Gott,
der will euch führ'n aus aller Not,
er will eu'r Heiland selber sein,
von allen Sünden machen rein.

4. Er bringt euch alle Seligkeit,
die Gott der Vater hat bereit',
daß ihr mit uns im Himmelreich
sollt leben nun und ewiglich.

5. So merket nun das Zeichen recht;
die Krippe, Windelein so schlecht,
da findet ihr das Kind gelegt,
das alle Welt erhält und trägt.

6. Des laßt uns alle fröhlich sein
und mit den Hirten gehn hinein,
zu sehn, was Gott uns hat beschert,
mit seinem lieben Sohn verehrt.

7. Merk auf, mein Herz, und sieh dorthin;
was liegt dort in dem Krippelein?
Wes ist das schöne Kindelein?
Es ist das liebe Jesulein.

8. Sei mir willkommen, edler Gast!
Den Sünder nicht verschmähet hast
und kommst ins Elend her zu mir:
wie soll ich immer danken dir?

9. Ach Herr, du Schöpfer aller Ding,
wie bist du worden so gering,
daß du da liegst auf dürrem Gras,
davon ein Rind und Esel aß!

10. Und wär die Welt vielmal so weit,
von Edelstein und Gold bereit',
so wär sie doch dir viel zu klein,
zu sein ein enges Wiegelein.

11. Der Sammet und die Seiden dein,
das ist grob Heu und Windelein,
darauf du König groß und reich
herprangst, als wär's dein Himmelreich.

12. Das hat also gefallen dir,
die Wahrheit anzuzeigen mir,
wie aller Welt, Macht, Ehr und Gut
vor dir nichts gilt, nichts hilft noch tut.

13. Ach mein herzliebes Jesulein,
mach dir ein rein sanft Bettelein,
zu ruhn in meins Herzens Schrein,
daß ich nimmer vergesse dein.

14. Davon ich allzeit fröhlich sei,
zu springen, singen immer frei
das rechte Susaninne schön,
mit Herzenslust den süßen Ton.

15. Lob, Ehr sei Gott im höchsten Thron,
der uns schenkt seinen ein'gen Sohn.
Des freuet sich der Engel Schar
und singet uns solch neues Jahr.

Martin Luther

Luther im Kreise seiner Familie.

Das „Christkindwiegen“ in Alsfeld auf dem Turm der Walpurgiskirche.

Weihnachtsgeschehens in einer sehr elementaren Darstellung. In den Strophen 7 bis 12 kommt es ihm auf die Betrachtung und die Verinnerlichung an, was z. B. besonders die 9. Strophe zeigt „Ach Herr, du Schöpfer aller Ding, wie bist du worden so gering“. In den Strophen 13 und 15 schließlich wird eine Antwort auf das Weihnachtsgeschehen gegeben, eine Antwort, die in der letzten Strophe nur in Lob und Dank bestehen kann.

Lieder wie „Laß uns das Kindlein wiegen“ oder „O Jesulein süß“ oder „Vom Himmel hoch, o Englein kommt“ stammen aus der ersten Hälfte des 17. Jahrhunderts. Sie wurden vor oder zu Beginn des Dreißigjährigen Krieges geschrieben und erinnern wiederum sehr stark an ein Aufleben der spätmittelalterlichen Krippenspiele. Viele dieser Wiegen- und Schlaflieder weichen bei genauem Hinhören wiederum von der Zentralgestalt des Gottessohns ab und verlagern im Zuge gegenreformatorischer Strategie den Schwerpunkt auf Maria, die hier schon eine Mutter-Gottes-Verehrung erfährt und gelegentlich als überhöht erscheint. Aus diesem Schaffensbereich sind auch die Weihnachtslieder „Auf dem Berge, da wehet der Wind“, das Salzburger Volkslied „Still, still weils Kindlein schlafen will“ und das von dem Sturm- und Drangdichter Chr. Fr. Schubart gedichtete „Schlaf wohl, du Himmels Knabe du“ entstanden.

Bei aller zu verspürenden Naivität und zu vernehmenden Rührseligkeit wäre es überheblich und eine verengte kunstkritische Betrachtung, wenn man diesen Liedern, die Naturerleben, Herzensempfindungen und Christgeschehen miteinander verbinden, ihre Ernsthaftigkeit absprechen wollte.

In Alsfeld hat sich über 300 Jahre ein Brauch erhalten, der dort das „Christkindwiegen“ genannt wird, aber heute in keiner Weise den Zusammenhang mit dem klösterlichen „Kindelwiegen“ des Mittelalters erkennen läßt.

Herbert Jäkel schreibt:[69] *„Dieser Brauch ist alt und seine Tradition unendlich stark. Weder Not noch Krieg, weder Wohlstand noch Diktatur, weder Fortschrittswahn noch revolutionäre Strömungen, weder sterile Sachlichkeit noch nüchterne Technik, weder Sattheit noch Verunsicherung haben ihn je zerstören können.“*

Der Alsfelder Brauch geht in seinen Wurzeln auf ein Krippenspiel von 1519 zurück. Allerdings wurden schon im 14. Jahrhundert die Krippen durch Wiegen ersetzt und vor den Altar gestellt. Nach der Reformation blieben nur Lieder übrig, die vom Turm der Walpurgiskirche für die auf dem Marktplatz andächtig lauschenden Mitbürger gesungen und gespielt wurden. Diese Form des „Christkindwiegens“ wurde in Alsfeld erstmals 1674 urkundlich erwähnt. Jäkel schildert die Vorgänge in den 70/80er Jahren so: *„Schon das Aufstellen des Weihnachtsbaumes auf dem untersten Turmumgang ist ein Ereignis für sich. Seit 1901 wird hier ein fünf Meter hoher Weihnachtsbaum mit vielen bunten Glühbirnen aufgestellt, seitdem sich das Baugebiet am Rodenberg entwickelt hat, auch auf der anderen Ecke ein zweiter Baum. Mitglieder des Gesangvereins „Liederkranz Harmonie“ sind es, die die Bäume schmücken, hochziehen und aufstellen, was durch einen handfesten Imbiß belohnt wird. Für die Sänger des Gesangvereins ist es schon immer eine besondere Ehre gewesen, beim Turmsingen dabei zu sein. Keiner möchte fehlen. Wer zum 25., 40. oder 50. Male dabei ist, erhält als Anerkennung eine Urkunde und ein Präsent. 145 Stufen müssen sie und die Mitglie-*

der des Posaunenchores hochsteigen, letztere noch ein paar Stufen mehr zu dem oberen Umgang.
Im Hinblick auf die Dreifaltigkeit wird dreimal, mit drei Versen und an drei Ecken des untersten Turmumganges geblasen und gesungen, nach Osten zum vorderen Kirchplatz, nach Süden zum Marktplatz und nach Westen zur Obergasse. Nach Norden zu wurde nie gesungen, da u. a. aufgrund einer Legende böse Geister dort das Musizieren verwehren sollen. Während des Singens und Blasens leuchten die sechseckigen Sängerlaternen aus Holz mit buntem Glas oder Papier, die auf mannshohen Stäben getragen werden. Ihr Erscheinen und Wandern auf dem Turmumgang wird von der Bevölkerung immer mit großer Spannung erwartet.
Nach dem ersten Gottesdienst erscheinen um 17.15 Uhr die Bläser und Sänger mit den Laternen zum ersten Male. An den drei Ecken des Umganges werden nacheinander das Weihnachtslied „Vom Himmel hoch, da komm ich her", der Choral „Lobt Gott, ihr Christen, allzugleich" und das Lied „Ehre sei Gott in der Höhe" gespielt und gesungen.
Danach finden in der ehemaligen Türmerwohnung Begrüßungsansprachen und Jahr für Jahr ein Vortrag über ein geschichtliches oder kulturelles Kapitel aus Alsfelds Geschichte statt.
Um 18 Uhr kommen die Sänger und Bläser zum zweiten Male auf den Turmumgang, um die drei Lieder in einer anderen Reihenfolge vorzutragen. Erneut treffen sich die Mitwirkenden in der Türmerwohnung, um, der Tradition gemäß, einen Imbiß und einen kräftigen Umtrunk zu sich zu nehmen.
Und um 19 Uhr treten sie zum dritten Male heraus, um die drei Lieder wieder in einer anderen Reihenfolge zu singen und spielen, damit an jeder Ecke jedes der drei Lieder zu hören war. Nachdem der Umgang beendet ist, eilen die Mitwirkenden zu ihren Familien nach Hause.
Ohne das Christkindwiegen ist die Heilige Nacht in Alsfeld nicht vorstellbar. Daher empfinden die Menschen, die sich immer recht zahlreich auf dem Marktplatz einfinden, eine große Dankbarkeit gegenüber dem Gesangverein „Liederkranz Harmonie" und dem Posaunenchor, daß sie die Tradition aufrechterhalten."
Eine weitere Gruppe von Weihnachtsliedern, die weitgehend für Kinder gedacht waren, sei noch erwähnt. Es sind die sogenannten Hirtenlieder. Wenn Hermann Claudius 1939 singt „Wißt ihr noch, wie es geschehen?", ein Lied, das von Christian Lahusen großartig vertont wurde, dann ist hier ähnlich wie bei Luther sowohl das kindhafte Erfassungsvermögen wie das theologische Kerngeschehen der gesamten Weihnachtszeit getroffen.

Weihnachten als Familienfest mit Musik und Gesang.

Eher den Volksliedton trifft die Weise „Inmitten der Nacht“, wobei erhebliche Abschweifungen in das Profane vorkommen. Näher an die biblische Darstellung kommt dagegen das Hirtenlied „Frisch auf, ihr lieben Brüder“. Die Hirtenlieder finden schließlich in den verschiedensten Kompositionen des „Gloria in excelsis Deo“ ihren krönenden Abschluß. Bei Luther wird dies kraftvoll gesteigert in dem Loblied: „Allein Gott in der Höh sei Ehr“.

Zuletzt sei darauf hingewiesen, daß sich überhaupt in dem letzten Jahrhundert viel melodisch gutes und theologisch korrektes neues Liedgut im Advents- und Weihnachtskreis entfaltet hat. Von Gottfried Neubert (1977) stammt das Lied „Singet fröhlich im Advent“ und Waldemar Rode hatte 1938 „Tröstet, tröstet, spricht der Herr“ geschrieben. Maria Ferschl ist eine der wenigen Frauen, die sich bisher der Weihnachtsthematik angenommen haben. 1954 schrieb sie „Wir sagen euch an, den lieben Advent“. Seitdem sind eine Fülle neuer Lieder dieser Art entstanden („Da liegt das kleine Kindlein“, „Im Advent, im Advent ist ein Licht erwacht“, „Das Feuer knistert leise“, „Weihnachtsstern, Weihnachtsstern, bist uns nah und doch so fern“).

Die tiefsinnigsten Advents- und Weihnachtslieder der 30er und 40er Jahre hat Jochen Klepper gedichtet. Sein fester Glaube und seine bösen Erfahrungen im Dritten Reich – seine Frau war Jüdin – haben zu den persönlich bekenntnishaftesten Liedern geführt, wie „Die Nacht ist vorgedrungen“, „Du Kind, zu dieser heilgen Zeit“ und „Der du die Zeit in Händen hast“. Ebenso tiefempfunden wirkt das 1963 von Dieter Trautwein getextete und komponierte „Weil Gott in tiefster Nacht erschienen“.

Unter den neueren Liedsätzen und -sammlungen sei beispielhaft auf das von Klaus Heizmann herausgegebene Buch „Die Freude wirft ihr Licht voraus“ hingewiesen. Darin sind eine Reihe von neuen Liedern aufgenommen, welche die liebgewonnenen alten Lieder dadurch aufwerten, daß sie durch Lieder in heutigen Sprachbildern mit modernen Zeiterfahrungen ergänzt werden. Stellvertretend seien genannt: „O komm, o komm Immanuel“, „Freue dich Welt, dein König naht“,

Winterabend im Hessenpark.

Stern in der Dunkelheit.

„Ich gehe durch die weihnachtlichen Straßen“, „Ein Kindlein liegt in dem armen Stall“, „Sie haben keinen Platz für dich“ und „Herr, du bist aus dem Himmel gekommen“.

1. Weil Gott in tiefster Nacht erschienen,
kann unsre Nacht nicht traurig sein!
Der immer schon uns nahe war,
stellt sich als Mensch den Menschen dar.

2. Weil Gott in tiefster Nacht erschienen,
kann unsre Nacht nicht traurig sein!
Bist du der eignen Rätsel müd?
Es kommt, der alles kennt und sieht!

3. Weil Gott in tiefster Nacht erschienen,
kann unsre Nacht nicht traurig sein!
Er sieht dein Leben unverhüllt,
zeigt dir zugleich dein neues Bild.

4. Weil Gott in tiefster Nacht erschienen,
kann unsre Nacht nicht traurig sein!
Nimm an des Christus Freundlichkeit,
trag seinen Frieden in die Zeit!

5. Weil Gott in tiefster Nacht erschienen,
kann unsre Nacht nicht traurig sein!
Schreckt dich der Menschen Widerstand,
bleib ihnen dennoch zugewandt!

Dieter Trautwein

Den neuen Weihnachtsliedern, sofern sie das Christgeschehen wirklich treffen, sollte mehr Raum gegeben werden in Kirchen und Familien, ohne darüber die guten alten Gesänge zur Geburt Jesu zu vergessen.

1. Zu Bethlehem geboren
ist uns ein Kindelein.
Das hab ich auserkoren,
sein eigen will ich sein,
eia, eia, sein eigen will ich sein.

2. In seine Lieb versenken
will ich mich ganz hinab;
mein Herz will ich ihm schenken
und alles, was ich hab,
eia, eia, und alles, was ich hab.

3. O Kindelein, von Herzen
will ich dich lieben sehr
in Freuden und in Schmerzen,
je länger mehr und mehr,
eia, eia, je länger mehr und mehr.

4. Dazu Dein Gnad mir gebe,
bitt ich aus Herzens Grund,
daß ich allein Dir lebe,
jetzt und zu aller Stund,
eia, eia, jetzt und zu aller Stund.

Friedrich Spee von Langenfeld

Modell des „Weihnachtsberges“ in Seiffen.

Stille Nacht – wie still war die Nacht?

Die Betrachtung über Jesu Geburt, verankert im Lied, soll mit einem Beitrag abgeschlossen werden, der das wahrscheinlich am häufigsten gesungene Weihnachtslied „Stille Nacht, heilige Nacht" betrifft. Dieses Weihnachtslied, das um die ganze Welt ging, bedarf einer etwas genaueren Analyse, zumal es nur in verstümmelter Form in unseren Gesangbüchern auftaucht. In der Regel werden nur drei Stophen abgedruckt, obwohl es in Wahrheit sechs zählt. Vielen war und ist das Lied zu sentimental, auf andere wirkt es – da es in den Werbekampagnen der Kaufhäuser ewig dudelt – abgedroschen. Auch die Redewendung „der Knabe im lockigen Haar" erscheint der Sachlage wenig angemessen. Die Formulierung bewirkt eher eine falsche Harmonisierung, denn in Wahrheit hatte das „hochheilige Paar" keinen Raum gefunden, in dem die Geburt einigermaßen würdig hätte ablaufen können. Das verkürzt wiedergegebene Lied wurde zu einer Art Weihnachts-Nationalhymne, später sogar eine Weihnachts-Internationale.

Wichtiger aber als Geschmacks- und Stilprobleme ist die Frage, ob hier das zentrale Anliegen von Weihnachten getroffen ist. Ich denke, es umfaßt, wenn man es aus seiner Verkümmerung befreit, durchaus die Summe des Weihnachtsgeschehens. Hierbei ist allerdings sein Zustandekommen nicht ganz unwichtig.

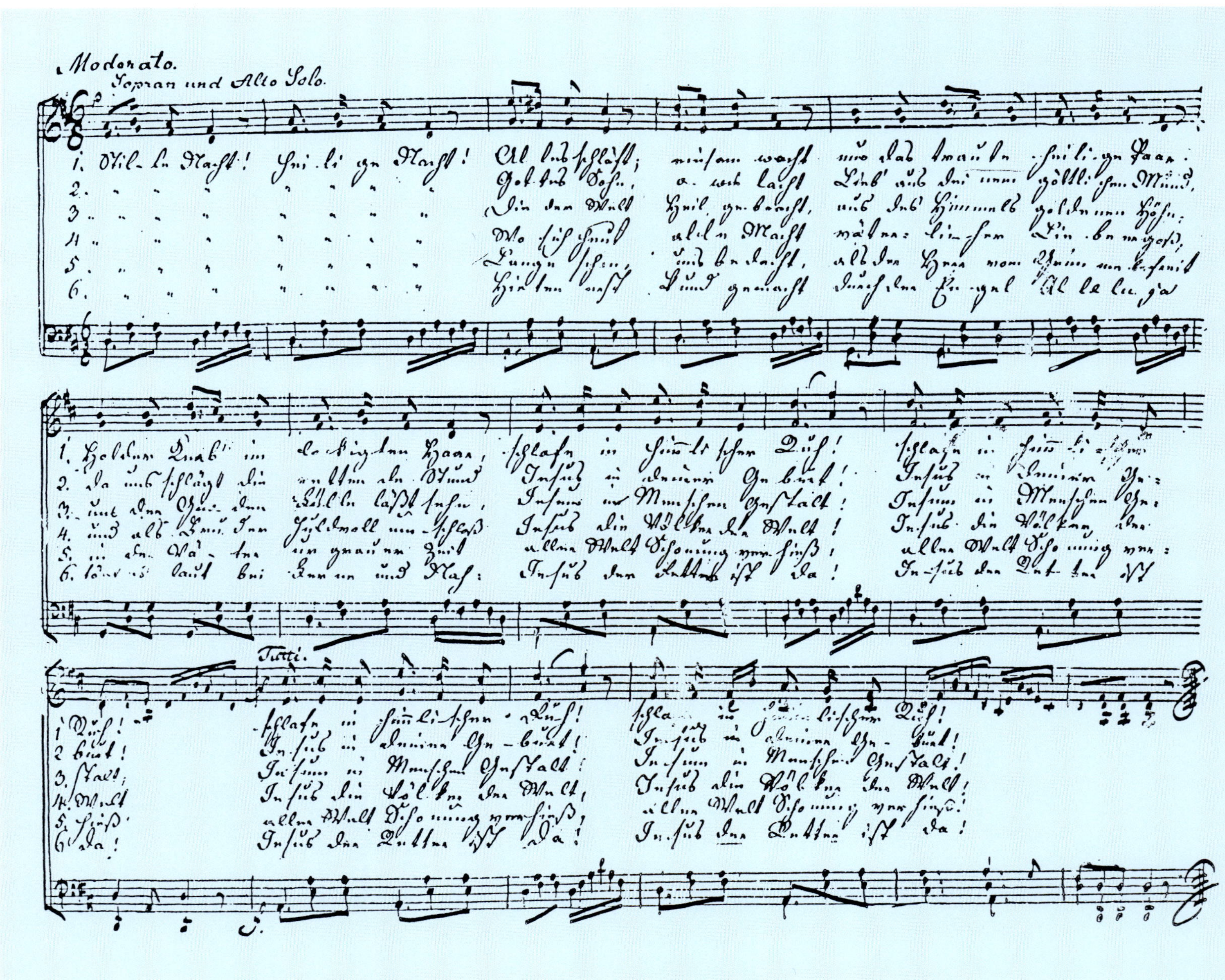

Eigenhändige Niederschrift des Komponisten Franz Xaver Gruber um 1855.

Eugen Ernst

Stille Nacht: ein Lied erobert die Welt

Zum erstenmal wurde es in der Christmette am 25.12.1818 in Oberndorf an der Salzach gesungen. Es war eine Verlegenheitslösung. Landauf, landab herrschte bittere Armut und eine große Sehnsucht nach Frieden in den Herzen der Menschen. Die Wunden der napoleonischen Kriege waren noch längst nicht vernarbt, die Überbevölkerung ließ den Nahrungsspielraum schrumpfen, das Land war geteilt, Oberndorf war zwei Jahre zuvor von der reichen Muttergemeinde Laufen abgetrennt und von Bayern weg zu Oberösterreich geschlagen worden. Den Oberndorfern stand nur noch die hochwassergeschädigte und vernachlässigte kleine Nikolauskapelle zur Verfügung, die übrigens 1906 vom Hochwasser endgültig zu Fall gebracht wurde.
In Oberndorf lebten damals nur arme Holzfäller, Tagelöhner, Flößer und Schiffersleute. Da war kein Geld vorhanden, um die unbrauchbar gewordene Orgel reparieren zu lassen. Aber es gab einen tiefgläubigen volksnahen Pfarrer, dem die volle Anerkennung als Priester allerdings nicht zuteil wurde: es war der Hilfsprediger Josef Mohr. Seine Herkunft war nach damaliger Auffassung belastet, die Mutter verachtet, geradezu geächtet. Sie war ledig und bettelarm. Josef Mohr war das dritte uneheliche Kind, der Vater ein Hallodri, ein fahnenflüchtiger Soldat aus dem Lungau, hatte Frau und Kinder hintergangen. Josef Mohr hatte nur den Henker, den Scharfrichter, zum Gevatter.
Seiner Musikalität hatte er es zu verdanken, daß man ihn im Domchor von St. Peter in Salzburg aufnahm. Josef Mohr nutzte seine Chance, lernte eifrig und wurde dann schließlich Theologe. Er blieb aber als schlichter zuverlässiger Volkspfarrer auf der untersten Sprosse der kirchlichen Hierarchie-Leiter stehen.
Und nun kam der Heilige Abend 1818. Der Gottesdienst sollte würdevoll gestaltet werden trotz unbespielbarer Orgel und beschädigter Kirche. Josef Mohr kannte wahrscheinlich den lateinischen Text jenes Liedes, das in einer Dorfkirche des Bayrischen Waldes gefunden wurde:

„Alma nox, tacita nox!
omnium silet vox,
sola virgo nunc beatum
ulnis fovet dulcem natum
pax tibi puer, pax" ...

Er dichtete dieses Lied ein paar Tage vor Weihnachten – sozusagen „auf die Schnelle" – kongenial um und erweiterte es um drei Strophen. Er fand in seinem Freund Franz Xaver Gruber, Lehrer aus dem benachbarten Arnsdorf, einen Melodienschreiber, der sicher nach uralten Volksweisen komponierte. Und so entstand „Stille Nacht, heilige Nacht" aus tiefgläubig kindlicher Seele und gemütvollem Herzen ... und erreichte die Herzen. Mohr und Gruber sangen das Lied mit Gitarrenbegleitung. Der Weihnachtsgottesdienst in Oberndorf war 1818 gerettet.
Später, etwa 1821, fand es der Orgelbauer Karl Mauracher bei der Orgelrenovierung in Oberndorf und machte es in seinem heimatlichen Zillertal bekannt. Die armen Zillertaler trugen es beim Vertrieb der Erzeugnisse ihrer Heimarbeit wie z. B. Handschuhe, als „echtes Tiroler Lied" auf den Weihnachtsmärkten von Dresden bis Köln vor. Die Geschwister Strasser sangen das Lied offenbar so inbrünstig, daß es von Leipzig aus 1854 in den Berliner Domchor gelangte und schließlich in mehrere Sprachen übersetzt von Missionaren nach Asien und Afrika übertragen und bereits 1873 in Amerika als „Choral of Salzburg" übernommen wurde.
Das Lied ging schnell um die Welt. Es sprengte Konfessionen und Dogmen. Es erreichte eine gewisse völkerverbindende Dimension, wenigstens an Weihnachten. Leider wurden ihm drei Strophen amputiert, fast die wichtigsten, was gerade die dritte Strophe zum Ausdruck bringt. Mohr verdichtet das Weihnachtsevangelium und vermittelt auf seine Weise, daß sich Gott in Jesus als Mensch erkennbar gemacht und als der Weltheilbringer erwiesen hat, daß uns mit dem Weihnachtsereignis ein Einblick gegeben wird in die Absichten Gottes und in seine Gnadenfülle.
Die zentrale biblische Botschaft paßte nicht in das biedermeierliche Deutschland. Da war das Bild vom „trauten hochheiligen Paar" und dem „Knaben im lockigen Haar" eher genehm. Das bedeutete, daß der Schwerpunkt der biblischen Botschaft verrutschte hin zu dem Verharmlosen eines bemitleidenswerten Neugeborenen in der Krippe, dem man einmal im Jahr seine Zuneigung gönnt, ein gefühlvoller Triumph der Unverbindlichkeit.

Stille Nacht, heilige Nacht!
Gottes Sohn, o wie lacht
Lieb' aus Deinem göttlichen Mund,
da uns schlägt die rettende Stund'
Jesus in Deiner Geburt!
Jesus in Deiner Geburt!

Stille Nacht, heilige Nacht!
Alles schläft, einsam wacht
nur das traute hochheilige Paar,
holder Knabe im lockigen Haar,
schlafe in himmlischer Ruh,
schlafe in himmlischer Ruh!

Stille Nacht, heilige Nacht!
Die der Welt Heil gebracht
aus des Himmels goldenen Höh'n
uns der Gnaden Fülle läßt sehn
Jesus in Menschengestalt.
Jesus in Menschengestalt.

Stille Nacht, heilige Nacht!
Wo sich heut' alle Macht
väterlicher Liebe ergoß
und als Bruder huldvoll umschloß
Jesus die Völker der Welt,
Jesus die Völker der Welt.

Stille Nacht, heilige Nacht!
Lange schon und bedacht,
als der Herr vom Grimme befreit
in der Väter urgrauer Zeit
aller Welt Schonung verhieß,
aller Welt Schonung verhieß.

Stille Nacht, heilige Nacht!
Hirten erst kundgemacht,
durch der Engel Halleluja
tönt es laut von fern und nah
Christus der Retter ist da!
Christus der Retter ist da!

Josef Mohr

Josef Mohr hatte die Prophetie des Jesaja 11, 1 und 2 begriffen „Und es wird ein Reis aufgehen von dem Stamm Isais und ein Zweig aus einer Wurzel Frucht bringen ...“ und was in den Kapiteln 50 – 62 geweissagt wurde. Das heißt doch auf heute bezogen, daß Jesus als Kind hineingeschenkt wurde in eine Welt der Angst und Furcht, von der er befreien will. Nicht das liebliche Weihnachtsfest mit den schnellen und schnellebigen Harmonieverpflichtungen, hinter denen es durchaus familiär gärt, ist gmeint und nicht die goldene Bescherweihnacht mit dem geheimnisvollen Warten vor der herausgeputzten guten Stube mit Kerzenbaum und buntem Glanz. Nicht gemeint ist die gemütliche Kinderweihnacht, auch nicht Weihnacht als Freiraum im Arbeitsjahr und als kulinarischer Höhepunkt. Gemeint ist auch nicht der Rückzug in einen sogenannten inneren Frieden im privaten Bezirk, wo es oft keinen Unterschied mehr gibt zwischen der Christgeschichte an Weihnacht und ganz anderen, vielleicht durchaus bedenkenswerten Weihnachtsgeschichten.
Auch die Melodie ist ein Abglanz von diesem Gottesgeschenk. Josef Mohr und Franz Xaver Gruber hatten keinen Gefallen an einer Art Fassadenweihnacht, wo logischerweise nur noch zum Schluß bei jungen Leuten eine „Nullbock-Auffassung“ als Folge der Säkularisierung von

Stille Nacht. Ludwig Richter.

Weihnacht übrigbleibt und höchstens noch gesungen werden kann „Schrille Nacht, heitere Nacht“. Dann wäre es wirklich besser, Weihnachten von dem Wunschzettel zu streichen. In der vierten Strophe wird die Weihnachtsbotschaft konkret, wenn Mohr von der großen weltumspannenden Liebe Gottes singt. Als das Lied um die Mitte des vorigen Jahrhunderts nach Berlin kam, wurde es in der Tat salonfähig gemacht, bis hin ins Königshaus. Die mittleren Strophen paßten nicht so recht in das verengte Denken der „verspäteten“ Nation. Da gab es in Deutschland kein gutes Klima für die Anerkennung anderer Völker und Staaten, da herrschte Kolonialismus, Imperialismus, Pangermanismus, Sozialismus, Atheismus. Jesus als Bruder, der die Völker zu verbinden vermag, der den wahren Frieden stiftete, brauchte man nicht. Die Entwicklung in der Welt hat aber gezeigt, daß wir das Wort „Bruder“ im Sinne von Geschwisterlichkeit neu buchstabieren müssen und aus der entschärfenden Idylle herauszulösen haben. Geschwisterlichkeit mit all den in ihr liegenden Gegensätzen ist nicht unbedingt etwas Festliches. Es ist Alltag, der bewältigt werden muß. Es fordert immer wieder zur neuen Versöhnung heraus, ist also Auftrag und Arbeit an sich.
Die Regierung hatte ihre Verantwortung nicht im Sinne der Geschwisterlichkeit genutzt und dazu beigetragen, daß das Lied „Stille Nacht, heilige Nacht“ persiflierend zum Schlachtruf in einer unheiligen Welt geworden war. Im Winter 1903/04 sangen die schlesischen Weber, deren Schicksal Gerhart Hauptmann in seinem berühmten Drama verdichtet hatte:
„Stille Nacht, heilige Nacht
heiß tobt die Schlacht
und es blitzt und kracht. ...“
Und der Kehrvers lautete:
„Gebt eine Stunde für uns“.
Der Staat hatte Angst vor einer großen Weihnachtsfeier der Weber. Die Polizei war in den Straßen der oberschlesischen Städte allgegenwärtig. Man fürchtete Aufstände und Zusammenrottung. Die Weber befanden sich im Zustand der Aussperrung, d. h. ohne Einkommen. Sie hatten gestreikt, um die Arbeitszeit von 14 auf 10 Stunden pro Tag zu reduzieren. 70 Tex-

Einsamer Christbaum in der „Stillen Nacht“.

tilfabrikanten kündigten etwa 7000 verarmten Familienvätern. Weihnachten stand vor der Tür, die Parole lautete „Eine Stunde für uns, für unsere Familien, für unser Leben". Es wurde nichts daraus, aber: ein Geschenk der frohen Botschaft war doch zu sehen. Es kam ungeahnt eine Welle der Hilfsbereitschaft von Konsumvereinen, Gewerkschaften usw. in Gang. Weihnachten war im schlesischen Gebirgsraum doch noch zum Fest der Liebe geworden. In die soziale Dunkelheit war das Licht von Bethlehem gekommen: die weihnachtliche Hilfsbereitschaft, ein Abbild für göttliches Verhalten.

Das Kind der Weihnacht ist eben keine Puppe, sondern ein Mensch aus Fleisch und Blut, es ist nicht ein Gedanke oder eine Idee, sondern eine Tatsache, die deutlich macht, was Josef Mohr in der fünften Strophe aus der alttestamentlichen Weissagung (Jes. 52 und 60) ableitete, daß Gott die Welt nicht verlorengehen lassen will, sondern „aller Welt Schonung verhieß".

Das Weihnachts-Volkslied „Stille Nacht" wurde noch öfters zum Protestlied umgedichtet. Als Beispiel eine Strophe aus Boleslaw Strzelewiczys „Arbeiter-Stille-Nacht" mag genügen:

Stille Nacht, traurige Nacht,
hast du Brot mitgebracht?
fragen hungrige Kinderlein.
Seufzend spricht der Vater: „Nein.
Bin noch arbeitslos!".

Auch die Persiflagen so z. B. „Stille Nacht allerseits" von Dieter Süverkrüp drücken die Enttäuschung aus über eine verbürgerlichte Welt, die das Weihnachtsgeschehen wohl in bare Münze umzusetzen versteht, sich aber in Wahrheit gekonnt abschirmt vor der revolutionären frohen Botschaft. Als „Kostprobe" nun eine Strophe:

Billige Nacht, eilige Nacht!
Ratenkauf, leichtgemacht
durch der Engel Alleluja.
Die gehören zum Werbe-Etat.
Denn der Vater im Himmel
ist Präsident vom Konzern.[70]

Trotz aller Entstellungen, die Advents- und Weihnachtslieder können mit Fug und Recht als die schönste Antwort auf die „Liebeserklärung Gottes an die Welt" bezeichnet werden. Diese Art des Gotteslobes hört sich manchmal an, als kämen überirdische Klänge von außen zur Erde herab. In Oratorien, Messen und Liedern erreichen sie unser Ohr wie ein Tor zum Herzen. Das Echo auf Gottes Erscheinen in der Welt, auf das Licht in der Finsternis der Seelen verhallt nicht. Es erzeugt immer wieder neue Antworten, das Licht der Weihnacht bricht sich wie die Sonne im Prisma in vielfacher Weise. Advents- und Weihnachtslieder helfen, Menschen weicher zu stimmen, hellhöriger zu machen, Tore zu öffnen, damit „der König der Ehren" einziehe, denn „Christus der Retter ist da".

Chorfenster von Marc Chagall in der Pfarrkirche St. Stephan in Mainz. Der harfenspielende und psalmodierende König David ist gleichsam das Urbild der lobsingenden Gemeinde.

Weihnachtskrippen und Krippenspiele

Der Weihnachtsaltar in der Ev. Marienkirche in Anspach.

Weihnachtsaltar

Figuren der Krippe und Kerzen.
Behütete Kinderzeit –
Gold'ner Erinnerung Frieden –
Mein Herz wird wundersam weit.

Was ist von damals geblieben?
Wehmut und stilles Glück?
Zweifel und stetes Ergreifen,
was nie erreichte mein Blick!

Das Kreuz, was will's mir bedeuten?
Zeichen und Brücke zugleich!
Vom Stall und der Krippe zu spannen
über Sünde zu Gottes Reich.

Eugen Ernst

Heutzutage trifft man Krippenfiguren, ja ganze Krippenlandschaften über alle Konfessionsgrenzen hinweg in vielen Weihnachtsstuben. Dabei hatte sich das Krippenbauen besonders in der Barockzeit zuerst in Bayern und in Tirol zu einer hochkarätigen Volkskunst entwickelt. Dort waren es vor allem die professionellen Holzschnitzer, die Herrgottschnitzer, die beachtliche Werke schufen. Es entstanden alpenländische oder orientalische Landschaften mit ihrer gesamten dinglichen und kreatürlichen Ausstattung. Hervorragende Sammlungen an Krippen finden sich in den Volkskunstmuseen z. B. in München oder in der Franziskaner-Klause Marienthal (Rheingau).

Die Blüte der Herstellung von Weihnachtskrippen im 17. und 18. Jahrhundert war weithin ein Ergebnis der Gegenreformation und belebte die katholische Volksfrömmigkeit erheblich. Dies erklärt sich u. a. durch die Möglichkeit der sinnenhaften Wahrnehmung des Weihnachtsgeschehens, wo die reformatorische Orthodoxie allzu bilderstürmerisch und puristisch verfuhr. Dadurch waren anschaubare und direkte Identifikationsmöglichkeiten mit Glaubensinhalten im protestantischen Kirchenbereich weithin zerstört worden.

In anderen Teilen Deutschlands wurden die Weihnachtskrippen eingeführt und verbreitet zusammen mit den erzgebirgischen Erzeugnissen, wie Schwibbögen, Kurrendesängern und Engelfiguren. Auch die Bastelangebote wie Laubsägearbeiten und Schnittbögen trugen mit dem beginnenden 20. Jahrhundert zur Ausstattung der Weihnachtsstuben mit Krippen deutlich bei. Vor allem zehn- bis vierzehnjährige Kinder basteln (früher mehr als heute) Weihnachtskrippen auch als Weihnachtsgeschenk. Mittlerweile finden wir den Brauch, Krippenfiguren aufzustellen sogar auf protestantischen Altären, wobei besonders Behindertenwerkstätten als „Lieferanten“ bedacht werden.

Bei den Krippenlandschaften, die mit Gebäuden, Pflanzen, Tieren und Menschen ausgestattet sind, fasziniert das Figürliche nicht nur die Kinder. Der auf seine – allerdings nur fünf – Sinne begrenzte Mensch braucht Zeichen zum Verstehen des Übersinnlichen. Die Krippenfiguren sind dabei keine Fetische, die selbst angebetet werden und Heilzauber bewirken. Sie bringen uns aber das Göttliche zur Ansicht und zum Begreifen. Man kann sogar damit hantieren. Der tätige Mensch (homo faber) vermag hier, genauso wie in Weihnachtskonzerten, zu einem durch Spiel erfassenden Menschen (homo ludens) zu werden. Er kann sein Empfinden auf sinnenhafte Art verinnerlichen und ihm zugleich Ausdruck verleihen. In Süddeutschland gibt es noch vereinzelt den schönen Brauch des „Krippenschauens", d. h. auch des Bewunderns von Volkskunst bei Nachbarn und Bekannten. Auf diese Weise kann es gelingen, das Geschehen im Stall von Bethlehem ein Stück weit zu verstehen.[71] Dies hatte man intuitiv schon im 4. Jahrhundert erfaßt, als man die heilige Familie auf Sarkophagen und in Altarbildern darstellte und 1291 die erste figürliche Krippe in der römischen Basilika „Santa Maria Maggiore" aufbaute. Von hier ging diese Annäherungsform an Weihnachten durch die Welt. 1562 ist eine ausgeformte Krippenwelt aus Prag bekannt.

Laubsägearbeit von 1944.

In Hessen sind Krippen als große Werke der Volkskunst nur sporadisch in Privathaushalten anzutreffen. Die hier vorgestellten Beispiele sind meist Figurensammlungen, die über viele Jahre Krippenlandschaften hervorbrachten.[72]

Mit den Weihnachtskrippen verwandt sind die Krippenspiele, die ursprünglich am Epiphanias-Fest aufgeführt, dann aber immer mehr als Christgeburtsspiele auf Weihnachten festgelegt wurden. Zunächst handelte es sich um durchaus kirchlich-liturgische Darstellungen. Mit der Textübertragung ins Deutsche glitten sie im 15. und 16. Jahrhundert allmählich in den Bereich folkloristischer Darbietungen ab. Volkstümliche Ausschmückungen trugen je nach Landschaft lokale Züge oder wiesen überhitzte Darstellungsweisen auf, so z. B. wenn die holzgeschnitzte Babyfigur in der Krippe wie ein echter Säugling behandelt wurde. Bei den Klarissinnen von Brixen war das Jesusküssen und das Kindlwiegen, das wir aus dem ausgehenden Mittelalter hinlänglich kennen, noch bis 1870 üblich. Eine falschverstandene Mystik führte besonders in Frauenklöstern zu exzeßhaften Auswüchsen auf sentimentalischem „Susani"-Niveau, wogegen die Reformation besonders ankämpfte.[73]

Der Straßburger Münster-Prediger Dannhauer schrieb: „Die unordentlichen Ordensleut wenden

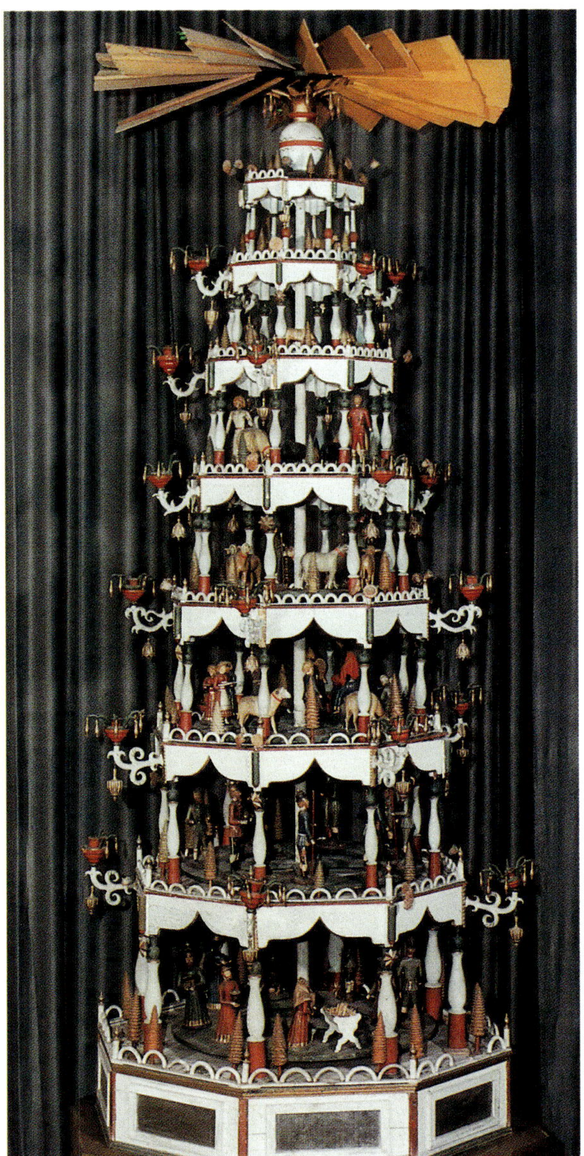

Weihnachtspyramide aus Seiffen um 1890.

Aufklappbare „Papier"-Krippe im Hessenpark.

große Mühe und Fleiß darauf, daß sie schöne Krippen zurichten mit Gold, Silber, Seide, Perlen und Edelstein, stellen sie dar in der Kirche, legen ein Jesuknäblein herein, stellen Mariam und Josef, Ochsen und Esel dazu ... und vergaffen sich, behelfen sich mit den Hülsen und genießen den Kern nicht ....“[74]

Gelegentlich kam es bei diesen inbrünstigen Darstellungen des Bethlehem-Wunders zur Rückwendung in heidnischen Volksglauben. Dabei erblühten angeblich im Schnee Rosen, Tiere redeten, Wasser wurde zu Wein, dürre Bäume schlugen aus. Reste des Abendmahls wurden zu den Bäumen gebracht, um ihre Fruchtbarkeit zu erhöhen. Man schlief sogar wie das „Hochheilige Paar“ auf Heu und auf Stroh.[75]

Auf dem Konzil von Toledo im Jahre 589 wurden die weihnachtlichen Tänze in und vor den Kirchen und auf den Gräberfeldern untersagt.[76] Es muß also einen Mißbrauch bei der Erinnerung an das Weihnachtsgeschehen schon in der frühmittelalterlichen Kirche gegeben haben. Bonifatius hatte diesen Spuk aus dem deutschen Gebiet verbannt. Doch im Hochmittelalter lebten einige der fragwürdigen Traditionen wieder auf. Die Kirche schwieg weithin, weil sie mittels der Krippenspiele die unverhüllt heidnischen Freudenfeuer, Feuerräder und Fackelfahrten durch Wälder und Berge, die es zum Teil heute noch im alpenländischen Raum gibt, zu verdrängen suchte. In der Zeit des Nationalsozialismus wurden derartige heidnische Vorstellungen in der „Hohen Nacht der klaren Sterne“ zur Einführung des „Julfestes“ wieder belebt und die Mütter, die Soldatengebärerinnen, als Nachwuchsbeschafferinnen einer nordischen Rasse besonders geehrt.

Auswüchse gab es im ausgehenden Mittelalter besonders bei den Hirten- und Herodesszenen, wobei scherzhafte Episoden, Mundartmotive aus dem Liebesleben, das Rumpeln der tölpischen Hirten besondere Attraktionen darstellten. Die rührende Naivität der Schlaf-, Wiegen- und Schlummerlieder war das noch am wenigsten störende antisakrale Element dabei. Wenn dem Kind in der Krippe jedoch Geschenke und Speisen

Krippenlandschaft mit über 100 Schafen und Figuren im Wintergarten der Familie Scheurich in Hofheim.

Krippendarstellungen aus anderen Kontinenten. Sammlung im Kloster Marienthal (Rheingau).

gebracht wurden und das Volksspiel bis zur Karikatur verkam, dann kann man die Reformation verstehen, wenn sie bei diesem Abirren vom „Kern" der Weihnacht von Verfälschungen und von „abgötterlichem Greuel" sprach.

Auch das Weihnachtsspiel von Alsfeld, das bis ins 14. Jahrhundert zurückreicht, hatte die Christgeburt ganz in das mittelhessische Regionalmilieu verlagert. Hier formulieren die Hirten nach der Begrüßung eine Fülle eigener Wünsche und Nöte, die Befreiung von Wölfen, die Bitte um gute Weideverhältnisse. Erst bei Weihnachtsspielen von Hans Sachs traten um 1550/60 die religiösen Aussagen, beeinflußt von der Reformation, wieder deutlich in den Vordergrund.

Eine meist qualifizierte Neubelebung der Krippenspiele geht in unserem Jahrhundert auf die Jugendbewegung vor und nach dem Ersten Weltkrieg zurück. Beliebt war das Bad Hersfelder Weihnachtsspiel, das bis heute aufgeführt wird und – gefördert durch die Waldorfschulen – das Oberuferer Krippenspiel.

Wohltuend nüchtern wird – trotz aller Ortsbezogenheit – das eigene Verhalten im Licht der Weihnacht angesprochen in einem Krippenspiel, das von Werner Henkel um 1990 in Schenklengsfeld (Osthessen) in Mundart geschrieben wurde. Dabei werden alle wichtigen deutschen Landschaften einbezogen, um die Allgemeingültigkeit des Weihnachtsgeschehens zu dokumentieren.

Wie schön neue Formen des Krippenspiels sein können, bewies eine Jugendgruppe der evangelischen Kirchengemeinde Neu-Anspach 1995. Die biblischen Szenen wurden im Hessenpark gespielt und fotografisch festgehalten. Am Christtag brachten die Jugendlichen die Farbdias in den entsprechenden Kontext und so den Gottesdienstbesuchern anschaulich nahe. Alles dies weist in die richtige Richtung, wobei die multimedialen Möglichkeiten sicher noch intensiver genutzt werden können.

Szenen aus einer Diaschau als Krippenspiel im Hessenpark 1995: Abgewiesen im Wirtshaus. Vor dem Stall. Engel bei den Hirten. Die „Heiligen drei Könige“. Der Auftrag des Engels in Josefs Traum.

Der Engel bei den Hirten (Marienthal).

Die Weihnachtskrippe im Hessenpark.

Die Alsfelder Weihnacht[77]

Auszug aus dem Krippenspiel von 1517

Erster Hirte:
„Ich bitte dich durch deine Namen drei,
daß du uns machest von Wölfen frei,
die die Schaf hinwegtragen,
daß ich nicht dürfe nachjagen,
auch ich dich herzlich bitte,
daß du uns an der Berglitte
läßt wachsen die Weide,
daß wir über die Heide
nicht so weit müssen treiben.
Laß uns noch in der Kuhweide bleiben.
Ich bitte dich auch,
laß uns wachsen Zwiebeln und Knoblauch,
Möhren, Lauchkraut und Kompost,
das ist dem Bauch eine gute Kost,
und laß uns wachsen gemein
die Magenfülle groß und klein,
Bohnen, Erbsen, Kriechen und Linsen,
da sich die Maide mit dinsen,
und laß uns weidelich leben,
nach deiner Huld wollen wir streben."

Der zweite Hirte:
„Ich bitte dich, Herr Jesu Christ,
daß du uns läßt geraten die Grütze,
die wär uns im Bauche nütze,
und dazu das Breimehl,
daß wir schmieren die Kehl
und füllen unsern Magen,
darnach fröhlich zu Felde jagen.
Da pfeifen wir denn auf dem Rohre fein,
ich und Empentroll, der Gevatter mein,
das soll uns niemand verleiden.
Wir wollen die Schaf weiden
mitten in dem Holz,
da finden wir manche Beere stolz,
Erdbeer, Brombeer, Heidelbeer,
Kratzbeer und Maulbeer
und dazu die Mehlbeern,
so wollen wir denn fröhlich heimkehrn."

Der Dritte:
„Ich bitte dich, daß du die Pflaumen,
läßt uns geraten noch heuer,
daß sie nicht werden teuer.
Auch so laß uns die Rüben geraten,
so haben wir zu sieden und zu braten
und das Gefreß allegemein,
beide Groß und Klein
Hagebutten, Schlehn, Kirschen
und Spilling, davon wir wohl mögen singen,
beide Groß und Klein,
daß man den Wein aufstoß,
und die Holzäpfel gebraten,
laß uns ja die Buttermilch geraten
und die Molken dazu,
daß wir des Morgens früh
haben einen Magen voll,
ich und mein Vetter Empentroll."

Weihnachtsabend in Alsfeld. Gemälde von K. Weitzel.

Werner Henkel, Schenklengsfeld

Das Lukas-Evangelium mit 4 Mundartszenen
Ein Krippenspiel in „Laenschelder Platt"

Szene 1: Weg mit 2 bis 3 Tannenbäumchen
Szene 2: Hauskulisse mit zu öffnender Haustür, Baumstumpf
Szene 3: Feld mit 2 bis 3 Tannenbäumchen; Lagerfeuer (evtl. 2 bis 3 Schafe)
Szene 4: Stall mit Ochs und Esel; Krippe mit Babypuppe; Baumstumpf

Personen:

Lukas (Evangelist als Erzähler)	hochdeutsch
Sachse	sächsisch
Frankfurter	südhessisch
Berliner	berlinerisch
Bayer	bayerisch
Norddeutscher	niederdeutsch
Mann (als Joseph)	Laenschelder Platt
Frau (als Maria)	Laenschelder Platt
Bauer	Laenschelder Platt
Bäuerin	Laenschelder Platt
Schoesch (Hirte)	Laenschelder Platt
Koarl (Hirte)	Laenschelder Platt
Hanei (Hirte)	Laenschelder Platt

1. Szene / Lukas

Es begab sich aber zu der Zeit, daß ein Gebot vom Kaiser Augustus ausging, daß alle Welt geschätzt würde. Und diese Schätzung war die allererste und geschah zu der Zeit, da Cyrenius Landpfleger in Syrien war. Und jedermann ging, daß er sich schätzen ließe, ein jeglicher in seine Stadt. Da machte sich auf auch Joseph aus Galiläa, aus der Stadt Nazareth, in das jüdische Land, zur Stadt Davids, die da heißt Bethlehem, darum daß er von dem Hause und Geschlecht Davids war, auf daß er sich schätzen ließe mit Maria, seinem vertrauten Weibe, die war schwanger.

Der Sachse und der Frankfurter betreten die Szene.
Sachse: Nu, mei Gudsder, wohin willst'n loofen?
Frankfurter: Ei, isch bin en Frankforter un muß weesche dere Volkszählung in mei Heimatstadt – nach Frankfort – laafe.
Sachse: Nu sieh mal einer guck! Da komm'sch grade här, ei verbibbsch! Sch bin in Dräsdn drheeme.
Der Berliner kommt dazu.
Berliner: Wat hör ick da? Icke bin een Balina un ooch jrade uff'm Weech zu meen jeliebten Jeburtsort, wa!
Der Bayer kommt dazu:
Bayer: Joah mei, Herrschaftszeitn noch amoih, dös is a Hetz, a Hetz is dös! Doah jong's mi wegn dera vermaledeiten Volkszählung im ganzn Land umanand!
Der Norddeutsche betritt die Szene.
Norddeutscher: Dascha nu kain Wunner, nich! Wenn's de Obrichkeit nu ma nich anners will, dann mut wi dat woll maken. Spielt doch auch keine Rolle, nich!
Der Mann und die Frau kommen heran.
Mann: Noh hoamme's secher ball geschafft, Frau. Koannste dah noch gelouf?
Frau: Es fellt me zwoar schwär, Mann, oawer ich glei, ich schaff's noch beß hei.
Norddeutscher: Wo seid ihr denn von wech?
Mann: Mäih sain Laenschelder. Mäih hoann's ball geschafft. Laenscheld eß heh ganz en der Näh.
Bayer: Is dös nit gfährlich, hochschwanger umananda z'laffa?
Frau: Boaß well me dah mach? Bann's deh hoche Herrn doch so wonn, doah blieht ons klänne Liet doch goarnischt annerschder ewwerich beh se gehoerche.
Frankfurter: Ei, da hawwe se rescht, guut Fraa!
Sachse: Joah, ei verbibbsch, mir gleen' Laite sin allemal de Gelackmeierden!
Bayer: Joah, dös is fei wahr!
Berliner: Det is nu mal so, wa?! Vielleich hätt mer uff de Barrikaden jehn solln, wa?
Frankfurter: Ei, deß däät doch am End goarnix nitze. 's hoat kaan Zweck, deß mer sisch driwwer uffrääsche duut.
Mann: Doas stemmt. Geaenner koanne mäih doch nischt. Komm Frau, mäih wonn ons wittersch mach, sost komme me hit net meh off Laenscheld.
Norddeutscher: Na, denn man tau! Tschüüß denn un alles Guute für dat Lütte, wenn et jeboorn is!
Frau: Joah, macht's goot, äih Liet. Mäih mosse ons oanne mach, deß me schnaell off Laenscheld komme.
Bayer: Pfürt aich! Un, wenn dös Kloane auf d Welt kimma dat, wünsch i eam alles Guede!
Frankfurter: Ei, dann mache se's guut! Un fier des klaa Biebsche oddä Määdsche winsch isch aach alles Guude!
Sachse: Nu, dann will'sch misch ooach mal uff de Beene machn. Fiern gleen Ärdenbirscher winsch ich was!
Berliner: Allet Juute für det Kind, wa?! Un macht's juut!

2. Szene / Lukas

Und als sie daselbst waren, kam die Zeit, daß sie gebären sollte. Und sie gebar ihren ersten Sohn und wickelte ihn in Windeln und legte ihn in eine Krippe, denn sie hatten keinen Raum in der Herberge.

Der Mann und die Frau betreten die Szene.
Mann: Noh hoamme schon all deh Wertschafte heh en Laenscheld waeje'm Quartier fier deh Noaicht oabgeklappert, oawer me haette kei Gleck. Ich wäiß me ball känn Roat meh!
Frau: Joah Mann, ich koaan au schon ball net meh. Ich glei, doas Käind lätt net meh lang off sich woart.
Mann: Doah blieht ons nischt annersch ewwerich, beh deß me heh bäih daem Buur noch emoah oahkloappe. Villicht hoat daeh je noch e Koammer fier deh Noaicht fräih.
Der Mann klopft kräftig an die Tür. Der Bauer spricht und kommt dabei aus der Tür.
Bauer: No, baeh kloappt dah so spät noch bäih ons oah? Baeh eß dah doah drusse?
Mann: Mäih säin ahle Laenschelder, hoann oawer schon ehwer zah Joahr en er annere Gaejend gelaht. Waeje daere Volkszehleng motte me noh werre hehaehkomm.
Bauer: On boaß hoann ich mette en der Noaicht doahdemit se donn?
Frau: Mäih hoann heh em ganze Duurf kei Quartier meh fonge; on ich kriehr e Käind on koann schon kumm noch gelouf. Hoat äih villicht e Koammer fier ons fräih?
Die Bäuerin kommt aus dem Haus.
Bäuerin: Boaß eß dah doah drusse los, Mann? Komme dah deh Zichiener noh au noch der Oawet spät on genn de oerdliche Liet offn Waecker?! Mäih käife nischt on gann au nischt! Komm Valte, mach deh Dier zoh!
Bauer: Naeh Frau, es säin kei Zichiener orre Remtraejer. Guck, doas jong Wiewesdier kriehrt e klei Käind, on doas kennt jeren Momaent losgegeh!

Szene aus dem Schenklengsfelder Krippenspiel.

Bäuerin: So? - Oawer en's Huus kemmt me kei Frehmes! Es eß je au goar känn Platz bäih ons. Fräht doch emoah bäim Noachber!
Mann: Mäih wärn je au mit'm Plaetzche em Stall sefrehre. Moenn freh seche mäih ons dann schon e Quartier.
Bauer: Hierste, Frau? Ich hoann doch naechte deh Koh on's Kaellche verkouft. Doah hoamme doch Platz em Stall. On sche warm esses doah au!
Frau: Joah, ons eß alles raecht. Ich moß nur schnaell zom Läin komm!
Bäuerin: Minthalwe, Mann. Braeng deh zwaeh en Stall! Boaß well me da mach? Me eß je doch känn Unmaensch net!
Mann: Äih soll au raecht schee säih!
Bauer: Noh kommt, ich well och doas Plaetzche em Stall wies!

3. Szene / Lukas

Und es waren Hirten in derselben Gegend auf dem Felde bei den Hürden, die hüteten des Nacht ihre Herde. Und siehe, des Herrn Engel trat zu ihnen. Und die Klarheit des Herrn leuchtete um sie; und sie fürchteten sich sehr. Und der Engel sprach zu ihnen: Fürchtet euch nicht. Siehe, ich verkündige euch große Freude, die allem Volk widerfahren wird; denn euch ist heute der Heiland geboren, welcher ist Christus, der Herr, in der Stadt Davids. Und das habt zum Zeichen: Ihr werdet finden das Kind in Windeln gewickelt und in einer Krippe liegen. Und alsobald war da bei dem Engel die Menge der himmlischen Heerscharen, die lobten Gott und sprachen: Ehre sei Gott in der Höhe, und Friede auf Erden, und den Menschen ein Wohlgefallen. Und da die Engel von ihnen gen Himmel fuhren, sprachen die Hirten untereinander:

Die Hirten Schoesch, Koarl und Hanei sitzen im Halbkreis am Lagerfeuer.
Koarl: Ich wäiß net, Schoesch, deh Schoaff säin hit noaicht so uffriersch. Boaß eß dah nur los?
Schoesch: Joah, ich hoann mich au schon drewwer gewonnert, Koarl.
Koarl: Es eß so haell hit noaicht. Doas koann doch net nur oam Moand geläih?!
Hanei: Naeh, doas glei ich au net. Ich haett ahwet doas Gefehl, beh bann ich en Aengel doah ohwe zwesche de Wolke gesähr hätt!
Schoesch: Noh fangt daeh Hanai au noch oah on spennt!
Koarl: Noh mach me net glich daeh Hanai schlaecht, Schoesch! Ich hoann au so aebbes woahrgenomme.
Hanei: Bann ich ährlich soll säih; ich hoann ahwet groad gemeint, ich hätt e Houfe Liet hiehr seng!
Schoesch: Noh hiert oawer off, äih Kaelle! Äih gleit wohl es wannert?!
Koarl: Schoesch, versenger dich net! Bann's Veeh so uffriersch eß, doah koann aebbes net gestemm!
Schoesch: Doas läit oam Waere! Es läit e Gewidder en der Luft. Es eß je au goar so dreckich deß Noaicht!
Koarl: Guckt doch emoah doah, ehwer'm Duurf! Guckt nur, beh komisch haell doas doah eß! Es werd doch oam Aeng net braenne?!
Hanei: Doas siehrt doch ganz annerschder uus. Also, ich glei, doas eß kei Noaicht beh sost. Mäih esses au rechtich oalwer, so, beh bann ich unbedengt heh foett mett, newwer en's Duurf!
Schoesch: Doas koann ich net versteh, äih Maenner. Säid äih dah noh alle zwäh bestoßt, orre boaß eß los!
Koarl: Mich ziehrt's au eifach newwer en's Duurf. Kommt haeh, gett mit! Mäih mosse guck, boh doas Licht haehkemmt.
Hanei: Ich geh mit däih, Koarl. Doas mit daem Aengel gett mäih net ussem Koapp!
Koarl: Ich hiehr au alst noch deh Sengeräih en der Luft. Es eß me diraekt e waeng gruwelich!
Hanei: Der Schoesch koann je hehgebblieh on off's Veehzäich offgebaß. Mäih mache ons awill noewwer en's Duurf on gucke, boaß doah los eß!
Schoesch: Goot, äih Nouhfaeng! Ich baß off. Macht och foett! Oawer net, deß ich dann erfoahr moß, äih wärt nur en der Wertschaft gewaeh?!
Hanei und Koarl gehen ab.

4. Szene / Lukas

Laßt uns nun gehen gen Bethlehem, und die Geschichte sehen, die da geschehen ist, die uns der Herr kundgetan hat. Und sie kamen eilend und fanden beide, Maria und Joseph, dazu das Kind in der Krippe liegen. Da sie es aber gesehen hatten, breiteten sie das Wort aus, welches zu ihnen von diesem Kinde gesagt war. Und alle, vor die es kam, wunderten sich der Rede, die ihnen die Hirten gesagt hatten. Maria aber behielt alle diese Worte und bewegte sie in ihrem Herzen. Und die Hirten kehrten wieder um, priesen und lobten Gott um alles, was sie gehört und gesehen hatten, wie denn zu ihnen gesagt war.

Hanei und Koarl kommen in den Stall.
Hanei: Guck doah, doas Licht kemmt ussem Valte sim Stall!
Koarl: Noh guckt och doas oah! Doah läit je e Käind en der Fotterkrepp!
Bauer: Joah, das jong Bärche eß hit oawet spät bäih ons komme. Drenn em Huus haette me känn Platz; doah hoamme se heh em Veehstall engerbroaicht.
Bäuerin: Es woar je au deh hechst Ziet fier deh oarm Frau. Oawer noh eß je noch emoah alles gootgegange on doas Käindche eß geboerrn!
Hanei: Beh haell doas heh em deh Krepp rem eß!
Koarl: Joah, doas eß werklich ungewehnlich.
Schoesch kommt hereingestürmt.
Schoesch: Äih Maenner! Ich hoann daeh Aengel au gesähr! Haeh hoat sogoar mit mäih geschwatzt!
Koarl: Siehrste Schoesch, ich hoann glich gesoart, douh sost dich net versenger!
Schoesch: Daeh Aengel hoat gesoart: „Euch ist heute der Heiland geboren, welcher ist Christus, der Herr!“

Weihnachtsbriefe

Friedrich Nietzsche
an Mutter und Schwester

Bonn, vor Weihnachten 1864

Meine liebe Mama und liebe Lisbeth

Mein Wunsch ist, daß Ihr das kleine Paketchen erst am Weihnachtsabende aufschnürt, damit Ihr doch eine kleine Überraschung habt, vielleicht auch nur eine Enttäuschung. Meine Bitte ist: nehmt fürlieb, ich gebe Euch von dem Besten, was ich vermag, aber das ist nicht viel. Ihr werdet meine Mühe und meinen Fleiß daran erkennen; immer dachte ich dabei an Euch und wünschte, den Moment bei Euch zu sein, wo Ihr Euch vielleicht darüber freut ....

Was sollte ich Euch auch geben, wenn nicht etwas Eigenes, etwas, worin Ihr mich im Bilde wieder seht. Darum habe ich auch noch den Schattenriß meines jetzigen Äußern vorankleben lassen, damit Ihr meine Gabe gern in die Hand nehmt und vielleicht auch oft.

Ihr merkt es schon, daß ich mit einer gewissen Eitelkeit von meinem Werkchen spreche und es hat doch seinen ganzen Zweck verfehlt, wenn es Euch nicht gefallen sollte. Wenn Ihr nur einen Christbaum mit Lichtern habt! Denn es muß sich hübsch ausnehmen im Lichterglanz. Ich werde an dem Christabende natürlich lebhaft an Euch denken, und Ihr jedenfalls auch an mich. Es ist zwar recht gemütlich in meiner Wohnung, und ich will auch jenen Abend sehr angenehm verleben. Auch wir werden uns auf der Kneipe einen Lichterbaum anzünden, auch wir werden uns gegenseitig kleine Geschenke machen. Aber freilich, das ist nur eine matte Nachahmung einer heimatlichen Gewöhnung, an der eben die Hauptsache, die Familie, der Kreis der Verwandten fehlt ...

Wißt Ihr noch, wie gemütlich wir zusammen das vorige Weihnachten in Gorenzen verlebt haben! Sagte ich nicht damals, daß wir über ein Jahr wahrscheinlich nicht beisammen sein würden? Das ist nun eingetroffen. Es war schön in Gorenzen: das Haus und das Dorf im Schneefall, die Abendkirchen, die Melodienfülle in meinem Kopf, der Onkel Oskar, das Bisamfell, die Hochzeit und ich im Schlafrock, die Kälte und vieles Lustige und Ernste. Alles zusammen gibt eine angenehme Stimmung. Wenn ich meine „Silvesternacht" spiele, höre ich diese Stimmung aus den Tönen heraus ...

Nun lebt für heute recht wohl, genießt das schöne Fest und denkt meiner immer und besonders am Festabende gern und oft! ... Adieu!

Euer
Friedrich Wilhem Nietzsche
im Dezember 1864

Robert Schumann
an seine Braut Clara Wieck

Gott grüß Dich, mein herziges Mädchen. – Hier hast Du mein Angebinde zum Heiligen Christ. Du, meine Liebe, meine traute Gefährtin, mein holdes, zukünftiges Weib, wenn ich nun in zwei Jahren am Heiligen Christ die Türe aufmache und Dir alles zeigen werde, was ich Dir geschenkt, eine Haube, vieles Spielzeug, neue Kompositionen, dann wirst Du mir noch ganz anders um den Hals fallen und einmal über das andere ausrufen: „Wie hübsch, wer einen Mann und vorzüglich wie Dich hat!" Und ich werde dann Deiner Freude gar keinen Halt tun können und Du wirst mich dann in Dein Zimmer führen, wo Du aufgeputzt und beschert hast ... das Glück! Dann werden wir immer stiller, der Christbaum brennt immer schwächer und Küsse sind unser Gebet, daß es immer so bleiben möchte ...

Wintereinsamkeit im Hessenpark.

Fritz Reuter
an seinen Vater

Dömitz, 20. Dezember 1839

Das Weihnachtsfest steht vor der Tür und klopft mit blaugefrorenen Händen an und bittet um Einlaß; nicht allein jeder, sondern auch jeglicher, ja ich möchte fast sagen jedweder (dies ist wirklich einmal von einem meiner Kommilitonen geschrieben) tritt ihm festlich geschmückt entgegen, reicht ihm die warmen Hände, und jubelnde Herzen schlagen ihm; und wenn es dann empfangen und in die warme, von Wachskerzen und Tannenbaum erleuchtete Stube geführt ist, verteilt es die Gaben, die jeder auf dem Hausaltar niedergelegt hat. Ich empfange es auch wohl freudig; aber doch nicht so, als wenn ich mit Euch einen Reigen schließen könnte und als wenn ich auch etwas auf dem Altare niederlegen könnte; nichts habe ich als Wünsche für Dein und der Schwestern Wohl und die Bitte um Erhaltung Deiner Liebe. Dies wird denn wohl das letzte Weihnachten sein, das ich fern von Euch zubringen muß, wenigstens im Kerker.
Heute bin ich ein halbes Jahr hier in D. und so muß der Oberstleutnant jetzt einen Bericht über mein Betragen an die preußische Regierung einsenden; daß dieser ein sehr guter sein wird, leidet keinen Zweifel, und wenn meine Freilassung von demselben abhängt, so könnt Ihr mich spätestens binnen 2 Monaten bei Euch sehen …

Wir haben heute eine rasende Kälte und da kein Schnee liegt, denke ich mit Zagen an Deine Kakteenpflanzungen. Ich wünsche, daß Du das neue Jahr froh und gesund antreten mögest. Gedenke Deines Sohnes.

Rosa Luxemburg
an Sophie Liebknecht

Breslau, Mitte Dezember 1917

Genau vor einem Jahr waren Sie bei mir in Wronka, haben mir den schönen Weihnachtsbaum beschert … Heuer habe ich mir hier einen besorgen lassen, aber man brachte mir einen ganz schäbigen, mit fehlenden Ästen – kein Vergleich mit dem vorjährigen. Ich weiß nicht, wie ich darauf die acht Lichtlein anbringe, die ich erstanden habe. Es ist mein drittes Weihnachten im Kittchen, aber nehmen Sie es ja nicht tragisch. Ich bin so ruhig und heiter wie immer. Gestern lag ich lange wach – ich kann jetzt nie vor ein Uhr einschlafen, muß aber schon um zehn ins Bett – dann träume ich verschiedenes im Dunkeln. Gestern dachte ich also: wie merkwürdig das ist, daß ich ständig in einem freudigen Rausch lebe – ohne jeden besonderen Grund. So liege ich zum Beispiel hier in der dunklen Zelle auf einer steinharten Matratze, um mich im Hause herrscht die übliche Kirchhofstille, man kommt sich vor wie im Grabe, vom Fenster her zeichnet sich auf der Decke der Reflex der Laterne, die vor dem Gefängnis die ganze Nacht brennt. Von Zeit zu Zeit hört man nur ganz dumpf das ferne Rattern eines vorbeifahrenden Eisenbahnzuges oder ganz in der Nähe unter den Fenstern das Räuspern der Schildwache, die in ihren schweren Stiefeln ein paar Schritte langsam macht, um die steifen Beine zu bewegen. Der Sand knirscht so hoffnungslos

Burgruine Altweilnau.

unter diesen Schritten, daß die ganze Öde und Ausweglosigkeit des Daseins daraus klingt in die feuchte, dunkle Nacht. Da liege ich still allein, gewickelt in diese vielfachen schwarzen Tücher der Finsternis, Langeweile, Unfreiheit des Winters – und dabei klopft mein Herz von einer unbegreiflichen, unbekannten inneren Freude, wie wenn ich im strahlenden Sonnenschein über eine blühende Wiese gehen würde. Und ich, ich lächle im Dunkeln dem Leben, wie wenn ich irgendein zauberhaftes Geheimnis wüßte, das alles Böse und Traurige Lügen straft und in lauter Heiligkeit und Glück wandelt. Und dabei suche ich selbst nach einem Grund zu dieser Freude, finde nichts und muß wieder lächeln über mich selbst. Ich glaube, das Geheimnis ist nichts anderes als das Leben selbst, die tiefe nächtliche Finsternis ist so schön und weich wie Sammet, wenn man nur richtig schaut. Und in dem Knirschen des feuchten Sandes unter den langsamen schweren Schritten der Schildwache singt auch ein kleines, schönes Lied vom Leben – wenn man nur richtig zu hören weiß ...

Ach, Sonitschka, ich habe hier einen scharfen Schmerz erlebt; auf dem Hof, wo ich spaziere, kommen oft Wagen vom Militär, voll bepackt mit Säcken oder alten Soldatenröcken und Hemden, oft mit Blutflecken ..., die werden hier abgeladen, in die Zellen verteilt, geflickt, dann wieder aufgeladen und ans Militär abgeliefert.

Neulich kam so ein Wagen, bespannt, statt mit Pferden mit Büffeln. Ich sah die Tiere zum erstenmal in der Nähe. Sie sind kräftiger und breiter gebaut als unsere Rinder, mit flachen Köpfen und flach abgebogenen Hörnern, die Schädel also unseren Schafen ähnlicher, ganz schwarz, mit großen, sanften Augen. Sie stammen aus Rumänien, sind Kriegstrophäen ... die Soldaten, die den Wagen führten, erzählten, daß es sehr mühsam war, diese wilden Tiere zu fangen, und noch schwerer, sie, die an die Freiheit gewöhnt waren, zum Lastdienst zu benutzen. Sie wurden furchtbar geprügelt, bis daß für sie das Wort gilt „vae victis“ ... dazu bekommen sie, die an die üppige rumänische Weide gewöhnt waren, elendes und karges Futter. Sie werden schonunglos ausgenutzt, um alle möglichen Lastwagen zu schleppen, und gehen dabei rasch zugrunde. Vor einigen Tagen kam also ein Wagen mit Säcken hereingefahren, die Last war so hoch aufgetürmt, daß die Büffel nicht über die Schwelle bei der Toreinfahrt konnten. Der begleitende Soldat, ein brutaler Kerl, fing an, derart auf die Tiere mit dem dicken Ende des Peitschenstiels loszuschlagen, daß die Aufseherin ihn empört zur Rede stellte, ob er denn kein Mitleid mit den Tieren hätte! „Mit uns Menschen hat auch niemand Mitleid!“ antwortete er mit bösem Lächeln und hieb noch kräftiger ein ... Die Tiere zogen schließlich an und kamen über den Berg, aber eins blutete ...

Sonitschka, die Büffelhaut ist sprichwörtlich an Dicke und Zähigkeit, und die war zerrissen. Die Tiere standen dann beim Abladen ganz still erschöpft, und eins, das, welches blutete, schaute dabei vor sich hin mit einem Ausdruck in dem schwarzen Gesicht und den sanften schwarzen Augen, wie ein verweintes Kind. Es war direkt der Ausdruck eines Kindes, das hart bestraft worden ist und nicht weiß, wofür, weshalb, nicht weiß, wie es der Qual und der rohen Gewalt entgehen soll ... ich stand davor, und das Tier blickte mich an, mir rannen die Tränen herunter ...

Derweil tummelten sich die Gefangenen geschäftig um den Wagen, luden die schweren Säcke ab und schleppten sie ins Haus, der Soldat aber steckte beide Hände in die Hosentaschen, spazierte mit großen Schritten über den Hof, lächelte und pfiff leise einen Gassenhauer. Und der ganze „herrliche“ Krieg zog an mir vorbei ...

Schreiben Sie schnell, ich umarme Sie, Sonitschka.

Ihre Rosa

Das Erlebnis der Hirten

„Der Engel bei den Hirten". Holzschnitt nach Ludwig Richter.

Und es waren Hirten in derselben Gegend auf dem Felde bei den Hürden, die hüteten des Nachts ihre Herde. Und der Engel des Herrn trat zu ihnen, und die Klarheit des Herrn leuchtete um sie; und sie fürchteten sich sehr. Und der Engel sprach zu ihnen: Fürchtet euch nicht! Siehe, ich verkündige euch große Freude, die allem Volk widerfahren wird; denn euch ist heute der Heiland geboren, welcher ist Christus, der Herr, in der Stadt Davids. Und das habt zum Zeichen: ihr werdet finden das Kind in Windeln gewickelt und in einer Krippe liegen. Und alsbald war da bei dem Engel die Menge der himmlischen Heerscharen, die lobten Gott und sprachen: Ehre sei Gott in der Höhe und Friede auf Erden bei den Menschen seines Wohlgefallens.

Und als die Engel von ihnen gen Himmel fuhren, sprachen die Hirten untereinander: Laßt uns nun gehen nach Bethlehem und die Geschichte sehen, die da geschehen ist, die uns der Herr kundgetan hat. Und sie kamen eilend und fanden beide, Maria und Josef, dazu das Kind in der Krippe liegen. Als sie es aber gesehen hatten, breiteten sie das Wort aus, das zu ihnen von diesem Kinde gesagt war. Und alle, vor die es kam, wunderten sich über das, was ihnen die Hirten gesagt hatten. Maria aber behielt alle diese Worte und bewegte sie in ihrem Herzen. Und die Hirten kehrten wieder um, priesen und lobten Gott für alles, was sie gehört und gesehen hatten, wie denn zu ihnen gesagt war. (Luk. 2, 8–20)

Wem die Weihnachtsgeschichte vertraut ist, der kennt die kraftvolle Sprache Luthers in der Hirtengeschichte. Ihr Inhalt klingt für unsere Ohren jedoch mysteriös. Und so sehr wir uns mühen, neu hinzuhören: das Geheimnis läßt sich nicht ganz lüften.

Warum stand nur den kleinen Leuten, den namenlos nomadisierenden Hirten der Himmel offen? Warum war Gottes Offenbarung nicht gleich an den Machthaber Augustus, den damaligen Weltenherrscher in seinem Palast in Rom oder wenigstens an seinen Verbündeten in Israel, den König Herodes, ergangen? Ist das Volk Gottes nur identisch mit denen, die unten und unterwegs sind wie die Hirten zu besseren Weidegründen? Kommt der Engel, der Bote des Herrn, nur zu denen, die ohne Ablenkung suchen und fragen in nächtlicher Stille? Wie weit sind wir noch aufnahmebereit und hörfähig bei den tausend Geräuschen um uns? Sind wir imstande noch zu sehen bei dem Blendwerk der Medien, dem Lichterglanz der Hightech-Erzeugnisse und dem Angestrahltwerden von Nachrichten, die sensationell, meist aber nicht gut sind? Dringt der Unterschied zwischen menschengemachter Öffentlichkeit und göttlicher Offenbarung überhaupt noch in unser Bewußtsein?

Gott kam zu den Hirten, die noch eine frohe Botschaft von außen zu empfangen bereit waren.

Dem Evangelisten Lukas liegt daran, seine Erzählung von den Umständen und der Umwelt der

Kommet, ihr Hirten, ihr Männer und Fraun,
kommet, das liebliche Kindlein zu schaun,
Christus, der Herr, ist heute geboren,
den Gott zum Heiland euch hat erkoren.
Fürchtet euch nicht!

Lasset uns sehen in Bethlehems Stall,
was uns verheißen der himmlische Schall;
was wir dort finden, lasset uns künden,
lasset uns preisen in frommen Weisen.
Halleluja!

Wahrlich, die Engel verkündigen heut
Bethlehems Hirtenvolk gar große Freud:
Nun soll es werden Friede auf Erden,
den Menschen allen ein Wohlgefallen.
Ehre sei Gott!

Karl Riedel nach einem
Weihnachtslied aus Böhmen

Geburt Jesu in das Gradnetz unserer eigenen Geschichte einzuordnen. Zugleich werden die Koordinaten der Menschheitsgeschichte einbezogen: die welthistorische Situation in der Epoche des in Rom als gottgleich verehrten Kaisers Augustus und des Statthalters Quirinius, der für seine römischen Besatzungssoldaten in Bethlehem genügend Quartiere beschlagnahmt hatte.

Jesu Geburt ist eine historisch einmalige Situation. Sie ist kein Fixpunkt, der „alle Jahre wieder“ im Naturkreislauf auftritt wie das kalendarische Weihnachten, das nur ein Erinnerungsfest sein kann.

Wen Gott wirklich im Blick hat mit seiner Menschwerdung in „Knechtsgestalt“: dafür stehen die Hirten. Es sind die sogenannten „normalen“ Menschen: grobe und empfindsame, handfeste und weiche Typen, wenn sie auch in gesellschaftlichem Bewußtsein als unlautere Leute galten. Sie gehörten zu den „Verlorenen“ wie die Zöllner und Dirnen. Gewiß gab es auch bei den Hirten höchst zuverlässige Hüter der Herden, vielleicht aber auch vagabundierende Gelegenheitsarbeiter und Lohndrücker, verleumdete Personen. Gerade ihnen aber – so der bewußte Akzent des Lukas-Evangeliums – gilt die Geburt dessen, der gekommen ist, das Verlorene zu suchen und zu retten.

Ernesto Cardinale, der katholische Befreiungstheologe, berichtet eindrucksvoll von den armen Bauern und Landarbeitern in Lateinamerika, die sich gern mit den Hirten identifizieren und naiv korrekt meinen, daß Gott in dem Menschen Jesus ein Beispiel gab, damit „der eine sich nicht besser vorkommt als der andere“ und daß bei dem gewöhnlichen Wacheschieben bei den Schafen das Ungewöhnliche geschah.

Wir erinnern uns an die Adventstexte: „Ach, daß du den Himmel zerrissest ...“ Überfallartig ge-

Auf dem Hirtenfeld bei Bethlehem.

Fürchte dich nicht
geh über die Brücke
überschreite
überwinde die Angst
und du wirst leben.

Ursa Krattiger

schah das Unerhörte, eine strahlend blendende Erscheinung „heller als tausend Sonnen", aber eben kein massenvernichtender Atomblitz und keine brandhelle Bombennacht, sondern einfach ein Stück offener Himmel. Die kosmologische Weite traf auf die irdische Enge. Gottes Herrlichkeit wurde sichtbar. Die Hirten gewannen Durchblick, denn die „Klarheit des Herrn" leuchtete um sie: *Fürchtet euch nicht! Siehe ich verkündige euch große Freude, die allem Volke widerfahren wird; denn euch ist heute der Heiland geboren, welcher ist Christus der Herr in der Stadt Davids!*

„Verkündigung an die Hirten". Beate Heinen, 1985.

Dieser Ruf kam unerwartet aus erschreckender Höhe, gesprochen von einem Engel, ähnlich – und doch auch wieder ganz anders – wie bei Gabriel und Maria. Beate Heinen malte 1985 diese zweite Verkündigungsszene, die auf dem steppenhaft leeren Feld bei Bethlehem geschah. Die himmlischen Heerscharen verdichten sich in dem einen durchschimmernden, mehrflügeligen, schwebenden Wesen über der Erde. Durch die Überraschung und die Andersartigkeit wird Staunen, ja Furcht bei den Hirten ausgelöst. Die haben sich auf dem wüstenbraunen Land wie die Schafe aus Angst zusammengepfercht. Der „Angelos", der Engel, der Bote Gottes aus der blauen Ferne, die sich ins kosmische Dunkel fortsetzt, hebt die Hand und spricht: „Fürchtet euch nicht. Ich habe euch nämlich die beste Botschaft mitzuteilen, die es je auf der Erde gab."

Wo der Engel aus dem Überirdischen die Erde zu berühren scheint, wo diese Botschaft auftrifft, wird es hell, verwandelt sich die braune Erde in leuchtendes Rot. Der hellrötliche Schein weist nach Bethlehem in den Stall, denn dort sollen sie das Wunder, die Menschwerdung Gottes, sehen. Der Engel sagt es deutlich: in dem dort geborenen Heiland vollzieht sich die Geburt einer neuen Welt, ein „Heil, das allem Volk widerfahren wird." Was Wunder, daß die Hirten die Hände vor Fassungslosigkeit vor den Mund halten und die Köpfe nicht hoch genug nach oben aufrichten können. Hingekauert sind sie der Erde ganz nahe, und doch kommt ihnen der Himmel noch näher. Das Bild hält nur den Augenblick der Botschaftsübermittlung fest. Das Gloria liegt in der Luft.

In der Geschichte der Hirten, die das Zentralgeschehen der Geburt Jesu am Rand und doch sehr aufschlußreich beleuchtet, geht es nicht um historische Befunde. Es gibt zwei Hirtenfelder bei Bethlehem, ein katholisches und ein orthodoxes, da bleiben Zweifel und Ahnungslosigkeit.

Bei den Hirten löste sich bald die Spannung – „.... und sie kamen eilend". Dies ist das adäquate Verhalten gegenüber der Christgeburt: mit den Hirten nach Bethlehem gehen!.[78]

Doch bei uns geht das nicht so schnell. Da gibt es Hindernisse im Verstand. Wir sind ja auch nicht so überfallartig von Engeln aufgefordert worden. Wir können uns innerlich so schnell nicht umziehen und spontan reagieren vom Alltag zum Fest, von der Welt zur Religion, vom eigenen Ich zu Gott. Wir können mit den Hirten kaum Schritt halten.

Die Hirten

Hirten wachen im Feld;
Nacht ist rings auf der Welt;
wach sind die Hirten allein
im Haine.

Und ein Engel so licht
grüßet die Hirten und spricht:
„Christ, das Heil aller Frommen,
ist kommen!“

Engel singen umher:
„Gott im Himmel sei Ehr!
Und den Menschen hinieden
sei Frieden!“

Eilen die Hirten fort,
eilen zum heilgen Ort,
beten an in den Windlein
das Kindlein

Peter Cornelius

Aber Lukas will, daß wir gleich gehen und die Geschichte sehen, die da geschehen ist.
Der problembelastete Mensch von heute müßte Gepäck abwerfen, das Gepäck seines Mißtrauens gegen Gottes Erscheinen an Weihnachten. Nicht großartige Vorleistungen, sondern ein geöffnetes Herz bringen die Hirten. Sie machen die Erfahrung vom „Mehrwert des Lebens“, sie gehen hin mit allen Defiziten und Widersprüchen in sich selbst.
Vielleicht liegt der Schlüssel der Hirtengeschichte in dem leicht zu überlesenden Satz: „Maria aber bewegte alle diese Worte in ihrem Herzen“. Bewegen, das ist das Grundverhalten im Leben. Wo sich nichts bewegt ist Tod, ist Erstarrung. Bewegen heißt hier, die Botschaft der Engel bedenken und akzeptieren. Die Hirten verharrten nicht in ängstlicher Ratlosigkeit; sie machten sich auf den Weg; sie bewegten sich.
Auch der gläubige Christ bleibt immer ein Spurensucher zum Stall von Bethlehem. Wir sind auf den Anfang alles Verstehens, auf den Glauben zurückgeworfen (Bonhoeffer). Wir stehen in Wahrheit „draußen auf dem Feld bei den Hirten“, aber da draußen fängt Weihnacht für uns an. Gehen, sehen und entdecken: das ist die Anleitung der Hirten.
Es stellt sich die Frage, ob wir uns behutsam mitnehmen lassen, ohne uns selbst geistige Hürden aufzubauen. Worte, die im Herzen bewegt werden, sind eine Macht. Maria lädt ein, uns innerlich zu bewegen, von Herzen ergreifen zu lassen.
Der moderne Mensch steht dieser Botschaft zunehmend fremd gegenüber. Aber auch die Gläubigen stehen irgendwie „draußen vor der Tür“ (Borchert) und müssen sich aufmachen. Ihr Glaube liegt stets vor ihnen, nicht hinter ihnen. Wer von dem Geheimnis Gottes redet, kann das nur stammelnd tun. Die Worte sind den Hirten nicht glatt vom Mund gegangen, aber reden mußten sie von dem, was sie „gehört und gesehen hatten“.

Traue nicht deinen Augen
Traue deinen Ohren nicht
Du siehst Dunkel
Vielleicht ist es Licht.

Bertolt Brecht

„Die Geburt Christi“. Martin Schongauer.

„Anbetung der Hirten". Georges de la Tour.

Das Hirtengeschehen ist von vielen Künstlern aufgegriffen worden. Martin Schongauer hat die Ankunft der Hirten an dem Geburtsschuppen so dargestellt, daß zwar die Hirten Randfiguren bleiben, aber sie knien wie Maria vor dem Knäblein, sie beten es an wie sie.

Die Hirtengeschichte im frühen Mittelalter

Da ward es manchem kund über die weite Welt. Wächter erst erfuhren's, die bei den Pferden im Freien waren, hütende Hirten, die bei den Rossen hielten und dem Vieh auf dem Felde. Die sahn, wie die Finsternis in der Luft sich zerriss und das Licht Gottes brach wonnig durch die Wolken, die Wächter dort im Felde befangend. Da fürchteten sich in ihrem Mut die Männer. Sie sahen den mächtigen Gottsengel kommen, und gegen sie gewandt, befahl er den Feldhirten: „Fürchtet nicht für euch ein Leid von dem Lichte! Liebes", sprach er, „soll ich euch die Wahrheit sagen und sehr Erwünschtes künden, von mächtiger Kraft: Christ ist geboren in dieser selben Nacht, der selige Gottessohn, hier in Davids Burg, der Herr, der gute, des mag sich freuen das Menschengeschlecht; es frommt allen Völkern. Dort mögt ihr ihn finden in der Bethelehmsburg, der Gebornen Mächtigsten." Die Wächter hörten, wie der Engel Schar den allmächtigen Gott mit wahrhaften Worten priesen: „Lob sei", lautete das Lied, „dem Herrn hoch im höchsten Reiche der Himmel und Friede auf Erden den Völkern allen, den Gutwilligen, die Gott erkennen mit lauterm Herzen."

Aus dem „Heliand", Anfang des 9. Jahrhunderts

Georges de la Tour hat die Anbetung der Hirten in seine Zeit übersetzt, d. h. die Hirten treten in den Kleidungen der Kaufleute, der Bürger aus der Renaissancezeit auf. Sie haben sich ebenfalls auf die Knie begeben, ein Zeichen der Huldigung. Der bärtige Josef hält seine Hand vor die Kerzenflam-

me, daß sie nicht durch den Wind ausgeblasen wird oder das Kind nicht zu sehr durch das flackernde Licht gestört wird. Maria umfaßt eine Schüssel, wahrscheinlich eine stärkende Suppe für die Mutter, wie es früher üblich war, die die Nachbarn gebracht haben. In ihrem Gesicht ein verhaltenes Glück, aber auch eine entfernte Ahnung vom Kreuz.
Der südafrikanische Künstler Mbatha reduziert seinen Linolschnitt auf das Wesentliche. Eine Mutter hält das Kind in der Hand und auf dem Schoß. Der Vater ist sehr aufmerksam. Die Tiere wenden sich vollends ab, aber die Hirten nähern sich mit großen Augen, sie gehen verwundert dem Geheimnis entgegen. Die Macht, die Allmacht Gottes, hat in der Ohnmacht eines kleinen Kindes Gestalt gewonnen. Die scheinbar ohnmächtige Weihnachtsbotschaft hat in den letzten Jahren auch im Süden Afrikas gegen alles Leid, gegen alle Trennung die Werte der Barmherzigkeit, der Versöhnung, der Freundlichkeit und der Gerechtigkeit sichtbar werden lassen.

Dezembernacht

Feldhüter haben in einem Geräteschuppen
(Steckrübenacker, Pflaumenbäume, Flußwind)
Eine Geburt aufgespürt, hier unzulässig.
Flüchtlinge gehören ins Lager und registriert.
Der Schafhirt kam dazu, ein junger Mann,
Der ging mit einem Stecken übers Mondfeld.
Sein Hund mit Namen Wasser sprang an der Hütte hoch.
Ein Alter drinnen gab Auskunft, er sei nicht der Vater.
Die Feldhüter verlangten die Papiere.
Das Neugeborene schrie.
Die Schafe versperrten die Straße.
Drei Automobile
Ein Mercedes, ein Bentley, eine Isotta hielten an.
Drei Herren stiegen aus, drei Frauen, schöner als Engel,
Fragten , wo sind wir, spielten mit den Lämmern.
Spenden Sie etwas, sagten die Feldhüter.
Da gaben sie ihnen
Ein Parfüm von Dior, einen Pelz, einen Scheck auf die Bank von England.
Sie blieben stehen und sahen zu den Sternen auf.
Glänzte nicht einer besonders? Ein Rauhreif fiel,
Die kleine Stimme in der Hütte schwieg.
Ein Mercedes, ein Bentley, eine Isotta fuhren an
Und summten wie Libellen. Der Hirte schrie
Fort mit euch Schafen, fort mit euch Lämmern.
Ist das Kind gestorben? Das Kind stirbt nie.

Marie Luise Kaschnitz

Die Hirten lagen auf dem Feld

Gesegnet sei die heil'ge Nacht,
die uns das Licht der Welt gebracht!
Wohl unterm lieben Himmelszelt
die Hirten lagen auf dem Feld.
Ein Engel Gottes, licht und klar,
mit seinem Gruß tritt auf sie dar.
Vor Angst sie decken ihr Angesicht;
da spricht der Engel: „Fürcht' euch nicht!
Denn ich verkünd' euch große Freud':
Der Heiland ist geboren heut!"
Vom Himmel hoch der Engel Heer
frohlockt: „Gott in der Höh' sei Ehr'!"
Da gehn die Hirten hin in Eil',
zu schaun mit Augen das ew'ge Heil,
zu singen dem süßen Gast Willkomm,
zu bringen ihm ein Lämmlein fromm.
Bald kommen auch gezogen fern
die heil'gen drei Kön'ge mit ihrem Stern.
Sie knien vor dem Kindlein hold,
schenken ihm Myrrhen, Weihrauch, Gold.

Eduard Mörike

„ Die Hirten auf dem Weg zum Stall von Bethlehem". Linolschnitt von Mbatha.

Die Engel über dem Hirtenfeld und das Gloria

„Chor der Engel". Miniatur aus dem 13. Jahrhundert.

Ehre sei Gott in der Höhe und Friede auf Erden bei den Menschen seines Wohlgefallens.
(Luk. 2, 14)

In der Advents- und Weihnachtszeit treten Engel als biblische Botschafter und Lichtbringer mehr in unser Bewußtsein als in den helleren Jahreszeiten. Indem sie an mehrere Personen (Maria, Josef, Hirten) die Geburt des Herrn verkündigen, vermögen sie etwas sichtbar zu machen von Gottes Nähe. Dadurch kann Geborgenheit erfahren werden auch auf den dunklen und angstdurchwirkten Wegen heute.[79]

Der rationale Mensch kann das mit seinen fünf Sinnen analytisch nicht aufnehmen, mithin nicht über die Engelserscheinung verfügen. Für die meisten Menschen existieren Dinge nicht, die nicht erklärt werden können. Sie akzeptieren wohl die Gesetze der Kausalität, obgleich diese längst von der modernen Physik in Frage gestellt sind. Sie verinnerlichen jedoch nicht die Einsicht von Shakespeare, daß es zwischen Himmel und Erde Dinge gibt, von denen sich unsere Schulweisheit nichts träumen läßt.

Daß Gottes Herrlichkeit, Allmacht und Fülle unendlich viel größer ist als alle Galaxien des Weltalls, das will der auf sein eigenes Denkvermögen und auf seine eigene Leistung bezogene Mensch nicht annehmen, weder der „homo faber" noch der „homo oeconomicus". Dabei gilt in diesem Zusammenhang das Wort von Blaise Pascal: „Nichts ist vernünftiger, als weit über die Vernunft hinauszugehen".

Trotz allen intellektuellen Abwehrverhaltens gibt es in unserer Vorstellungswelt immer noch Engel. Da erscheinen sie zur Weihnachtszeit immer wieder: die Rauschgoldengel, die pausbäckigen Bozener Engel und alle möglichen Abwandlungen davon. Man spricht vom „Gelben Engel" auf der Autobahn, von einem Schutzengel gar, wenn jemand vor Unfall oder Tod gerade bewahrt wurde. Die schon in der Vor- und Frühgeschichte geahnten Wesen zwischen Himmel und Erde erlangten zum Teil göttliche Funktionen, wie die griechische Nike, die Siegesgöttin, die auf der Berliner Siegessäule vergoldet strahlt, in Kattowitz in dunklem Erz „fröhliche Urständ" feiert oder dem Alcazar in Toledo martialisch-militärische Ehre erweist.

In den biblischen Berichten sind Engel jedoch nicht Gott gleich, sondern stets nur Boten Gottes. Engelerfahrung gibt es bis heute: im Schlaf, in der Stille, im Traum, in Visionen, aber auch bei der Arbeit, beim Autofahren können sie als göttliche Gedankeneingeber, Bewahrer vor Unfall und als Begleiter in schweren Tagen auftreten. Diese Nähe Gottes ist nicht eine Begegnung mit gefiederten Wesen, sondern mit guten Ideen und mit wegweisenden Menschen.[80]

Wir wollen die Phantasie der Alten, die sich bildhafte Vorstellungen von Engeln machten, nicht schelten. Sie haben sich nur das Unausdenkbare, aber Wahrgenommene zwischen Himmel und Erde personifiziert vorgestellt. Der Mensch, der vordergründig allein an die Machbarkeit durch Wissenschaft und Technik glaubt und deren Gebrechlichkeiten nicht sieht, der auch das tragische Ende des faustischen Wirkens nicht zur

Lass einen Engel mir

Laß einen Engel mir am Brunnenrand,
wenn ich zuweilen aus ihm trinke!
Damit ich nicht im eignen Spiegelbild versinke:
Laß Deinen Engel mir am Brunnenrand!

Laß einen Engel mir bei Nachtbeginn!
Der Tag entzog sich mir, und ich war schwach,
anfällig und anheimgegeben lieg ich wach.
Laß Deinen Engel mir bei Nachtbeginn!

Laß einen Engel an der Pforte stehn!
Nie könnt' ich sonst die Tore unterscheiden,
denn eines muß ich meiden, dunkel meiden.
Laß Deinen Engel an der Pforte stehn!

Karin Breither

Kenntnis nehmen will, hält Engel für blanke Fabelwesen, nur nützlich für Legenden und pädagogische Anweisungen. Andererseits sind ihm Engel aber gut für die Werbung, um emotionale Gefühle in den Menschen zu wecken und auszunutzen. Damit wird deutlich, daß man doch irgendwie an die irrationale Wesenhaftigkeit der Engel glaubt. Wichtig für die christliche Interpretation ist dies, daß Gott immer wieder Engel als Boten schickt, in Träumen, in Visionen. Sie sind nicht selbst die Verfasser der Botschaft, sondern nur die Überbringer. Sie handeln im Auftrag Gottes. Gabriel durfte die Geburt Jesu ankündigen, aber er war nicht Verursacher des Geschehens. Die Engel stimmten auf dem Hirtenfeld das „Ehre sei Gott in der Höhe" an. Trotz der „Ehre Gottes": der Gesang erschreckte ebenso wie die Erscheinung. „Jeder Engel ist schrecklich ..."
Es gibt sehr viele Erfahrungsberichte moderner Menschen von unsichtbaren oder kaum wahrnehmbaren schreck- und furchterregenden Boten. Fremd sind sie uns deshalb, weil sich hier die Macht Gottes offenbart und die eigene Ohnmacht spürbar wird. Die Frage ist, wie schwerhörig wir für Gottes Boten geworden sind oder sein wollen. Vielleicht deshalb, weil man nicht wahrhaben will, daß bedürftige Menschen, die bei uns Gast sein wollen, möglicherweise auch Boten Gottes sind. Vielleicht deuten sie auch neue Chancen an. Oft begreifen wir die Zusammenhänge, die Vorstellungen, die Gedanken, die von dort kommen, erst hinterher, manchmal auch zu spät. „Der Widerstreit zwischen Glauben und Wissen wird keinem erspart, dem Frömmsten wie dem Fremdesten" stellt Albrecht Goes fest.
Humperdinck interpretiert in seinem Singspiel „Hänsel und Gretel" die Schutzengel auf eine

Jeder Engel ist schrecklich. Und dennoch, weh mir,
ansing ich euch, fast tödliche Vögel der Seele,
wissend um euch. Wohin sind die Tage Tobiae,
da der Strahlendsten einer stand an der einfachen Haustür,
zur Reise ein wenig verkleidet und schon nicht mehr furchtbar;
(Jüngling dem Jüngling, wie er neugierig hinaussah).
Träte der Erzengel jetzt, der gefährliche, hinter den Sternen
eines Schrittes nur nieder und herwärts: hochaufschlagend erschlüg uns das eigene Herz. Wer seid ihr?

Rainer Maria Rilke

Engel mit Schwert. Denkmal vor dem Alcazar in Toledo.

„Schwebender Engel". Ernst Barlach, 1927. Güstrower Ehrenmal (Bronze).

wunderhaft schöne Weise. Rainer Maria Rilke bringt dagegen zum Ausdruck, was Maria, Zacharias, aber auch die Hirten erfahren hatten, nämlich daß Engel Angst einjagen können. Deswegen wiederholt der Engel in der biblischen Botschaft immer wieder: „Fürchtet euch nicht". Oft steht der Cherub mit dem Schwert vor dem Paradies der vollen Gottesgemeinschaft. Engel können das Schwert führen, dafür gibt die Bibel zahllose Beispiele. Oft sind es hilfebringende Freunde, manchmal auch hilfsbedürftige Gäste, die als Engel verschlossene Wirklichkeiten für uns öffnen, neuen Mut machen, Licht bringen, befreien. Es wimmelt geradezu von Engeln um uns herum. Wir nehmen sie jedoch nicht immer wahr. Albrecht Goes formuliert: „Gottes Weihnachtswelt ist voller Boten – und einige sind unterwegs zu Dir".

Die Engel zeigen schließlich an, wem das alleinige Lob gebührt. Das „Gloria in excelsis deo", das „Ehre sei Gott in der Höhe" weist auf Herkunft und Ziel allen Seins und Wirkens. Johann Sebastian Bach hatte diese Zusammenhänge richtig gedeutet, wenn er sein Werk als „soli deo gloria" (allein Gott zur Ehre) verstanden wissen wollte. Von daher ist es konsequent, den von Nikolaus Decius 1523/1525 aufgegriffenen Hymnus (4. Jh.) in dem bekannten „Allein Gott in der Höh sei Ehr", auch in die gottesdienstliche Liturgie aufzunehmen. Als „kleines Gloria" war der Hymnus angelicus (Ehr sei dem Vater und dem Sohn und dem Heiligen Geist) nie aufgegeben worden. Das „große Gloria" hatte in den altkirchlichen Messen einen besonderen Stellenwert, es durfte ursprünglich nur vom Bischof angestimmt werden und von den Priestern nur am Ostertag. Später war es unerläßlicher Bestandteil aller Messen und wurde von Komponisten besonders weihevoll vertont.

Es müssen nicht Männer mit Flügeln sein

Es müssen nicht Männer mit Flügeln sein,
die Engel.
Sie gehen leise, sie müssen nicht schrein,
oft sind sie alt und häßlich und klein,
die Engel.

Sie haben kein Schwert, kein weißes Gewand,
die Engel.
Vielleicht ist einer, der gibt mir die Hand,
oder wohnt neben dir, Wand an Wand,
der Engel.

Dem Hungernden hat er das Brot gebracht,
der Engel.
Dem Kranken hat er das Bett gemacht,
und er hört, wenn du ihn rufst, in der Nacht,
der Engel.

Er steht im Weg und er sagt: Nein,
der Engel,
groß wie ein Pfahl und hart wie ein Stein -
es müssen nicht Männer mit Flügeln sein,
die Engel.

Rudolf Otto Wiemer

Über dem „Ehre sei Gott in der Höhe“ darf nicht vergessen werden, daß der Engel den Frieden auf Erden und das „Wohlgefallen“ Gottes an seiner Schöpfung, vor allem am Menschen, verkündet und damit das Weihnachtsgeschehen klar begründet. Von daher könnte man auch ausrufen: „Ehre sei Gott in der Tiefe!“. Gott hat sich in dem Kind in der Krippe voll der Schutzlosigkeit der Welt ausgeliefert, für ihn war der Stall von Bethlehem gut genug. Darum sind wir in einer gestörten Schöpfung mit all unseren Defiziten Gott auch gut genug.

Es genügt, wenn wir es bei der Lukaserzählung von den Engelchören über dem Hirtenfeld belassen. Heute gibt es sogar Seminare, die innere Blockaden lösen und den Weg zur „Kontaktaufnahme mit Schutzengeln“ frei machen wollen. Engel sind dann „Energie-Transformatoren“, die Kraftschwingungen weiterleiten. Mit menschlichen Vorstellungen gelangt man esoterisch leicht in Bereiche der spekulativen Elektrophysik. Den Engelbegriff sollte man stehenlassen als ein spirituelles Erfahrungsphänomen, bei dem Gottes Nähe wahrgenommen wird. Deshalb soll eine moderne Engelerfahrung nicht vorenthalten werden: Der atheistisch gesinnte, gewiß unverdächtige ehemalige DKP-Vorstandsfunktionär Peter Schütt schreibt über sein erstes großes öffentliches, aber nicht angstfreies und von seinen Genossen durchaus mißbilligtes Eintreten für Gorbatschows Politik der Perestroika im Sitzungssaal des Zentralkomites 1988 so: *„Ich beugte mich über das Pult, ich wollte sprechen, aber die Aufregung erstickte meine Stimme. Ich brachte kein Wort über die Lippen. Doch dann richtete ich mich auf. Hinter mir stand breitschultrig mit ausgebreiteten Armen der Engel der Ermutigung. Körperlich spürte ich seine Nähe. Ein Strom von Wärme und Geborgenheit durchströmte mich und dann fühlte ich, wie mir der fremde Freund sanft aber fest auf die Schulter klopfte, so als wollte er bedeuten: „Na los, fang an!“* – Von da an wich die Beklommenheit und Dr. Schütt, der Literat im DKP-Vorstand, begann frei zu reden. Er redete gegen eine finstere Mauer des Schweigens. Er fährt in seinem Bericht fort: *„... Zum erstenmal stand ich allein inmitten der Partei, und doch war ich nicht allein. Mitten in einer Versammlung von hundert erklärten Gottesleugnern war mir der Engel erschienen, derselbe, der mich als Fünfjährigen vor dem Flammentod errettet hatte, derselbe, den ich auf meinem Irrweg durch Potemkinsche Dörfer des Kommunismus allzuoft verleugnet und aus den Augen verloren hatte. ... Ich habe den Wink des Engels verstanden ...“* [81]

Der in Seligenstadt am Main geborene Maler Hans Memling schuf die „Musizierenden Engel“.

Hört, der Engel helle Lieder

Hört, der Engel helle Lieder
klingen das weite Feld entlang,
und die Berge hallen wider
von des Himmels Lobgesang:
Gloria, Gloria, Gloria
in excelsis Deo,
Gloria in excelsis Deo.

Hirten, warum wird gesungen?
Sagt mir doch eures Jubels Grund!
Welch ein Sieg ward denn errungen,
den uns die Chöre machen kund?
Gloria in excelsis Deo.
Gloria in excelsis Deo.

Sie verkünden uns mit Schalle,
daß der Erlöser nun erschien,
dankbar singen sie heut alle
an diesem Fest und grüßen ihn.
Gloria in excelsis Deo.
Gloria in excelsis Deo.

Otto Abel 1954 nach dem französischen Lied „Les anges dans nos campagnes“, 18. Jahrhundert

Aber Gott, dem ewigen König, dem Unvergänglichen und Unsichtbaren, der allein Gott ist, sei Ehre und Preis in Ewigkeit! Amen.
(1. Tim. 1, 17)

Himmlische Musik oder Engelskonzert von 1719 im Tonnengewölbe der evangelischen Kirche in Weiterode bei Bebra. Das Deckengemälde stammt von einem unbekannten Maler, der einzelne Kartuschen symmetrisch verteilt und den göttlichen Namen JAHVEH durch den Lobpreis der Engel auf verschiedenen Instrumenten verherrlichen will.

1. Allein Gott in der Höh sei Ehr
und Dank für seine Gnade,
darum daß nun und nimmermehr
uns rühren kann kein Schade.
Ein Wohgefalln Gott an uns hat;
nun ist groß Fried ohn Unterlaß,
all Fehd hat nun ein Ende.

2. Wir loben, preisn, anbeten dich;
für deine Ehr wir danken,
daß du, Gott Vater, ewiglich
regierst ohn alles Wanken.
Ganz ungemessn ist deine Macht,
allzeit geschieht, was du bedacht.
Wohl uns solch eines Herren!

3. O Jesu Christ, Sohn eingeborn
des allerhöchsten Vaters,
Versöhner derer, die verlorn,
du Stiller unsers Haders,
Lamm Gottes, heilger Herr und Gott;
nimm an die Bitt aus unsrer Not,
erbarm dich unser aller.

Nikolaus Decius, 1525 nach dem „Gloria in excelsis Deo" aus dem 4. Jahrhundert

Anna Sindermann

Welche Farbe haben eigentlich die Engel?

Eine kleine, besinnliche Geschichte zum Heiligen Abend, nicht nur für „Engel"

Nanu saß in der Werkstatt seines Vaters und beäugte skeptisch die großen Stämme des Ivorybaumes, deren schwarzer Kern soviel Wertvolles enthielt. Noch immer ist das pechschwarze Holz im Inneren der Stämme so begehrt wie die Zähne der Elefanten. Nur die sind wenigstens weiß. Ganz wagemutige und schonungslose Jäger handeln trotz Verbot auch immer noch damit. So war Nanu nicht, und auch nicht sein Vater. Sie hatten sich auf das mühevolle Schnitzen aus Ebenholz spezialisiert, vor allem auf das Herstellen von Krippenfiguren.

„Komm, Junge, träum nicht. Ich brauche deine Hilfe", mahnte der Vater. „Die Figuren müssen fertig werden, sonst ist die Weihnachtszeit erst einmal wieder vorbei!"

Seufzend erhob sich Nanu, um seinem Vater zur Hand zu gehen. Doch er arbeitete so unkonzentriert, daß er sich bald heftig in den Finger schnitt.

„So geht das nicht", brummte der Vater. „Laß uns hinsetzen und reden. Irgend etwas bedrückt dich doch." Nanu, dankbar für die Pause, druckste eine Weile herum und rief plötzlich sehr heftig aus: „Welche Farbe haben die Engel, Vater?" – „Ich weiß es nicht", antwortete dieser. „Das ist auch egal, Engel sind Engel, die brauchen keine Farbe." – „Aber die Engel auf den Bildern sind alle weiß!" entgegnete Nanu ungehalten. – „Immer sind sie weiß, so wie die Missionare und die Schwestern, die uns von ihnen erzählen. Warum sind sie nie schwarz, wie du und ich?" – „Weil Engel Engel sind und es egal ist, welche

Engel zur Rechten Christi. Mosaik in St. Apollinare in Ravenna.

Farbe sie haben." Der Vater wurde langsam ungeduldig. „Laß uns weiterarbeiten, die Zeit ist knapp. Was gehen uns die Engel an?" Eine ganze Menge, dachte Nanu, während er sich dem Vater fügte und Figuren schnitzte. Ein Engel wollte ihm nicht von der Hand gehen.

In dieser Nacht hatte er einen Traum. Das heißt, in Wirklichkeit war es kein Traum und Nanu erlebte alles hellwach.

Er erwachte von einem eigenartigen Flattern und Sausen. Eine helle Gestalt stand vor seiner Schlafmatte und blickte lächelnd auf ihn herab.

„Wach auf, Nanu, ich will deine Frage beantworten." Nanu rieb sich die Augen und blickte auf die strahlende Gestalt. Sie war umgeben von hellem Leuchten und sprach zu ihm: „Quäl dich nicht länger, dein Vater hat recht. Wir Engel haben keine Farbe und sind auch nicht nur für die Weißen da. Wir haben alle Farben. Jeder kann uns so sehen, wie er will. Schnitz du nur deine Engel wie du willst." – „Aber die richtigen Engel sind alle weiß und haben blonde Locken", wandte Nanu ein. „Das", lachte die Gestalt, „glaubst nur du." Und sie beugte sich dicht zu ihm herunter. Obwohl das Leuchten des Gewandes ihn blendete, erkannte Nanu ganz deutlich: das Gesicht der Gestalt war schwarz. Sie setzte sich ihm gegenüber und begann zu erzählen von dem Kind, das geboren war, das der König aller Menschen war, von dem Stern über Bethlehem und von den Königen, die kamen, das Kind zu beschenken.

Sie erzählte, daß einer der Könige schwarz war und man von den anderen nur wisse, daß sie aus dem Orient kamen, wo es alle Farben gibt: von blaß über gelb bis hin zum dunkelbraun.

Während die Gestalt berichtete, schien es Nanu, als ob ihr Gesicht ständig die Farbe wechselte. Mal hell, mal dunkel, mal sogar schillernd in bunten Farben - ob männlich oder weiblich, er konnte es nicht sagen. Sie sprach mit ihm in vielen Sprachen und er verstand sie alle, und plötzlich verstand er auch die Botschaft: Gott, die Engel, die heilige Familie hatten alle Farben, konnten in jeder Sprache reden, ganz gleich wo sie waren und zu wem sie sprachen.

Am nächsten Morgen saß er vergnügt in der Werkstatt und schnitzte seinen ersten Engel aus Ebenholz. Als sein Vater ihn überrascht fragte, woher denn die gute Laune käme, antwortete Nanu nur geheimnisvoll: „Ich weiß jetzt, welche Farbe die Engel haben. Heute sind sie jedenfalls schwarz."

Neujahrs- und Dreikönigsbrauchtum

Die Zeit „zwischen den Jahren"

Im Volksmund bezeichnet man die Tage zwischen Weihnacht und Neujahr als die Zeit „zwischen den Jahren". Papst Gregor XIII. hatte im Jahre 1582 den alten julianischen Kalender neu ordnen lassen. Der „Gregorianische Kalender" glich den Zeitunterschied von 11 Minuten, 14 Sekunden zwischen dem Sonnenjahr und dem julianischen Jahr aus. 1582 hatte sich der Frühlingsanfang bereits auf den 11. März vorgeschoben. Die aufgelaufenen 12 Tage wurden an das mit Weihnachten (24.12.) endende Jahr „angehängt". Damit besaß man nun zwei Neujahrstage: den 25.12. und den 6.1.. Die vorchristlichen Rauhnächte waren nun fast zeitgleich mit den eingeschobenen Tagen, die man „in den Zwölften" nannte.[82] Die Kirche nutzte diese Zeit, um die hier noch besonders gepflegten heidnischen Brauchtumsreste zu verdrängen. Weihnachten selbst war nicht zuletzt aus diesen Gründen auf den 24.12. verlegt worden, und die Zeit „zwischen den Jahren" bedurfte einer Neuorientierung. Aus der Epoche der „wilden Fahrt Wotans" sollte eine stille Zeit werden, in der höchstens gegenseitige Besuche die Freundschaft stärken konnten.

Als im ausgehenden 16. Jahrhundert schließlich doch Klarheit in das Kalendarium gebracht wurde, wollten sich die protestantischen Länder nichts von Rom und Papst Gregor vorschreiben lassen. Sie mußten wohl die Festlegung des Neujahrbeginns am 1. Januar akzeptieren, mit dem Dreikönigstag (6.1.) hatten sie jedoch nichts im Sinn. Sie redeten fortan nicht mehr von den „Zwölften", sondern benannten die Tage vom 25.12. bis zum 1.1. die Zeit „zwischen den Jahren".[83]

Es dauerte noch über 100 Jahre, bis der gregorianische Kalender im größten Teil der Welt anerkannt war.

Die Tage „zwischen den Jahren" behielten im Brauchtum trotz aller Bemühungen gegen den Aberglauben eine besondere Bedeutung. Da leb-

Wintermorgen im Hessenpark.

ten um die Mitte der oft stürmischen Rauhnächte alte Rituale wieder auf. Da wurden die Träume bedacht, weil sie in Erfüllung gehen sollten. Da konnte aber auch die Hölle los sein. Oft ging das Lärmen und Toben schon am Tag nach Weihnachten, dem 3. Feiertag los. Junge Burschen „verhockten" sich, d. h. sie schwärzten die Gesichter mit Ruß und stopften weite Hosen und Röcke mit Stroh oder Heu aus, wobei die Hosen unten mit einer Weidengerte oder Strohkordel zugebunden waren.

Diese „Ausgestopften" oder Strohmänner, die in den 20er und 30er Jahren auch an Fastnacht auftraten, wurden analog der Vorläufergestalten des Knecht Ruprecht, „Hirsche-Klaus" oder „Klausnickel" genannt.[84] Sie waren verwandt mit anderen vermummten, kettenbehangenen Figuren, die Böses mit Bösem vertreiben, d. h. die gefährlichen Toten- und Wintergeister verjagen sollten. Sie wurden aber auch als Schreckgestalten gegen böse Kinder und mißliebige Dorfbewohner eingesetzt. Wo ihre Heischegesänge kein Gehör fanden, veranstalteten sie eine ärgerliche „Katzenmusik" und riefen abschätzige Sprüche.[85]

Man glaubte – in ferner Erinnerung an die vorchristliche Zeit –, daß „zwischen den Jahren" die Seelen der Toten auf der Erde weilten, daß sich die Gräber nachts öffneten und daß man zur Besänftigung der Geister Speisegaben auf dem Kirchhof oder vor den Fenstern und Türen opfern müsse. Vor diesem Hintergrund sind die vielerlei Formen der Gebildbrote um die Neujahrstage zu bedenken.[86]

Wer an diesen Tagen seinen Waschtag hielt, der wusch sein Totenhemd, oder man glaubte, daß jemand aus der Familie im kommenden Jahr sterben würde. Man durfte nicht spinnen und nähen, keine Hülsenfrüchte essen und im Gegensatz zu Weihnachten und Dreikönigstag keine Äpfel und Nüsse verzehren, was vielleicht auch ein Abgewöhnbrauch für Kinder war. Vieles aus dem alten Brauchtum ist uns heute nicht mehr mit Gewißheit erklärbar. Ob z. B. das Arbeitsverbot, das gebietsweise sogar das Stallausmisten betraf, nicht eher etwas zu tun hat mit dem Wechsel der Knechte und Mägde am Arbeitsplatz sei dahingestellt.[87]

„Zwischen den Jahren" durfte kein Hausputz gemacht werden. Dagegen war das Ausräuchern von Haus, Hof und Stallungen gegen Krankheit und als Abwehr gegen Unfall allgemein anerkannt.

Schäferhütte im Hessenpark.

Räucherharzfunde aus germanischen Gräbern zeigen, daß es sich hier offenbar um eine uralte Sitte handelte. Wer die Ruhe „zwischen den Jahren" oder „in den Zwölften" störte, konnte es mit Frau Holle in Gestalt der Frau Perchta zu tun bekommen oder vom Schimmelreiter oder einer anderen Spukgestalt abgeholt werden.[88] Die Angst vor dem sich rächenden „wilden Heer" steckte noch tief in den Herzen, verständlich, wenn man die Auswirkungen der atlantischen Sturmtiefs bedenkt – damals wie heute.

Die Tage „zwischen den Jahren" werden in manchen Gebieten als „Scherztage" bezeichnet, was mit „scherzen" im Sinne von „lustigsein" nichts zu tun hat. Nicht nur im hohen Westerwald spricht man von dem dritten Weihnachtsfeiertag, als „Wannerdoag". „Zwischen den Jahren" wurden vielerorts die Dienstverhältnisse neu geregelt. Gegebenenfalls mußten neue Dienstherren gesucht werden. Knechte, Hirten, Mägde und Dienstmädchen mußten dann mit ihren Truhen und Kisten ihre neuen Arbeitsplätze beziehen. Diese wurden wieder für ein Jahr festgelegt, sie mußten ihre Truhen und Kisten „rücken", also an den neuen Dienstort transportieren. Manchmal konnten sie auch ihre Habseligkeiten in der Schürze tragen, deshalb „Schürztage" oder „Scherztage".

An diesen „Rücketagen" stellten sich insbesondere die jungen Burschen diensteifrig zur Verfügung und halfen den Mädchen, ihre Utensilien zu „rücken". Dafür bekamen sie Schnaps, sorgten aber manchmal auch für allerlei Überraschungen auf den neuen Kammern der Mädchen.

Sonnenuhr am Hotel „Pelikan“ in Beuren.

Die Zeit

Dreifach ist der Schritt der Zeit;
Zögernd kommt die Zukunft hergezogen,
Pfeilschnell ist das Jetzt entflogen,
Ewig still steht die Vergangenheit.

Keine Ungeduld beflügelt
Ihren Schritt, wenn sie verweilt.
Keine Furcht, kein Zweifeln zügelt
Ihren Lauf, wenn sie enteilt.
Keine Reu, kein Zaubersegen
Kann die Stehende bewegen.

Möchtest du beglückt und weise
Endigen des Lebens Reise,
Nimm die Zögernde zum Rat,
Nicht zum Werkzeug deiner Tat.
Wähle nicht die Fliehende zum Freund,
Nicht die Bleibende zum Feind.

Friedrich von Schiller

Die Zeit geht nicht

Die Zeit geht nicht, sie stehet still,
Wir ziehen durch sie hin;
Sie ist eine Karawanserei,
Wir sind die Pilger drin.

Ein Etwas, form- und farbenlos,
Das nur Gestalt gewinnt,
Wo ihr drin auf und nieder taucht,
Bis wieder ihr zerrinnt.

Es blitzt ein Tropfen Morgentau
Im Strahl des Sonnenlichts;
Ein Tag kann eine Perle sein
Und ein Jahrhundert nichts.

Es ist ein weißes Pergament
Die Zeit, und Jeder schreibt
Mit seinem roten Blut darauf,
Bis ihn der Strom vertreibt.

An dich, du wunderbare Welt,
Du Schönheit ohne End,
Auch ich schreib meinen Liebesbrief
Auf dieses Pergament.

Froh bin ich, daß ich aufgeblüht
In deinem runden Kranz;
Zum Dank trüb ich die Quelle nicht
Und lobe deinen Glanz.

Gottfried Keller

Jahreswende

Die Glocken tönen schwer und rein
ins kalte Winterland hinein.
Fernab von lauter Brüder Schar
reich ich die Hand dem alten Jahr.

Verschleiert stand es einst vor mir
mit Hoffnungsgrün als Scheitelzier.
Nun darf ich ihm ins Auge sehn,
wir lernten langsam uns verstehn.

Es hat versagt, es hat geschenkt.
O, viel kommt anders, als man denkt.
Und doch, wir träumen nimmer aus,
man baut aufs neu sein Kartenhaus.

Und während leis ein Jahr versinkt,
der Stern des neuen blitzt und blinkt.
Wir grüßen es mit Sang und Spiel,
und keiner weiß, wie nah sein Ziel.

Alfred Huggenberger

Zeit

So wandelt sie, im ewig gleichen Kreise,
Die Zeit, nach ihrer alten Weise.
Auf ihrem Wege, taub und blind,
Das unbefangene Menschenkind
Erwartet stets vom nächsten Augenblick
Ein unverhofftes seltsam neues Glück,
Die Sonne geht und kehret wieder,
Kommt Mond und sinkt die Nacht hernieder,
Die Stunden die Wochen abwärts leiten,
Die Wochen bringen die Jahreszeiten.
Und außen nichts sich je erneut!
In dir trägst du die wechselnde Zeit,
In dir nur Glück und Begebenheit.

Ludwig Tieck

Silvestertag

Der Silvestertag ist nach dem im Jahre 335 verstorbenen Papst Silvester I. benannt, in dessen Amtszeit das Christentum zur römischen Staatsreligion erklärt wurde. In der sogenannten „Konstantinischen Schenkung“, die sich übrigens als Fälschung erwies, war der Kirche vom Kaiser die Weltherrschaft übertragen worden. Was Wunder, daß der Silvestertag für die frühe Kirche einen besonderen Rang einnahm.

Silvester, der letzte Tag im Jahr, war früher und ist heute noch bei vielen ein „halber Feiertag“, zumindest war das für die Kinder der Fall, die bereits am Nachmittag des Silvestertages mit Schabernack und Knallkörpern ihr „Unwesen“ trieben.[89]

Am Silvestertag stirbt das alte Jahr, das neue Jahr wird geboren. Die Furcht vor dem Ungewissen, der Übergang, verursachte früher eine Hinwendung zu magischen Kräften, verbunden mit allerlei Wunschzaubereien. Die Silvester- und Neujahrsbräuche stecken voller Versuche, das Schicksal auszukundschaften und Glück herbeizulocken.

Einzug des Papstes Silvester in Rom. Illustration aus der „Konstantinischen Schenkung“.

Drei Rosen am Stil.

Die Gebildbrote

Schon am Silvestertag wurde das Glücksgebäck hergestellt. Es spielte im Neujahrsbrauch eine große Rolle. Da gab es verschiedene Formen der Gebildbrote, ein Brauch, der hier und da wieder auflebt. Im Gegensatz zu dem dunklen Alltagsbrot aus Roggenmehl (Sauerteig) wurde das Glücksbrot aus Milchteig (Mürbeteig) mit Weizenmehl gebacken. Anstatt es mit Backmodeln zu gestalten, mußten die glückverheißenden Gebildbrote aus freier Hand geformt werden. Ursprünglich waren es Teigtiere oder Götterteigbilder als Ersatzfunktion für Opfertiere, die sich arme Leute nicht leisten konnten. Diese heidnischen Kultbrote wurden zu christlichen Wunder- und Heilbroten umgedeutet, das man als „Brot für Christus“ in weißes Tuch eingeschlagen sogar den Tieren bringen durfte. Inwieweit sogar der Christstollen als eine Art Gebildbrot (Form des Wickelkindes) aus christlicher Zeit (Symbol für das Christkind) gedeutet werden darf, bleibt ungewiß. Gebildbrote wurden im Hochmittelalter sogar als Zinsleistung bei Kleinstbauern anerkannt.[90]

Da diese Speisegaben ursprünglich als Opfer für tobende Winter- und Totengottheiten gedacht und „geweiht“ waren, eigneten sie sich vorzüglich als Neujahrsgeschenk im Sinne von Glückssymbolen.

Der hinter den Formen der Gebildbrote steckende Sinn ist noch am überzeugendsten erkennbar an dem etwa 45 cm breiten „Homberger Hirsch mit Reiter“ (Homberg/Ohm). Er wird in Ober-Offleiden und in Haarhausen heute noch gebacken und an Silvester ausgewürfelt oder an Patenkinder verschenkt.[91] Offenbar geht die Figur zurück auf die altgermanischen Hirschopfer zur Mittwinterzeit (Wintersonnenwende), wobei eine fruchtbringende neue Vegetationsperiode beschworen wurde.

Da in christlicher Zeit Tieropfer verboten wurden, gewannen die Gebildbrote als Ersatz eine neue Verbreitung, verbunden mit Wunderglauben. Bekannt sind die Neujahrsbrezel und die Weckmänner aus dem Odenwald (Erbach, Hetzbach, Sensbachtal, Würzberg).[92] Besonders schön ist das Flechtgebäck der drei Rosen (spiralförmiges Teigende) an einem Stiel. Wo auf dem dreiteiligen Zopfgebäck vier Spiralen aufgelegt sind, wie bei den Stauzewecken aus Schotten, werden die Glückwünsche für alle vier Jahreszeiten zum Aus-

Stauzeweck aus Schotten.

druck gebracht.[93] Das S-Zeichen, das man auch als Ornament im Schnitzwerk der Fachwerkhäuser findet, deutet auf das Auf und Ab des Jahres. Wenn bei den Ulrichsteiner und Schottener Neujahrswecken vom „Petterweck" (Patenweck) gesprochen wird, dann weiß man, wem es geschenkt wird.[94]

Die Neujahrsräder aus Crainfeld und die Radmännchen aus Grebenhain im Vogelsberg sind mit großer Wahrscheinlichkeit ursprünglich als Bestandteil von Sonnenzauber ein Abbild der Feuerräder, die den aufsteigenden Jahreslauf begrüßen. Die Anzahl der Speichen in dem Radgebäck dienen in manchen Familien dazu, das Alter des Patenkindes auszuweisen. Besonders beliebt waren im Vogelsberg auch Reiter aus Schotten und die dauerhaften Herbsteiner und Lauterbacher „Küchele".[95] Letztere wurden mit der markanten Sternform am Dreikönigstag gebacken. Der Stern der drei Weisen aus dem Morgenland wird hier zum Glücksstern.

In einigen Taunusdörfern um den Hessenpark kennt man Doppelwecke als Gebildbrote, die man ihrer Form nach „Bubenschenkel" nennt.[96] Es handelt sich um ein Zwillingszeichen, das in christlicher Deutung die Nahtstelle des alten und neuen Jahres symbolisiert. Diese Art der Gebildbrote traf man früher vielerorts an: an der Bergstraße, im Hessischen Ried, im Rheingau, in der Wetterau und in den nassauischen Landen bis nach Dillenburg.[97] Sie sollen Stärke und Mut im neuen Jahr bewirken. Ursprünglich war diese Gebildbrotform jedoch ein Allerseelengebäck. Als Totengebäck wird es als Ersatz für die Knochen geopferter Tiere gedeutet. Diese seit Beginn des 16. Jahrhunderts bekannte Gebildbrotform soll 1514 im Spessart und im Mainzer Raum schon bekannt gewesen sein.[98]

Eine zu mancherlei Anlässen und eben nicht nur zum Neujahr gebräuchliche Gebäckform ist die Brezel (ahd = brezitella, lat = brachiatellum = kleiner Arm).[99] Wahrscheinlich hat sich die Brezelform aus dem römischen Ringbrot entwickelt. Nach einer altägyptischen Legende hat sie jedoch einem wegen Betrugs zum Tode verurteilten Bäcker das Leben gerettet. Seine gnadenbewirkende Tat bestand in der Lösung der über Leben und Tod entscheidenden Aufgabe, ein Gebäck aus einem Teigstück herzustellen, durch das an drei Stellen die Sonne scheinen kann. Im Herzen des schwäbischen Brezellandes, in Urach, hat man diese Sage auf den schönen Kurort im Ermstal umgedeutet.

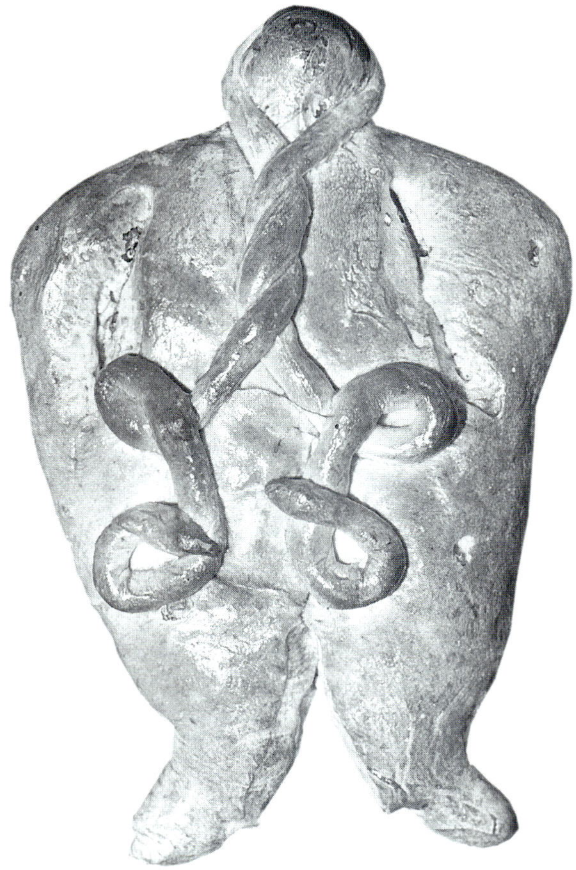

Petterweck (Vogelsberg).

Königsteiner Bubenschenkel.

Neujahrsräder aus Grebenhain.

Eine Auswahl von Zangeneisen („Naujoahrn-Eisen“).

Die Neujahrsbrezel ist in ganz Süd- und Mittelhessen als Glücksbringer bekannt. In Birstein und anderen mittel- und osthessischen Dörfern wird mitten in der Neujahrsnacht eine Brezel zu dem auserwählten Mädchen gebracht, wobei das Angenommensein durch deren Eltern mitgetestet wird. In Nieder-Bessingen spielen die Kinder mit Karten um das begehrte Gebäck.[100] In dem Wehrheimer Ortsteil Friedrichsthal hat das Brötchenwürfeln am Silvesterabend eine lange Tradition, wobei in einem großen Saal fast das ganze Dorf beteiligt ist. Im Westerwald, insbesondere in der Umgebung von Haiger, wird von dem „Naujoahrn“-Backen berichtet.[101] Dabei wurde hauptsächlich aus Roggenmehl und Wasser ein steifer Teig bereitet und zu einer kinderarmdicken Rolle gewalzt. Es fehlte jedes Triebmittel im Teig. Von dieser Rolle wurden ungefähr 2 cm dicke Scheiben abgeschnitten und mit den heißen „Naujoahrn-Eisen“, d. h. mit Zangeneisen runde Plätzchen durch Zusammendrücken oblatenartig geformt. Die Backformen für dieses flache Gebäck bestanden aus zwei runden schmiedeeisernen Platten, die sich durch lange Stangen um ein Gelenk zangenartig öffnen ließen. Sie wurden oft fälschlicherweise als Waffeleisen bezeichnet. Im Gegensatz zu den Waffeleisen sind die sogenannten Zangeneisen jedoch handgeschmiedet und besitzen eingravierte Verzierungen. Diese „Neujahrs-Eisen“ waren immer Einzelanfertigungen, während Waffeleisen mit ihren wabenförmigen Löchern und Höckern gußeiserne Ware darstellen, die serienmäßig hergestellt wird. Manchmal wurde auch Schabernack getrieben, indem man gelegentlich einmal Leder-, Pappe- oder Schwartenstücke in einem Gebäckstück versteckte. Man freute sich diebisch, wenn der Beschenkte auf dem harten Zeug herumkaute.
Wenn man eines der Teigstücke gepreßt und „gebacken“ hatte, legt man das Eisen zurück in ein offenes Feuer in der Waschküche oder in der Futterküche, wobei das Eisen mehrfach im Feuer gewendet wurde. Nach dem Backen wurde das „Naujoahrn“, das einzelne Gebäckstück, zum Auskühlen senkrecht in eine Schüssel oder in einen Korb gestellt. Noch in der ersten Hälfte des vorigen Jahrhunderts waren diese Plätzchen oft das einzige Patengeschenk, das man statt an Weihnachten am Neujahrstag überreichte.
Sehr viel weniger Brauchtumshintergrund weist die im Taunus zur Winterzeit bekannte „Brocksupp“ auf. Die hohe Alkoholsubstanz (50% Branntwein, 50% Wasser, Zucker) wurde, nachdem die Brühe einen halben Tag in der Schüssel stand, sicher mehr als Kalorienspender aufgefaßt. An Weihnachten und Neujahr wurde sie mit Nelken und Kümmel, manchmal sogar mit Honig und geschlagenem Eiweiß verfeinert und statt Schwarzbrotbrocken wurden Weißbrot- oder Lebkuchenteile zugegeben. Alle aßen aus einer Schüssel.

Jahreswende

1. Das Jahr geht still zu Ende,
nun sei auch still, mein Herz.
In Gottes treue Hände
leg ich nun Freud und Schmerz
und was dies Jahr umschlossen,
was Gott der Herr nur weiß,
die Tränen, die geflossen,
die Wunden brennend heiß.

2. Warum es so viel Leiden,
so kurzes Glück nur gibt?
Warum denn immer scheiden,
wo wir so sehr geliebt?

So manches Aug gebrochen
und mancher Mund nun stumm,
der erst noch hold gesprochen;
du armes Herz, warum?

3. Daß nicht vergessen werde,
was man so gern vergißt:
daß diese arme Erde
nicht unsre Heimat ist.
Es hat der Herr uns allen,
die wir auf ihn getauft,
in Zions goldnen Hallen
ein Heimatrecht erkauft.

4. Hier gehen wir und streuen
die Tränensaat ins Feld,
dort werden wir uns freuen
im sel'gen Himmelszelt;
wir sehnen uns hienieden
dorthin ins Vaterhaus
und wissen's: die geschieden,
die ruhen dort schon aus.

5. O das ist sichres Gehen
durch diese Erdenzeit:
nur immer vorwärts sehen
mit sel'ger Freudigkeit;
wird uns durch Grabeshügel
der klare Blick verbaut,
Herr, gib der Seele Flügel,
daß sie hinüberschaut.

6. Hilf du uns durch die Zeiten
und mache fest das Herz,
geh selber uns zur Seiten
und führ uns heimatwärts.
Und ist es uns hienieden
so öde, so allein,
o laß in deinem Frieden
uns hier schon selig sein.

Eleonore von Reuss

Die Silvesternacht

Die Silvesternacht war und ist für die einen die große Gelegenheit, innerlich Bilanz zu ziehen, einen Gottesdienst zu besuchen und den Abend im Kreis der Familie besinnlich oder bei ein paar einfachen Spielen zu verbringen. Heute hat das Fernsehen einen großen Teil der Stunden des ausgehenden Altjahres besetzt. Es werden sehr besinnliche Sendungen, aber auch recht banale Unterhaltungsprogramme angeboten. Das sozialpsychologische Phänomen des „Dinner for one" mit „Butler James" wird immer wieder erwartet, obwohl man es längst auswendig kennt.
In der schicksalsoffenen Silvesternacht ist keiner gerne allein. Diese Gefühlsrichtung ist ziemlich kollektiv ausgeprägt. Man wünscht sich in unabgesprochener Vereinbarung beim Glockenschlag 24 Uhr durch Händedruck, Küsse, Umtrunk und „Prosit Neujahr"-Rufe ein glückliches Jahr.[102] Noch

Altjahrsabend im Hessenpark.

bis zum Ersten Weltkrieg begnügte man sich selbst in der Großstadt Frankfurt mit dem Lauschen auf das Domgeläut, auf die Turmbläser und auf die Postillione von Thurn und Taxis.
Viele Menschen unserer Tage besuchen Tanzveranstaltungen und gehen bei lustvoller Geselligkeit mit Wein und gutem Essen frohgelaunt in das neue Jahr. Das Zuprosten mit Sekt um 24 Uhr ist eine Art Wohlstandsmarke. Sekt konnte man sich früher nicht leisten. Erst in den „Wirtschaftswunderjahren" trat der Schaumwein aus seiner gesellschaftlichen Exklusivität heraus. Der Sektkonsum ist von 1,7 l pro Person und Jahr von 1965 bis 1995 auf 4,8 l gestiegen.
Eine abnehmende Zahl an Bürgern verbringt den Abend in geselliger Runde bei Los- und Glücksspielen, wobei Weissagungen ähnlich wie am Andreastag wichtig sind. Das Würfeln um das Schicksal und Orakelbefragung bis zur Traumdeutung kommen vor. Das Alsfelder Silvesterwürfeln findet in den Gaststätten der Altstadt bis heute Zuspruch. Bereits am frühen Nachmittag treffen sich alt und jung. Auf einer Schiefertafel wurden früher die Knobelergebnisse mit Kreide festgehalten. Man freute sich über den glücksverheißenden Gewinn aus gutem Neujahrsbackwerk. Heute wird um höhere Gewinne „gewerfelt" wie Sekt und Weinbrand – aber immer noch nach dem von Herbert Jäkel überlieferten alten Neujahrsspruch:

„Prost Neujohr!
Bräzeln wie e Scheuerdor,
Läbkuche wie en Desch,
do weß ehr auch, däß Neijohr es'!" [103]

In der Neujahrsnacht erinnert vieles an magisches Treiben, wie es bekannt ist aus den Feiern der „Kalenden" im alten Rom. Bräuche wie Blei gießen, Kaffeesatz lesen und Alraunenbefragung (seltene Wurzel- oder Zweigformen) sind bis heute bekannt. In Frankfurt und in den rhein-mainischen Dörfern war bis um 1920/30 das Rückwärtswerfen von besonders langen Apfelschalen in der Neujahrsnacht üblich. Aus den Verschlingungsformen der Schalen glaubte man, den Anfangsbuchstaben des/der Zukünftigen herauslesen zu können. Das Schuhwerfen, das anderswo zum Andreastag stattfindet, ist aus den Wetteraudörfern nördlich von Frankfurt bezeugt, wobei um die Anstellung und den Arbeitsplatz im nächsten Jahr orakelt wird. [104]
Der früher lebensgefährliche Beruf des Schornsteinfegers war angetan, um Glück zu verheißen.

„Perchtenlaufen im Salzburgischen" von Oscar Gräf.

Feuerwerk über Neu-Anspach, Neujahrsnacht 1991.

Wer am Neujahrsmorgen zuerst einer alten Frau begegnete oder mit dem linken Fuß aus dem Bett kam, der hatte das ganze Jahr über Pech, es sei denn, er begegnete einem Schornsteinfeger oder er erhielt einen Glückspfennig.

Glücksbringende Funktionen hatten und haben bis heute das Hufeisen und das vierblättrige Kleeblatt. Man findet sie nicht so leicht, wer sie aber entdeckt, der hat Glück. Auch das Glücksschwein und der Glückspilz, der unvermutet aufschießt, werden gebührend beachtet, besonders auf Postkarten zur Neujahrsgratulation. Weniger geistreich – beinahe verlegen – wird der „gute Rutsch“ zugerufen, was bei einem Glatteisabend durchaus penetrant wirken kann.

Nicht ganz unproblematisch sind derartige Aberglaubensbräuche, weil empfindsame Gemüter dadurch negativ bewegt werden können. Auch das abergläubische Orakel vom „Gesangbuchaufschlagen“, um das Schicksal zu befragen, kann da nicht ausgenommen werden; wehe, man erwischte ein Sterbelied. [105]

Viele huldigen bis heute dem alten Brauchtum des Lärmens und Knallens, dem Silvester- oder Neujahrsschießen. Dabei sollen böse Wintergeister durch Schreckschüsse vertrieben werden. Im oberbayerischen Raum hat das bis heute noch eine ganz lebendige Tradition (Schießen aus Pistolen und Gewehren). Auch in Hessen war das früher teilweise in Städten und Dörfern üblich. Staatliche Verbote gehen auf Vorfälle zurück, bei denen nicht sicher war, ob Schußunfälle nicht doch beabsichtigt waren.

Dazu kamen auch „Töpfezerschlagen“ oder das Anzünden kleiner Knaller (Frösche). Überall steckt dahinter die uralte Vorstellung, daß durch Erzeugen von bestialischem Lärm böse Geister vertrieben werden könnten („Böses muß Böses vertreiben“).[106]

Man darf dabei nicht vergessen, daß dieses Vertreiben der Wintergeister zugleich ein Zeichen für die Erweckung des Lebens in der Natur darstellen sollte, wobei es galt, böse Geister abzuwehren. Diese Vorstellung ist jedoch schon um 1900 in Frankfurt nicht mehr im Spiel, wenn fast die ganze Altstadtbevölkerung ab 22 Uhr auf der Zeil lärmend allerlei Schabernack trieb. Hatte man um 20 Uhr noch dem „Festlichen Zapfenstreich“ des Großen Musikkorps bei der Amtsübergabe der zwei Bürgermeister (Vieraugenprinzip) an die beiden neuen

„Zwischen den Jahren". Die Zeit scheint still zu stehen: Jahreswende im Hessenpark.

Stadtoberhäupter gelauscht, so machte man dann mit allem Krach, was sich dazu eignete, um den beiden neuen Herren im Rathaus „den Marsch des Volkes zu blasen". Dann setzte das damals in Mode gekommene Zylinderschlagen ein. Alle nur ausfindig zu machenden hohen Hüte, Symbol des Bessergestelltseins, wurden – wenn möglich – bis zum „Gorchelknöpche" seinem Träger über die Augen gedrückt. Wenn der Zylinderbesitzer im Dunkeln stand, war ihm der Chapeauclaque buchstäblich zur „Angströhre" geworden.

Heute sorgt die Industrie dafür, daß die Menschen sehr viel Geld verpulvern. In den Silvesternächten 1995 und 1996 wurden in der Bundesrepublik Deutschland jeweils rd. 150 Mio. DM für Feuerwerks- und Knallkörper ausgegeben. Man kann nicht leugnen, daß durch Feuerwerksfarben und -formen am Himmel ein spektakulärer Übergang in das neue Jahr erzeugt wird, trotz aller damit verbundenen Gefahren.

Die Glocken, die um 24 Uhr in der Silvesternacht läuten, werden dabei allerdings meist übertönt.

Und von einer Sekunde zur anderen beginnt ein neues Jahr. Der Name des Monats Januar, der nun beginnt, ist Zeichen des Übergangs. Die Römer beschworen einen eigens geschaffenen „Gott des Anfangs": Janus, den Doppelgesichtigen, der noch einmal zurückschaut auf die Früchte und die Sorgen des vergangenen Jahres und zugleich das neue Jahr mit seinen Chancen und Hoffnungen ins Visier nimmt. Womit werden die 365 Blätter des neuen Tagebuches gefüllt sein, wenn auch es geschlossen wird? In den Stunden der Jahreswende bringt uns Besinnung in die Nähe des Janus.

Abschied

Das alte Jahr ging schlafen,
das Neujahr ist erwacht;
daß sie sich heimlich trafen,
geschah zur Mitternacht.
Ist beides ein Geheimnis,
das Kommen und das Gehn,
das Wandern und die Säumnis:
Wer kann's verstehn?

Nur Er, des Offenbaren
sich in sich selbst begreift,
weiß, was mit Tag und Jahren
ihm still entgegenreift,
das hier beklommne Herzen
oft bitterlich bedroht,
mit unverstandnen Schmerzen,
Geschrei und Not.

Rudolf Alexander Schröder

Andachtsglocke auf dem Sonnenhof bei Gelterkinden (Schweiz).

Silvester-Feuerwerk über Frankfurt 1997/98.

Neujahrsmorgen über dem Hessenparkgelände.

Zum neuen Jahr

Wie heimlicherweise
ein Engelein leise
mit rosigen Füßen
die Erde betritt,
so nahte der Morgen.
Jauchzt Ihm, ihr Frommen,
ein heilig Willkommen,
ein heilig Willkommen!
Herz, jauchze du mit!

In Ihm sei's begonnen,
der Monde und Sonnen
an blauen Gezelten
des Himmels bewegt!
Du, Vater, du rate!
Lenke du und wende!
Herr, dir in die Hände
sei Anfang und Ende,
sei alles gelegt!

Eduard Mörike

Zum neuen Jahre

Zwischen dem Alten,
Zwischen dem Neuen,
Hier uns zu freuen,
Schenkt uns das Glück,
Und das Vergangne
Heißt mit Vertrauen
Vorwärts zu schauen.
Schauen zurück.

Johann Wolfgang von Goethe

Zum Geleit

Hoffnung, die das Risiko scheut,
ist keine Hoffnung.
Hoffen heißt: an das
Abenteuer der Liebe glauben,
den Sprung ins Ungewisse tun
und sich dabei ganz Gott überlassen.

Dom Helder Camara

Der Neujahrstag

Der erste Tag im Jahr wurde schon immer als ein Feiertag begangen. Es durfte kein gewöhnlicher Tag sein, der sang- und klanglos hingenommen wurde. Der Neujahrstag war früher in erster Linie ein Tag des Glückwunschbringens, wobei auch kleine Geschenke ausgetauscht wurden. Man hatte sich schon in der Neujahrsnacht ein „Prosit Neujahr" zugerufen und Glück und Segen gewünscht, wem auch immer man auf den Gassen begegnete. Heute ist es meist üblich, die Neujahrsgrüße zusammen mit dem Weihnachtsgruß postalisch oder gar per Fax zu übermitteln. Die erste Neujahrskarte soll übrigens aus Frankfurt stammen, um 1455 „eyn gut selig nuwe Jar" zu wünschen.[107]

Im Odenwald wurde vielerorts der 1. Januar in der Wirtschaft um Mitternacht mit Weck, Wurst und Bier begonnen. Der Wirt stiftete damit eine „erste Freude im neuen Jahr". Diese Geste für seine Gäste galt allerdings in erster Linie den Männern, die nach dem 24 Uhr-Läuten nach Hause gingen und ihren Frauen geschmückte Brezeln mitbrachten. Die Burschen zogen jedoch lärmend durch die Straßen zu den Häusern der befreundeten Mädchen, denen sie Weckpuppen und Brezeln aus Mürbeteig schenkten. Dafür erhielten sie Geld oder Bier und boten dafür erstaunlicherweise sogar besinnliche Gesänge. Wer die Türe nicht öffnete und sich kein „Prosit Neujahr" sagen ließ, mußte mit Spottversen rechnen, wie:

Ich wünsch aich Glück und viel Säje:
Drumsäje, Laubsäje, Fuchsschwanzsäje,
Baumsäje, Kreissäje und viele annere Säje.[108]

Im niedersächsisch beeinflußten Nordhessen sangen die Burschen, nachdem das Neujahr durch Schießen begrüßt war, besonders vor begüterten Höfen Choräle, die der Kantor eigens für den beginnenden Neujahrstag einstudiert hatte.[109] Freilich fielen dann auch kleine Geschenke ab.

Ähnlich machten die Hirten und Nachtwächter mit Klappern und Hornblasen auf sich aufmerksam. Aus den Viehzuchtgebieten, insbesondere aus der Rhön, ist bekannt, daß früher der Gemeindehirte am Neujahrsmorgen die Runde machte. Er trug einen Sack auf dem Rücken, um „sein Neujahr" in Form von Erbsen, Fleisch oder Wurst einzusammeln. In Frankfurt sangen die Nachtwächter „Das alte Jahr vergangen ist" und zitierten Bibelsprüche und Choralverse vor den Häusern der reichen Kaufleute, um Trinkgeld und Punsch zu erhalten.

An manchen Orten (z. B. Langenselbold) mußte das Ansingen des Neujahrs wegen gewisser Auswüchse verboten werden. Schließlich kam man aus dem Wirtshaus, und vor bestimmten Häusern wurde allzu arg geböllert, auch vor den Höfen, in denen ein befreundetes Mädchen wohnte oder wo man auf eine Heischegabe vergeblich wartete.

Im Kinzigtal und im Taunus war es üblich, daß man den Obstbäumen mit Strohseilen „das neue Jahr angebunden" hat. In Oberhessen sprach man dabei die Worte: „Ich bringe das neue Jahr, bring mir eins für das andre Jahr" und meinte dabei eine gute Obsternte. In Anspach, der Standortgemeinde des Hessenparks, war die Gemarkung so groß, daß man dieses Ritual sozusagen stellvertretend nur auf der „Bornwiese", einem ortsnahen Obstbaumhang, vollzog.[110]

Vor allem besuchte man am 1. Januar Verwandte oder Freunde, um ihnen den Neujahrsgruß zu entbieten. Man überbrachte Gebildbrote besonderer Art oder die in den Kucheneisen gebackenen Oblaten (Neujährchen), wie es im hohen Westerwald, insbesondere in der Umgebung von Haiger bekannt geworden ist.

Neujahrs-Weckpuppe „Roß und Reiter" (Oberhessen).

Gebildbrot: Herbsteiner Radkreuz.

"Der Neujahrsbesuch". Ludwig Richter.

In manchen Gegenden erhielten die Kinder statt an Weihnachten erst an Neujahr von ihren Paten ein Geschenk. Gebildbrote waren immer dabei.

Ein schöner Neujahrswunsch ist aus Osthessen in Landecker Mundart überliefert: „Ich wäinsch Och vill Glöck öm nauwe Johr, Fröre (Frieden), Geseundheit, Einigkeit, langes Lawe on alles, boos (was) Och nur nötzlich on got ös". Dann erwiderte der Hausherr dem Kind, das den Gruß gut gelernt hatte: „Dos alles wäinsch ich Däi wärre". Darauf erfolgte die Einladung zu Kaffee und Kuchen, später noch zum Abendbrot. Im „Bettzöch" (Kopfkissenüberzug), in dem das Kind sein „Neujährchen" (Weckformen) überreicht hatte, wurde dann Kuchen mit nach Hause getragen.

In manchen Orten hat man an Weihnachten oder in der Silvesternacht auch die Haustiere in die Gabenverteilung einbezogen. Das Vieh erhielt besonderes und reichlich Futter. Bei den Hühnern wurden die Futterkörner in eine im Kreis gelegte Kette gestreut, damit sie ihre Eier ja nicht außerhalb des Hofes legen sollten.

Viele Abwandlungen dieser Sitten und Gebräuche hat es gegeben. Doch heute scheint ihre Bedeutung in der uniformer werdenden Zeit zu erlöschen. Durch die Medien weiß jeder über jeden in seinem Brauchtumsverhalten Bescheid, und das lokal jeweils andere Tun, das originelle Verhalten, wird als außerhalb der Norm empfunden und erlischt.

Mein sind die Jahre nicht,
die etwa möchten kommen;
der Augenblick ist mein,
und nehm ich den in acht,
so ist der mein,
der Jahr und Ewigkeit
gemacht.

Andreas Gryphius

„Prosit Neujahr!“
Otto Ubbelohde.

Zum Geleit

Meine Vergangenheit
kümmert mich nicht mehr,
sie gehört dem göttlichen Erbarmen.

Meine Zukunft
kümmert mich noch nicht,
sie gehört der göttlichen Vorsehung.

Was mich kümmert und fordert,
ist das Heute.
Das aber gehört der Gnade Gottes
und der Hingabe meines guten Willens.

Franz von Sales

Noch ist die von
Neuschnee bedeckte
Brücke nicht betreten.

Conrad Schüler

Neujahr im Eiterfelder Becken

Den letzten Tag des Jahres nannte man Neujahrsheiligabend, er machte sich nicht besonders bemerkbar, da keine Vorbereitungen getroffen wurden, höchstens vernahm man die Bekanntmachung des Ortsdieners: „Das Singen und Schießen in der Neujahrsnacht ist bei Strafe verboten". Das junge Volk traf sich in den Rotten, in irgendeinem Bürgerhause, es wurde gesungen, gelacht, gescherzt, und gegen zehn Uhr gingen die Mädchen nach Hause, während die Burschen in die Wirtshäuser gingen und zum Teil Karten spielten, auch verheiratete Männer saßen dort und spielten. Es wurde Golo und Schafskopf gespielt, aber sehr billig, doch wurde auch hier und da einmal Hazard in kleinem Maße gespielt. Um zwölf Uhr wünschte man sich gegenseitig das Neujahr, der Wirt ließ Brot und Wurst, auch einige Flaschen Branntwein auf die Tische stellen, es ging recht munter zu, kam aber niemals zu Streitigkeiten oder irgendwelchen Ausschreitungen. Gegen ein Uhr gingen die Burschen trotz des Verbotes ins Dorf, um vor den Häusern von Bekannten das neue Jahr durch Absingen eines Kirchenliedes zu verkünden, der Besitzer schenkte ihnen dafür ein Geldstück oder machte Licht und lud die Burschen zu einem Imbiß ein. Kam es vor, daß ein Hausbesitzer nichts gab, oder bei den Burschen in keinem guten Ruf stand, so bekam er auch einmal eine Katzenmusik. Das eingenommene Geld wurde später gemeinsam verzecht.

Der Neujahrstag selbst war wohl der festlichste Tag des ganzen Jahres, besonders für einen mit Kindern reich gesegneten Familienvater, und das waren sie meistens alle.

An diesem Tag brachte man, wenn die Kirche aus war, dem Pätter oder dem Tödt das Neujahr. Dieses bestand in einem Spielmann (Riesenwecke) und einem nützlichen Geschenk, auch oft in barem Gelde, wenn es das letzte Neujahr vor der Konfirmation war, so war das Geschenk ein besseres. Einigermaßen wohlhabende Bauern schenkten dann ihrem Pätter oder Tödt ein Schaf, auf dessen Rücken ein seidener Lappen (Halstuch) ausgebreitet und festgesteckt war.

Der Neujahrswunsch des Eintretenden war recht umfangreich, und mancher, der etwas spröde war, stockte besonders, wenn schon Gäste anwesend waren. Der Wunsch lautete: Ich wünsche viel Glück im neuen Jahr, Friede, Gesundheit, Einigkeit, langes Leben und alles, was Euch nur nützlich und gut ist.

In die Landecker Mundart übersetzt, lautete dieser ungefähr wie folgt:

„Ich wäinsch Och vill Glöck öm nauwe Jahr, Fröre, Geseundheit, Einigkeit, langes Lawe, on alles baas Och nur nötzlich on got ös."

Worauf von dem Hausherrn erwidert wurde:

„Das alles wäinsch ich Däi wörre."

Auf dem Tische stand ein Teller mit Wurst, daneben ein Laib Brot und eine Flasche Branntwein, jeder mußte unbedingt einen Imbiß nehmen und beim Herumreichen des Schnapsgläschens seinem Nachbar wenigstens „Bescheid tun", also am Glase nippen. Kurz nach zwölf Uhr wurde Mittag gegessen, wobei es Suppe und zwei Fleischgänge gab, als Getränk wieder Branntwein, nach Tisch wurde sich unterhalten, bald folgte der Kaffee, wozu es Schmahntekoche und Schöerr gab, letzterer war einem Leib Brot ähnlich, jedoch nur aus Weizenmehl und Milch gebacken; wenn der Kaffeetisch abgeräumt war, wurde Bier geholt, die Männer und Burschen rauchten und tranken, die Unterhaltung dabei bezog sich stets auf Erlebnisse, besondes von der Soldatenzeit oder aber es war ein Krieger dabei, der seine Erfahrungen zum Besten geben mußte, auch sprach man viel von alten Zeiten, vom Hungerjahr, von der in früheren Zeiten noch größeren Einfachheit der Lebensweise und zuletzt von Schauergeschichten und Gespenstern. Politisiert wurde eigentlich recht wenig, man begnügte sich mit den Ausdrücken „Se maches doch bö säi wonn" oder „bös währ soll, so wiäds doch." Was war auch von Politik zu erzählen? Eine Zeitung kannte man kaum dem Namen nach, nur in den Wirtshäusern lag hier und da eine solche auf, die alle Woche zweimal erschien, und so drangen die Ereignisse der großen Welt recht spärlich und ziemlich spät in den stillen Winkel, welchen das Amt Landeck bildete, hinein. Im Jahre 1870 wurden zwei Zeitungen in Schenklengsfeld gelesen, und zwar hielten dieselben der Amtsrichter Hirschfeld und der Kaufmann Hirsch Weinberg.

Die Frauen beteiligten sich an der Unterhaltung der Männer nicht, sie saßen in einer Zimmerecke für sich, erzählten sich etwas und schälten dabei Kartoffel oder schnitten Krautsalat für's Abendbrot, zu diesem gab es wieder etwas besonders, vor allem auch reichlich, so daß man für diesen Tag hätte zwei Magen haben können. Zum Schluß, abends gegen zehn Uhr, gab es wieder Kaffee und Kuchen, auch bekam jeder Gast in der mitgebrachten Bettzöch (buntgewürfelter Kopfbezug), in welchem er das Neujahrsgeschenk gebracht hatte, einige Stücke Kuchen mit auf den Nachhauseweg.

Am Silvesterabend („Noujoahrschheiligoawet") ging man zunächst in den Gottesdienst und danach zum Tanzvergnügen im Saal. Heute ist diese Veranstaltung den Privatfeiern gewichen. Mitternacht läuten auch heute noch die Kirchenglocken. Während sich heute die Jugendlichen zum „Privatfeuerwerk" im Zentrum des Dorfes treffen, ging man früher zum „Kaffeetrinken" nach Hause und dann wieder zum Tanz (so wie bei der Kirmes).

Der Brauch, daß die Paten („Paetter" on „Deet") am Neujahrstag ihren Patenkindern das „Neue Jahr" brachten, ist inzwischen auch ausgestorben. In den sechziger Jahren war es noch üblich, daß Geldgeschenke überbracht wurden.

Um „das ganze Jahr über Geld im Haus zu haben" gibt es auch heute noch in vielen Haushalten Sauerkraut zum Mittagessen am Neujahrstag.

Klosterbezirk in Bad Hersfeld im Winter.

„Epiphaniasfest". Ludwig Richter.

Epiphaniasfest – Dreikönigstag

Im Fest der „Epiphanie" feierte die alte Kirche die Erscheinung der Herrlichkeit Gottes an Weihnachten. Es war auf den 6. Januar terminiert und als Ersatz gedacht für das orientalische Fest der Geburt der Gottheit Aion durch die Jungfrau-Göttin Kore. Aion war jener an keine Zeitgrenzen gebundene und in jedem Jahr sich erneuernde Gott. Er stand für die Wahrnehmung der Ewigkeit, des steten Wechsels von Tag und Nacht, der Jahreszeiten und der Jahre. In Alexandria wurde sein Mysterienfest in der Nacht vom 5. zum 6. Januar gefeiert. Dabei wurde Wasser aus dem Nil geschöpft, das sich in „Lebenswasser" verwandelte.[111]

Hier liegt offensichtlich auch der Grund dafür, daß die Urkirche die Taufe Jesu mit diesem Tag verbunden hat, zeitweise sogar die Erinnerung an das Weinwunder Jesu in Kanaan.

Die römische Kirche des 4. Jahrhunderts hat das Epiphaniasfest kultisch mit der Feier der drei Weisen aus dem Morgenland zusammengebracht, aus denen erst im Mittelalter „Könige" wurden. Die lutherische Kirche hat das Epiphaniasfest als Fest der „Heiligen drei Könige" bewußt verfallen lassen; die Reformierten haben es überhaupt nie gefeiert. In kritischer Würdigung dieser Zusammenhänge sollte man in erinnerter Sinngebung das Sichtbarwerden Gottes als Herrlichkeit in der Niedrigkeit als Fest am 6. Januar zurückgewinnen.

In den katholischen Gemeinden Hessens war es früher wichtig, am 6. Januar das Dreikönigswasser zu weihen, eine Erinnerung an Jesu Taufe im Jordan. Insbesondere in den katholischen Gegenden kam es dann zu Umzügen der „Heiligen drei Könige".

Die Nacht vom 5. auf den 6. Januar war am Ende der Rauhnächte noch einmal eine Gabennacht. Speiseopfer: gekochte Eier, eine Schüssel mit Milch oder Brei wurden vor das Fenster oder auf das Dach gestellt, um die Hulda oder Frau Holle bzw. die bösartige Perchta zu versöhnen. In der Rhön fing ab dem Dreikönigstag die Flachszubereitung und das Flachsspinnen an. Man mußte sich an diese Rituale halten, andernfalls gab es eine Mißernte. Ganz früher sind auch Umzüge im Sinne von Fruchtbarkeitsritualen, verbunden mit Tänzen, bekannt gewesen, die für die kommende Ernte segensreich sein sollten.[112]

Diese heidnischen Elemente gab es noch bis in jüngste Zeit. Rußgeschwärzte Gestalten zogen mit, auch Personen mit fürchterlichen Larven, die in ihrer ganzen Art an die zeitlich später folgende Fastnacht erinnern, insbesondere im alemannischen Bereich. Die Verkleidung in winterliche Dämonen und Totengeister war üblich. Die Vermummten übernahmen die Kräfte der Dämonen, um Macht über sie zu gewinnen und sie zu verjagen. Das Winteraustreiben, gebietsweise auch durch die ausgestopften Strohmänner bewerkstelligt, kam zu diesem Zeitpunkt vollends in Gang, gebietsweise jedoch schon am 3. Weihnachtstag.

Ähnlich wie am Neujahrsfest kam es vor, daß Bettelkinder mit Brotsäckchen über der Schulter durch das Dorf gingen zum „Heischen". Dabei sagten sie selbstverständlich ihre Sprüchlein auf und

wurden nach Möglichkeit belohnt. Insbesondere stellten sich diese Gruppen, ebenso wie kleine Musikgruppen vor die Häuser der Honoratioren, wo sie ein Ständchen für ein Trinkgeld brachten und nochmals ein gutes neues Jahr wünschten.
Allmählich wurden aus diesen oft sehr ungehobelten Streifzügen am Dreikönigstag die Umzüge der Sternsinger. Hier hatte schon die mittelalterliche Kirche eine Chance der Kultivierung der Sitten erkannt. Die Sternsinger brachten fromme Lieder dar und sprengten Weihwasser an Wohnungen und Stallungen. Sie konnten unfreundlich reagieren, wenn sie trotz ihres frommen Gesangs abgewiesen wurden. So ist aus Medebach bekannt, daß man den Geizigen Spottverse oder auch Fluchverse zurief, z. B.:
„Und habt ihr uns keine Verehrung gegeben,
So fahred der Teufel in dieses Haus ...“ [113]
Heute ist dieser Brauch deutlich veredelt und insofern sehr sinnvoll geworden, als nicht nur Kaspar, Melchior und Balthasar durch die Gassen ziehen und ihre Anfangsbuchstaben als Segenszeichen auf die Türrahmen schreiben, sondern daß der billige Gelderwerb ausgemerzt ist. Die erbetenen Gaben werden wirklich als ein Opfer im Sinne Jesu verstanden. Die Kinder behalten das Geld nicht, sie überlassen es den Armen. Früher wurde es der Mission für „arme Heidenkinder“ zur Verfügung gestellt, heute dient es gezielt für gute Zwecke, z. B. für Aufbauleistungen durch „Misereor“.
Während in den Silvesternächten 1996/97 bzw. 1997/98 in der Bundesrepbulik etwa 150 Mio. bzw. 160 Mio. DM für Feuerwerkskörper ausgegeben wurden, konnten die Sternsinger jeweils „nur“ 50 Mio. DM einsammeln. Ihre Devise „Brot statt Böller“ bleibt als ethisch hoher Anspruch zu Recht bestehen.
Der Begriff „Dreikönigstag“ ist allerdings so nicht haltbar. Aber er hat sich eingebürgert. Das verpflichtet zum Erklären: Zwischen 1364 und 1375 hatte der Karmeliterpater Johannes von Hildesheim die drei Könige „erfunden“. Seine „Legende von den heiligen drei Königen“ basierte auf mehreren älteren Erzählmotiven.[114] Der fromme Mönch wollte sozusagen ein Lernziel erreichen. Dazu bedurfte es der Extremfiguren des höchsten Adels. Es ging ihm darum, verständlich und anschaulich zu machen, daß die höchsten Herren der Geschichte – Könige eben – vor dem Kind in der Futterkrippe in die Knie gegangen waren und ihm gehuldigt hatten.

Schon unter Papst Leo I., dem Großen, hatte man aus den luxuriösen Geschenken der Magier aus dem Osten geschlossen, daß es zumindest königlich beauftragte Männer waren. Schließlich hatte schon 50 Jahre zuvor einer der alten Kirchenväter, Petrus Chrysologus, die Gaben mystisch gedeutet: Gold als das wertvollste, reinste Edelmetall war Sinnbild für den Messias, den Gottkönig; Weihrauch sollte die Vergeistigung des Schöpferwerkes, die Fleischwerdung des Gottessohnes anzeigen und Myrrhe, der wohlriechende Harzausfluß aus einer Steppenpflanze, wurde als Zeichen für die Hingabe, das Verströmen des Lebens Jesu angesehen.
Cäsarius, Bischof von Arles, sprach im 6. Jahrhundert erstmals von „Königen“. Im 9. Jahrhundert hatte der angelsächsische Historiker Beda Venerabilis drei Namen für die Weisen aus dem Osten gefunden: Caspar aus Thorris, Melchior aus Nubien, Balthasar aus Godolien. Die Vorstellung von Caspar als einem afrikanischen Neger wurde erst im 15. Jahrhundert Allgemeingut. Ursprünglich wird der Name aus dem Persischen als „Schatzmeister“ gedeutet. Melchior leitet sich aus dem Hebräischen als „König des Lichtes“ ab. Balthasar läßt sich zurückführen auf das aramäische „Belsazar“, was soviel heißt wie: Gott schütze des Königs Leben.[115]

Dreikönigsfest 1995 in Hasselbach.

Dreikönigenschrein im Kölner Dom.

Unter Kaiser Barbarossa tauchten im 12. Jahrhundert die angeblichen Reliquien der drei Weisen, respektive Könige auf. 1164 wurden diese als Geschenk des Kaisers an seinen verdienstvollen ehemaligen Kanzler Reinhart von Dassel von Mailand nach Köln überführt, wo sein treuer Gefährte mittlerweile Erzbischof geworden war. Seit dem 13. Jahrhundert befinden sie sich im Kölner Dom, von wo aus die nunmehr „Heiligen drei Könige" ins Anbetungsbewußtsein des Volkes gebracht wurden. Dazu schrieb man illustre Dreikönigsspiele und schuf allerlei phantastische Legenden.
Wie dennoch der Aberglaube einreißen konnte, zeigen die spätmittelalterlichen Frühmessen im Kölner Dom am „Dreikönigstag". Das geweihte Wasser wurde mit geweihter Kreide und geweihtem Salz vermischt (Salzkuchen) und als Abwehrstoff gegen Feuersbrünste, Unwetter, Seuchen und Dämonen, vornehmlich gegen Hexen eingesetzt. Es ist bedauerlich, daß gerade am Tag der Lichterscheinung Jesu (Epiphanias), der in der orthodoxen Kirche heute noch als Geburtstag Jesu gefeiert wird, eine Verfinsterung christlichen Denkens einsetzte und die frohmachende Weihnachtsbotschaft ins Nebelhafte der Vorurteile gegen Andersartige, sogenannte Hexen, aber auch gegen Juden, Ketzer, Fremde etc. abgedrängt und damit pervertiert wurde. Wir sollten die Figuren Kaspar, Melchior und Balthasar als Sinnbilder der Gottsuche und als Vorbilder akzeptieren für alle, denen viel Macht in die Hand gelegt ist, die aber vor der Krippe ihre Kronen ablegen.

Baltischer Hausspruch:

Wechselnde Pfade –
Schatten und Licht –
alles ist Gnade,
fürchte dich nicht!

Segenswünsche an der Haus- oder Wohnungstür.[116]

CASPAR
Wir grüßen dies Haus und wünschen euch allen von Herzen das göttliche Wohlgefallen.

MELCHIOR
Gott möge uns allen Gesundheit verleihen, dem Vieh und den Saaten ein gutes Gedeihen.

BALTHASAR
Christus möge im Hause wohnen, für jede Wohltat euch reich belohnen.

ALLE
Er segne das Haus und die da gehen ein und aus.
Die Liebe sei mächtig, der Herr soll euch führen, das schreiben wir heut auf die Schwellen der Türen.

Einer der Sternsinger schreibt mit Kreide das Segenszeichen auf die Tür, z. B.:
19+C+M+B+98.
CMB bedeutet: Christus Mansionem Benedicat (Christus segne dieses Haus). Manche beziehen CMB auch auf die Namen Caspar, Melchior, Balthasar.
Nach empfangener Gabe für notleidende Kinder und Jugendliche in aller Welt:

ALLE
Die Gabe vergelte der gütige Gott,
mit langem Leben und gutem Tod.
Er schenke euch ein gesegnetes Neues Jahr,
das wünschen Caspar, Melchior und Balthasar.

„Die heiligen drei Könige mit ihrem Stern“. Ludwig Richter.

Neujahrslied

Mit der Freude zieht der Schmerz
traulich durch die Zeiten.
Schwere Stürme, milde Weste,
bange Sorgen, frohe Feste
wandeln sich zur Seiten.

Und wo eine Träne fällt,
blüht auch eine Rose.
Schon gemischt, noch eh wir's bitten,
ist für Throne und für Hütten
Schmerz und Lust im Lose.

War's nicht so im alten Jahr?
Wird's im neuen enden?
Sonnen wallen auf und nieder,
Wolken gehn und kommen wieder,
und kein Wunsch wird's wenden.

Gebe denn, der über uns
wägt mit rechter Waage,
jedem Sinn für seine Freuden,
jedem Mut für seine Leiden
in die neuen Tage!

Jedem auf des Lebens Pfad
einen Freund zur Seite,
ein zufriedenes Gemüte
und zu stiller Herzensgüte
Hoffnung ins Geleite!

Johann Peter Hebel

Anno Domini

Ein gutes neues Jahr hebt an,
dran unsre Hand noch nichts vertan.
Was sich in seinem Lauf erfüllt,
ist noch in tiefe Nacht gehüllt.
Im Acker schläft noch unser Brot,
im Herzen schweigt noch unser Tod.
Von allen Pfaden, die wir gehn,
noch beide Wege offen stehn.

O haltet ein! Noch ist es Zeit:
Der Weg des Heils ist uns bereit!
Auch dieses Jahr ist nur geschenkt,
damit es uns zum Leben lenkt.
Auch dieses Jahr bringt näher her
des Herrn verheißne Wiederkehr.
Auch dieses – wie das letzte war –
ist Gottes gnadenvolles Jahr.

Siegfried Goes

Die Feiertage der Weihnachtszeit gehen mit dem Dreikönigstag zu Ende. Vielfach werden sie zu Ausflügen in die nähere und weitere Umgebung genutzt, bei genügend Schnee auch zu Schlittenfahrten. Der Parkplatz des Großen Feldbergs im Taunus ist voll belegt (rechte Seite).

Nach beendeter Schlittenfahrt: „ ... es ist ausgeschirrt“.

Alexander Lernet-Holenia

Die Heiligen Drei Könige von Totenleben

Im November 1647 unternahm der Oberbefehlshaber der französischen Truppen im Dreißigjährigen Krieg, der Marschall von Turenne, einen größeren Ritt, um persönlich gewisse vorgeschobene Postierungen seiner in der Pfalz liegenden Armee zu besichtigen, und dabei griffen die Reiter seines Gefolges ihm zwei Leute auf, die, zu Fuß und in schlechten Kleidern, durch das Land zogen. Es waren dies ein junger Mann und eine junge, blonde Frau, die aber beide elend aussahen. Die Frau erwartete überdies ein Kind; sie mochte schon im siebenten oder achten Monat sein. Befragt, wohin sie gingen, erklärten die beiden: sie seien ein Ehepaar und hätten den Ort, in dem sie bisher bei den Eltern der Frau gewohnt und wo der Mann auch ein Handwerk getrieben, verlassen müssen, weil da, von Soldaten, alles gänzlich sei niedergebrannt worden, und nun ständen sie im Begriff, nach der Heimat des Mannes, einem Dorfe am unteren Main, Totenleben geheißen, zu wandern, indem sie dort ein Unterkommen und vielleicht auch einen Unterhalt zu finden hofften. Denn sie selber besäßen nichts mehr, als was sie auf dem Leibe trügen, und die Hoffnung auf das Kind, dem die Frau entgegensähe.

Der Vicomte von Turenne, der eben einen bestimmten Plan in seinem Innern wälzte, verstand von diesem auf Deutsch geführten Verhör nur wenige Brocken. Immerhin fiel der eigentümliche Name des Dorfes, nach dem die zweie wollten, ihm auf. Er entließ sie und faßte einen sonderbaren Entschluß.

In der Nacht dieses selben Winters, der entsetzlich kalt war, tauchte er mit einem Reitertrupp in der Gegend des untern Mains auf.

Er und seine Leute waren schwer bewaffnet und in Pelze und Mäntel gehüllt. Der Mond glänzte auf ihren Helmen. Das Land rundum war verwüstet. Auf etwa hundert Schritt vor dem Trupp trabten, mit Karabinern in den Fäusten, zwei Reiter, die hin und wieder vor einem verschneiten Gebüsch oder den Resten eines verbrannten Gehöfts kurz anhielten und schrien: „Qui vive?“ Allein es antwortete niemand. Die Gegend lag völlig tot, nur ein paar aufgescheuchte, verwilderte Hunde flohen über die Schneefelder davon und heulten noch lang in der Ferne. Vom Galgen eines Hochgerichts, an dem man vorbeikam, baumelten die Reste einer Mumie. Die Kavalkade trabte stetig weiter. Silberner Frostrauch spann in den vereisten Mulden.

An der Ecke eines Gehölzes hielten die Reiter an. Herr von Turenne saß von seinem Pferde ab, und zwei Diener, auf schon früher erfolgten Befehl offenbar, näherten sich ihm und nahmen ihm den Pelzmantel von den Schultern und den Hut vom Haupt. Das Mondlicht leuchtete auf seinem Panzer auf und auf der goldenen Kette, die er um den Hals trug.

Indessen waren auch mehrere von seinen Offizieren schon abgesessen, hatten sich ihm genähert, und die Diener zogen ihm ein sehr sonderbares Kleid über die Rüstung, ein mit Flittern und goldenen Sternen übersätes weißes Hemd, und über sein Gesicht hängten sie einen schwarzen Schleier.

Das Ganze war ein Dreikönigsgewand, wie die Sternsinger es tragen.

Nun zogen die Diener auch beide Pistolen aus den Halftern seines Sattels und gaben sie ihm in die Hände.

„Ich gehe jetzt“, sagte er zu seinen Offizieren. „Die Herren erwarten mich hier. Sollte ich bis drei Uhr morgens nicht wieder zurück sein, so lassen sie das Dorf absuchen!“

„Jawohl, Monseigneur“, antworteten die Offiziere, und er ging über das Schneefeld davon.

Er mochte ein paar hundert Schritte weit gekommen sein, als die Umrisse des Dorfes vor ihm auftauchten.

Am Nordende des Dorfes erschien ein Licht.

Er ging darauf zu.

Es strahlte von einer merkwürdigen Laterne aus Ölpapier aus, die sternförmig war und oben auf einer etwa acht Fuß hohen Stange stand.

Zwei Männer, deren einer die Stange hielt, standen dabei. Auch sie hatten Sternsingergewänder an, jedoch weiße Schleier vor den Gesichtern.

Herr von Turenne, indem er die Pistolen erhob, trat auf sie zu und nannte seinen Namen.

Die beiden andern antworteten: „Wrangel“, und: „Melander“.

Sie waren: der nach Torstensons Abgang neuernannte Oberbefehlshaber der Schweden, und der der kaiserlichen Truppen, ein Reichsgraf Melander von Holzapfel.

Alle drei lüfteten nun die Schleier und sahen einander in die Gesichter, dann ließen sie die Schleier wieder vorfallen. Turenne versorgte die Pistolen in der Seidenschärpe, die er unter dem Dreikönigshemde trug, und sagte:

„Ich habe die Herren in dieser Verkleidung hierher gebeten, damit wir, ungestört und ohne daß unsere Leute etwas davon erfahren, über die Dinge reden können, die uns angehen. Es ist der Dreikönigstag, und man wird uns für Sternsinger halten. Am besten gehn wir jetzt ins Dorf und suchen ein Quartier, in das wir eintreten und in dem wir die Verhandlungen beginnen können.“

„Das Dorf ist nicht mehr da“, sagte Melander. „Es ist niedergebrannt. Ihre eigenen Truppen, Graf, dürften es getan haben.“

„Es können“, sagte Turenne, „auch ihre gewesen sein, Graf.“

„Oder die der Schweden“, sagte Melander.

„Auf jeden Fall“, sagte Wrangel, „sollten wir nachsehen, ob wir nicht doch irgendwo ein Unterkommen finden. Denn hier

in dieser Kälte wollen wir ja wohl nicht stehenbleiben."
Sie setzten sich also mit ihrem Stern in Bewegung.
Längs der Dorfstraße gab es an den Stellen, an denen früher Häuser gestanden hatten, nur mehr Schutthaufen. Aber in der Nähe der niedergebrannten Kirche fanden sie doch noch ein halbwegs erhaltenes Haus, dessen Fensterhöhlen mit Brettern vernagelt waren, und schwaches Licht schimmerte hindurch.
Sie traten vor die Tür und pochten an.
Sie hatten mehrmals zu pochen, bis eine Stimme von innen her fragte, was es denn gäbe.
Man solle öffnen, riefen sie, und daraufhin ging die Tür, die keine Angeln mehr hatte, knirschend ein wenig auf, und ein Mann steckte den Kopf heraus.
„Was wollte ihr?" fragte er.
„Wir sind", sagte Melander, „Sternsinger. Laß uns eintreten."
„Sternsinger?" sagte der Mann. „Heute schon?"
„Ja", sagte Melander. „Laß uns also ins Haus." Und damit trat er auch schon auf die Schwelle, und die beiden andern, nachdem sie die Stange mit der Laterne abgestellt hatten, folgten ihm.
„Aber es ist ja doch", sagte der Mann, indem er die Tür hinter ihnen wieder zuzog, „erst Heiliger Abend!"
„Nein", sagte Wrangel, „es ist Dreikönigstag. Glaubt ihr denn hier, es gelte noch der alte Kalender? Wir haben doch schon den neuen."
„Was für einen neuen?" fragte der Mann.
„Der Papst", sagte Melander, „hat doch den Kalender geändert. Der Kalender war ja schon um 14 Tage im Rückstand. Er stimmte mit dem Stand der Gestirne nicht mehr überein. Wißt ihr denn das hier nicht, hat denn euer Pfarrer euch das nicht gesagt?"
„Unser Pfarrer ist längst tot", sagte der Mann. „Die Schweden haben ihn erschlagen. Das Dorf ist verwüstet, die ganze Gegend ist öde. Wie sollen wir wissen, ob der Papst den Kalender geändert hat oder nicht? Wir feiern heute den Heiligen Abend, – wenn man das überhaupt noch feiern nennen kann."
„Nun", sagte Wrangel, „wie immer dem sei, wir wünschen hier ein wenig zu rasten. Bring uns was zu essen und ein paar Gläser Wein, wir werden dir's in anständigem Geld bezahlen."
„Ich war einmal der Wirt hier im Ort", sagte der Mann, „und mein Geschäft ging gut. Jetzt aber habe ich nicht einmal mehr Brot für uns selbst, und wenn wir trinken wollen, so müssen wir den Schnee schmelzen, denn unsere Brunnen sind verschüttet. Setzt euch, ein Sitz ist das einzige, was ich euch anbieten kann. Was seid ihr denn aber überhaupt für Leute, daß ihr glaubt, euch durch Sternsingen Almosen verdienen zu können? Wo seid ihr denn her? Hier im Dorfe sind wir die einzigen Menschen, und in der ganzen Gegend gibt es kein Körnchen Getreide mehr und kein einziges Stück Vieh. Alles ist im Krieg zugrunde gegangen!"
Die drei zuckten die Achseln und sahen sich im Raum um. Es gab da nichts als einen Herd, auf dem ein Feuer einen flackernden Schein verbreitete, und einen Tisch mit ein paar Bänken rundum. Auch war die Stube voll Rauch. Die Frau des Wirts und ein halbwüchsiger Junge, beide erschreckend abgemagert, sahen die Fremden an. Und dann gab es noch zwei Leute im Zimmer, einen jungen Mann und eine junge, blonde Frau, Turenne erkannte sie wieder. Es waren die beiden, die er auf seinem Erkundungsritt getroffen.
„Wer sind die?" fragte er in seinem schlechten Deutsch.
„Arme Leute", sagte der Wirt, „die hier zugezogen sind und nirgends ein Unterkommen gefunden haben. Der Mann war von hier, dann ist er fort und hat geheiratet, aber er hat wieder zurück müssen, und nun gewähre ich den beiden ein Quartier im Stall. Die Frau erwartet ein Kind."
„Was du nicht sagst!" meinte Turenne, und die drei setzten sich an den Tisch.
Indessen begannen die andern sich damit zu befassen, in der Nähe des Herdes aus Moos und kleinen Holzfiguren eine Weihnachtskrippe aufzubauen. Die Figuren, die der Wirt noch besaß, weil sie keinem der plündernden Soldaten wert gewesen waren, sie mitzunehmen, waren bunt

Sternsinger in Pfaffenwiesbach.

bemalt und stellten die Heilige Familie, die Engel, die Könige, die Hirten, den Ochsen und den Esel dar.
Die drei Feldherrn sahen eine Zeitlang hin, dann begannen sie ihre eigenen Gespräche. Sie sprachen französisch.
„Die Friedensverhandlungen", sagte Turenne, „die in Münster schon im vorigen Jahr begonnen haben, werden nicht im Sinn der Armeen geführt. Käme es wirklich zum Frieden, so wären die Heere überflüssig geworden. Aber der Soldat hat sich daran gewöhnt, davon zu leben, daß er eben Soldat ist, und wir, seine Führer, tragen die Verantwortung für den Soldaten. Und dann ist der Krieg, offen gestanden, ein Geschäft geworden wie jedes andere. Ich weiß nicht, wie die Herren darüber denken, aber ich für meine Person werde alles tun, um zu verhindern, daß er in einer Form ende, bei der wir und unsere Leute unsere prädominierenden Positionen verlieren und von heute auf morgen davongejagt werden können. Um Maßnahmen zu besprechen, die gegen einen übereilten Friedensschluß zu ergreifen sind, habe ich die Herren hierher gebeten. Denn wenngleich wir Feinde sind, so ziehen wir doch alle am selben Strang oder hauen in dieselbe Kerbe, ganz wie Sie es nennen wollen."
Als die Leute, die die Krippe bauten, die fremde Sprache hörten, blickten sie erstaunt zu den dreien hinüber. Der Wirt hörte eine Zeitlang beunruhigt zu, dann kam er an den Tisch heran.
„Wer seid ihr?" fragte er. „Ihr seid keine gewöhnlichen Sternsinger. Ihr seid Ausländer und wahrscheinlich auch Soldaten. Was sucht ihr hier? Habt ihr euch nicht schon überzeugt, daß das Land, das Dorf, dies Haus verwüstet sind und daß es nichts mehr zu holen gibt? Was wollt ihr von uns? Wir haben euch nichts mehr zu geben. Seid ihr Marodeure? Seid ihr Spione? Kommt ihr vor denen einher, die uns auch noch das Leben nehmen wollen? Es ist das einzige, was ihr uns noch nehmen könnt."
„Schweig", sagte Melander, „wir sind die Heiligen Drei Könige, und damit basta! Stör uns nicht! Wir haben hier was zu reden." Und er warf ihm ein Goldstück zu.
Der Wirt sah das blitzende Ding an, er hatte schon seit Jahren keines mehr gesehen. Dann nahm er es hastig und prüfte es zwischen den Fingern. Dabei verwandelte sein Wesen sich völlig. Er wollte den dreien ins Gesicht sehen, doch konnte er mit den Blicken die Schleier nicht durchdringen. Auch merkte er nun erst die Stiefel und die Sporen, die unter den Dreikönigshemden der dreie hervorsahen, und die Messingschuhe der ledernen Degenscheiden.
„Verzeihen die Herren!" sagte er katzbuckelnd. „Ich wollte nicht um alles ... ich wußte nicht ..."
„Schon gut", sagte Melander, „scher dich weiter."
„Dürfen wir", fragte der Wirt, „den Herren wenigstens das Weihnachtslied vorsingen? Stört es die Herren nicht?"
„Singt meinetwegen", sagte Melander, „aber bleibt leise. Macht kein Geplärr!"
Der Wirt, rückwärts gehend und immerzu katzbuckelnd, zog sich zurück. Er flüsterte mit seinen Leuten und zeigte ihnen das Goldstück. Die andern sahen herüber, dann kam die Frau des Wirtes heran und küßte Melander die Hand, um ihm zu danken.
„Gut, gut", sagte Melander und gab gar nicht auf sie acht. Das französische Gespräch ging indessen weiter. Nach einiger Zeit begannen die an der Krippe das Weihnachtslied zu singen. Sie sangen es leise und mit rührenden Stimmen.
Gegen Ende des Liedes hörte die junge Frau zu singen auf, schwankte und hielt sich an der Schulter ihres Mannes fest. Die Wehen hatten sie befallen.
Es wäre wohl die Absicht des Wirtes gewesen, sie, wären die Fremden nicht dagewesen, in der Stube niederkommen zu lassen. Wegen der Anwesenheit der Herren aber wagte er das nicht. Die Frau ward in den Stall geführt, wo sie auf einer Streu von Moos und welkem Laub ihr Lager hatte.
Die Feldherren, als das Lied unterbrochen ward, merkten es gar nicht und auch nicht, daß man die Frau fortführte. Sie waren es gewohnt, über andere Menschen hinwegzusehen wie über bloße Spreu. Sie sprachen weiter, und zwischen den französischen Sätzen hörte man die Namen Torstenson, Jan von Werth, Max Emanuel. Aus irgendeinem Grunde schienen die Feldherren plötzlich untereinander uneins geworden zu sein und sprachen nun ziemlich erregt. Gegen die Fortführung des Krieges hatte sich nämlich vor allem Melander ausgesprochen. Er sagte, das Land sei nun schon verwüstet genug, man möge doch sehen, wie bettelhaft arm auch hier die Leute geworden wären; es sei etwas Wahres an dem, was der Wirt vorhin über Menschenfresserei gesagt: man erzähle sich längst, daß, nach gewissen Kämpfen, Leute nachts auf den Schlachtfeldern aufgetaucht und die Toten zerstückt, gebraten und gegessen hätten. – So stritten sie weiter, bis aus dem Stall ein Schrei zu vernehmen war und dann noch einer, da blickten sie auf.
„Was ist denn los?" fragte Wrangel. Aber nun blieb es still. „Wo sind denn die Kerle eigentlich?" fragte er. Er erhob sich, trat zur Tür, die zum Stall führte, und schlug mit einem Pistolenkolben dagegen.
Es dauerte einige Zeit, bis der Wirt erschien.
„Wer"? fragte Wrangel, „hat da geschrien? Was tut ihr denn eigentlich da draußen?"
„Ach, Herr", sagte der Wirt, „ach, Herr!", und er hatte einen ganz sonderbaren Ausdruck im Gesicht.
„Nun?" schrie Wrangel. „Was gibt's"
„Denkt Euch bloß, Herr", sagte der Wirt, „während Ihr hier gesessen seid, ist etwas geschehen. Es ist schon so lange her, daß dergleichen nicht mehr geschehen ist. Immer nur sind fremde Soldaten gekommen und haben gemordet, gestochen und gebrannt, immer weniger Leute sind wir geworden. Nun aber sind wir wieder um

eines mehr. Die junge Frau hat ein Kind geboren, es ist ein Knabe. Vielleicht kommt doch bald der Friede. Wollte ihr das Kind nicht anschauen kommen, ihr Herren?“

Die dreie blickten einander an. Im ersten Augenblick mochten sie vielleicht noch im Begriff gewesen sein, den Wirt zu fragen, ob er verrückt geworden sei, daß er sie belästige, und er solle machen, daß er weiterkäme! Dann dachte vielleicht der eine oder der andere doch an die Zeit zurück, zu der, in ihren eigenen Familien, ein Kind geboren worden war und welche Freude da geherrscht hatte. Oder sie dachten daran, wie sie selber Kinder gewesen waren. Und Turenne dachte vielleicht für einen Moment an das blonde Haar der Frau.

Auch war der Ton des Wirts ein solcher, wie sie schon lange nicht mehr einen Menschen hatten sprechen hören. Das Kind war ein fremdes Kind, es ging ihn nichts an, aber dennoch schien er so ergriffen, als ob es sein eigenes Kind gewesen wäre. Dennoch, in diesem Land, das ausgeplündert war und einer Eiswüste glich, auf der die Toten lagen, hatte ein Kind zu leben begonnen, es war, als wehte irgendein Frühling daher, mitten im Triumph des Todes, den die drei Feldherren täglich anbefahlen, war ein Kind geboren worden, als ob es auch ihnen geboren worden sei.

Der erste, der auf die Schwelle der Stalltür trat, war Melander, dann folgte Wrangel, schließlich Turenne. Da lag die Frau auf der Spreu, sie war schneeweiß im Gesicht, im Licht des Kienspans aber flimmerte ihr Haar wie Goldgespinst, und die andern knieten bei ihr, wickelten das Kind in ein paar Lappen, die sie noch besaßen, und gaben es ihr in den Arm.

Die Feldherren standen schweigend und sahen die Mutter und das Kind lange an. Dann löste Turenne sich die Goldkette, die er unter dem Dreikönigshemd um den Hals hatte, ab und legte sie dem Kinde hin. Melander zog den Handschuh aus und streifte sich einen Ring mit einem Rubin vom Finger, und Wrangel legte einen gefüllten Geldbeutel auf die Streu. Die Beschenkten glaubten, es sei ein Wunder geschehen, und der junge Mann wollte Danksagungen stammeln, brachte aber kein Wort heraus. Auch wehrten die Feldherren plötzlich fast hochfahrend ab. Überhaupt waren sie auf einmal ein wenig verlegen wegen dessen, was sie da getan hatten, entschuldigten sich aber vor sich selber damit, daß sie meinten, es sei eben nur eine Laune großer Herren gewesen. Auch gingen sie dann, unter Zurücklassung ihrer sonderbaren Laterne, sehr bald. Dem Wirt, der sie begleiten wollte und immerzu schwätzte, lachte und sich die Augen wischte, befahlen sie zurückzubleiben. Vor dem Dorf, ohne die begonnene Unterredung zu Ende geführt zu haben, grüßten sie einander kurz, dann ging jeder seiner Wege.

In ihren Herzen aber hatten sie den Frieden.

„Die Heilige Familie“. Albrecht Dürer.

Das Dreikönigsfest – die „Weisen aus dem Morgenland“

„Aufzug der Könige in der Eck-Krippe“. Rudolf Auerbach um 1935.

Als sie den Stern sahen, wurden sie hoch erfreut. (Matth. 2, 10)

Da Jesus geboren war zu Bethlehem im jüdischen Lande, zur Zeit des Königs Herodes, siehe, da kamen die Weisen vom Morgenland gen Jerusalem und sprachen: Wo ist der neugeborene König der Juden? Wir haben seinen Stern gesehen im Morgenland und sind gekommen, ihn anzubeten.
Da das der König Herodes hörte, erschrak er und mit ihm das ganze Jerusalem. Und er ließ versammeln alle Hohenpriester und Schriftgelehrten unter dem Volk und erforschte von ihnen, wo Christus sollte geboren werden.
Und sie sagten ihm: Zu Bethlehem im jüdischen Lande; denn also steht geschrieben durch den Propheten: „Und du, Bethlehem im jüdischen Lande, bist mitnichten die kleinste unter den Fürsten Judas; denn aus dir soll mir kommen der Herzog, der über mein Volk Israel ein Herr sei.“.
Da berief Herodes die Weisen heimlich und er lernte mit Fleiß von ihnen, wann der Stern erschienen wäre, und wies sie gen Bethlehem und sprach: Ziehet hin und forschet fleißig nach dem Kindlein; und wenn ihr's findet, so sagt mir's wieder, daß ich auch komme und es anbete.
Als sie nun den König gehört hatten, zogen sie hin. Und siehe, der Stern, den sie im Morgenland gesehen hatten, ging vor ihnen hin, bis daß er kam und stand oben über, da das Kindlein war. Da sie den Stern sahen, wurden sie hoch erfreut und gingen in das Haus und fanden das Kindlein mit Maria, seiner Mutter, und fielen nieder und beteten es an und taten ihre Schätze auf und schenkten ihm Gold, Weihrauch und Myrrhe.
Und Gott befahl ihnen im Traum, daß sie nicht sollten wieder zu Herodes gehen, und sie zogen durch einen anderen Weg wieder in ihr Land. (Matth. 2, 1–12)

Wann erscheint der Morgenstern
in den Dunkelheiten,
die uns manche Nacht begleiten
und uns Angst und Pein bereiten?
Gott scheint uns so fern.

Täglich warten – laß das Licht
durch die Wolken dringen,
wo die Engelschöre singen,
die dem Matten Glauben bringen
neue Zuversicht.

Dann erwacht der Lebensmut,
drängt, sich mitzuteilen,
laß uns beieinander weilen
bis die schlimmsten Wunden heilen –
ja, das tät uns gut.

Eines hätten wir wohl gern:
wenn das Licht wird schwinden,
neue Trauer uns will binden,
daß wir ihn stets wiederfinden
unsern Morgenstern.

Ilse Glenk

Eigentlich ist es schade, daß der Dreikönigstag, der 6. Januar, nicht in allen Bundesländern ein Feiertag ist. Nicht, weil wir nicht genug Feiertage hätten, sondern weil es ein wichtiger Tag im Weihnachtsgeschehen ist und weil wir dann noch einmal ökumenisch mit den orthodoxen Kirchen Rußlands und Griechenlands feiern könnten. Schließlich müssen wir uns daran erinnern lassen, daß das Weihnachtsfest in unserem Kulturkreis erst im 6. Jahrhundert vom 6. Januar auf den 24. Dezember verlegt wurde.

Die alte Kirche hatte im europäischen Raum erkannt, daß die heidnischen Sonnwendfeiern und die Austreibungsriten in den Rauhnächten trotz aller Hohlheit nur Furcht und Finsternis hinterließen. Hier wurde das Lichtfest der Weihnacht kalendarisch als Hoffnungsstrahl eingesetzt. Das Epiphaniasfest am 6. Januar wurde ganz auf die Weisen aus dem Morgenland und den Stern von Bethlehem bezogen.

Das wollen ja auch die Sternsinger – sofern sie sich in guter Tradition befinden – immer wieder sagen: Geht zum Stall von Bethlehem, legt eure verliehenen oder selbstgebastelten Kronen ab, teilt mit den Bedürftigen, denn was ihr denen schenkt, das habt ihr dem Kind der Weihnacht geschenkt; beschreitet den Weg des Heils, der für euch ein Entgegenkommen des Himmels ist.

Der Bischof von Münster hat es 1995 so formuliert: Die Sternsinger und die „Weisen aus dem Morgenland“ wollen die Freude über die Geburt Christi in unsere Straßen, Häuser und Wohnungen bringen, damit allen die Menschenfreundlichkeit Gottes in Jesus sichtbar werde und wir alle ihn als das Licht der Welt erkennen.[117]

Vor Jahrzehnten haftete dem Sternsinger-Brauchtum noch sehr die Heischefunktion an, man erbat Gaben – eher Opfergaben – in dumpfer Erinnerung an die heidnischen Sitten „zwischen den Jahren“. Sie waren auf eigentümliche Weise mit den Vorstellungen vom Winteraustreiben verbunden. Geblieben ist die mit magischen Kräften verhaftete Sitte des Aufschreibens der drei Anfangsbuchstaben der „Heiligen drei Könige“ mit Kreide über der Haustür, früher auch über der Stalltür. Die Reformation sah darin Anleihen an heidnische Zauberrituale.

Heute können die drei Buchstaben mit Jahreszahl 19+C+M+B+98 vereinzelt auch an protestantischen Häusern angetroffen werden. Hier hat man allerdings eine andere Sinngebung vor Augen, nämlich den Segensspruch: „Christus Mansionem Benedicat“ (Christus segne dieses Haus) analog des Klepperschen Neujahrsliedes „Herr, nimm auch dieses Jahres Last und wandle sie in Segen“.

Der Evangelist Matthäus berichtet nicht von Königen. Er beschreibt eindrucksvoll die Suche der drei klugen Astronomen und Astrologen nach dem Punkt, über dem der besondere Stern senkrecht stand. Die drei Weisen oder Magier waren gebildete und hochangesehene Leute. Sie wußten um die Zusammenhänge zwischen Makrokosmos und Mikrokosmos, zwischen dem Übernatürlichen und dem Irdischen.

Kein Geringerer als der bedeutendste Astronom der Neuzeit, Johannes Kepler, der als Naturwissenschaftler die elliptischen Bahnen der Planeten um

„Die heiligen drei Könige“. Kloster Engelberg, um 1335.

die Sonne berechnet hatte, konnte für die Zeit um Christi Geburt eine ganz besondere Sternenkonstellation nachweisen: die Begegnung der Planeten Jupiter und Saturn im Zeichen der Fische.[118] Es muß eine seltene und für Sternforscher ganz herausragende Erscheinung gewesen sein.

Neuere Funde haben den „Sternkalender von Sippas“, eine babylonische Keilschrifttafel, zu Tage gefördert. Darin wird die Vorausberechnung dieser Konstellation der Sterne bestätigt. Für die Weisen aus dem Morgenland bedeutete der Planet Jupiter soviel wie „Weltenherrscher“. Das Sternbild der Fische war „Zeichen der Endzeit“, und Saturn repräsentierte Palästina. Diese Deutung der Stern-Konjunktion durch die Magier, die antiken Astronomen, ließ eine Begegnung zwischen Himmel und Erde, zwischen Gott und den Menschen erwarten, die geradezu einmalig war.[119]

„Die Anbetung der Könige“. Peter Paul Rubens.

Diese Erwartung war schon von dem heidnischen Seher Bileam aus Pethor am Euphrat den „Kindern Israel“ vorhergesagt worden (4. Mose, 22–24). Gegen den Willen der Moabiter mußte der Seher die Wahrheit sagen und prophetisch den „Gesegneten Gottes“, den „Stern aus Jakob“ anerkennen: „Ich sehe ihn, aber nicht jetzt; ich schaue ihn, aber nicht von nahe. Es wird ein Stern aus Jakob aufgehen und ein Zepter aus Israel aufkommen“.

Was Wunder also, daß sich die drei Weisen aus dem Osten, sei es über die Weihrauchstraße oder von Palmira her, auf Jerusalem zu bewegten.

Unter dem Stern mit der außergewöhnlichen Form und Leuchtkraft vermuteten sie die Geburt eines großen Königs. Sie betraten erhobenen Hauptes, ihrer Würde angemessen und ihres Zieles sicher, den Palast des Königs Herodes. Ihre Absicht war klar, sie wollten dem neugeborenen König huldigen. Herodes, der eigentlich als Edomiter aus dem Haus der Hasmonäer, also nicht aus dem Volk Israel stammte, war als willfähriger Vasall der römischen Besatzer nicht beliebt. Er lebte meist in den festen Gemäuern seines Palastes in Jerusalem, in der Bergfestung Massada über dem Toten Meer oder in seinem Fuchsbau Herodion in einem erloschenen Krater in der judäischen Wüste südlich von Jerusalem. Aber in Jerusalem wußte man nichts von einem Königskind. Hatten sie den Stern falsch gedeutet?

Herodes ließ sofort alle Schriftgelehrten und Hohepriester in den Palast beordern, um sie die neue Lage aufklären zu lassen. Die Schriftgelehrten der Juden ließen sich wohl in seinen Dienst nehmen, aber sie jagten ihm einen gewaltigen Schrecken, ja, eine tödliche Angst ein. Das Konzil der Gelehrten konnte sich nur einen Vers auf die Sache machen, indem sie an die Verheißung des Micha erinnerten. Ihr Stolz der Rechtgläubigkeit erlaubte ihnen nicht, auf die heidnischen Weisen aus der Ferne zu achten. Sie wurden jedoch selbst Wegweiser, ohne es eigentlich zu wollen, und sie zitierten den Propheten Micha:

„Und du, Bethlehem im jüdischen Lande, bist mitnichten die kleinste unter den Fürstentümern Judas, denn aus dir soll mir kommen der Herzog, der über mein Volk Israel ein Herr sei“. (5,1)

Herodes muß sich hinweisen lassen auf den wahren König, den ganz anderen Herrscher, im Bild: den guten Hirten Israels, der seine Schafe auf guter Weide versorgt, den verlorenen Schafen nachgeht, die verirrten Tiere zurückbringt, die schwachen Lämmer kräftigt und vor Raubtieren schützt (Ezech. 34, 15 ff.). Auch dies werden ihm die jüdischen Gelehrten gesagt haben.

Heimtückisch ruft Herodes die Weisen noch einmal zu sich und stellt ihnen nicht nur sein Wohlwollen in Aussicht. Er beauftragt sie, den „neugeborenen König“, den er fürchtet wie der Teufel das Weihwasser, ausfindig zu machen, damit auch er das Kind anbeten könne.

Den Stern als Zeichen für ein außerordentliches Geschehen hatten die Weisen richtig gedeutet – aber „irdisch“ begriffen. Mit dem Hinweis des Propheten Micha auf Bethlehem war der letzte Wegabschnitt benannt. Sie folgten dem achtstrahligen nach allen Richtungen weisenden Weihnachtsstern. Er wurde ihnen zum Leitstern, zum Kompaß. Sie mußten vom Palast zum Stall.

Und in Bethlehem fanden sie unter dem Stern den Stall und das Jesuskind. Ihre Freude, das Ziel erreicht zu haben, war größer als die Enttäuschung über das gar nicht standesgemäß-königliche Umfeld auf Hirtenniveau. Sie wußten nicht, welche Sendung Jesus einmal haben würde, aber sie ahnten seine Bedeutung. Die hochangesehenen und offenbar reichen Männer begegneten der äußersten Hilflosigkeit und Armut.

Jetzt gab es kein Ausweichen mehr. Die Wissenden konnten nicht mehr erklären, deuten und reflektieren. Sie knieten nieder und beteten das Kind an. Sie, die Wissenschaftler, wußten nicht, aber sie glaubten und breiteten ihre Geschenke aus. Es waren orientalische Kultgaben, Erfüllungssymbole: Gold, Weihrauch und Myrrhe. Die Weisen erahnten einen König. Ihre Geschenke waren nicht kindgemäß: kein Spielzeug, keine Süßigkeiten. Da sie aber über das Gegenüber in seiner königlichen Berufung nachgedacht hatten, ihm innerlich ganz nahe waren, machten ihre Präsente einen königlichen Sinn: Gold als Zeichen für königliche Würde und Reinheit, Weihrauch als Symbol für Vergeistigung und Göttlichkeit und Myrrhe, das wohlriechende Harz eines Steppenstrauches, als Hinweis auf die Hingabe des Lebens.[120]

Hochgebildete Heiden, denen die Weissagung des Alten Testamentes fremd war, erkannten den Messias; sie störten sich nicht an seiner Niedrigkeit und der sozialen Stellung Marias und Josefs.

Der Traum der klugen Männer wurde zum Mittel der Gedankenumlenkung – Gott befiehlt, besser: gibt im Traum eine Art Deutung des Geschehens. Die Astronomen sollten nicht zu Herodes zurückgehen.

Wir wissen warum: weil dieser blindwütige Machthaber das Kind beseitigen wollte. Er befahl den Massenmord an den kleinen Kindern in Bethlehem. Wer von diesem Massaker etwas auf sich einwirken lassen will, der gehe in die Gedenkstätte für die Kinder des Holocaust nach Yad Vashem in Jerusalem. Die Historiker wissen, daß die Furcht vor dem kommenden Messias tatsächlich die letzten Lebensjahre des Herodes zermürbend erfüllt hat.

Das Wort der Bibel, die Werke der Liebe, die gelebte Barmherzigkeit, das sind göttliche Spuren, denen wir nachzugehen hätten. Der Herrnhuter Stern in den Kirchen und Stuben an Weihnachten

„Der Traum der Weisen“. Skulptur von Giselbertus an der Kathedrale von Autun.

„Christi Geburt“. Christusfenster der Stadtkirche in Annweiler am Trifels (Pfalz).

und die Sterne des Christbaumschmucks sind nur kleine symbolische Hilfen, um unseren Stern zu suchen. Albert Schweitzer hat am Ende seiner umfangreichen Jesus-Forschungen sehr bescheiden und eindrucksvoll gefolgert: „Und er stellt uns vor die Aufgaben, die in unserer Zeit gelöst werden müssen. Er gebietet. Und denjenigen, die ihm gehorchen, Weise und Unweise, wird er sich offenbaren in dem, was sie in seiner Gemeinschaft an Frieden, Wirken, Kämpfen und Leiden erleben dürfen und als unaussprechliches Geheimnis werden sie erfahren, wer er ist ...!“
Matthäus läßt uns mitgehen auf eine Reise vom Morgen- zum Abendland. Es ist eine Reise, deren Ziel anders aussieht als erwartet. Es ist eine gefährliche Reise, wenn man an die Intrigen des Herodes denkt. Es ist aber dann doch eine Reise der neuen Erkenntnis, der göttlichen Begegnung geworden, eine Sternstunde.
Die Weisen ahnen etwas von Christus, dem Rebell für Gerechtigkeit, Gewaltlosigkeit, Barmherzigkeit und Frieden. Sie spüren etwas von einem Licht aus der Welt Gottes, dem Reich Gottes, das nur zaghaft in unserer Welt der menschlichen Realität Fuß faßt. Gehen wir ruhig auf diese Reise zur Krippe mit. Sie steht unter einem guten Stern!

1. Die Weisen aus dem Morgenland,
sie kamen her von fern,
durchforschten alles, was sich fand.
Sie suchten ihren Herrn.
Jesus, der König ist geboren,
er ist der Herr aller Welt.

2. Der Stern wies nach Jerusalem:
dort war der falsche Herr.
Die Bibel wies nach Bethlehem,
dort gaben sie die Ehr:
Jesus, der König ist geboren ...

3. Sie fanden Jesus, ihren Herrn
und knieten vor ihm hin.
Sie brachten ihre Gaben gern
und alle lobten ihn:
Jesus, der König ist geboren ...

4. Sie zogen heim ins Morgenland,
erfüllt von ihrem Herrn.
Sie gingen jetzt an seiner Hand.
Sie hatten ihn als Stern:
Jesus, der König ist geboren ...

Kurt Rommel

Herrnhuter Stern.

Die heil'gen drei Kön'ge

Die heilgen drei Kön'ge aus Morgenland,
sie frugen in jedem Städtchen:
„Wo geht der Weg nach Bethlehem,
ihr lieben Buben und Mädchen?“

Die Jungen und Alten, sie wußten es nicht,
die Könige zogen weiter,
sie folgten einem goldenen Stern,
der leuchtete lieblich und heiter.

Der Stern bleibt stehn über Josephs Haus,
da sind sie hineingegangen;
das Öchslein brüllte, das Kindlein schrie,
die heil'gen drei Könige sangen.

Heinrich Heine

Eine Weihnachtsgeschichte

Mein Mann wollte sich nach 25jähriger Ehe von mir scheiden lassen. Wir lebten getrennt im Haus. Am Heiligen Abend kam unsere Tochter mit ihrem Mann, um uns abzuholen, damit wir wenigstens den Abend noch einmal zusammen feiern konnten. Mein Mann wollte nicht mitkommen, und ich freute mich ein wenig auf das „Nichtalleinsein“, aber ich wollte mich noch ein bißchen festlich anziehen und den Weg zu meinen Kindern alleine gehen in der Dunkelheit (sie wohnen im gleichen Ort wie ich). Sie respektierten diesen Wunsch und fuhren nach Hause, um noch kleine Vorbereitungen zu treffen. Als ich mich umgezogen hatte, ging ich los. Die Christbäume mit ihren Lichtern strahlten Frieden und Stille aus. Manche Wohnzimmer waren hell erleuchtet, und ich sah die geschmückten Weihnachtsbäume und ab und zu ertönten die schönen Weihnachtslieder, das Lachen und Reden in meinen Ohren. Ich bekam das „heulende Elend“, wie es heißt und weinte lauthals, und der Tränenfluß wollte kein Ende nehmen. Niemand ist mir begegnet, der Ort war wie ausgestorben. Kurz vor dem Erreichen meines Zieles blieb ich stehen und dachte: So kannst du nicht zu deinen Lieben gehen. Ich nahm mich zusammen, versuchte aufzuhören mit der Weinerei, atmete tief durch und wartete noch etwas, bis ich meinte, jetzt kannst du klingeln. Ich wurde freundlichst empfangen, was mir sehr gut tat. Zur Bescherung lief eine Schallplatte mit Weihnachtsliedern und wir hörten alle andächtig zu. Dieses Mal ließen mich die Lieder meinen Kummer vergessen. Die Erinnerungen an meine schöne Kinderzeit wurden wachgerüttelt und ich konnte schon nicht mehr so ernst und angespannt sein. Und dann sprang es wie ein Funke über: Eine Liebe war an diesem Abend gestorben und eine neue konnte ich empfangen und erwidern. Meine Kinder hatten es gut gemeint und wollten mir helfen, die Traurigkeit zu überbrücken und mir etwas Wärme geben. Ich schlief bei ihnen auf der Couch zusammengerollt wie ein Igel und fühlte mich glücklich. Nach langem Grübeln fiel ich irgendwann in den Schlaf. Am Weihnachtsmorgen frühstückten wir noch alle zusammen und ich hörte nochmals die schönen Lieder, die mich froh gemacht haben. Dann wollte ich nach Hause und allein sein, um über alles nachzudenken. Heute lebe ich mit meinen Kindern und zwei Enkelkindern zusammen in einem Haus und bin für alles dankbar.

L.D.

„Die Anbetung des Jesuskindes“. Eva Arzt.

Der Weihnachtsstern

Mögt ihr auch in die allerfernste Ferne,
die flimmernde, des Weltenraumes spähn,
ihr könnt nur Sterne, immer neue Sterne,
doch nirgend könnt ihr meinesgleichen
sehn.

Ich komme aus der andern Welt und Zeit
zufolge Gottes deutender Gebärde
und ziehe über Bethlehems Gebreit
und über alle die Traurigkeit der Erde.

Denkt nicht, ich wäre schon, ich selbst,
das Licht.
Das Licht ist unbegreiflich eines und keins.
Ich bin, der sich im Erdendämmer bricht,
der Schein nur, nur der Widerschein des
Scheins.

Ein Zeichen nur in dieser Nacht und Stille.
Vielleicht daß einer, der mich sieht, sich
bang
erhebt und aufbricht und aus seiner Fülle
ins Ungewisse geht sein Leben lang.

Manfred Hausmann

Rudolf Krämer-Badoni

Spätes Weihnachtsgebet

Ich schwöre euch, liebe Freunde, daß die Geschichte, die ich euch erzählen will, nicht erfunden ist. Übrigens braucht sie deshalb nicht reicher an Sinn, auch nicht wahrer oder stellvertretender zu sein als eine erdachte Geschichte, aber doch rührt es einen zu wissen: das ist wirklich geschehen, und der eine oder andere der Mithandelnden lebt unerkannt noch unter uns. Ich habe die Geschichte aus dem Munde dessen, dem sie ein wichtiges Stück seines Lebens bedeutet. Ich habe ihm gesagt, daß ich sie weitererzählen wolle. Er verbietet es nicht; das einzige, worum er bittet, ist die Verheimlichung seines Namens. Nun, so geben wir ihm gar keinen Namen.

Er ist ein paar Tage vor Weihnachten geboren, und seine Mutter hat oft gesagt, in jenem Jahr habe Gott ihr ein lebendiges Weihnachtsgeschenk gemacht. Sie lächelte immer, wenn sie das sagte, nur daß sie manchmal glücklich, manchmal betrübt und manchmal sorgenvoll lächelte. Dann setzte sie etwa hinzu: „Ein Weihnachtsgeschenk, das viel Mühe macht.“ Oder auch: „... ein unbezähmbares, ein wildes Weihnachtsgeschenk.“

Seine Jugend war sehr glücklich. Er erinnert sich, wie er sagt, überhaupt keiner düsteren Begebenheit. Alles heimelte ihn an, immer und überall fühlte er sich geborgen in der Hand der Mutter. Der Vater war in den ersten Jahren nicht da, er kam nur selten, es war so eine Art Besuch. Aber der Vater war nie sehr wichtig. Vielleicht sind Väter überhaupt nicht so wichtig wie Mütter. Ihm jedenfalls schien es immer so, und ich (sowohl ich als Sohn wie auch ich als Vater) kann ihm nicht unrecht geben.

Er tat nichts, so sagt er, wenn er von dieser Zeit spricht, er tat gar nichts, er war nur einfach glücklich. Und dies, liebe Freunde, wo oder wann gibt es das noch einmal? Ich kann es euch verraten: das gibt es überall, aber nur in der ersten Kindheit. Und dann nie mehr und nirgends mehr.

Habe ich schon gesagt, daß sie sehr arm waren? Was für Akrobatenkunststücke machte die Mutter, Zimmervermieten, Wäschebügeln und Kinderhüten für fremde Leute und was nicht alles, reine Akrobatie, nur um ihm seine Launen möglich zu machen. Launen, so sagt er, wenn er davon spricht. Er versteht sein Geigenspiel darunter, Briefmarkensammeln, Wandervogel, japanische Grammatik, ja schließlich sogar die höhere Schule. Launen! Der Vater wollte nicht: Sie seien arm, und da müsse der Junge eben bald ans Verdienen statt auf die kostspielige Schule. Er selbst, Reisender für höheren Blödsinn, eigentlich Hausierer, er verdiene ja so gut wie nichts. So der Vater. Aber die Mutter machte es ohne ein weiteres Wort möglich. Und er? Er war ein Wunderkind an Gescheitheit, aber auch an Tollkühnheit gegen die Lehrer. Sie bat ihn „auf den Knien“, so sagt er manchmal und lächelt müde dazu, auf den Knien bat sie ihn, sich selbst nicht mit einem Sturmwind der Natur zu verwechseln. Sie würden ihn aus der Schule hinaussetzen, und was dann? „Was dann?“ so habe er spöttisch gesagt: „sie werden mich nicht hinaussetzen, sondern ich schaffe den Geschichtslehrer aus dem Schuldienst, wenn er noch länger seine Hetzreden hält und die Schüler damit verdirbt.“ Sie habe laut hinausgeweint, als er das gesagt habe, und er habe sie verwundert und wohl auch etwas von oben herab angesehen und sie dann stehenlassen. Er habe sie immer wieder stehenlassen. Und sie, sie habe nur immer Kummer mit ihm gehabt. Sie habe auf glühendem Roste gelegen, solange er außer dem Haus gewesen sei. Und sie habe sich zu Tode gearbeitet für ihn. Und das alles sei allerdings unverständlich.

Aber ein andermal hat sie etwas gesagt, was sehr wichtig ist. Ein Bekannter stellte sie zur Rede: Dieser Sohn da, der sei ein Ärgernis. Die Mitschüler, die Lehrer, auch viele Eltern von Schülern sähen mit Ingrimm auf den jungen Mann. Und dabei bringe er doch nur sich selbst und seine Familie in Ungelegenheiten. Sie habe doch immer wieder Kummer mit ihm. Und er behandle sie von oben herab. Und sie werde noch bitter über Undank zu klagen haben. – Er machte zufällig im Nebenzimmer seine Schulaufgaben. Und da hörte er, mit tiefem Erstaunen hörte er sie sagen: „Mir gefällt es, einen Sohn zu haben, der weiß, was er will.“ Er wäre am liebsten aufgestanden und zu ihr hinübergegangen und hätte ihr das Gesicht gestreichelt. Aber Zärtlichkeiten waren nicht mehr Sitte zwischen ihnen, und nicht mehr lange, da hörte auch dies auf, daß er „am liebsten“ zärtlich gewesen „wäre“.

Und dann der dunkelste Punkt. Daß sie ihn nach dem Abitur vergeblich gebeten, angebettelt, angeheult hatte, dem Vater zu Willen zu sein und sofort einen Beruf zu ergreifen und ihn nicht über das Maß zu reizen und es nicht bis zur feierlichen Verstoßung kommen zu lassen (zu welcher es in der Tat gekommen ist, kurz vor dem Tod des reisenden Vaters); oder daß sie ihn später bestürmte, doch nicht so früh zu heiraten, er sei doch noch Student, und alle Leute lachten sie aus; das alles war nicht das Dunkle, obwohl auch das auf dem bißchen Vertrauen lastete, das in späteren Jahren zwischen Müttern und Söhnen gerade noch vorhanden ist. Der dunkelste Punkt war etwas anderes. Da war er schon Richter. Er amtierte weit entfernt von seiner Heimatstadt. Und da wurde sie ihm eines Vormittags, kurz vor Beginn der Verhandlung gemeldet. Sie hatte die weite Reise gemacht, um dringend vorstellig zu werden. Warum? Er sagt es nicht. Er kommt immer wieder einmal auf den „dunkelsten Punkt“ zu sprechen, aber er sagt nicht, was sie von ihm erreichen wollte. Das einzige, was er sagt, wenn er an diesen Punkt kommt, ist: „Und ich – ich habe sie nicht vorgelassen.“ Und sie? „Sie ist still wieder abgereist.“ Und dann sitzt er da und denkt darüber nach, ob es nötig

„Die heiligen drei Könige“. Fresko in der Klosterkirche von Oberkaufungen.

war, die Mutter abweisen zu lassen, und ob das überhaupt je nötig, was sage ich: je denkbar und erlaubt ist. „Die Mutter“.
Diese Frage stellt er sich so sehr dringend, seit ihre Beantwortung nichts mehr zu bessern vermag. Vor einigen Jahren ist sie kurz vor dem Geburtstag ihres Weihnachtskindes gestorben. Sie wollte es ihn nicht merken lassen, daß es zu Ende ging. Rücksicht, Bescheidenheit, Rücksicht, das war der nicht laut mitgesungene Text zu der strahlenden Melodie ihres Lebens gewesen. Er war nun doch herbeigeeilt, sie aber verwies es ihm mit schwachem Lächeln. Er habe sicherlich Besseres zu tun, als an dem nutzlosen Krankenbett einer alten Frau zu sitzen. Noch in diesem Augenblick, noch in diesen letzten zwei Tagen war sie voller Rücksicht und bedankte sich für jede Handreichung und bat um Entschuldigung für jede „Störung“. Als sie dann plötzlich, binnen einer Minute, in seinen Armen hinstarb, war er wie über ein entsetzliches Versäumnis erschüttert. Hatte das so und jetzt sein müssen? Es war ein milder Winterabend, und sie hätte sicher gerne und selig diesen Abend geschaut, einen Baum dieses Abends, ein halbverfaultes Blatt, ein einziges schmutziges Blatt dieses Baumes ..., welch ein schönes Glück wäre das für sie gewesen. Und da geht unsereiner auf dem Grund und Boden der Erde, die warm ist, auch wenn sie kalt ist; und man ist hungrig und kann essen, und man ist müde und kann schlafen, und man ist traurig und kann weinen (ganz zu schweigen von den Augenblicken, da man satt und frisch und fröhlich ist), sie aber wird von hier und heute ab in alldem keinen Teil mehr haben.
Und seit der Zeit holt er, wenn die Weihnachtszeit herankommt, am Todestag der Mutter das Evangelium herbei und schlägt zuerst das zweite Kapitel beim Lukas auf und liest die paar Sätze zwischen „Während sie heimkehrten, blieb der Knabe Jesus in Jerusalem, ohne daß sie es merkten“ und dem Vorwurf „Kind ,warum hast du uns das getan“. Darüber denkt er eine Weile nach, und dann blättert er langsam zurück, sehr langsam, bis er zum dritten Kapitel bei Markus kommt. Seufzend liest er: „Und er kam nach Hause. Und wieder strömte die Volksmenge zusammen, so daß sie nicht einmal essen konnten. Und als es die Seinen hörten, brachen sie auf, um sich seiner zu bemächtigen; denn sie sagten: Er ist von Sinnen ... Und es kamen seine Mutter und seine Verwandten, und sie blieben draußen stehen und schickten zu ihm und ließen ihn rufen. Um ihn herum saß viel Volk. Und man sagte zu ihm: Deine Mutter und deine Verwandten stehen draußen und suchen dich. Und er blickte auf die Herumsitzenden und sagte: Hier sind meine Mutter und meine Verwandten ...“
Einmal habe ich ihn so sitzen sehen, als ich ihn besuchen ging. Er blickte auf und sagte: „Hör zu!“ Und dann las er mir alle diese Stellen vor, und auch die von der Hochzeit zu Kana, die noch die umgänglichste ist. Und er sagte:
„Was meinst du? Ob meine arme Mutter diese Stellen gekannt hat?“
„Warum soll sie nicht? Sie hat sie bestimmt gekannt.“
„Das hätte sie trösten können.“
„Ich glaube, ich verstehe dich.“
Ich glaube, ich verstehe ihn. Auch die Mutter Jesu hat ihr gerüttelt Maß zu tragen gehabt. Viel Glück, unerhört viel Glückseligkeit während der ersten Kindheit des Kleinen. Es gibt kein schöneres Lebensalter, besonders für die Eltern nicht. Aber dann: mit zwölf Jahren ist er freundlich überlegen und spricht von einer unerwarteten Höhe herab zu ihr. Bleibt einfach zurück und läßt sie tagelang nach ihm suchen. Und später, als ihr seine Taten übertrieben erscheinen, als sie vorgelassen werden möchte und ihm alles ausreden möchte, da ist er nicht zu sprechen. Er hat Besseres zu tun, als über das Unvermeidliche unersprießliche Auseinandersetzungen zu führen. Und doch, immer wieder hat sie sich aufgemacht, ist ihm nachgegangen und kam schließlich gerade zur Hinrichtung zurecht. Sie, sie hat den Sohn zuletzt in den Armen gehalten. Sie hat alles versucht, um ihn abzubringen oder zu retten oder wie immer sie das bei sich genannt haben mag. Sie hat Respekt gehabt, und sie hat von diesem Sohn, der einen unbeugsamen Wille hatte, jede Antwort hingenommen. Aber sie hat sich nie zurückgezogen, immer wieder war sie bereit, war sie da, war sie seine Mutter.
Wir saßen lange, schweigend, und ich glaube, uns gingen genau dieselben Gedanken durch den Kopf. Denn schließlich sagte er das, was im gleichen Augenblick auch ich sagen wollte:
„Einmal hat sie zu jemand gesagt: Ich habe gern einen Sohn, der weiß, was er will. Also hat sie vielleicht wirklich so ähnlich gedacht wie Seine Mutter.“
Und dann sagte er noch etwas, ganz leise, wie für sich selbst: „Es gibt ein Gebet, das nicht mehr erfüllt werden kann und das ich in der Weihnacht doch sage: daß sie das alles gekannt und gewußt haben möge. Daß sie diesen Trost gehabt haben möge ...“
Und ich denke seit dieser Zeit in der Weihnacht manchmal voller Wehmut: O Kinder! O Mütter ...

Reste der Römerstadt Gerasa im Morgenland (Jordanien).

Josef und die Flucht nach Ägypten

„Da sie aber hinweggezogen waren, siehe, da erschien der Engel des Herrn dem Joseph im Traum und sprach: Stehe auf und nimm das Kindlein und seine Mutter zu dir und flieh nach Ägyptenland und bleib allda, bis ich dir sage; denn es ist vorgesehen, daß Herodes das Kindlein suche, dasselbe umzubringen.
Und er stand auf und nahm das Kindlein und seine Mutter zu sich bei der Nacht und entwich nach Ägyptenland. Und blieb allda bis nach dem Tod des Herodes, auf daß erfüllet würde, was der Herr durch den Propheten gesagt hat, der da spricht: „Aus Ägypten habe ich meinen Sohn gerufen." (Matth. 2, 13–15)

„Die Flucht nach Ägypten". Fra Angelico.

Fra Angelico malte das Motiv der Flucht nach Ägypten als einen Weg aus der lichtbraunen offenen Steppenlandschaft in eine schattengrüne Talschlucht. Der Maler deutet den Weg der Flucht als einen Weg in die Dämmerung, in das Dunkel der Ungewißheit. Schon in Bethlehem wollte man die hochschwangere Mutter Jesu nicht beherbergen. Aber da war die Lichterscheinung der Engel auf dem Felde bei den Hirten und da stand der Stern über dem Stall, der den Anbetern aus der Nähe und der Ferne den Weg gezeigt und Heil und Freude verheißen hatte. Doch jetzt auf den Pfaden der Flucht ist die Unbehaustheit der Familie perfekt. Es geht durch unwegsame enge, von Räubern bedrohte Talschluchten.
Das ist kein gemütlicher Ausritt in eine orientalische Landschaft. Maria drückt das von König Herodes bedrohte Kind fest an sich. Josef, dem der Fluchtauftrag im Traum zuteil wurde, treibt den Esel an. Er trägt ein paar Überlebensutensilien auf dem Rücken und in der Hand. Das anspruchslose Tier scheint den Weg allein zu finden.
Das Bild ist hoch aktuell. Die Heimatvertriebenen in Europa nach dem Zweiten Weltkrieg wissen, daß Flucht gleichzusetzen ist mit Strapazen und Gefahren, ja mit Not und Tod. Flucht und Wohnungssuche sind auch noch heute zentrale Themen nicht nur in Afrika, in Südamerika, in Asien und sondern auch in Europa (z.B. auf dem Balkan). Flucht ist ein dunkles Kapitel. Es geschieht meist bei Nacht und Nebel, aber die Fliehenden suchen Licht und Heil.
Man fragt sich, wann die Schergen des blindwütigen Königs Herodes nachsetzen, der ja im Umkreis von Bethlehem alle Kleinkinder hat töten lassen, um den einen unmündigen „Konkurrenten" aus dem Feld zu schlagen. Josef fand für seine Frau und das Kind vorübergehend Asyl in Ägypten. Das Kind wurde damals gerettet, um über den Kreuzweg von Golgatha die Menschen zu retten.
Philippe de Champaigne zeigt Maria als die Wachende, Josef als den Schlafenden. Es sieht zunächst so aus, als sei Josef, wie in vielen Darstellungen, auch hier nur Statist auf weihnachtlicher

Bühne, eine Randfigur im biblischen Geschehen. Und in der Tat, er kommt auch im Kirchenlied und in den theologischen Darstellungen meist zu kurz. Gelegentlich wird er in weihnachtlichen Kinderliedern miterwähnt, z. B. in „Ihr Kinderlein kommet“:

„Da liegt es das Kindlein auf Heu und auf Stroh
Maria und Josef betrachten es froh.“

In dem Wiegenlied „Josef, lieber Josef mein .....“ ist der Gefährte der Maria gerade noch gut genug, um das Christuskind zu schaukeln. Symptomatisch ist, was in dem Lied „Was soll das bedeuten, es taget ja schon“ in der vierten Strophe gesagt wird: „Ein herziger Vater der steht auch dabei“. Josef steht halt dabei.

Josef spielt in der vorreformatorischen Kirche offenbar eine beklagenswerte Nebenrolle. Vielleicht soll er bloß als Verwandter oder Adoptivvater deutlich von Maria abgesetzt werden. Aber da gibt es in dem Gemälde von Philippe de Champaigne noch den Engel über dem schlafenden Josef. Das läßt zu seinen Gunsten hoffen, denn der Bote Gottes redet mit dem Adoptivvater im Traum.

Beate Heinen hat das Geschehen mit dem Engel, die Träume, in einer modernen Gemäldeform sehr aufschlußreich angesprochen und ist dem Josef gerecht geworden. Er schläft einen kreativen Schlaf und ist die zentrale Figur ihres Gemäldes. Er steht nicht mehr im Abseits, ist nicht mehr Randfigur, zu der ihn zeitweise Kirche und Kunst schon abgestempelt hatten. Josef schläft auf einem Kreuz, wodurch das Bild gevierteilt wird. Das Kreuz bestimmt ihn, seine Frau und seinen Sohn von Anfang an. Er mußte schon bald nach der Geburt Jesu sein Kreuz auf sich nehmen.

Aber es gibt noch eine andere Zentralfigur: den Engel. Eine durchscheinende, alles beseelende luftige Gestalt flüstert dem Schlafenden, dem Träumenden, etwas ins Ohr. Josef erhält rund um das Geschehen in Bethlehem Aufträge, die ihn in die Spur bringen und darin halten. Im Traum wird ihm, der es rational nicht fassen kann, das Unglaubliche eröffnet und akzeptabel gemacht.

Im Bildviertel oben links wird Josef von dem Traum her klar, daß Maria, seine Verlobte, der er sich angeblich noch nicht genähert hat, schwanger ist, und daß dabei der Heilige Geist im Spiel gewesen sei. Ausgerechnet sie, die arme Magd, soll den Sohn Gottes, den Messias, gebären, den König der Juden, wie es später auf dem Kreuz zu lesen stand.

„Josefs Traum“. Philippe de Champaigne.

Ohne die Engelsbotschaft im Traum hätte sich der argwöhnische Josef eine vorzeitige Trennung von Maria gut vorstellen können. Erst die Botschaft von Gott konnte Mißtrauen bei dem gradlinigen, unkomplizierten Zimmermann beseitigen. Josef kann mit geöffneten Händen auf Maria, die Schwangere, zugehen, ihr offen und vertrauensvoll entgegentreten und das schon sichtbare neue Leben in Maria akzeptieren. Er geht mit ihr den beschwerlichen Weg nach Bethlehem in die Behelfsunterkunft (oben rechts).

Das Bildviertel links unten trifft jene Situation nach der Geburt, wobei das Kind in den Armen des Vaters liegt. Der Engel hatte ja auf den Stern

„Joseph und die Menschwerdung Gottes". Beate Heinen 1991.

von Bethlehem gedeutet, so daß Josef das ihm von Maria gereichte Jesuskind freudig, wenn auch unbeholfen, in seine rauhen Handwerkerhände nehmen kann. Damit wird deutlich, daß das neue Geschenk, das Kind, dessen Name Jesus, d. h. „Gott heilt" oder „Gott hilft" bedeutungsschwer und für alle Menschen gedacht ist. Josef nimmt es voll an und bezieht es behutsam ein in das warme Rot der Liebe. Josef übernimmt ganz die irdische Verantwortung des Vaters.
Im Bildviertel unten rechts sehen wir das „Heilige Paar" auf der Flucht. Josef gehorcht nur, weil ihm im Traum der Weg gewiesen wurde. Und so schafft er das Kind mit seiner Mutter aus der Todeszone des Königs Herodes. Der damalige weltliche Herrscher von Roms Gnaden war vor einem Mord an einigen hundert Kindern nicht zurückgeschreckt, um gerade dieses eine Kind, dem ein Königtum verheißen war, zu vernichten. Josef geht ins Asyl, wörtlich in den „Bezirk der Unverletzlichkeit an Leib und Leben". Schon im Altertum ist Asylia der heilige Bezirk der Zuflucht, ein sicherer Hort nach der Flucht vor dem Riesenapparat staatlicher Macht und Gewalt. Josef hört und gehorcht, er betet, er handelt, er rettet.
Und so blicken wir erleichtert auf das letzte Bildviertel rechts unten, wo der Familienvater selbst das Kind trägt und die Hand behütend auf Marias Schulter legt. Sie kehren nach Nazareth zurück, wo Josef dann mit seiner Familie in seinem gewohnten Beruf und Alltag lebt. Ein dritter Traum hatte ihm diesen Weg gezeigt.

Rast auf der Flucht in Ägypten

Diese, die noch eben atemlos
flohen mitten aus dem Kindermorden:
o wie waren sie unmerklich groß
über ihrer Wanderschaft geworden.

Kaum noch daß im scheuen Rückwärtsschauen
ihres Schreckens Not zergangen war,
und schon brachten sie auf ihrem grauen
Maultier ganze Städte in Gefahr;

denn so wie sie, klein im großen Land,
– fast ein Nichts – den starken Tempeln nahten,
platzten alle Götzen wie verraten
und verloren völlig den Verstand.

Ist es denkbar, daß von ihrem Gange
alles so verzweifelt sich erbost?
und sie wurden vor sich selber bange,
nur das Kind war namenlos getrost.

Immerhin, sie mußten sich darüber
eine Weile setzen. Doch da ging –
sieh: der Baum, der still sie überhing,
wie ein Dienender zu ihnen über:

er verneigte sich. Derselbe Baum,
dessen Kränze toten Pharaonen
für das Ewige die Stirnen schonen,
neigte sich. Er fühlte neue Kronen
blühen. Und sie saßen wie im Traum.

Rainer Maria Rilke

Josef ist ein Bindeglied zwischen dem Alten und dem Neuen Testament. Besonders der Bericht des Matthäus betrachtet ihn von seiner Herkunft, dem Stamm Jesse (Vater Davids) her. David hatte das erste große israelische Reich geschaffen.

Bevor wir das Kapitel schließen, wollen wir uns noch von zwei künstlerischen Darstellungen ansprechen lassen: von dem Holzschnitt von Helmut Uhrig und der Plastik von Ernst Barlach. Bei Uhrig befindet sich der traumgebende Engel fast in den Fängen einer schwarzen Bestie, die den Rachen geöffnet hat, um ihn und die fliehende Familie zu verschlingen. Der Engel aber ist ein Schutzengel, der Rachen des Untiers geht nicht zu. Einverleibt in die Silhouette dieses schwarzen Raubtieres ist ein Mann in Herrscherpose auf dem Thron. Vor ihm liegt ein vom Schwert durchbohrtes Kind. Daneben kniet eine schmerzverkrümmte Mutter: Herodes und der Kindermord. Es ist das brutale Ergebnis weltlicher Macht, die sich verabsolutiert und vergöttern läßt. Die total gestörte Beziehung Gott – Mensch ist eine Grundhybris und hat bittere zwischenmenschliche Folgen.

„Kindermord und Flucht". Helmut Uhrig 1960.

Ernst Barlach nennt seine Holzfigur von 1924 „Ruhe auf der Flucht". Maria mit dem Säugling auf dem Schoß sitzt am Wegrand. Dahinter breitet Josef einen schützenden Mantel über Mutter und Kind. Josef rettet vor Wind und Wetter, vor Grauen und Gewalt. Er weiß von dem Boten Gottes, wo allein der Schutz herkommt. Sein Mantel ist nur ein ärmliches Tuch. Er weiß, daß dies nicht genug ist. Er rettet, weil er den Auftrag Gottes kennt und erfüllt.

„Ruhe auf der Flucht". Holzplastik von Ernst Barlach 1924.

„Im Stall von Bethlehem“. Hans Memling.

Im Anfang war das Wort, und das Wort war bei Gott, und Gott war das Wort. Dasselbe war im Anfang bei Gott. Alle Dinge sind durch dasselbe gemacht, und ohne dasselbe ist nichts gemacht, was gemacht ist. In ihm war das Leben, und das Leben war das Licht der Menschen. Und das Licht scheint in der Finsternis, und die Finsternis hat's nicht ergriffen.
(Joh. 1, 1–5)

Da aber Herodes gestorben war, siehe, da erschien der Engel des Herrn dem Joseph im Traum in Ägyptenland und sprach: Stehe auf und nimm das Kindlein und seine Mutter zu dir und zieh hin in das Land Israel; sie sind gestorben, die dem Kinde nach dem Leben standen.
Und er stand auf und nahm das Kindlein und seine Mutter zu sich und kam in das Land Israel. Da er aber hörte, daß Archelaus im jüdischen Land König war anstatt seines Vaters Herodes, fürchtete er sich, dahin zu kommen. Und im Traum empfing er Befehl von Gott und zog in die Orte des galiläischen Landes und kam und wohnte in der Stadt, die da heißt Nazareth; auf daß erfüllet würde, was da gesagt ist durch die Propheten. Er soll Nazarenus heißen. (Matth. 2, 19–23)

Wißt ihr noch, wie es geschehen?

1. Wißt ihr noch, wie es geschehen?
Immer werden wir's erzählen:
wie wir einst den Stern gesehen
mitten in der dunklen Nacht,
mitten in der dunklen Nacht.

2. Stille war es um die Herde.
Und auf einmal war ein Leuchten
und ein Singen ob der Erde,
daß das Kind geboren sei,
daß das Kind geboren sei!

3. Eilte jeder, daß er's sähe
arm in einer Krippen liegen.
Und wir fühlten Gottes Nähe.
Und wir beteten es an,
und wir beteten es an.

4. Könige aus Morgenlanden
kamen reich und hoch geritten,
daß sie auch das Kindlein fanden.
Und sie beteten es an,
und sie beteten es an.

5. Und es sang aus Himmelshallen:
Ehr sei Gott! Auf Erden Frieden!
Allen Menschen Wohlgefallen,
Gottes Gnade allem Volk,
Gottes Gnade allem Volk!

6. Immer werden wir's erzählen,
wie das Wunder einst geschehen
und wie wir den Stern gesehen
mitten in der dunklen Nacht,
mitten in der dunklen Nacht.

Hermann Claudius

Später geht Josef mit seiner Familie nach Nazareth zurück. Gerard van Honthorst hat den jugendlichen Jesus in der Werkstatt seines Vaters Josef dargestellt. Auf diesem Gemälde, das in der Eremitage in St. Petersburg hängt, ist dargestellt, wie Jesus das väterliche Handwerk erlernt und zu Werk geht, wie er aber auch dem exakt arbeitenden Vater mit der Kerze die vorgezeichneten Linien eines Werkstückes ausleuchtet.
Jesus ist schon als Kind Lichtträger. Als Zwölfjähriger ist er dem Wort Gottes in besonderer Wei-

se aufgeschlossen. Schließlich diskutiert er auf hohem Niveau mit den Schriftgelehrten im Tempel.
Der Weg Jesu bis zu seiner Taufe im Jordan durch Johannes, den Sohn der Elisabeth und des Zacharias, des „Wegbereiters“, und der Weg bis zu seiner Auferstehung im Ostergeschehen ist ein anderes Thema.

Käme er heute

Käme er heute und machte es wie damals –
sähe es so aus?

In den Slums von East-Harlem –
Maria eine Neger-Mammie.
In den Gassen Palermos –
Josef heißt Salvatore.
Im Zelt der Besitzlosen jenseits des Jordan –
Gott, Bruder der Armen.

Elf Quadratmeter für Jesusmariaundjosef
im siebzehnstöckigen Hochhaus
von Wang Tai Sin –
siebentausend Nachbarn sind Hirten unterm
gleichen Dach.

Mietpartei irgendwo im Revier:
ach so, nur ein Zimmermann!
In einer Vorstadtbaracke, im Gleisdreieck,
in der Kolonie Rote Erde.

Längst ist vergessen:
Auch in Bethlehem gab's Wohnzimmer,
reichgedeckte Tische und Marmor.

Käme er heute und machte es wie damals –
wie sähe es aus?

Kurtmartin Magiera

„Kindheit Jesu“.
Gerard van Honthorst 1620.

Schlußwort – „Kehraus"?

„Versöhnung". Holzschnitt von Hans Georg Aniens.

Der Holzschnitt von Hans Georg Aniens ist gegen die von den Ärzten so bezeichnete „Weihnachtsdepression" gerichtet. Gemeint ist jene Frustration, die eintritt, wenn man an Weihnachten pflichtgemäß auf heile Familie macht und sich mit allen Erscheinungen von Brauchtum und Sitte umgibt, in Wahrheit aber das eigentliche Weihnachtslicht nicht in Herz und Hirn leuchten läßt. Dann bleibt naturgemäß eine große Enttäuschung im Alltag zurück.

Hans Georg Aniens zeigt in seinem Holzschnitt, daß man nicht in der Finsternis verharren muß, daß man im Glauben das Angebot Gottes, das Licht, annehmen kann. Da stehen schwarze Gestalten in zwei Gruppen unversöhnlich, ja mit geballten Fäusten feindlich gegenüber. Sie wenden sich voneinander ab, sie meiden sich nicht nur, sie sind eher bereit, aggresiv aufeinander los zu gehen. Die Schultern sind abwehrend und höhnisch hochgezogen. Dennoch beäugt man sich mißtrauisch und sehr genau.

Das ist ein wirklichkeitstreffendes Bild von dem menschlichen Gegeneinander, aus dem gerade durch Weihnachten ein Miteinander werden kann, wenn das eintritt, was in der Mitte des Holzschnittes zu sehen ist. Da ist ein großer Lichtkreis der Versöhnung. Von dem Kind mit den einladenden Armen geht das Licht aus, da werden die Krämpfe der Angst gelöst, da finden die Kämpfe der Zwietracht nicht mehr statt. Menschen gehen aufeinander zu, reichen sich die Hände. Da dreht man sich zunächst beinahe geblendet von diesem fremden Licht der Weihnacht schüchtern um. Dann aber öffnen sich über dem Kind die Hände, die man sich schließlich reicht. Man kann sich in die Augen schauen.[121]

Das Jesuskind ist auf das Kreuz gelegt. Das Kreuz bedeutet, daß der Weihnachtsfriede nicht billig zu haben ist, daß er Jesus zum Schluß das Leben gekostet hat. Es erinnert daran, daß er durch die Hölle mußte, um am Ostermorgen verwandelt zu erscheinen.

1. Von guten Mächten treu und still umgeben,
behütet und getröstet wunderbar,
so will ich diese Tage mit euch leben
und mit euch gehen in ein neues Jahr.

2. Noch will das alte unsre Herzen quälen,
noch drückt uns böser Tage schwere Last.
Ach Herr, gib unsern aufgeschreckten Seelen
das Heil, für das du uns geschaffen hast.

3. Und reichst du uns den schweren Kelch, den bittern
des Leids, gefüllt bis an den höchsten Rand,
so nehmen wir ihn dankar ohne Zittern
aus deiner guten und geliebten Hand.

4. Doch willst du uns noch einmal Freude schenken
an dieser Welt und ihrer Sonne Glanz,
dann wolln wir des Vergangenen gedenken,
und dann gehört dir unser Leben ganz.

5. Laß warm und hell die Kerzen heute flammen,
die du in unsre Dunkelheit gebracht,
führ, wenn es sein kann, wieder uns zusammen.
Wir wissen es, dein Licht scheint in der Nacht.

6. Wenn sich die Stille nun tief um uns breitet,
so laß uns hören jenen vollen Klang
der Welt, die unsichtbar sich um uns weitet,
all deiner Kinder hohen Lobgesang.

7. Von guten Mächten wunderbar geborgen,
erwarten wir getrost, was kommen mag.
Gott ist bei uns am Abend und am Morgen
und ganz gewiß an jedem neuen Tag.

Dietrich Bonhoeffer

„Noch leuchtet der Stern“. Beate Heinen.

Weihnacht ist die große Leuchtspur Gottes in der Welt, die dringend und immer wieder Heil braucht. Eine bloße selbstgebastelte Weihnachtsstimmung trägt nicht, sie trügt. Wenn die Kerzen abgebrannt sind, kommt ohne Christus die Dunkelheit wieder.
Vor Tagen war er noch „lichterheilig“, jetzt ist der Weihnachtsbaum abgetakelt, hier und da hängt noch ein Lamettastreifen oder ein verformter Kerzentalg an den Ästen, er liegt vor der Tür, abholbereit. Im Sperrmüllauto gerät der Tannenbaum unter den Abfalldreck. Er wird zermahlen. Er hat seine Schuldigkeit getan – er tut mir leid – ; doch bitte nicht sentimental, er nadelt ja, er stört, er muß weg!
Beate Heinen hat die Position des Beseitigens festgehalten. Auf offener Straße kann der entzauberte Christbaum noch einmal reden, nicht nur zu Müllwerkern. Bei manchen, die den Vorgang der Entsorgung in den winterlichen, zugigen Straßen beobachten, kommt vielleicht noch einmal die Erinnerung an die Weihnachtstage zurück. Sie sehen für einen Augenblick das Bild der Krippe im Stall von Bethlehem. Dann bleibt – Weihnachts-

Krippe und Kreuz gehören auf geheimnisvolle Weise zusammen. Maria durchlebt und durchleidet als irdische Mutter alle Höhen und Tiefen ihres Sohnes, des Gottessohnes Jesus Christus.

Detail aus der Doppelmadonna von Tilman Riemenschneider.

Pietà. Vesperbild aus der Riemenschneider Werkstatt .

baum hin, Weihnachtsbaum her –, nicht Leere und Dunkelheit, dann wird es sogar im müllschluckenden Fahrzeug noch einmal still und hell. Denn der im Jahre 0 ausgestellte göttliche Scheck ist gedeckt, der Stern über der dunklen kalten Gasse bleibt stehen und will in unsere Herzen leuchten und sie erwärmen. Auf Weihnachten, auf das Kind in der Krippe folgt die Passion des noch jungen Mannes (etwa 30 Jahre alt) am Kreuz; aber dahinter erstrahlt sehr schnell Ostern, der Tag der Überwindung von Angst und Tod und jeder Trennung von Gott.

Würde Weihnachten wie die abgetakelten Christbäume „entsorgt“, dann wäre es zwar problemlos, aber auch erfolg- und folgenlos untergegangen. Bleibt jedoch das Bild von der Krippe stets vor Augen, dann bestimmt es unser Bewußtsein und unser Sein. Dann spürt man Freundlichkeit, Freude, Hilfsbereitschaft und Zuwendung über die Advents- und Weihnachtszeit weit hinaus.

Von guten Mächten sind wir treu und still umgeben. Dietrich Bonhoeffer hat es in strenger Kerkerhaft um die Jahreswende 1944/45, wenige Wochen vor seiner Hinrichtung erfahren. Der Stern will leuchten und erwärmen, uns und die Welt, über die kalendarisch ungenau fixierte Weihnacht und über Ostern hinaus.

Was hindert uns also daran, Gottes Angebot anzunehmen, um diese letzte Geborgenheit zu erlangen, in der Hoffnungsfreude zu leben, nicht in der Furcht?

Sie feiern ihn als Wickelkind
und lassen Kerzen brennen.
Sie sehn ihn hilflos nur und lind
und meinen gar – in Wahrheit blind –
ihn ganz genau zu kennen.

Sie haben sich ein Bild erträumt
nur für die Weihnachtszeiten;
dann wird die Krippe weggeräumt –
man muß sich, daß man nichts versäumt,
auf Fasching vorbereiten.

Wo ist dein Platz in unserer Welt?
Wo bist du denn willkommen?
Wo Schreien der Gequälten gellt?
Wo Märkte neonlichterhellt?
Im Lobgesang der Frommen?

Du stehst dazwischen – unerkannt –
in den Geschäftigkeiten –
im Flüchtlingszug von Land zu Land –
im Jagen nach Besitz und Tand –
im Festtagsvorbereiten.

O, Jesus – bleibe mir nicht fern!
Ich seh nur deine Schemen;
nicht Hirtenfeld, nicht Stall noch Stern,
doch brennt mein Herz, dich als den Herrn
in Demut aufzunehmen.

Ilse Glenk

Nicht, daß jedes Leid dich verschonen möge,
noch, daß dein zukünftiger Weg stets Rosen trage,
keine bittere Träne über deine Wange komme
und kein Schmerz dich quäle –
dies alles wünsche ich dir nicht.
Sondern:
Daß dankbar du allzeit bewahrst
die Erinnerung an gute Tage.
Daß mutig du gehst durch Prüfungen,
auch wenn das Kreuz auf deinen Schultern lastet,
auch wenn das Licht der Hoffnung schwindet.
Was ich dir wünsche:
Daß jede Gabe Gottes in dir wachse,
daß einen Freund du hast,
der deiner Freundschaft wert.
Und daß in Freud und Leid
das Lächeln des menschgewordenen Gotteskindes
dich begleiten möge.

Irischer Weihnachtssegen

Der Weg Jesu führt aus der Geburtsgrotte im Bildvordergrund in blühendes Obstland, das sich auf sanftem Hügelland in der Bildmitte ausbreitet. Es sind gleichnishaft seine wenigen Jahre der Verkündigung und der Heilungen. Doch er muß – wie es Gottes Ratschluß den Menschen zuliebe ist – durch die Kältessteppe des Verrates, der Verurteilung und der Pein hinauf nach Golgatha.

„Kreuz und Krippe“. Beate Heinen 1986.

Anmerkungen

1 Spamer, A.: S. 5, 6
2 Weber-Kellermann, J.: S 19
3 Spamer, A.: S. 7
4 Panzer, F.: S. 8
5 Spamer, A.: S. 8
6 Panzer, F.: S. 148
7 Hessler, C.: S. 380
8 Weber-Kellermann, J.: S. 16 ff.
9 Schauber, V. u. Schindler, H. M.: S. 660 ff.
10 Schauber, V. u. Schindler, H. M.: S. 686
11 Weber-Kellermann, J.: S. 21
12 Spamer, A.: S. 15
13 Spamer, A.: S. 13
14 Schauber, V. u. a.: S. 665 ff (vgl. auch Kühnen, G.: S. 7 ff.)
15 Beitl, R.: S. 330 ff.
16 Hessler, C.: S. 380
17 Hessler, C.: S. 353
18 Beitl, R.: S. 330
19 Beitl, R.: S. 331
20 Weber-Kellermann, J.: S. 27
21 Spamer, A.: S. 66
22 Heimat im Bild (Heimatbeilage Usinger Anzeiger) Gießen 1996, 48. Woche (vgl. auch: Mößinger, F.: „Bäckerwerk", in: Hamm, K.: S. 115 ff.)
23 Weber-Kellermann, J.: S. 38 ff.
24 Weber-Kellermann, J.: S. 98 ff.
25 Auerbach, K.: S. 1 ff (vgl. auch: Weber-Kellermann, J.: S. 142 ff.)
26 Weber-Kellermann, J.: S. 110
27 Spamer, A.: S. 77
28 Trösken, H.: S. 19 ff. (in Rundbrief 4/1996 der Ev. Frauenhilfe in Hessen und Nassau, S. 19 ff.)
29 Weber-Kellermann, J. (L): S. 204 ff.
30 Krusche, P. u. a.: Bd. I, S. 27 (Petsch, Hans-Joachim: Erfüllte Gegenwart oder trostloser Wartesaal)
31 Luther, M.: Werke Bd. II, S. 115 ff. (Das Magnificat, verdeutlicht und ausgelegt von Martin Luther 1521)
32 Krusche, P. u. a.: Bd. I, S. 34 ff. (Stallmann, Rainer: „Der Gott der kleinen Leute")
33 Krusche, P. u. a.: Bd. I, S. 38 ff. /Dembek, Jürgen: „Das Hohe Lied der Kleinen")
34 Mutter Teresa und Frère Roger: Maria, Mutter der Versöhnung, S. 11 ff.
35 Spamer, A.: S. 71 ff.
36 Spamer, A.: S. 72 ff.
37 Spamer, A.: S. 72
38 Goethe, J. W.: „Die Leiden des jungen Werther", S. 101 ff.
39 Spamer, A.: S. 86
40 Paulsen, G. (Hrsg.): S. 21 ff. (Ruppel, Heinrich: Das Christkind auf dem Schneepflug)
41 Löber, K.: Haigerer Hefte 1974 und „Beharrung und Bewegung ...", S. 103
42 Weber-Kellermann, J. (L): S. 210 ff.
43 Löber, K.: Heft V 1974, S. 27 ff.
44 Spamer, A.: S. 48 ff.
45 Paulsen, G. (Hrsg.): S. 117 ff.
46 Paulsen, G. (Hrsg.): S. 121
47 Hug, B. u. H.: 16. und 22. Dezember
48 Spamer, A.: S. 24 ff.
49 Landau, R.: S. 45 (Josuttis, Manfred: Matth. 1, 1–17)
50 Landau, R.: S. 82 (Turneysen, Eduard: „Kein Raum in der Herberge")
51 Krusche, P. u. a.: Bd. I, S. 45 ff. (Simpfendörfer, Gerhard: Menschwerdung des Menschen)
52 Wolff, U.: in MUT, Nr. 364, S. 76 ff.
53 Seidel, M.: S. 14 ff.
54 Ernst, E.: Muttersprache ... S. 233
55 Dingeldein, H. J.: Hessen – wie es spricht und lacht, in: Ernst, E.: Lache is gesund!, S. 20 ff.
56 Zenetti, L.: S. 182
57 Annleis Glänzer und Marianne Heleine waren bereit, den Text von der Geburt Jesu nach Lukas spontan in ihre Mundart zu „übersetzen". Dafür sei herzlich gedankt! Die Schriftgestaltung von Ernst Wolff „Rappel deich off" (Mache dich auf ...) formuliert im Westerwälder Dialekt. Sie stammt aus dem Beiheft zur Schallplatte „Wäller Chresdag".
58 Heck, Ch.: Die Madonna im Rosenhag, S. 2 ff.
59 Baeumerth, A. u. K.: Raffael und kein Ende, S. 40 ff.
60 RGG, IV. Bd., S. 747 u. 767 (Mariologie)
61 Beinert, W.: in Focus 52/1997, S. 87
62 Blume, F.: S. 11
63 Weber-Kellermann, J. (L): S. 10
64 Rundbrief der Ev. Frauenhilfe in Hessen und Nassau 4/96, S. 41
65 Brunners, Ch.: S. 169, 267, 282
66 Weber-Kellermann, J. (L): S. 208
67 Weber-Kellermann, J. (L): S. 46 ff.
68 Weber-Kellermann, J. (L): S. 58
69 Jäkel, H.: Das Christkindwiegen ..., Gießener Anzeiger, 51. Woche, 1982
70 Weber-Kellermann, J. (L): S. 227 ff. und Floimair, F.: S. 7 ff.
71 Spamer, A.: S. 46 ff.
72 Weber-Kellermann, J.: S. 142 ff. und Spamer, A.: S. 47
73 Spamer, A.: S. 34 und 38 und Zenetti, L.: S. 91 ff.
74 Spamer, A.: S. 49
75 Spamer, A.: S. 29
76 Spamer, A.: S. 26 ff.
77 Paulsen, G.: S. 122 ff. (Alsfelder Krippenspiel von 1517)
78 Krusche, P. u. a.: Bd. I., S. 59 ff. (Roessler, Roman: Und sie kamen eilend ...)
79 Barth, K.: in: Landau, R.: S. 67 ff.
80 Iwand, H. J.: in: Landau, R.: S. 93 ff.
81 MUT (Forum für Kultur, Politik und Geschichte) Nr. 338, 1995, S. 39 ff
82 Weber-Kellermann, J.: S. 180
83 Weber-Kellermann, J.: S. 10 ff. u. S. 194
84 Vgl. auch Beitl, R.: S. 331 und Spamer, A.: S. 9 u. 68
85 Hessler, C.: S. 528 ff.
86 Carius, J.: S. 15 ff.
87 Hessler, C.: S. 165
88 Spamer, A.: S. 12 ff.
89 Weber-Kellermann, J.: S. 180 ff.
90 Carius, J.: S. 5 ff.
91 Heimat im Bild, Nr. 52, 1996, Gießener Anzeiger
92 Mößinger, F.: in: Hahn, K.: Volkswerk, S. 115 ff.
93 Mittenhuber, Karl-Heinz: Im Backwerk lebt das Brauchtum fort, Darmstädter Echo 15. und 22.11. sowie 13. und 23.12.1986
94 Carius, J.: S. 15 ff. u. Spamer, A.: S. 68
95 Carius, J.: S. 21
96 Carius, J.: S. 16
97 Heimat im Bild, Nr. 48, 1996, Gießener Anzeiger
98 Vgl. Frankfurter Rundschau vom 5.1.1998
99 Mößinger, F.: S. 127
100 Heimat im Bild, Nr. 52, 1994, Gießener Anzeiger
101 Löber, K.: S. 30 ff. (Haigerer Hefte 1974) und „Beharrung und Bewegung ...", S. 267 ff.
102 Beitl, R.: S. 201
103 Hessler, C.: S. 165
104 Beitl, R.: S. 351, Spamer, A.: S. 11, Hessler, C.: S. 528 ff
105 Hessler, C.: S 381
106 Spamer, A.: S. 9 ff. u. Beitl, R.: S. 196 ff.
107 Peters, Christine, Frankfurter Rundschau 30.12.1996
108 Hessler, C.: S. 166 u. 528 ff. u. Beitl, R.: S. 200
109 Hessler, C.: S. 525
110 Ernst, E.: Neu-Anspach – Werden und Wirken, S. 509 ff.
111 Weber-Kellermann, J.: S. 192
112 Spamer, A.: S. 12
113 Beitl, R.: S. 203 ff.
114 Fichtl, F.: S. 2 ff.
115 Die heil'gen drei Könige mit ihrem Stern (2. Umschlagseite), Eschbach 1980
116 S. Anm. 115, Nr. 16
117 S. Anm. 115, S. 2
118 Fichtl, F.: S. 18
119 Krusche, P. u. a.: S. 96 ff. (Henning Theurich und Henning Schroer: „Wo nehmen wir den Stern her?")
120 Kiene, H.: S. 17 ff.
121 Krusche, P. u. a.: S. 66 ff. (Ernst Öffner: „Am Tag danach")

Weiterführende und verwendete Literatur

Auerbach, Konrad: Seiffener Weihnacht / Schätze aus dem Erzgebirgischen Spielzeugmuseum, Schriftenreihe Heft 5, Seiffen 1991
Baeumerth, Angelika u. Karl: Raffael und kein Ende, Marburg 1982
Beinert, Wolfgang: „Maria – eine emanzipierte Frau", in: Focus Nr. 52, 1997, S. 86 ff.
Beitl, Richard: Deutsche Volkskunde, Berlin 1933
Bergengruen, Werner: „Winter". Aus: Die heile Welt. © 1950 Verlags AG Die Arche, Zürich
Bibel, Die
1. Die ganze Heilige Schrift nach der deutschen Übersetzung von D. Martin Luther, Stuttgart 1912.
2. Die gute Nachricht (Die Bibel) in heutigem Deutsch, Deutsche Bibelgesellschaft, Stuttgart 1982.
3. Neue Jerusalemer Bibel, Einheitsübersetzung, Freiburg 1985.
Bierwirth, J.: Merzhausen im Taunus 1293 – 1994, S. 132 f.
Blume, Friedrich: Geschichte der evangelischen Kirchenmusik, Kassel 1865
Bonhoeffer, Dietrich: „Von guten Mächten...". Aus: ders., Widerstand und Ergebung. (KT 100). © Chr. Kaiser/Gütersloher Verlagshaus. Gütersloh, 16. Auflage 1997
Bornkamm, Karin u. Ebeling, Gerhard: Martin Luther, ausgewählte Schriften, Frankfurt/M., 1982, Bd. 2
Brecht, Bertolt: Gesammelte Werke, Bd. 5 (Das Paket des lieben Gottes), © Suhrkamp Verlag, Frankfurt a. M. 1967
Bunners, Christian: Paul Gerhardt (Monographie), Berlin/München 1993
Buschau, Georg: Das deutsche Volk in Sitte und Brauchtum, Stuttgart-Berlin-Leipzig o. J.
Camphausen, Hans Frh. u. a. (Hrsg.): Die Religion in Geschichte und Gegenwart (RGG), Tübingen 1960
Deutsche Bibelgesellschaft: Bibelbilderbuch, Stuttgart 1985, Bd. 3
Dingeldein, Heinrich J.: Hessen – wie es spricht und wie es lacht, in: Ernst, Eugen: Lache is gesund!, S. 18 ff.
Ernst, Eugen: Jahrbuch 1995 Hessenpark / Jubiläumsband des Förderkreises Freilichtmuseum Hessenpark e. V., Friedberg 1995 (Allgemeine Informationen zum Hessenpark)
Ernst, Eugen: Muttersprache – Mutterwitz (S. 232), in: Lache is gesund! (Gereimtes und Ungereimtes aus den hessischen Mundartlandschaften), Frankfurt 1992
Ernst, Eugen: Neu-Anspach – Werden und Wirken, Neu-Anspach 1974
Ev. Frauenhilfe in Hessen und Nassau e. V., Rundbrief 4/1996
Fahlen, F. A. (Hrsg.): Ludwig Richter Hausbuch, Leipzig o. J.
Fallersleben, August Heinrich Hoffmann von: Geschichte des deutschen Kirchenliedes (1861), Hannover 1965
Fichtl, Friedemann: Wir haben seinen Stern gesehen, Freiburg 1979
Floimair, Franz: Das Weihnachtslied Stille Nacht, heilige Nacht, Oberndorf 1985
Gaugler, Almut: Weihnacht, Stuttgart und München 1990
Gebrüder Grimm / Lore Hummel: Mein liebstes Märchenbuch, Waldkirchen 1991
Glenk, Ilse: Weitergehen. Texte zum Nachdenken. © Burckhardthaus-Laetare Verlag, Offenbach
Goes, Albrecht: „Die Kerze" und „Die Verkündigung". Aus: ders., Leicht und schwer. Siebzig Jahre im Gedicht. © Fischer Taschenbuch Verlag GmbH, Frankfurt am Main, 1988
Goethe, Johann Wolfgang: Werke, Bd. VI, Hamburg 1958
Halkes, Catharina J. M.: An Maria, aus: Liebe Maria, lieber Petrus! „Briefe", hrsg. von Raul Niemann (aus dem Holländischen übersetzt von Nicole P. Zumhammer)
Hahm, Konrad: Volkswerk, Jahrbuch des Staatlichen Museums für Deutsche Volkskunde, Leipzig 1944
Hausmann, Manfred: „Der Weihnachtsstern". Aus: ders., Nachtwache. Alte Musik. Füreinander. Gedichte aus den Jahren 1922-1946. © S. Fischer Verlag GmbH, Frankfurt am Main, 1983
Heck, Christian: Die Madonna im Rosenhag, Colmar 1990
Hessler, Carl: Hessische Landes- und Volkskunde (Bd. I. und II., Nachdruck), Frankfurt 1979
Hoffmann, Heinrich: aus „Struwwelpeter – Hoffmann erzählt aus seinem Leben", Lebenserinnerungen Dr. Heinrich Hoffmanns, herausgegeben von Eduard Hessenberg, Frankfurt am Main 1926
Hug, Barbara und Hans: Blätter, die uns durch das Jahr begleiten, Stuttgart 1992
Jäckel, Herbert: Das Christkindwiegen: (Ein über 300 Jahre alter Brauch blieb in Alsfeld lebendig) in: Heimat im Bild (Oberhessische Zeitung), Gießen 1982 (51. Woche)
Kiem, Henning: Sie schenkten ihm Gold, Weihrauch und Myrrhe, Diameditation, Hamburg 1995
Klemm, Elisabeth: Das Evangeliar Heinrichs des Löwen, Frankfurt / M., 1988
Klepper, Jochen: „Abendmahlslied zu Weihnachten" und „Weihnachtslied". Aus: ders., Ziel der Zeit, Luther-Verlag, Bielefeld, 1993
Krusche, Peter u. a.: Predigtstudien, Stuttgart 1984
Kühnen, Gerda: Die Nikolauslegenden am Niederrhein, Geldern 1994
Landau, Rudolf (Hrsg.): Gottes Sohn ist kommen, Stuttgart 1994
Löber, Karl: Beharrung und Bewegung im Volksleben des Dillkreises / Hessen, Marburg 1965
Löber, Karl: „Nissebaam" und „Naujoahrn", in: Haigerer Hefte, Haiger 1974
Magiera, Kurtmartin: „Käme er heute". Aus: Die Nacht im Dezember. Texte zur Geburt des Herrn, gesammelt und herausgegeben von Kurtmartin Magiera. Verlag Butzon & Bercker, Kevelaer, 1968
Mann, Thomas: Buddenbrooks : © S. Fischer Verlag, Berlin, 1901. Alle Rechte vorbehalten S. Fischer Verlag GmbH, Frankfurt am Main
Mößinger, Friedrich: Bäckerwerk, S. 115, in: Hahm, Konrad (Hrsg.): Volkswerk, Jena 1943
Mutter Teresa u. Frère Roger: Maria, Mutter der Versöhnung, Freiburg 1988
Paetow, Karl: „Der Weihnachtsmann". © Verlagsgruppe Koehler/Mittler, Hamburg
Panzer, Friedrich (Hrsg.): Die Kinder- und Hausmärchen der Brüder Grimm (in ihrer Urgestalt), Hamburg-Bergedorf 1948
Paulsen, Gundula (Hrsg.): Weihnachtsgeschichten aus Hessen, Husum 1980
Ringelnatz, Joachim: „Schenken" und „Weihnachten". Aus: ders., Das Gesamtwerk in sieben Bänden. © 1994 by Diogenes Verlag AG Zürich
Rogge, Bernhard: Illustrierte Geschichte der Reformation in Deutschland, Hersfeld 1908
Sattler, Dieter: Der Adventskranz und seine Geschichte, Hamburg 1997
Schauber, Vera und Schindler, Hanns Michael: Die Heiligen und Namenspatrone im Jahreslauf, München 1985
Stubbe, Wolf: Das Ludwig Richter Album, Darmstadt o. J.
Schwälmer Jahrbuch 1995, Hrsg. Schwälmer Heimatbund, Ziegenhain 1995
Seidel, Max: Der Isenheimer Altar, Stuttgart/Zürich 1983
Spamer, Adolf: Weihnachten in alter und neuer Zeit, Jena 1937
Wallhof, Hans: „Wunder wachsen nur...". © Hans Wallhof, Limburg
Weber-Kellermann, Ingeborg: Das Buch der Weihnachtslieder, Mainz 1992 (L)
Weber-Kellermann, Ingeborg: Das Weihnachtsfest (Eine Kultur- und Sozialgeschichte der Weihnachtszeit), Luzern und Frankfurt, 1978
Wesely, Elisabeth: „Ein ungewöhnliches Weihnachtsgeschenk". Aus: Weihnachtgeschichten am Kamin 8, rororo 13427. © 1993 by Rowohlt Taschenbuchverlag GmbH, Reinbek
Wolff, Uwe: Weihnachten, das wiedergefundene Paradies, in: MUT, Nr. 364, 1997
Zenetti, Lothar: Das allerschönste Fest – ein Frankfurter Weihnachtsbuch, Frankfurt 1997

Ich danke allen Autoren und Verlagen für die freundliche Genehmigung zum Abdruck ihrer Texte in diesem Buch. Für einige wenige Zitate aus Sekundärliteratur konnten die Originalquellen bis Redaktionsschluß nicht ermittelt werden. Ich habe diese Texte dennoch aufgenommen, da sie mir für die Auswahl wesentlich erschienen. Berechtigte Ansprüche werden vom Verlag selbstverständlich abgegolten.

Verzeichnis der Dichter, Schriftsteller und Erzähler

Bildnachweis

Artothek, Peissenberg: S. 78 u., 83, 126, 168, 193, 194
Arzt, Eva: S. 101, 155, 236
Arzt, Rudolf: S. 10
Assion, Peter: S. 36 o.

Barlach, Ernst: S. 198, 243 u. © Ernst und Hans Barlach GbR, Lizenzverwaltung Ratzeburg
Baumhakl, Georg: S. 14
Berg, Oliver: S. 103
Bischöfliches Dom- und Diözesanmuseum Mainz: S. 196

dpa: S. 45 u., 103 o.
D'Souza-Krone, Lucy: S. 127

Engelhardt, Henni: S. 183 u.
Eremitage St. Petersburg: S. 245
Ernst, Erika: S. 65 M., 183 o.
Ernst, Ulli: S. 15, 45 o., 105 o.
Euler, Willi: S. 141 (mit freundlicher Genehmigung von Michael Jahnle)
Eurich, Georg: S. 19 o., 24 u., 35 u., 85, 95, 206, 207, 215, 216 o.

Freilichtmuseum Linköpping: S. 28

Guist, Gundi: S. 121, 182
Gottschalk, Philipp: S. 225 u.
Grein, Gert: S. 143 u., 145, 147

Halm, Konrad: S. 35 o., 208 o.
Heinen, Beate: S. 53, 57, 125, 130, 134, 192, 242, 247, 249 (mit freundlicher Genehmigung des Kunstverlages Maria Laach, ars liturgica)
Henkel, Werner: S. 186, 218
Heimatmuseum Lorch (Rheingau): S. 149 u. (Foto: Th. Rausch)
Herpel, Hans Walter: S. 17 u.
Herzog-August-Bibliothek (Handschriftenstelle), Wolfenbüttel: S. 81
Hoffmann, Heinrich: S. 41, 42
Hoffmann, Martin: S. 112 o., 138
Hummel, Lore: S. 22 u., 23 o., 24 o. (mit freundlicher Genehmigung der Meisinger Verlagsgruppe © Engelbert Dessart Verlag, München)

Jäckel, Herbert: S. 184
Jamm, Erich: S. 98

Kamera-Klub-Kronberg: S. 17 o., 100, 176 u.
Kaus, Rudolf: S. 170
Kees de Kort: S. 70, 71 o. (mit freundlicher Genehmigung des Verlages Docete, Utrecht)
Kieselbach, Rainer: S. 51
Kirchengemeinde Weiterode (Pfr. Rudolph): S. 165, 200

Kollwitz, Käthe: S.80 (© VG-Bild-Kunst)
Kühnen, Gerda: S. 32 r.
Kunstverlag Maria Laach, ars liturgica: S. 124, 177
Kurbetrieb Wiesbaden: S. 67

Lasker-Schüler, Else: S. 154 (mit freundlicher Genehmigung des Suhrkamp Verlages, München)
Löber, Karl: S. 97, 208, 209

Mahr, Franz: S. 13, 31 o., 86
Mainfränkisches Museum, Würzburg: S. 248 o. (© Edm. v. König), 248 u. (© Foto-Zwicker)
Museum der Schönen Künste, Antwerpen: S. 199, 232, 244
Museum San Marco, Florenz: S. 240

National Gallery of Scottland, Edinburgh: S. 164
National Gallery London: S. 241
Nolde, Emil: S. 120 (mit freundlicher Genehmigung der Stiftung Ada und Emil Nolde, Seebüll, aus „Heilige Nacht", 1912)

Otto, Dieter: S. 160
Oefele, Hannes: S. 149 o.
Oeser, Rolf: S. 213 u.

Paroisse Saint Martin, Colmar: S. 151 (Avec l'aimable autorisation du Conseil de Fabrique de la Paroisse Saint Martin de Colmar)
Piesk, Friedrich: S. 113 u.
Prinz, Hans: S. 6/7

Rath, Marantha: S. 5, 20, 33, 37 o.
Richter, Ludwig: S. 10, 14, 15, 16, 21, 39, 94 o., 106 u., 166, 176, 190, 216, 220, 223

Sattler, Dieter: S. 61
Schauber, Vera u. Schindler, Hanns Michael: S. 27 u., 32, 205
Scheibe, Emil: S. 128
Schmorrde, Heinrich: S. 48 u., 161, 235 (mit freundlicher Genehmigung der Brüdergemeine Herrnhut)
Spamer, Adolf: S. 23 u., 34 o., 38 o.
Stadt Büdingen: S. 136 (Foto: Mathyschok)
Stadt Dillenburg: S. 66 o.
Stadt Fulda: S. 102 u., 118 o.
Stadt Gelnhausen: S. 58
Stadt Bad Hersfeld: S. 219
Stadt Kassel: S. 19, 103 u.
Stadt Lindenfels: S. 36 u., 37 u.
Stadt Marburg: S. 51
Stadt Michelstadt: S. 29 u.
Stadt Schlitz: S. 50 u.
Stadt Seiffen (Erzgebirgisches Spielzeugmuseum): S. 105 u., 173, 179, 230
Stadtarchiv Kassel: S. 19 u. (Foto: Renate Lehning)

Stadthallen GmbH Gießen: S. 66 u. (Foto: Cornelia Sick)
Stadtgalerie Dresden: S. 152
Staedelsche Kunstgalerie Frankfurt/Main: S. 163
Stock, Bernd: S. 50

Usinger Anzeiger: S. 221, 227
Ubbelohde, Otto: S. 137, 217 o. (mit freundlicher Genehmigung der Otto-Ubbelohde-Stiftung)
Uhrig, Helmuth: S. 73, 243 o. (mit freundlicher Genhmigung der Lutherischen Verlagshaus GmbH, Holzschnitt zur Bibel, Nr. 9 u. 10, © Stauda Verlag 1954)

Verlag Kölner Dom: S. 222
Verlag Keller und Burkhardt, München: S. 234
VR-Bank, Melsungen-Gensungen e.G.: S. 144, 157, 158

Wallraf-Richartz-Museum, Köln: S. 150 (© Rheinisches Bildarchiv)
Weber-Kellermann, Ingeborg: S. 26, 34 u., 38 u., 90 u., 92, 104, 106 o., 210
Wegener, Helmut: S. 55 o., 123
Woscidlo, Wolfgang: S. 16, 25, 29 o., 46 u., 49 u., 84, 88, 153, 156, 178, 188

Zimmermann, Octave: S. 71 u., 75, 79, 132 (mit freundlicher Genehmigung des Museé d' Unterlinden, Colmar)

Alle anderen Aufnahmen stammen vom Verfasser.

Allen, die Gemälde, Zeichnungen, Reproduktionen und Fotos zur Verfügung stellten, danke ich von Herzen.

Die Herausgabe des vorliegenden Buches ist nur durch die verständnisvolle Unterstützung folgender Spender möglich geworden:

Alte Leipziger Lebensversicherungsgesellschaft auf Gegenseitigkeit, Oberursel

Sparkassen in Hessen

Naspa-Stiftung „Initiative und Leistung", Wiesbaden

1822-Stiftung der Frankfurter Sparkasse, Frankfurt/Main

Volksbanken und Raiffeisenbanken

Ihnen sei herzlich gedankt!

Die Deutsche Bibliothek – CIP-Einheitsaufnahme

Ernst, Eugen:
Weihnachten im Wandel der Zeiten : ein Hausbuch für die Zeit vom 1. Advent bis zum Dreikönigstag / von Eugen Ernst. – Stuttgart : Theiss, 1998
ISBN 3-8062-1362-3

Umschlaggestaltung: Wolfgang Böse, Bietigheim-Bissingen unter Verwendung einer Aufnahme von Eugen Ernst (Kapelle aus Lollar, heute im Hessenpark)

Satz und Layout: Günter Stahl, Horb-Nordstetten
Produktion: Helmuth Gann, Stuttgart

© Konrad Theiss Verlag GmbH, Stuttgart 1998
Alle Rechte vorbehalten
Lithographie und Druck: Grafische Betriebe Süddeutscher Zeitungsdienst, Aalen
Printed in Germany
ISBN 3-8062-1362-3

Unterhaltung und Vergnügen im Altertum

Marco Fittà

Spiele und Spielzeug in der Antike

192 Seiten mit 300 großteils farbigen Abb.

6000 Jahre Spiele im Spiegel der Geschichte

Spielen war schon immer eine Leidenschaft der Kinder. Es ist faszinierend zu entdecken, daß viele Spiele, mit denen sich heute noch Kinder auf der ganzen Welt vergnügen, bereits vor Tausenden von Jahren erfunden wurden.
Der Autor trug während jahrelanger Forschungen archäologische, künstlerische und literarische Zeugnisse zu Spielen im Freien, Glücksspielen, Nachahmungsspielen, Mannschaftsspielen, Denkspielen und zu vielen anderen zusammen.
Über 6000 Jahre hinweg – vom 5. Jahrtausend v. Chr. bis zum Fall des weströmischen Reiches 476 n. Chr. – verfolgt er die Entwicklung von Spielen und Spielzeug. Ausgehend vom mittleren Orient erstreckt sich die Darstellung über das alte Ägypten bis nach Griechenland.

Spielkultur in Wort und Bild

Der besondere Reiz des Buches liegt in den über 300 Abbildungen, die sowohl die Objekte selbst als auch die ikonographischen Zeugnisse mit vergnüglichen und manchmal auch bewegenden Spielszenen zeigen.

Mit Spielregeln und Anleitung!

Zudem liefert das Buch in einem zweiten Teil, der den Erwachsenenspielen gewidmet ist, auch technische Erklärungen sowie die Spielregeln, so daß der interessierte Leser sich auch an dem einen oder anderen Brettspiel versuchen kann.

Der Autor

Marco Fittà ist Journalist und realisierte bereits zahlreiche Fernsehsendungen zu archäologischen Themen mit dem Schwerpunkt Sport. Anläßlich der Olympiade in Seoul 1988 gestaltete er in Florenz eine Ausstellung zum Thema Sport in der Antike.

THEISS